明代文化史

MINGDAI WENHUASHI

时代出版传媒股份有限公司
安徽文艺出版社

作者简介：

商传（1945年11月—2017年12月），主要从事明史、社会史研究。曾任中国明史学会会长，中国社会科学院历史研究所研究员、学术委员、专业技术职务评审委员会委员等职。承担了国家重点项目《中国通史·明代卷》《中国历史大辞典·明史卷》的主要撰稿及组织工作，出版专著《永乐皇帝》《明代文化志》等。被中央电视台百家讲坛邀请主讲《永乐大帝》《明太祖朱元璋》。

ZHONGGUO LIDAI
WENHUASHI SHUXI

中国历代文化史书系
明代文化史 修订版

MINGDAI WENHUASHI

商 传 / 著

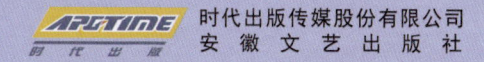

时代出版传媒股份有限公司
安徽文艺出版社

图书在版编目（CIP）数据

明代文化史/商传著.—合肥：安徽文艺出版社,2019.1
ISBN 978-7-5396-6212-1

Ⅰ.①明… Ⅱ.①商… Ⅲ.①文化史－中国－明代 Ⅳ.①K248.03

中国版本图书馆 CIP 数据核字(2017)第 240192 号

出 版 人：朱寒冬
总 策 划：朱寒冬
责任编辑：宋潇婧　王婧婧　曾柱柱
装帧设计：徐　睿

出版发行：时代出版传媒股份有限公司　www.press-mart.com
　　　　　安徽文艺出版社　　www.awpub.com
地　　址：合肥市翡翠路 1118 号　邮政编码：230071
营 销 部：(0551)63533889
印　　制：安徽联众印刷有限公司　(0551)65661327

开本：710×1010　1/16　印张：28　字数：420 千字
版次：2019 年 1 月第 1 版　2019 年 1 月第 1 次印刷
定价：78.00 元

(如发现印装质量问题，影响阅读，请与出版社联系调换)
版权所有，侵权必究

导　言

对于文化史,我是素感兴趣的。先师国桢教授对于明清文化的造诣之深,学界所共知,我的同门任道斌君颇承先师的教诲,在明清文化研究方面著述甚丰,本更当承此重任,但道斌君因另有国家重点项目之任务,无暇旁顾,我于是只有勉力而为了。

对于我来说,虽勉力而作,却颇有力不从心之感,既感到难于把握对文化的界定,又感到难于把握作志的体例。

迄今为止,学界对于文化的概念仍然各执己说,莫衷一是,定义数以百计,令人望而生畏,拟目的时候不知从何下手。只得找来诸学者之论反复拜读,渐感其实说及文化之大端,许多都是为人所共识的东西。这就如我们自幼所读文化课一样,其范围可大可小,其内容可多可少,入其范围者自是文化无疑,未入其范围者,亦未必不是文化,只是视其所划定的范围大小而区别论之罢了,而范围的划定也正是学者们著述的各自特点。这也许更接近于一些学者所提出的弹性定义,我之所以同意这样的看法,也算是在文化志写作时为自己找寻一点合理成书的理由吧。

我本来想,按道理讲述事应当力求全面,记述有关明代文化的事情,门类似不应有缺。但到实际操作时,方知不可能求全无缺,这一则是本人能力所限,二则也是全书的篇幅所限。只是出于操作之便,将明

代文化分作两方面内容来叙述,一方面依现象分述而力求突出其文化的主要特征,一方面依门类分述而力求其全。这本不成样子的作品便这样开始着手写作。写写停停,前后两三年的时间,待到完成大部分书稿时,回头来看,连自己也感到近于史又不全像史,却又无力做大的改动,只能期待读者的批评。

导言 / 001

第一章　总论 / 001

第一节　明代的文人与文化趋向 / 001
一、元末明初的学风 / 001
二、文官政治与官僚文化 / 008
三、社会转型与文化变异 / 012

第二节　明代的文化特征及其历史地位 / 019
一、明代文化特征 / 020
二、明代文化的历史地位 / 030

第二章　明代文化专制 / 035

第一节　文字狱 / 035
一、贺表案 / 035
二、诗文案 / 039
三、书院讲学案 / 047

第二节　取士与文化专制 / 051
一、"士不为君用" / 051
二、科举之兴废 / 055
三、科场案 / 058

第三节　书籍之禁毁 / 065
一、《孟子节文》/ 065
二、方孝孺著作之禁 / 068
三、禁书案 / 072
四、官修史籍与正史之篡改 / 078
五、《大明律》与《大诰》/ 083

001

第三章　多层文化特征 / 090

第一节　特定的文化分野 / 090
一、宫廷文化 / 091
二、宦官与宫婢文化圈 / 118
三、趋向没落的皇室贵族文化 / 130
四、绚丽多彩的民间文化及其发展 / 141
五、士大夫文化的发展与嬗变 / 153

第二节　层间文化互动 / 169
一、从官方的文化推动到民间的文化流动 / 169
二、明代文化的民俗化 / 175

第四章　教育与考试制度 / 182

第一节　教育制度 / 183
一、民间教育 / 183
二、官办学校——府、州、县儒学 / 189
三、官办学校——国子监 / 200
四、书院教育 / 210

第二节　考试制度 / 219
一、岁试与科试 / 220
二、乡试、会试、殿试 / 224
三、"八股文"与分卷制度 / 232
四、科场事例 / 237

第五章　学术流派与宗教 / 244

第一节　从明初到明前期的理学 / 245
一、明初的理学 / 246

二、明前期理学的重兴 / 253
三、"江门之学"与"余干之学" / 258

第二节　明中期的心学 / 261
一、湛若水与"江门学派"的发展 / 261
二、王守仁与"姚江之学" / 265
三、王学的各派 / 269

第三节　明后期的实学与反理学思潮 / 275
一、泰州学派 / 275
二、反理学的学术思潮 / 281
三、东林书院与明末的理学 / 284

第四节　明代的宗教 / 289
一、佛教 / 289
二、道教 / 295
三、民间宗教 / 300

第六章　文学艺术 / 304

第一节　文学 / 304
一、诗文与流派 / 304
二、话本与小说 / 314

第二节　戏曲 / 326
一、杂剧 / 327
二、传奇戏 / 331

第三节　音乐与舞蹈 / 338
一、宫廷乐舞 / 338
二、民间音乐舞蹈 / 341

三、朱载堉与《乐律全书》/ 345

第四节 美术 / 347
一、明代的宫廷院体画 / 347
二、"浙派"与"江夏派" / 351
三、"吴门四家" / 353
四、晚明的绘画 / 355
五、民间美术 / 358
六、书法 / 360

第七章 文化遗产——修书、刻书与藏书 / 364

第一节 明代的官私书籍 / 364
一、明代的官修书籍 / 364
二、私人著述 / 376

第二节 刻书与藏书 / 389
一、明版书籍 / 389
二、明代的官私藏书 / 397

第八章 中外文化交流 / 402

第一节 走向世界的明文化 / 402
一、郑和下西洋 / 403
二、陈诚出使西域 / 412

第二节 西方文化的传入 / 418
一、西方传教士来华 / 419
二、皈依天主教的明朝士大夫 / 428

后记 / 441
再版后记 / 442

第一章 总论

第一节 明代的文人与文化趋向

一、元末明初的学风

文化的特点是一个时代的特点。任何历史现象都可以透过文化现象得到准确的反映。从这个意义上来看，明代的文化实际上就是一部明代史，而且是一部更为生动的明代史。

在中国传统社会中，一般来说，文人士大夫往往代表了一个时代的文化主流，他们无法摆脱时代的局限，但是同时又对社会趋向起到了引导的作用。这便是一些学者经常谈到的学风。学风也就是时代风气，或者说是上层文化的风气，它推动着整个社会文化风气的发展。

洪武元年(1368年)正月初四，明太祖朱元璋在南京登基称帝，建立起大明帝国的时候，就在距南京并不很远的松江府(今属上海)，一位名叫杨维桢的元朝遗逸与当时文坛的名流们正在醉生梦死中依然享受着前朝的生活。史书中记述说：

> 海内荐绅大夫与东南才俊之士，造门纳履无虚日。酒酣以往，笔墨横飞。或戴华阳巾，披羽衣坐船屋上，吹铁笛，作《梅花弄》；或呼侍儿歌《白雪》之辞，自倚凤琶和之。宾客皆翩跹起舞，以为神仙中人。(《明史·杨维桢传》)

一边是太祖与开国功臣们用刀剑建立的强有力的君主专制政权，一边是旧式文人士大夫的茫然颓废，他们甚至不知道或者不愿意知道新朝的建立。这两种格格不入的文化追求，就构成了明初文化的特点。

作为开国皇帝,明太祖深知"可以马上得天下,不可以马上治天下"的道理,因此网罗文学儒臣便成为其建国求治的重要手段。明朝人对于太祖的"文治"是竭尽歌功颂德之能事的:

> 明太祖起布衣,定天下,当干戈抢攘之时,所至征耆儒,讲论道德,修明治术,兴起教化,焕乎成一代之宏规。……制科取士,一以经义为先,网罗硕学。嗣世承平,文教特盛,大臣以文学登用者,林立朝右。(《明史·儒林传序》)

所说虽然均属实事,但其中颇多美化的成分,因为在太祖有意宣扬这种文治大兴的盛世的时候,那些文学之士们却并非心甘情愿地林立于其朝右,而那网罗硕学的举动,实际也只是太祖一厢之愿。

洪武二年(1369年),明太祖征召诸儒修纂礼乐书籍,以杨维桢前朝老文学,特遣翰林詹同奉币诣门。维桢谢绝道:"岂有老妇将就木,而再理嫁者耶?"次年,再遣官敦促,维桢则赋《老客妇谣》一章进奉,且曰:"皇帝竭吾之能,不强吾所不能则可,否则有蹈海死耳。"明太祖无可奈何而许之。赐安车接至朝中,留一百一十日,待纂叙例略定,仍给安车送还。朝中儒臣设帐西门外,为之饯行。翰林学士宋濂赠诗云:"不受君王五色诏,白衣宣至白衣还。"(《明史·杨维桢传》)

这次网罗与反网罗的斗争,虽然以双方的让步而暂时得到解决,但是问题已经明显暴露出来了,杨维桢不肯受诏,以及朝中儒臣对于他这一举动的赞誉,说明当时在太祖所建立的政坛之外,实际存在着一个相对独立的文坛。一边是强大有力的专制政体,一边则是力图游离于其控制之外的文人(或者是他们的思想),这就不可避免地会导致一幕幕空前激化的文化专制的历史悲剧,那便是所谓的"明初文字之祸"。明初的"文字之祸"与清初的"文字狱"似乎还不尽相同。清初的"文字狱"在专制政治中或多或少还带有了一些民族征服的色彩,而明初的"文字之祸"则是彻头彻尾的极端专制政治的产物。

按照史料的记载,明初"文字之祸"的时间大约是从洪武十七年(1384年)到二十九年(1396年),前后共有十几年时间。其中最为著名的便是近乎政治笑话的"贺表案"。所谓贺表,即指明初地方三司卫所给皇帝进奉的贺信。清人赵翼作《廿二史札记》,引《朝野异闻录》等书所记:"三司卫所进表笺,皆令教官为之。"这些代书表笺的教官们则往往会因为一字之误而招致杀身之祸,而其中的所谓失误,实在又只是出于莫名其妙的附会。例如表文中凡有"则"字者,因音近于"贼","道"字音近于"盗",而被认为有意影射太祖当年曾参加红巾义军的历史。凡有"生"字者,音近于"僧","法坤"音近于"发髡",则被指为有意影射太祖早年曾经出家为僧的历史。至于将"藻饰太平"读作"早失太平",将"殊"字分解为"歹""朱"两字,则更是令人感到难以理解的惊愕。

明太祖虽则起家于农僧,但其后颇与士大夫论道,从儒臣那里也学到了一点文化知识,对于这种可笑的附会之说似不应信从。因此有人解释说,太祖此举出于武臣们的进谗:

> 时帝意右文,诸勋臣不平,上语之曰:"世乱用武,世治宜文,非偏也。"诸臣曰:"但文人善讥讪。如张九四厚礼文儒,及请撰名,则曰士诚。"上曰:"此名亦美。"曰:"《孟子》有'士诚小人也'之句,彼安知之。"上由此览天下章奏,动生疑忌,而文字之祸起云。(《廿二史札记》卷三二《明初文字之祸》)

将《孟子》中的话破句读作"士诚,小人也",这恐怕非武臣所能为。显然此举的根源还在于太祖的文化专制之需,明人笔记恐怕是冤枉了明初的武臣。今有学者考证此事,以为"疑窦甚多,不宜过信"[①]。

明太祖在思想文化上的极端专制,早在"文字之祸"发生之前即已有

[①] 陈学霖:《明太祖文字狱考疑》,载《明代人物与传说》,香港中文大学出版社1997年版,第19页。

突出之表现。开国功臣刘基的遭遇便是这种文化专制的结果。过去的学者在谈到刘基所受到的压抑与迫害时,往往将其解释为"淮西地主集团与浙东地主集团之间矛盾斗争的结果",这其实只是对当时这场斗争的表面现象的一种误解。所谓的"淮西地主集团",实际上是那些早年追随太祖起事的集团。他们之中虽然也有文臣,但文化水准不高,在士大夫中间并无真正的地位,更谈不上在文坛上的影响,因此他们与朝中的儒臣不一样,他们或更应当称之为政客。而所谓的"浙东地主集团"情形却有很大的不同,他们大都是元末有影响的士大夫,是文坛的名流甚至领袖。例如其代表人物刘基,史书中说他:"慷慨有大节,论天下安危,义形于色。……遇急难,勇气奋发,计画立定,人莫能测。……所为文章,气昌而奇,与宋濂并为一代之宗。"(《明史·刘基传》)一代之宗,就是当代文坛的领袖。像刘基这样文武全才的奇人,在与群雄争斗的时候自然是不可多得的倚助,但建国之后这便成了皇权的威胁。当刘基被害后,太祖曾经对刘基之子说道:"他是有分晓的,他每便忌着他。若是那无分晓的呵,他每也不忌他。"(《诚意伯文集》附刘仲《遇恩录》)"他每"这里指的是害死刘基的胡惟庸等人。这是"胡惟庸案"发生后,太祖的一次公开表白。而当胡惟庸这种资历既浅、人品且差的人受重用为丞相的时候,刘基却禄位甚薄,晚年至遭夺禄,惧而留于京师,不敢归乡,以免引起太祖怀疑,乃至忧疾不治,为胡惟庸等进药所毒杀。诚如太祖所说,刘基确是个"有分晓的",又是当时文坛的领袖,也即明初知识分子之领袖,自难免为"他每"所忌,而这"他每",首先便是太祖本人。

这实在是一种难以解决的矛盾状态,而太祖又是一个雄才大略的帝王,他显然不会像张士诚那样,用谦恭和优礼来对待士大夫,他的办法是用各种手段将士大夫牢牢地控制起来。明初的一系列文化政策和制度,也就必然围绕着这个中心来制定。

首先是取士制度。《明史·选举志》称:明代取士之法大略有四种:"曰学校,曰科目,曰荐举,曰铨选。学校以教育之,科目以登进之,荐举以旁招之,铨选以布列之,天下人才尽于是矣。"就有明一代来看,取士以科举为主，旁以学校。但是建国之初则曾有荐举盛行，太祖甚至下令停止科举，而专用荐举取士。这种情况是与明初急需有工作经验的人才有关。学校不能速得人才，实行科举在一定程度上遭到了一批不肯与新朝合作的士大夫们的抵制，他们完全可以拒绝参加科举考试。在这种情况下，荐举便成为解决这一矛盾的最佳办法。太祖在实行荐举的同时，规定了"寰中士夫不为君用，是外其教者，诛其身而没其家，不为之过"（《大诰三编·苏州人材第十三》）。用强迫手段利用旧朝培养的人才来为新朝服务，这应该算是明太祖的一大发明。

这种情况一直延续到建国十七年以后。洪武十七年（1384年）正式确定了科举考试的规制，利用科举来选拔人才，逐渐取代了荐举取士。到洪武后期，科举成为取士主要途径时，又发生了"南北榜"案。洪武三十年（1397年）丁丑科，考官刘三吾、白信蹈所取宋琮等52人，皆为南士。三月廷试，以陈䢿为状元。此结果引起北方士子不满。太祖命侍读张信等复阅，取录进士中仍有陈䢿。太祖大怒，杀考官白信蹈、张信及状元陈䢿，将刘三吾戍边，又亲自阅卷，取任伯安等61人，皆为北士。这场科场大案闹得实在让人摸不着头脑，有些学者认为，太祖此举之目的在打击江南地主势力，扶植北方地主势力，此说不无道理。但是太祖至少还有一个目的，即牢牢控制科举考试，控制考官，而决然不准许考官有自身的选择，他们必须以皇帝的选择为选择，以此保证皇权对士大夫的绝对控制。

不为君用者要遭杀身之祸，一心为君用者也难免无妄之灾，明太祖将君主专制的淫威表现得淋漓尽致了。

与科举取士相辅的学校教育当然也不能脱离君主专制的轨道。明初国子监的管理之严格程度是十分惊人的。当时任职国子监祭酒的宋讷尤以严酷而闻名。史书中说："时功臣子弟皆就学，及岁贡士尝数千人。讷为严立学规，终日端坐讲解无虚晷，夜恒止学舍。"（《明史·宋讷传》）其情形可想而知了。太祖对这种管理是非常欣赏的。助教金文徵与宋讷有矛盾，告于吏部尚书余熂，余熂遂发文令宋讷致仕。太祖得知后大怒，杀余熂、金文徵，留讷如故。宋讷死后，官其次子复祖为司业，复祖更有过于

乃父,"诫诸生守讷学规,违者罪至死"(《明史·宋讷传》)。这不大像学校教师,却颇似酷吏。显然,太祖要求学校造就的不是一批文人士大夫,而是一批忠于皇权的工具。当时文坛宗师宋濂批评这种现象说:"自贡举法行,学者知以摘经拟题为志,其所最切者,惟四子一经之笺是钻是窥,余则漫不加省。与之交谈,两目瞠然视,舌木强不能对。"(《宋文宪公全集》卷一○《礼部侍郎曾公神道碑》)"稍励廉隅者不愿入学,而学行章句有闻者,未必尽出于弟子员。"(同上书卷一六《送翁好古序》)著名历史学家吴晗教授在谈到那个历史时代的时候曾说:"在政治上,那个时代所培养的是合于统治阶级需要的驯服忠顺的官僚,在学术文化上,却长期被古代的阴魂所垄断,停留在几百年前以至千多年前的水平上,这个损失是非常巨大的。"①而且那些"古代的阴魂"还不包括带有民主色彩的内容。例如《孟子》中关于"民为贵,社稷次之,君为轻""君有大过则谏,反复之而不听,则易位""君之视臣如草芥,则臣视君如寇仇"等一系列轻君重民的思想,都使太祖极为恼火。洪武三年(1370年),他下令撤去孔庙中孟子的配享,后来虽然恢复了孟子的配享,但是下令将孟子那些轻君言论删去,编成《孟子节文》,颁行于全国学校。这也可以算是明代乃至中国文化的一场不小的灾劫了。

　　明初的另一场文化灾劫发生在明太祖之子成祖夺位登极之后。太祖死后,太孙朱允炆即位,改元建文。建文短短的四年时间,深为后世文人士大夫们所追寻和向往,或称之为建文新政,或称之为政治宽松的文治时代。这或许是事实,因为建文帝确实是一位仁柔而且追求文治的君主。但是他的四年文治,却是与成祖夺位的战争相始终的,因此只能留给文人们一种美好的想象,并且由于成祖夺位的成功,给那些热恋建文仁政的文臣们带来一场亘古未见的浩劫。

　　成祖屠杀建文遗臣,并指其为奸臣的做法,虽然其目的主要在于掩饰其夺位的事实,但同时也带有浓厚的专制色彩。用屠刀去对付那些手无

---

① 吴晗:《朱元璋传》第五章《政权的支柱》,三联书店1979年版,第193页。

寸铁的文人,并株连家属,这算得上是中国专制政治的传统,而那些文人们却又偏偏不肯屈服,一个个都是铮铮铁骨,忠君忠得颇有些迂腐。一方面要用强力使之屈服,一方面又死活不肯就范,于是所谓"诛十族""瓜蔓抄"之类,便都由此而创造出来。

这场空前的杀戮前后长十余年,被杀戮株连的文臣及其戚属超过万人。因为不肯接受成祖夺位而在任逃遁的京官多达463人,以致成祖夺位后,翰林院几乎无人。刚刚在建文仁政下看到一丝曙光的文人士大夫们再次沉默了下来。

与成祖最有关系的两个文坛代表人物:一个是被他指为奸党而杀戮,并且被"诛十族"的名儒方孝孺;另一个是被他称为才子而曾委以重任的解缙。这两个人虽然在成祖夺位时选择了完全不同的两条道路,一个因拒绝为成祖撰写《登极诏》而致祸,一个则因撰写了《登极诏》并且"称旨"而被检入内阁,受到信用。但是他们都同样是文坛上的佼佼者,是元末明初学风的典型人物,因此也就都同样带有文人的疏狂和执拗。对于君主专制政体来说,这是一种离心力,是其所不能相容的。也正因为如此,他们最终还是得到了同样的结局。解缙后来的入狱与被害,正是这样一种必然结果。对他来说,死亡也正是一种解脱,这同时也意味着在历史上保留下来一个不肯适应专制政治模式的典型人物,而使解缙成为后世士大夫们的理想与楷模。对于这两个人物来说,成祖是一个失败者。

但是我们毕竟不能不承认,在实行君主专制的手段上,成祖要高于乃父。因为他不仅成功地实施了君主专制,而且利用这种专制的力量创造出可以炫耀的文治硕果,这便是那部皇皇巨著《永乐大典》。当然人所共知,也正是成祖创造了那独一无二的专制工具——特务机构东厂。

永乐元年(1403年)十月初九,成祖对朝臣们有过这样一段谈话:"昨有憸人为朕言朝廷法太宽,非所以为治,朕已斥之。为治之道,譬之医药,有是病则服是药。今朕当守成之日,正安养生息之时,乃严法为治,此是无病服药,岂不反有伤乎?"(《明太宗实录》卷二四)如此动听的言辞,如果不去看那时的真实的政治状况的话,人们真的要为之感动了。然而当

时正是大肆屠戮建文遗臣,追治所谓"奸党",告讦成风之际。如果这段话不是成祖自欺欺人的有意编造,那么那个言朝廷法太宽的人则实在是个彻头彻尾的小人与恶棍。成祖时出现的科场逸事也不再是"南北榜"那样的赤裸裸的君主专制。当成祖看到会试第一名取录的会元名叫孙曰恭时,因为曰恭二字合起来是个暴字,心中不喜,便将其改作第三名,而另取一名叫邢宽的士子作了头名。这又似乎有些像是政治笑话了。

在中国历史上,凡是推行文化专制的君主,必求将文人士大夫们玩弄于股掌之间,因此他们必然给文人们以人格上的摧残,以使其屈服于专制制度。永乐间,翰林院庶吉士刘子钦曾在酒后于文渊阁酣睡,被刺事太监报告,成祖命罚其往工部为办事吏员。刘子钦则换上胥吏巾服,往工部办事,与群吏侍立堂上。太监再将此情形报知于成祖,成祖命召其前来,见他依然身着吏服,笑道:"你这人好没廉耻。"(张萱:《西园见闻录》卷二〇)命还其冠带,令归内阁读书去了。没廉耻,正是君主专制的需要。恃才自傲的解缙则只能成为悲剧的主人公。解缙代表了元末明初学风的尾声。从解缙死后,明朝的文人士大夫大都为专制模式所造就,文人们日趋官僚化,文风崇尚"台阁体",明朝的文坛从此沉寂了一百余年,直到正德以后才又重新繁荣了起来。

二、文官政治与官僚文化

明代的政治到了仁、宣时代发生了一次重大的变化,那便是文官政治的确立。这本来应该至少在建文中便能够确立下来的,而且建文君臣们也确实做了这方面的努力,但是成祖夺位的成功,将这个必经的过程推后了二十年之久。

文官政治作为一种政体,比较起明初的君主专制来说,是一个进步,这同时也是传统政治成熟的表现。当时作为文官政治代表的几个著名人物有号称"三杨"的杨士奇、杨荣、杨溥,以及号称"蹇夏"的蹇义和夏原吉。他们与仁宗、宣宗父子为确立起文官政治的体制进行了极为艰难的努力。在永乐朝仁宗作为太子的时候,围绕在其周围的文臣们,同围绕在汉王周围的功臣们曾经进行了储位之争,而且付出了相当大的代价。我们甚至可以说,明仁宗与他周围的文臣们的关系是一种生死与共的关系。对于这一点,他本人是十分清楚的。史书中说:"盖先是永乐中,上巡幸北京,太子居守,以谗故,官僚大臣辄下诏狱,陈善、解缙等相继死,而(杨)溥及黄淮一系十年。仁宗每与后言,辄惨然泣下。"(《明史纪事本末》卷二八《仁宣致治》)

仁宗与文臣们这种不同寻常的关系与感情,在很大程度上影响到他登极后的政策。

仁宗与建文帝同属朱明建国后的第三代。他们既不同于祖父太祖,也不同于父辈成祖,在君主专制与文官政治的选择中,他们更倾向于后者。仁宗即位后所推行的统治政策的核心仁治,实质上就是一种相对宽松的政治局面,这也正代表了当时文人士大夫们的利益与追求。

他们的努力,对于文官政治的确立起到了相当重要的作用。但是从他们身上所体现出来的文化气息却仍然是君主政治的产物,就如同他们那富贵而空洞无物的"台阁体"一样。我们有时候甚至会感到他们是一群矛盾的人物。例如其中最有代表性的杨士奇,他在政治上对于文官政治的确立功不可没。洪熙元年(1425年)他与当时的兵部尚书李庆在是否用朝觐官员分养官马问题上的分歧,实际上是一场大政方针之争。当时李庆等一些部臣的思想仍然停留在洪、永严格吏治的时代,而杨士奇所反对的则并不是一个畜马令,而是力图改变洪、永严猛之治对文官的摧折,所以他指出这种做法"是贵畜而贱士也"(《明史·杨士奇传》)。杨士奇的做法代表了当时的政治潮流,这时候已经不再强调李庆那种功利的做法了。仁宗对这件事情的支持便充分说明了这一点。杨士奇与仁宗,后来又与宣宗商议而定的科举取士南北名额一事,则是进一步健全了文官考试制度,使之更加成熟,更加规范化。这些做法对于中国传统社会文化的发展起到了不可低估的作用。但是杨士奇本人在对待文化的态度上,又表现得相当保守。仁宗为太子时,官僚王汝玉以诗法进。杨士奇进言道:"殿下当留意'六经',暇则观两汉诏令。诗小技,不足为也。"(《明

史·杨士奇传》)称诗为小技,其最终而为台阁体也就不足为怪了。杨士奇等人的思想对当时文坛的影响是相当大的,而且时间也相当长久。在他们的影响之下,从永乐到正德的这百余年间,成为有明一代文坛的寂寞时期。

这期间一次可能发生变化的时期是成化中。这时候距开国已经约一百年之久,商品经济和社会生活开始出现了繁荣,中国传统社会的母体中开始躁动起新的胚胎。这虽然是一种渐进的变化,却给人们的观念带来了相当大的反响。当时人曾以其亲眼所见描绘了这一变化。当时最富庶的苏州,经历了元末的战乱,加之国初太祖的严苛之政,"人民迁徙实三都、戍远方者相继,至营籍亦隶教坊。邑里潇然,生计鲜薄"。在经历了正统、天顺间所谓"稍复其旧,然犹未盛也"。这种情况直到成化以后,才发生了"迥若异境"的巨大变化。亲眼看见这种变化的人们也不禁发出了感叹:"以至于今,愈益繁盛。间檐辐辏,万瓦甃鳞,城隅濠股,亭馆布列,略无隙地。舆马从盖,壶觞罍盒,交驰于通衢。水巷中,光彩耀目,游山之舫,载妓之舟,鱼贯于绿波朱阁之间,丝竹讴舞与市声相杂。凡上供锦绮、文具、花果、珍羞奇异之物,岁有所增,若刻丝累漆之属,自浙宋以来,其艺久废,今皆精妙,人性益巧而物产益多。"(王锜:《寓圃杂记》卷五《吴中近年之盛》)这种社会经济生活的变化,必然影响到文化的发展变化,所以当时人又称:"至于人材辈出,尤为冠绝。作者专尚古文,书必篆隶,骎骎两汉之域,下逮唐、宋,未之或先。"(同上)这里所说的"尤为冠绝"的人才之辈,指的便是李梦阳等人及其所代表的复古派文学,即所谓的"前七子"。不过直到弘治中,文化的发展并未跟上社会经济生活的发展。因为这一变化尚未及开始,便被随之而来的带有明显复旧色彩的"弘治中兴"所中止。

从永乐到弘治的百余年间,名列儒林的尚有薛瑄、吴与弼、胡居仁、陈献章等,而名列文苑的则仅程敏政一人而已。而像商辂、邱浚及吴宽等,横溢的才华则尽于官场之中。连中三元的商辂,可谓是中国科举史上难得的人才了,但他留下的最为著名的篇章则是那篇《请革西厂疏》,这不能不是明代文化的遗憾。

继杨士奇之后领袖于文坛的是弘(治)、正(德)间的内阁大学士李东阳,史称:"自明兴以来,宰臣以文章领袖缙绅者,杨士奇后,东阳而已。"(《明史·李东阳传》)李东阳不仅继承了杨士奇在文坛的领袖地位,他的"茶陵诗派"与杨士奇的"台阁体"也是一脉相承,单纯于追求形式,而成为一种格式化的文化,实际上对文化的发展起到了禁锢作用。但是他毕竟是脱离开了"台阁体",而以杨士奇所谓的"小技"作为文化创作的主体。我们从这点滴的变化中,也看到了明前期文化的发展。

从杨士奇到李东阳,他们所代表的是典型的官僚文化。他们自身也正是士大夫官僚化的代表。政文合一便是这种情况的具体体现。在中国传统社会中,仕途是读书人的最正当出路。在经历了太祖和成祖两朝那种令人难以忍受的严猛之治,士大夫们重又获得尊严与地位的时候,他们热衷于官僚的生活也是不足为怪的。

但是这种情况又是难以持久的,随着士大夫经济生活的进一步发展,他们所代表的文化,也就绝不可能永远停留在一个固定的文化程式之中,这种文坛的寂寞状况,到正德以后便被彻底打破了。

弘治十八年(1505年)五月,明孝宗病逝,年仅十五岁的武宗即位,次年改元正德。这样一次正常的皇位袭替,却造成了明代文化的一个转机。

明武宗在中国历史上是一位以荒唐风流著称的皇帝,一出《游龙戏凤》更使他的风流逸事妇孺皆知。但是我们倘若抛开那些传统的评价,重新来看一看武宗和他所处的时代,我们便会感到事情并不尽如此。武宗是时代文化的产物,他同时又反过来影响了那个时代的文化。我们可以把武宗看作是一个拉下蒙在皇帝身上神幔的人。他用自己无拘的行为向世人展示了一个活生生的人而不是被神化了的皇帝。他的所为是传统观念所不能容许的,但却使人们在私下里(甚至公开的)发自内心地模仿,并由此导致了士大夫们和整个社会的纵欲思潮的泛滥。

这种社会变化在文化上的表现,首先便是杨士奇的"台阁体"和李东阳的"茶陵诗派"终于为"前后七子"复古派所取代。长时间寂寞的文坛,

突然之间变得丰富喧闹了起来。

三、社会转型与文化变异

从历史的角度来看,"前后七子"的复古主义文化的繁荣是明朝文化发展过程中的一个过渡性的阶段。从文学史的角度来看,他们的复古主义诗文既非对于汉唐文学的发展,亦非创新,而只是盲目地复古和带有剽窃性的模仿。因此"前后七子"所体现的文学潮流,丝毫没有文艺复兴的性质。但是复古派是针对长期以来统治文坛的"台阁体"和"茶陵诗派"而产生出来的一支文化新军,它的出现也就如同一块投石,或多或少地激起了一点死水微澜。

然而"前后七子"在当时却取得了辉煌的成功,因为他们毕竟打破了文坛的长期沉默,激发起了人们的新的文化追求,从明初以来由宰臣为文化主导的局面也就被他们打破了。如果我们设身处地想一想他们为打破宰臣统治下的文坛局面所付出的努力,我们也就不难理解为什么要那样狂热地宣扬"文必秦汉,诗必盛唐"了。对于那些领袖缙绅的大人物来说,小人物们如果仅仅依靠自身的力量是很难与之抗衡的,倡言"文必秦汉,诗必盛唐"实际上也就成了他们与缙绅领袖相抗衡的武器。遗憾的只是,他们最终未能跳出复古的圈子,所以不久他们便也成了人们讥笑的对象:"而后有讥梦阳诗文者,则谓其模拟剽窃,得史迁、少陵之似,而失其真云。"(《明史·李梦阳传》)

复古派的胜利还有一个重要的作用,那便是由他们重又打破了永宣以来政文合一的体系。一个似曾相识的现象重又出现了:在政坛之外,重又出现了一个相对独立的文坛。而且此时也已不再是明初的时代,士大夫们不再处于命运的困扰之中,他们可以自在地游离于政坛与文坛之间。甚至政坛的要人,也极企谋于文坛上的一席之地。这也就充分表露出了当时文人士大夫们的双重人格。

在"弘治中兴"去努力维持祖制与传统的时候,那社会已隐然欲变了。孝宗的兴利革弊,也就必然是革去这些变化的苗头。当时的人们都看到了成化中出现的种种问题,他们自然会因此而感到惶惑。历史就是这样,当人们看到时弊流行的时候,他们往往会回想起过去的美好时光,却不大有人肯去冒风险在未来中探寻除弊的方法。这便是"弘治中兴"的基点。孝宗晚年所感困扰的正是他在追寻祖制过程中的失败感。而在他去世以后,那带有明显复旧色彩的"中兴"也就结束了。

从正德时开始,中国历史进入了从传统社会向近代社会的转型时期,也有的学者称之为近代早期。在中国历史上,没有哪个时代能比这一时期更具诱惑力了。这是一个近乎疯狂、杂乱而人欲横流的时代。在此后大约一百年中,明朝人构筑了一套向近代社会发展的社会模式。造成社会转型的根本原因当然还是明朝中叶以后商品经济的发展。物质生活的丰富给人们的追求提供了基本条件,作为文化先导的文人士大夫,首先是拥有财富和权势的士大夫们,将物质生活和文化生活都推向了一个新阶段。人们的社会观念开始发生变化。

社会观念的更新是最具有时代价值的东西。晚明社会观念更新的理论基础应当归功于王阳明的王学。王学虽然出自陆学但却有着陆学所无可比拟的大众基础,这也说明晚明人比宋朝人更需要这样的理论支持。在中国长期以来消灭个性、神化主宰者的现实生活中,王学的主观唯心论强调个人主观的合理性,实际也就起到了鼓励个性的作用。待到以王艮等人为代表的泰州学派,则又发展了王学,并将其学说深入到农工仆隶之中。贩夫走卒都在谈哲学,这确是前所未有的事情。

然而令人遗憾的是,这种观念的更新在当时显然是极为有限的。待到作为王学左派的李卓吾进一步去发展人道主义和个性理论的时候,他突然之间就成了一个孤立的哲学家。这实在是令人感到奇怪的事情,李卓吾所主张的人欲合理和反道学精神,与当时包括士大夫在内的社会纵欲思潮并不矛盾,却被视如洪水猛兽。其悲剧的原因固然在于他的思想超越了那个时代,但是同时也暴露出了晚明社会观念更新的有限性。一切变化都只能在不伤及旧体制的前提下进行。这样的结果也就造成了晚明社会观念更新最终还是回到了无厌的物质追求和有限的个性追求上

面。看不到出路的晚明士大夫们在醉生梦死中得过且过,从而由他们推动了晚明社会奢靡风气的盛行。

我们可以看出晚明的时代特征了,它的最根本的问题是人们日新的观念和追求与难以改变的旧体制之间的矛盾。

从正德中这种问题出现开始,人们就在不断地去谋求解决的办法。正德以后,为了适应这些变化,不少人自觉或不自觉地进行了改革的尝试。从刘瑾到明世宗,从严嵩到张居正,不论他们在历史上是以正面人物的形象出现还是以反面人物的形象出现,他们都在不断做着同样的事情:企图去解决那些缠绕不清的社会问题。但是他们都仅仅是在修补着旧体制,尽量去适应无法逆转的社会变化,而不是设法去促进这些变化。因为这些变化的结果很可能伤及旧体制的本身。

晚明的士大夫们也正是生活在这样的矛盾之中的。他们起初对于社会的转型并不适应。从成化到正德的数十年间,是明朝士大夫们最为舒适惬意的时候,他们在经济上已经得到相当程度的恢复,在政治上更是处于优越的地位。而商品经济发展的结果之一,是金钱在一定程度上取代了权力,于是出现了士大夫们所难以忍受的百姓们的僭越,传统等级标志失去了旧有的价值。

但是士大夫们的这种失衡的心理波动很快就被淡化了,他们逐渐适应了这一无法改变的现实,并且利用自身的特权优势又跻身于享乐者的超前行列中。于是出现了两种空前突出的情况:权力的商品化与文化的商品化。两个人所共知的例子,一是严嵩党羽鄢懋卿,"至以文锦被厕床,白金饰溺器。岁时馈遗严氏及诸权贵,不可胜纪。其按部,常与妻偕行,制五彩舆,令十二女子舁之,道路倾骇"(《明史·鄢懋卿传》)。鄢懋卿是以贪墨闻名的,而作为著名改革家的张居正,与之相比也有过之而无不及。其所乘步舆,"前重轩,后寝室,以便偃息,旁翼两庑,各一童子立,而左右侍为挥篓炷香,凡用卒三十二舁之。始所过州邑邮,牙盘上食,水陆过百品,居正犹以为无下箸处。而(钱)普无锡人,独能为吴馔,居正甘之,曰:'吾至此仅得一饱耳。'此语闻,于是吴中之善为庖者,召募殆尽,皆得善价以归。"(焦竑:《玉堂丛语》卷八《汰侈》)这当然都是最为奢华的典型,但是既然"吴中之善为庖者,召募殆尽",足见也不是个别现象。

另一种情况是文化的商品化。在中国传统观念中,文人士大夫应当是持清傲之节的,但是晚明的文人士大夫却颇有爱财之名。其实明朝的士大夫们也曾经有过潇爽清傲的时候,一个著名的例子是永乐间王孟端居京师时与一商人为邻,月下闻其家有箫声,甚喜,次日相访,画竹以赠,称:"我为箫声而来,当用箫材报之。"商人不解事,以红毡毹回赠,请再写一枝为配。王孟端鄙之,取前所赠画裂毁之而还其赠物。(赵吉士:《寄园寄所寄》卷十《驱睡寄》)然而到了正德以后,这种情形只能是传说中的故事了。在社会风气的冲击之下,人们无法克服物质的诱惑,士大夫们本来视为高雅的文化,也开始成为他们换取物质享受的商品。这情形从正德间内阁大学士李东阳便已开始了。《明史》记:李东阳"既罢政居家,请诗文书篆者填塞户限,颇资以给朝夕。一日,夫人方进纸墨,东阳有倦色。夫人笑曰:'今日设客,可使案无鱼菜耶?'乃欣然命笔,移时而罢"。至于像唐寅、桑悦、祝允明、都穆之类名流才子,更是近乎职业书画家了。

> 嘉定沈练塘龄闲论文士无不重财者,常熟桑思玄曾有人求文,讬以亲昵,无润笔。思玄谓曰:"平生未尝白作文字,最败兴。你可暂将银一锭四五两置吾前,发兴后待作完,仍还汝可也。"唐子畏曾在孙思和家有一巨本,录记所作,簿面题二字曰"利市"。都南濠至不苟取。尝有疾,以帕裹头强起,人请其休息者,答曰:"若不如此,则无人来求文字矣。"马怀德言,曾为人求文字于祝枝山。问曰:"是见精神否?"(俗以取人钱为精神)曰:"然。"又曰:"吾不与他计较,清物也好。"问何清物,则曰:"青羊绒罢。"(李诩:《戒庵老人漫笔》卷一《文士润笔》)

晚明的士大夫们这时已发生了变化,他们不再耻于言利,这时候清傲的标准也已经变成了君子爱财,取之有道了。

文化既然成为商品,它就必然要与社会需求相适应,使之能够尽可能地拥有市场。这就迫使相当一批士大夫的文化作品必须改变以往的那种高雅和孤芳自赏,而设法能够使更多的人接受。文化商品化是晚明的一大特征,从而也就决定了晚明文化的发展趋势。这一发展趋势造成了两个截然不同的结果,一是通俗文化的发展,二是色情文化的发展。

文化的发展与社会文化水准的发展是同步渐进的,通俗文化的发展必然建立在文化相对普及的基础之上。对于晚明文化普及的情况,我们目前虽然尚无法给予准确的结论,但是仅从现在已见到的材料来看,便已经使我们颇感震惊了,就连晚明著名文学家张岱也对这种文化普及的程度感到惊讶。他曾说到其家乡余姚的情形:"惟余姚风俗,后生小子无不读书。及至二十无成,然后习为手艺。故凡百工贱业,其《性理》《纲鉴》皆全部烂熟。偶问及一事,则人名、官爵、年号、地方枚举之,未尝少错,学问之富,真是两脚书厨。"(张岱:《娜嬛文集》卷一《夜航船序》)这种情形当然不仅见于余姚一地,大约在苏、杭及其他经济发达的地区,文化普及程度都相当高,而即使在边远地区,由于相当数量的私塾、义学以及各级儒学的建立,也都有一定数量的识字人。尽管到晚明以后,官员的人数较前有大幅度地增加,但是为数众多的读书人走入仕途的比例却只会愈来愈小。读书人开始进入农商百工各行业之中,这些人于是成为通俗文化的巨大的市场。

晚明通俗文化的主要表现形式应属戏剧和民间说唱艺术。而这些戏剧和说唱艺术作品,又通过坊刻,成为流行于民间的书籍。以前那种贵家巨族"间有一焉用歌舞戏,则里中子弟皆往观之,谈说数日不能休"的情形一去不复返了。到晚明时代,民间歌舞戏的表演已经成为极普通的事情,以致"优人不能给"(万历《通州志》卷二《风俗》)。元朝就曾盛行的"说唱于九衢三市"的"老郎"也构成了当时文化生活的一项重要内容,而且还不仅仅是那些"会书老先行",包括一些盲人在内的说唱艺人,以弹唱形式表演古今小说,成了当时城市文化生活中必不可少的东西。

这时候的文人士大夫们也不再安于旧有的上层文化的限制,他们开始通过对民间文化的吸收再创造出一种能够雅俗共赏的文化作品,其结果是使得过去只有民间才会流传的东西登上了大雅之堂。民间戏剧走进了皇宫,民歌成为士大夫们猎奇的对象,民间说唱作品则成为士大夫们再创作的拟话本的基础。于是一批过去被当作市民文化的作品出现了。当然,称之为市民文化作品似乎并不十分妥当。因为就其创作者本身来说,并不属于市民阶层,而且这些作品的服务对象也并非仅仅限于当时的城市市民,而只是在其中较为生动地反映出了城市的一些生活内容。应该说,这些作品仍然属于士大夫文化的范畴。它之所以与前有了很大的不同,则是因为这时候的士大夫文化已经发生了明显的变化。

文化的通俗化给晚明文化带来了勃勃生机,晚明文化突然之间显得丰富起来。这情形也直接影响到了士大夫们的上层文化创作,使他们也必须更加贴近生活,于是晚明的小品文也就应运而生了。小品文虽然还是属于雅文化的范畴,但它不仅在文风上与复古派有着根本的不同,就其所表现的内容来看,也是明显体现出了现实主义的风格,使人切实地感到了熟悉可亲。

创作人们感兴趣的东西,或者说社会需求的东西,是文化商品化以后的必然结果。于是在这种条件下产生的文化作品,也就难免要去迎合当时的社会风气和需求者的心理。晚明的社会纵欲思潮对当时文化作品的影响也就必然要有所体现,其结果是晚明色情文化在一定程度上的泛滥。

在明朝人的拟话本中,我们已经可以经常看到一些色情的描写,但那一般来说还只是出现在作品中的一些点缀,或者以道貌岸然的面孔,以惩淫说教的方式去讲述那些男盗女娼的故事。但这显然不能满足那些放纵已极的人们的追求,他们更需要那些露骨的色情作品的刺激。在正统的理学思想宣传的同时,一些文人士大夫们开始更加强调人欲的合理。最具有代表性的色情作品,如像《金瓶梅》《绣榻野史》《肉蒲团》等,我们目前无法确知其在当时的流行程度,但仅从当时士大夫们的啧啧称赞中已可知道它们的影响之大。而且这些色情作品的作者也都是文坛的名宿。南京才子吕天成的《绣榻野史》,著名剧作家李笠翁的《肉蒲团》,托名嘉

靖间大名士王世贞的《金瓶梅》都只是这其中最突出的代表,据说嘉靖间的著名才子杨慎,也是好为此道的一个。目前尚可见到的像《控鹤监秘籍》之类,大都出自杨慎之类文化名人之手。这些作品本身并无实在的意义,只是单纯追求在性描写方面的刺激,以满足时人的放纵。如果说它们毕竟是在相应的条件之下产生的话,那也仅能从长期以来的性禁锢作解释了。

当时士大夫们心态的另一个突出的反映是春宫图的泛滥。按照一些研究者们的解释,当时在人体绘画方面曾经有所突破,那便是以唐寅和仇英等人为代表的人体绘画。荷兰学者高罗佩(R. H. Van Gulik)曾经断言:无论就艺术才能还是个人嗜好来看,没有人比唐寅更适合于画春宫图。他认为,唐寅是中国历史上最早用真人做人体模特的画家,唐寅是在用自己的情人做模特,所以才能将大幅裸体画画得惟妙惟肖。但是严格说来,唐寅和仇英的人体画似乎并不能笼统地被视作春宫图。只是后来南京的一批士大夫们从唐寅、仇英及其弟子们的绘画中找到了所需的范本,从而以套色木刻的方法印制出了相当数量的春宫图。

晚明出现的这种色情文化的泛滥固然缘于时代的风气和文化的商品化,但同时也从一个侧面反映了当时的政治状况,这显然是颓废的政治状况的结果。作为统治阶级的士大夫们面对社会的转型,感到茫然而不知所从。翻开这段历史,我们总感到当时的士大夫们似乎是在历史的潮流中挣扎,他们既不具备引导这一潮流的能力,又不可能阻挡这一潮流的前进,他们只能在随波逐流中得过且过。一批思想相对激进的文人士大夫也曾经掀起了一场结党结社的运动,这是他们推行自身政治主张的强有力的手段。晚明党社运动的结果,一方面导致了文人士大夫们与社会下层的进一步接近;另一方面就当时的统治集团来说,也就必然面临着政治多元化的发展,这也就从根本上破坏了旧的政治体制,相当程度地削弱了帝国的集权力量。

到了万历后期,来自辽东的军事压力和来自内部的农民革命的冲击更进一步加深了士大夫们的混乱心态,旧的文化依托已经完全无力支撑将倾的帝国大厦。晚明的统治集团也开始找寻新的文化依托,他们甚至希望能够从西方传教士那里再找来一个新的救世主,用天主教来替代传统的佛教。

> 时内殿诸像并毁斥,盖起于礼部尚书徐光启之疏。光启奉泰西氏教,以辟佛、老,而帝听之也。(蒋之翘:《天启宫词》)

这当然无法挽救明朝的颓势。明朝的社会这时候似乎是走到了尽头,它面临着一场痛苦的社会变革。

第二节 明代的文化特征及其历史地位

我们在了解了有明一代文化发展的梗概以后,可以进一步来看一看它的文化特征了。其实我们在前面的叙述中,已经谈到了明代文化在不同时期的一些主要特征,现在只是要将这些特征做一个简明的概括。

在中国的传统文化背景之下,明代的文化应该说包括了传统文化的一切主要的内容。作为汉族地主阶级建立的政权,它继承了汉唐以来历代统一朝代的政治特征,这也就必然对当时的文化产生强有力的影响。诸如文化专制及各阶层文化的发展等,都曾经是历朝出现过的现象,但是与前不同的是明代明显地表现出了这些传统文化现象的成熟性,或者说在政治与文化的关系上,它比以前的历朝都更加突出。例如文化专制,明代的文化专制超过了它以前的历朝。宋代虽然就已经出现了文字狱,但与明代的文字狱相比,无论其程度或者范围、内容等方面,都有着相当的距离。再如多层文化的发展,表面上看起来,明代虽然没有唐代那样的文化辉煌,但是它在多层文化的发展方面却不仅毫不逊色,而且成就了一个时代文化的特点。

对于中国的历史,人们总乐于讲说汉、唐的强大与文明。这两个中国历史上的辉煌时代,后来虽然也走向了没落衰亡,但是因为其后都曾有过一个分裂时代的缓冲,从而显得不那样的突然。明朝却在内忧外患中突

然地灭亡,留下了万历以后的混乱疲弱和南明政权的不堪一击。这恐怕也在一定程度上影响到了人们对明代文化不甚以为然的看法。

明代的文化诚然与前有所不同,这不同主要便在于它特殊的时代特征,换言之,明代的文化代表了中国传统文化的终极,而且体现了中国传统社会转型时代的文化特征。

一、明代文化特征

一般来说,就不同角度来看,文化的特征也不尽相同。对于明代文化的特征,我们可以从四个不同的角度来分析。

首先明代文化的一个特征应该是它的时段特征。

从明朝的历史来看,它经历了传统社会与从传统社会向近代社会过渡的前后两个历史阶段。按照这样的理解,我们也可以将明代的文化分为前后两个截然不同的时期。它的前期突出表现了传统文化的成熟,具体说来便是文化专制的空前发展。它的后期则表现为传统文化的变异,具体来说便是多层多元文化的发展与主文化的转换。这种变化是非诗文成就所能概括的。黄梨洲《明儒学案》序中称:"有明事功文章,未必能越前代,至于讲学,余妄谓过之。诸先生学不一途,师门宗旨,或析之为数家,终身学术,每久之而一变。"他所谓的前代,大约便是指的汉、唐盛世,他所说的超逾前代的讲学之风,其实也就是明代多元多层文化发展的一种现象。明代的文坛,从它被政坛吞没,到它的再生,经历了相当的历史时期和种种变化。因此明代文化的繁荣表现出来的不是帝国文化的辉煌,而是民间文化的发展。

永乐五年(1407年)十一月,当太子少师姚广孝和诸臣将奉敕编修告竣的《永乐大典》上呈的时候,成祖曾为之亲自撰写了序文:

> 昔者圣王之治天下也,尽开物成务之道,极裁成辅相之宜。修礼乐而明教化,阐理至而宣人文。……尚惟有大混一之时,必有一统之制作,所以齐政治而同风俗,序百王之传,总历代之典。(《明太宗实

录》卷七三)

这段话所反映出来的思想,后来便成了明朝前期的文化定式。这与汉、唐的文明具有更多的相近之处——追求官文化的发展,并将其作为盛世炫耀的资本。不过明成祖比前人更加追求官文化的宏大,在他的心目中,大,才算是大混一之时的一统之制作。我们很容易在明初找到许多这类的例子,除去《永乐大典》之外,还有郑和的航海、北京城的修建以及那块巨大到始终未能树立起来的孝陵石碑等等。

明初对于大的追求,一定程度上反映出了当时统治阶级的自信。明初的极端专制政治的成功,给了统治者们强大的信心,也培养了他们一切求大的心理。

然而此时,与官文化的发展相反的则是民间文化的寂寞。这一方面是出于当时政治的控制,另一方面也是出于当时经济条件的限制。我们且不必去说那些衣不遮体、食不果腹的尚未复业的农民,就连当时的文人士大夫们也不能去奢求文化的满足。以《明史·艺文志》中收录的明人的文集为例,洪武、建文中120余人的文集,其中包括了元末明初士大夫们的不少作品,真正由太祖朝培养的文人士大夫的文集则寥若晨星。而且明人的文集到了永乐中便锐减至不足50种,仁、宣时则再减至20种,到了英宗、景帝两朝后始有所恢复,达到了50种左右。成、弘以后,更是一发而不可收,到正德时,共有文集约140种之多,但这与嘉靖以后的情形尚无法相比,嘉靖、隆庆两朝更多达330种,而万历以后至天启、崇祯时则更达到350种以上。这千余种文集虽然只是明人文集的一部分,但就其前后发展的不平衡情况来看,已经明显反映出了明代前后期非官方文化的发展变化。

我们从列举的各时期明人文集数量的情况来看,不难发现这与明朝社会经济的发展和文化生活的发展几乎是完全同步的。明朝的经济文化状况在成化后为之一变,正德、嘉靖后为之再变,万历后更发生了明显的变化。这些变化所体现出的实质则是传统社会向近代社会的转型。

明朝后期的士大夫们经常谈到正德、嘉靖前后社会的变化,他们几乎都认为正、嘉以前风尚淳厚。士大夫们所关心的无非是文章、政事、行谊、气节,很少有人去关心田舍声利之事,更不用说去畜养妓乐了。没有取得功名的士人,授徒为生者更是常见之事,军民百姓则各守本分,敬畏官长,没有敢于服饰僭越而与士大夫抗衡者。所以人们一般都会感到,正、嘉以后社会的变化就现象而论,与前即有四大不同之处:一是逐利,二是纵欲,三是僭越,四是不守妇道。这实际上反映出了当时的社会特征,所谓逐利,便是商品经济的发展;纵欲则是对于传统禁欲主义的一种反叛;僭越说明传统的等级标志失去了旧有的价值,金钱开始发挥作用;妇女活动的增多,一定程度上也反映出了传统礼法的破坏。如此种种,其实都是传统社会开始发生转型的表现,并且从一个侧面反映了社会观念的进步,当然这种进步是极其有限的,而且伴随而来的还有许多复杂的社会问题。

然而正因为如此,所以并非所有的士大夫都批评正、嘉以后的风气变化,一批思想解放的人士甚至开始从商品生产与流通的观念上去看待这种社会风气的变化,认为这乃是"天地间损益流通不可转移之局也"(顾公燮:《消夏闲记摘抄》上)。于是陆楫的《禁奢辨》便应运而生了。能够对明初的《禁奢令》提出质疑并公开主张开奢侈之风气,这不能不说是时代的一个巨变。

随着社会生活的丰富,文化生活也变得丰富起来。一些过去只有通过权力才能够享受的东西,现在通过金钱也可以享受得到了。这就不仅打破了传统等级的神秘,而且将以往少数人的某种活动扩大到了相当的范围。一个非常明显的现象便是文学作品的主人公不再限于那些官宦人家和才子佳人们,痴情的卖油郎、发迹的商人们也开始成为自己命运和社会的主宰者。这便是向人们展示出了一种新的社会关系。明朝后期的文化便是在这样的基础之上产生的。我们之所以会感到明朝前后期文化有着相当大的差别也就不足为怪了。

明代文化的第二个特征应该是它的层面特征。

我们一向都十分强调文化的阶级性,认为这是文化的一个基本属性。

从这个基点出发，我们可以找到属于各个阶级阶层的特有的文化内容。在传统社会中，统治阶级的文化，或者说地主阶级的文化成了时代的主文化；人民大众的文化，或者说民间文化虽然以其极强的生命力而能够在统治阶级的摧折下顽强地存在，但是却不得不长期处于从属地位，而且往往得不到表现与发展的机会。明代的前期基本上也还是保持了这种文化特征。然而明中叶以后，随着社会政治经济情况的变化，这种统治阶级文化一统天下的局面也发生了明显的变化，明中叶以后，下层文化有了明显的发展，从而使文化的层面开始显得鲜明了起来。

如同传统政治的发展一样，传统文化发展到明朝以后更加表现出它的没落和毫无生命力。与之相反的是民间大众的文化却得到了勃兴与繁荣。难怪我们今天谈到明代文化的时候，几乎立刻想到的便是那些情节生动的戏曲和脍炙人口的长篇及短篇小说。这些戏曲和小说后来虽然大多由文人士大夫们进行了加工改造，但它们的创作之初则出于民间艺人之手，或者出自民间戏曲，或者出自民间说唱艺人之口。

明代的文化基础虽然没有摆脱传统社会的文化模式，然而与前毕竟有了很大的不同，一方面在商品生产的冲击下，传统的等级制度部分地被金钱所打破；另一方面无法进入仕途的受教育人数增多。这都在一定程度上改变了原有的文化分野的格局，文化层面的特征鲜明起来，文化的层间互动也随之而加剧。

在传统文化中，最上层的文化应该是宫廷文化，宫廷文化是统治阶级文化的集中体现。明代的宫廷文化与前有所不同，而它本身前后期也发生了很大的变化。明初的宫廷文化突出反映了极端君主专制的政治背景，明中叶以后的宫廷文化则鲜明地反映出这种专制政治的逐步瓦解与政治的腐败。这种情况直接影响到了上层官僚文化。从太祖到成祖时宫廷文化的枯寂与主宰文坛的台阁体表现出政治上的协调。而武宗时从廊下家到豹房中所体现的则是走向腐败的政治局面与民间文化的一种畸形的结合。事实上，自从成化间内阁大学士开始向皇帝进献房中术小册子开始，那种歌功颂德追求宏丽的台阁体诗文的时代也就一去不复返了。

于是上层官僚文化变化了,这成为人们对于传统文化的一种传统认识。从台阁体到茶陵派,体现的是政治文化的逐渐衰落。但是随后取而代之的"前后七子"似乎并不应该笼统地被划入到官僚文化的范围之中,虽然他们也有排斥布衣人士的做法,而他们自己其实也并不代表政治的主流。所以说这时候政治集团与文化集团已经不再是浑然一体了。明中叶以后士大夫文化出现的种种变化,也可以看作是统治阶级中不同阶层文化的先后崛起。不过在这中间我们可以看到一种颇为有趣的现象,在明代士大夫文化的发展变化中,政治上的低层者不断成为文化的主导者,这种自下而上的文化发展趋势,也成为明代文化发展的一个特征。不仅士大夫文化如此,整个明代文化也都如此。如果说明朝前期文化的趋势是自上而下地发展的话,那么明朝中叶以后则形成了一种逆转。

下层文化永远比上层文化更具活力,因此当上层文化去改造下层文化的同时,它也就必然要被下层文化所改造。

所谓的下层文化,更准确地来说就是民间文化。明代民间文化一个突出的特点是市镇民间文化的兴起,这是与明代市镇商业的发展情况密切相关的。这也就使我们能够从中看到一些体现出社会转型时期新兴的生产关系萌芽的内容。明代的民间文化也有着前后时期的发展变化,它的前期由于受到专制政治的种种限制,也曾一度处于低落时期。可以试想一下,当民间的正月节庆活动都如同永乐间那样由官方组织倾城观看所谓的鳌山灯火,真正民间活动的余地恐怕也就很小了。所幸的是,这种情形到后来逐渐得到了改变,明中叶以后,随着专制政治的削弱,民间文化迅速发展了起来。

过去我们在谈到民间文化的时候,往往会立刻与那些最传统的民间活动联系起来,这些当然属于民间文化的范围,但是明代的民间文化却超出了我们的这种习惯认识。因为明代的一个前所未有的现象是社会文化教育的普及。所谓"后生小子,无不读书"(张岱:《琅嬛文集》卷一《夜航船序》),"虽十家村落,亦有讽读之声"(王世贞:《弇州山人四部稿》卷六一《赠程君五十寿序》)。这些民间文化人不仅充当了上下层文化的中间人,而且对于民间文化的总结与推动起到了相当关键的作用。

一方面是上层文化的不断向通俗化发展,一方面是民间文化的不断提炼与提高,因此明中叶以后的民间文化实际上已经不能再笼统地称之为下层文化了。例如在著名的"民抄董宦"事件中,当董其昌父子欺辱乡里生员陆兆芳,以致合郡不满时,董氏姻亲生员范氏便作词曲《黑白传》授予说书人钱二,于郡中说唱。范氏为董氏姻亲,却并没有站到董氏立场之上,而是帮助了与自己同属一个阶层的生员陆氏。其后董氏追查《黑白传》之事,范被逼与钱二同跪赌誓,而范氏不旬日而死,范妻向董氏哭诉,再受其辱,由此而引发民抄董氏的事件。民众这时候又站到了生员范氏一边。这一事件中的那个词曲《黑白传》虽然出于生员之手,但从内容到形式,似乎都应当属于民间文化的范畴,而且事实上也成了宣传民众的武器。这种情况在明中叶以前是很难见到的。民间文化也与前有了很大的不同。

因此我们可以说,明代民间文化本身也出现了不同的层次特征。这与通常所说的民间各种群体或者行业自身保持的文化特征情况是有所不同的,它在一定程度上反映出了各个阶层在社会中的自我表现的追求。这时候的社会确实是发生了与前明显的变化。多层文化主要是民间文化发展的结果,而一些本来属于民间文化的东西在被文人士大夫们吸收加工后,成为上层社会的文化形式和内容,于是出现了一种人们常说的雅俗共赏的文化,这在一定程度上反映了传统等级观念的变化。但是,这种文化的互动并不意味着多层文化的消失。文化的多层特征的明显与层间互动的加快是从传统社会向近代社会转型时期的一种突出的文化现象。

明代文化的第三个主要特征是它的地域特征。

文化的地域特征可以包括国家、民族等特定的地域界限,然而仅就同一国家民族内部而言,文化的地域特征也是非常明显的。人们常说十里不同风,百里不同俗,这在某种程度上便反映了地域的文化特征。明代的地域文化特征也是十分突出的,而且有它自身的特点。

明朝建国之初,政治文化中心是江南一带,大约主要包括江浙和江西

地区,这是自唐宋以来形成的一种经济文化布局。明初太祖建都应天(今南京)以及北方与北元的战争形势更决定了这样一种文化的布局。随着明朝统一局面的发展,这种南重北轻的布局本应有所改变,但是北方在经济文化上的恢复发展却比人们所能想象的要困难得多,虽然太祖晚年曾经发生"南北榜"的案件,给了北方士子们更多进入仕途的机会,其目的却只是为了保证皇帝对于科举的控制,而并非专意于扶植北方士子,所以这并未能改变北方与南方的文化差异,这种情况直到成祖后期迁都北京以后,才开始有所变化。

成祖迁都北京的目的当然只是为了政治与军事的北移,以保证朝廷对北方的控制。但是政治中心的北移和大批江南官僚士大夫来到北京,对于北方的文化发展也就必然会起到相当大的作用。永乐迁都后,以北京为代表的北方文化得到了长足的发展,到明中叶以后,逐渐形成了以南北两京为中心,以江浙为先趋的全国文化新布局。这时候江浙的文化与南北两京的文化在很大程度上已经融为一体了,大量江南官员的入仕,把江南文化带到了北京,同时也把北京的文化带到了江南一带,而且随着社会经济的发展,全国经济流通的加快,这种地域文化间的互动也愈来愈快。不仅官僚士大夫的文化加快了流动,民间文化的流动也随之而加快了。

这种互动的突然加快大约也是在正德以后,一个名叫董毂的明朝人曾经记述了当时这种互动的情况。他从家乡来到北京,见到市间交易皆用一种质量低劣的铜钱,称作"板儿",感到很奇怪,然而待到还乡,乡里也已经盛行质劣之"板儿"了。他还谈到其乡妇女一向流行窄衣尖髻,到京师后,见京中妇女长衣大袖,感到新奇,既而南还,家乡妇女也都已改行宽衣平髻了。

这种地域间的文化影响最突出的还是在那些经济文化相对发达的地区。不过值得注意的是,在有明一代的近三百年间各地区文化的发展也并不平衡,随着一些地区经济的发展,文化也相应得到了较快的发展,而且其原因也是多方面的。例如明初在北方设立的军事重镇如大同、宣府

(今河北宣化)等地区经济与文化的发展。或者像永乐迁都前后漕运的通航使得沿运河城市的发展,对山东临清这样的北方城镇的经济文化发展所起到的作用,以及如徽商或晋商的发展对于当地经济文化发展的影响等等。当然明朝政府对于地方儒学以及科举考试的南、北、中分卷录取制度,也在一定程度上促进了相对落后地区的文化发展。但是总的来说,文化相对发达的地区也往往就是经济相对发达的地区,而且到明中叶以后,这些文化相对发达的地区也都是商品经济相对发达的地区。随着商品经济的发展,地区间的文化影响也不断加快,到明中叶以后,便出现了流行文化的趋势,地域文化在保持自身固有的特点的同时,也融入了相当程度的各种外来文化。直到真正的外来文化的到来:西方传教士的来华。

明代文化的第四个特征是中西文化的交流。

明朝确实是一个非常有意思的时代,它的前期曾经是帝国文化向外输出的时期,郑和的航海以及派往中亚的使者们,将恢宏的中华文化传播于海外。但是到了它的后期,却开始了外来文化的输入。西方传教士们的来华使明朝人开始了对西方文化的接触。这样的前后期截然不同的变化,实际上是当时世界经济文化形势发展的结果,也是明朝自身经济文化发展的结果。西方资本主义的发展,使它们逐渐走到了东方的前面,而明朝自身这时候也开始了在传统社会基础上的转型。这前后三百年间的变化给予中国人的启示应该是永远难忘的。

当西方文化到来的时候,明朝人采取了不尽相同的态度。一种本能的对外来文化的排斥和部分士大夫对西方文化的乐于接受,构成了明后期中西文化交流中那种不十分协调的进程。

在《利玛窦中国札记》一书中,作者谈到当时明朝对外国人的封闭做法,只有三种人按照法律被准许入境:一是自愿来向中国皇帝朝贡的人;二是打着朝贡旗号来寻求财富的外国商人;"第三种人是羡慕这个伟大帝国的声名而来此永久定居的,中国人认为他们是受了他们道德名望吸引。过去这类人很多,但现在中国人已不如他们所想象的那样富于吸引力了。传教团神父们在中国工作,是属于第三类人因而符合法律

的。……正是以这第三种资格,神父们才被允许在中国居留,他们的教友才得以入境,但是人们不应认为他们隐瞒了他们来这里的目的,那就是要传播福音。凡是和他们打过交道的人都很了解这一点,而他们那些当大臣的朋友们也是用这一合法的借口来保护他们的,使他们能在中国待下去。"(《利玛窦中国札记·利玛窦墓》)

最为生动的事例便是在利玛窦死后,他们请求神宗皇帝赠给一块墓地时的努力,那些作为利玛窦朋友的朝廷官员们,在没有先例的情况之下对于这件事情的小心谨慎的帮助,以及事后神父们送给叶向高等人的那份颇具特色的礼物:"用一块象牙同时精美地雕上日、月、星辰图。"(《利玛窦中国札记·利玛窦墓》)中国文化观念的包容性和以科学技术为主体的西方文化这时候有了一次微妙的结合。但是其后便又发生了选择墓地时的文化冲突。利玛窦的墓地被定在北京西郊的仁恩寺后,作为寺庙主人的已被治罪的宦官杨某的同辈曾经到寺中寻衅闹事,他们一方面出于对寺院被选作墓地的不满,但同时似乎还有另外的文化原因。当时在场的人记述了几个闹事的宦官在离开寺庙之前的一段经过:

> 当他们穿过一间供有偶像的外厅时,有一个人就跪倒下来向主神说:"再见!最后一次告别了。从此我不能像从前那样自由地进入这个大厅了。"另一个人为了泄愤,就用更直率一些和可能更诚实一些的语气对同一座偶像说话。他说:"你这个泥胎,"这座怪像是用泥塑的,上面涂金,"如果你没力量能保住你的寺和照顾自己,我怎么能希望从你那里得到什么呢?你一点也不值得尊敬,所以我不感谢你,甚至于也不承认你。"别的几个人说这座像本来是叫某一个偶像的名字,后来又改了名字,而原来的那个偶像现在就对盗窃了它的名字的这个偶像来报仇。他们对那几座偶像进行了这类的谴责之后,终于离开了原来属于他们的这座寺。(《利玛窦中国札记·利玛窦墓》)

在这场关于寺庙产权的冲突中,也明显地表现出了中西文化信仰的冲突。但是中国文化的包容性以及由此而造成的多神崇拜也在这场赐墓事件中得到了体现。就连西方的传教士们也为之感到惊异,他们说:"谁听到中国皇帝赐给穷苦的外国人一个家园和墓地,会不感到惊奇呢?这种特权以前从未赏给过外国人,也很少给予政绩卓著的最高级大臣。就是这几个外国人拆除了异教偶像及其神坛,不仅是在京城的眼皮底下,而且是在全国的众目睽睽之下,在朝廷和皇太后本人都了解的情况下,经过高级部门和整个阁部的赞同,然后把偶像换上了救世主基督和圣母的画像;有谁听了这些会不觉得奇怪呢?更令人惊异不止的是,他们在自己的神坛上应皇上本人的要求为皇帝祈福,而且出于他本人的意思在神坛上还刻上了他的名字。"(《利玛窦中国札记·利玛窦墓》)由此看来,到崇祯皇帝的时候准备在宫中改奉基督教也就并不那么突然了。

作为皇帝来说,信仰之目的只是为了有利于统治,然而对于一些思想比较开放的儒臣来说,从他们与传教士的接触中反映出了当时士大夫中一些人对于西方科技文化的积极态度。如其中最具代表性的李之藻,他是一个毕生接受了儒学教育的上层人物,而且具有一定政治地位,但他不仅接受了利玛窦的洗礼而信奉基督教,而且成为一个倡导西方科技的代表。他在奏疏中给予传教士们极高的评价:"伏见大西洋国归化陪臣庞迪我、龙化民、熊三拔、阳玛诺等诸人,慕义远来,读书谈道,俱以颖异之资,洞知历算之学,携有彼国书籍极多,久渐声教,晓习华音,在京仕绅与讲论,其言天文历数,有我中国昔贤谈所未及者。"(李之藻:《请译西洋历法等书疏》,《明经世文编》卷四八三)将异国的传教士与"昔贤"相提并论,足见李之藻对于西方科学的重视程度。

晚明时期是中国思想解放的一个高峰期,有些学者甚至将其比之于先秦的诸子百家时代。但是正如有人指出的那样,这时候来华的西方传教士所代表的还是西方封建教会的旧教,而不是代表了西方资产阶级的新教,因此他们的来华并没有给中国带来真正新观念的冲击,尽管与这些传教士接触的明朝士大夫中颇有一些思想比较开明的人士,却未能够从

这种中外接触中引出更为激动人心的发展,明朝人完全是依靠着自己在进行着艰难的社会转型。

二、明代文化的历史地位

明代的文化不是一个固定的单一的内容,它存在于一个相当长的历史时段中,而且是一个动态过程。所以倘若一定要给它一个历史地位的评价的话,我们也就必须将它放到有明一代的历史时段中去认识。明代既是传统文化的高峰期,同时也是传统文化注入了新内容的转变时期,是一个传统文化没落的时期,或者是一个化腐朽为新奇的时期。

也许正是因为有这样的一个转变,到了清代,人们从传统角度来评价明代的文化的时候,给予它的评价却是颇多的贬抑。人们普遍认为,明代的文化尽是一些华诞无实的东西。这里所说的明代文化当然是指那些只限于文人士大夫中间的文化内容,民间的文化活动大约是不包括在内的。但是从我们今天所了解的情况来看,其实这种对于明代文化给予贬抑的主要原因还在于明代士大夫文化之中包括了以前所不能相比的娱乐性和通俗性特征。

我们在前面已经说到,有明一代的三百年间,传统文化经历了一个反复与转变的过程。而这样的过程在其前是不曾有过的。例如明初的文化专制,那样大规模的文字狱,以及正德以后商品生产的发展和那种从上而下的奢靡风气。这是截然不同的两种社会环境,但却反映了同样的一个现实,即传统社会的晚期特征已经相当的明显了。文化作为时代的反映,也就必然具备同样的特征——晚期传统文化特征。

明朝人在对于传统文化的继承上确实没有表现出应有的作用。半个多世纪的极端君主专制政治明显地限制了人们的创造力。待到一批士大夫起而打破这种局限的时候,明朝的社会又开始进入商品生产的发展阶段,开始了前所未有的社会转型。那种利用追寻汉、唐传统文化作为文化突破的做法,只是在很短一段时间里造成了传统文化的繁荣,而这种起点并不很高的传统文化繁荣几乎立刻就被社会转型时期的文化内容所替代。所以我们评价明代文化的历史地位,实际上也就是评价明中叶以后文化的历史地位。

在当今的文化史研究中,一些学者认为中国的文化发展到了宋代"新儒家"以后,开始了进一步的再普及与再深入。就其现象而论,确实如此。但是宋代的"新儒家"们事实上并未真正代表社会文化的再普及与再深入。他们所代表的文化主体仍然只是一个并不很大的士大夫集团。这情形到了明代中叶以后便大不相同了。明代的"新儒家"们才真正开始了文化的再普及与再深入,例如泰州学派那种包括了工商仆隶的哲学学派的形成与发展。这时候的哲学已经普及深入到全社会之中,成为一种人人可知的学问。这有些类似先秦诸子百家的时代。虽然它不及那时候的辉煌,却同样使人感到了一种社会变革的气息。与先秦诸子不同的是,这时候的思想家们没有能够像先秦时代那样得到新兴的地主阶级的认可,也未能成为时代的实用之学。因此明代中叶以后的文化虽然带有了社会变革的气息,却始终未能成为一种真正的新型的文化,它只能够像过去人们常说的那样:带有新的社会形态的萌芽。

从汉赋到唐诗,到宋词,到元曲,再到明人小说,就其形式而论已经带有一种走向普及的趋势;就其内容而论也有着截然不同的时代特点。不仅如此,就明代小说自身前后的情况来看,所表现的内容也有着相当大的差别。我们在前面已经说过,明代前期的小说基本上保持了宋元话本的内容,作品中的主人公,大都是些官宦及其子弟。而明中叶以后的话本或者拟话本小说中的主人公,已经逐渐为富商大贾或者城市平民所取代。这些变化给予明代文化以更强的生命力,与此同时,雅文化的范围不断缩小,俗文化的范围不断扩大。这种文化的再普及与再深入也是前所未有的。鲁迅曾经在《致姚克》中说过:"歌、诗、词、曲,我以为原是民间物,文人取为己有,越做越难懂,弄得变成僵石,他们就又去取一样,又来慢慢的绞死它。"(《鲁迅全集》卷一二,第339页)这对于我们了解中国传统文化的发展甚有启发。一方面是文人的取作己用,另一方面则是文化形式的不断更新,待到明中叶以后,文人们大量从民间说话人那里汲取营养,再

创作成长篇或者短篇小说的时候,他们已经无法再像以往那样将其绞死了。因为这时候他们已经不可能像以往那样去垄断书面文化,更无法用他们的作品去取代流传于世的说唱话本。这固然是文化再普及与再深入的作用,同时也是时代变革在文化上的反映。

许多学者都认为,中国的传统文化形式,到宋元以后为之一变,而其变化的代表则是话本文学的出现。这是因为一些未能走上仕途的文人逐渐构成了一个文化创作群体,这一群体对于民间文化的发展起到了相当重要的作用。诚然如此,在宋元的文化创作中,除去像关汉卿那样伟大的文化巨匠之外,我们确实无法列举更多的作者,他们确实是一批生活于社会下层的文化人。这种情况到了明代中叶以后便又发生了很大的变化,那些从事于民间文化再造的文人已经不再限于下层文人,而几乎成为当时文人士大夫们的一种时尚,他们尽管没有都去专门从事拟话本的再创作,但是他们对于当时文化的汲取与发挥也在不同程度上表现在他们的那些野史笔记之中。这种变化可以说也是另一种形式的再普及与再深入。

与这种再普及与再深入直接相关联的还有那些没有为文人士大夫们所取用的更广泛的民间文化的发展。民间文化是一种承袭性很强的文化,从目前对于民间文化很不充分的研究情况来看,我们还很难将它们准确地划分,哪些是从明代开始出现的,哪些不是从明代开始出现的。这甚至比我们去区别明初与明中叶以后的民间文化特征都要困难许多。因此我们若要对明代的民间文化做出一个与历代民间文化明显对比的评价是相当困难的。但是这并不意味着我们不可以评价明代的民间文化。中国民间文化活动不少习俗始于唐、宋,而且大多还是在宋代得以形成习俗,例如上元张灯的活动,便始盛于宋代,但是到明代以后,这种民间活动更进一步固定了下来。再如端午节的龙舟竞渡,亦自唐代而有之,但始终未曾成为固定的民间活动,并多见于三月间举行。到了宋代,还有元夕竞渡的习俗,文天祥就曾经有诗记述道:"南海观元夕,兹游古未曾。人间大竞渡,水上小烧灯。"(赵翼:《陔余丛考》卷二一《竞渡、乞巧、登高》)而到明代以后,这种竞渡活动才逐渐固定下来,而且全国大部分地区都于五月初五举行。事实上,我们今天能够从文献上、口传上或者实物上看到的以及民间流传至今的活动中了解到的民间文化的内容,绝大多数都可以追溯到明代,因此可以说,从明代开始,民间文化进入了一个空前丰富繁荣的阶段。这种丰富与繁荣是从明中叶以后开始的,在明前期那种极端专制政治条件下,民间文化也呈现出萎缩的状态。《明史·丁珏传》中记:

> (丁)珏,山阳人。永乐四年(1406年),里社赛神,诬以聚众谋不轨,坐死者数十人。法司因称珏忠,特擢刑科给事中。

这样的事件在当时恐怕不会仅此一例。只是因为丁珏由此得官,其后又因好伺察百僚小过上闻,为同官所恶,才得以将其不光彩的得官过程彰示于人。通过这个事例我们可以看到,在明初的政治条件下,大规模的民间活动还是很容易引起官府注意的。此外便是经济条件所限,明初的贫穷状况使人们还无法追求更多的文化生活。而到明中叶以后,人们对于这类活动则习以为常了。不仅是在江南经济文化发达的地区,就是一些相对僻远的地区,这类民间活动也相当频繁,而且活动的规模也愈来愈大,逐渐形成了不同地区的相近而又各具特色的民间活动。

同一种民间活动,在不同的历史时期会各具不同的时代特色。我们从明中叶以后的民间文化活动中所看到的那种时代特色,主要便是商品生产发展的痕迹,许多民间文化活动实际成了一种带有浓厚商业色彩的活动或者就成了一次次的商业活动,民俗活动的场所于是也就成为集市。而这种带有商业性质的传统民间活动,也就更容易为人们所接受,并得到较快的发展。这种情况虽然在唐、宋间也曾经有所表现,但其规模程度都无法与明中叶以后相比。许多地方投入了大量的人力物力去推动这些民间文化活动的发展,一方面借以表现出地方的特色,同时也是地方经济实力的具体体现。民间文化活动到这时候,似乎已经偏离了旧的传统的轨道。这也正是明代文化与前所不同之处。

明代民间文化的发展，也改变了旧的文化格局，促进了社会文化的民俗化。所以说明代的文化具有承前启后的作用。

从先秦诸子百家到秦汉统一时代，再到唐、宋传统文化的繁荣发展，中国传统文化经历了三个阶段的发展，明中叶以后的文化，可以算作是中国传统文化发展的第四个阶段。这一阶段文化开始随着社会转型发生前所未有的变化，从而表现出了它所独具的近代文化特征，它一方面对旧有的等级文化的界限要有所突破，一方面却又在维系着旧的文化。这种有限的文化变革，与当时的社会政治经济变革一样，无法找到真正的出路，待到清朝取而代之的时候，新的文化专制轻而易举地便将这无力的变革切断了，中国的文化开始在新的条件下步入了新的歧途。

第二章 明代文化专制

读书人论道,思想之活跃,个性之追求,从来都是专制统治的大忌。因此,历代的专制君主,必定要推行文化专制,借以控制那些企图离经叛道的思想文化。自秦始皇起,便有焚书坑儒之举,此举颇为后世所非,有诗批评说:"坑灰未冷山东乱,刘项原来不读书。"其实秦的专制非仅为对付读书人。观秦以来的中国历代专制统治,其所治者,一为读书人(即知识分子),一为农民(包括工商者流)。不过农民不去写史,正史、野史均出自读书人之手,因此史书中便多记下了种种文化专制的史事。

谈明代的文化,首先必须涉及的也是文化专制。文化专制乃是专制政治的重要组成部分,明朝作为一个专制主义中央集权空前强化的朝代,其所施行的文化专制统治,是中国历史上,乃至世界历史上绝无仅有的。

明代的文化专制,始行于太祖,继行之于成祖,其文字之祸,文臣之诛戮,书籍之禁毁,正史之篡改,思想之禁锢,文化之狱案,均亘古仅见,并且开创了恶劣的先例。仁宗、宣宗以后,情况略有好转,不再有那种大规模的文化劫难,但是由于专制政体并未从根本上改变,种种思想狱案、文字之禁仍时有发生,直至明亡。故云:"秦鉴在先,明鉴在后。"这是中国文化专制最突出的两个阶段之一,故不可不书而志之。

第一节 文字狱

一、贺表案

明制:凡逢年节及皇帝天寿圣节(生日)、皇家庆典或官员向皇帝谢恩时,均要上表笺。初无定式,"凡表笺,洪武间令止作散文,不许循习四六旧体,务要言词典雅,不犯应合回避凶恶字样。仍用朱笔圈点句读,表用黄纸,笺用红纸为函,外用夹板夹护"。"又令进表笺及一应文字,若有

御名庙讳,合依古二名不偏讳,嫌名不讳,若有二字相连者,必须回避,写字之际,不必缺其点画。"(《明会典》卷七五《表笺仪式》)

当时地方三司(布政使司、按察使司、都指挥使司)、府州县及卫所所上贺表,多由地方教官代为撰写。这是建国初官吏队伍文化素质不高,人才缺乏所造成的。当时地方所聘教职多为当地名儒,他们出于平时的文风,在书写贺表的时候,往往引经据典,词体骈丽,以示文采,却不想因此而罹祸。

据明人所记,其祸端始于诸勋臣之进谗:

蒋景高,象山人,元末遗儒也。内附后,仕本县教谕,罹表笺祸,赴京师,斩于市。斯祸也,起于左右一言。初洪武甲子开科取士意右文,诸勋臣不平,上语以故曰:"世乱则用武,世治宜用文,非偏也。"诸勋进曰:"是固然,但此辈善讥讪。……如张九四厚礼文儒,及请其名,则曰士诚。"上曰:"此名甚美。"答曰:"《孟子》有'士诚小人也'之句,彼安知之。"上由此览天下所进表笺而祸起矣。(黄溥:《闲中今古录摘抄》,《纪录汇编》卷一二九,景明刻本)

此说殊不可信。景高之被杀,是否即贺表案之始,已不可考。明太祖兴文字之狱,绝非仅因勋臣之言,恐亦并非因其"学问未深,往往以文字疑误杀人"(《廿二史札记》卷三二)。究其所由,一则是因为其出身农民的自卑心理,唯恐为文人所嘲弄;一则出于其专制统治之需要。其中更主要的还是后者。明初的各地教官,多为元朝遗逸,有些亦曾在元朝做过官,他们既保留着旧日对农民军的看法,又带有旧文人对于新朝的疑虑。太祖选择这些职权卑微的教官作为打击对象,比起对于其他文人要更来得容易一些,而且同样可以起到一举两得的成效,充分显示了皇权的淫威,对文人士大夫起到了杀一儆百的作用。但是那些名列贺表案的教官,则因此而成为文化专制下的冤鬼。赵翼《廿二史札记》卷三二《明初文字之祸》等野史笔记记述甚详。

浙江府学教授林元亮,为海门卫作《谢增俸表》,以表内有"作则垂宪"四字而被杀。原因只是因为"则"字音近于"贼",而太祖当年曾参加义军,自认即是做贼,故为大忌。

北平(今北京)府学训导赵伯宁,为都司作《万寿表》,有"垂子孙而作则",被杀。

福州府学训导林伯璟,为按察使撰《贺冬表》,以"仪则天下"被杀。

桂林府学训导蒋质,为布政使司、按察使司作《正旦贺表》,以表中有"建中作则"被杀。

澧州学正孟清,为本府作《贺冬表》,以文中有"圣德作则"而遭诛。

又有常州府学训导蒋镇,为本府作《正旦贺表》,其中有"睿性生知"一句。但只因太祖年轻时曾出家为僧,忌言"僧"字,而"生"字音近于"僧",故此而罹祸。

据黄溥《闲中今古录》所载,杭州教授徐一夔作贺表,中有"光天之下,天生圣人,为世作则"等语。太祖览之大怒道:"生者,僧也。以我尝为僧也。光则剃发也,则字音近贼也。"遂将一夔斩首。此案《明史》中不记。据《明史·文苑传》,一夔曾与修礼书,有荐修《元史》,辞而不至,任杭州府学教授后,应诏修《大明日历》,将授翰林院官,"以足疾辞,赐文绮遣还"。后人有考其生平者,如清光绪间丁丙编校《始丰稿》,卷后跋曰:"世因《翦胜野闻》称表文忤旨收捕斩之之诬,几疑不克令终于官,岂非大谬哉。"今陈学霖教授亦有补证:徐氏《故文林郎湖广房县知县齐公墓志铭》,文成于建文元年(1399年),以证野史所记其斩首之误。

祥符县学教谕贾翥,为本县作《正旦贺表》,以"取法象魏"四字致祸被诛。盖因"取法"音近"去发"。

尉氏县教谕许元,为本府作《万寿贺表》,表中有"体乾法坤,藻饰太平"之句。太祖以"法坤"嫌于"发髡","藻饰太平"嫌于"早失太平",命将许元处死。

德安府学训导吴宪,为本府作《贺立太孙表》,其中有"永绍亿年,天下有道,望拜青门"之句而被杀,也只是因为其中的"有道"音同于"有

盗"。

怀庆府学训导吕睿,为本府作《谢赐马表》,内有"遥瞻帝扉"之句,因"帝扉"音近于"帝非"而被诛。

此外还有陈州州学训导周冕,为本州作《万寿表》,因有"寿域千秋"一句而被杀,终不知何故,或不当书千秋,而当书万岁,尚未可知。

亳州训导林云,为本府作《谢东宫赐宴笺》,以"式君父以班爵禄"而遭诛杀之祸,史称亦不甚明其缘由,或即以"式君父"音同于"弑君父"。

当时有翰林编修张某,以直言被黜为山西蒲州学正,照例为庆贺撰表,表中有"天下有道",又有"万寿无疆"之句。太祖阅之而识其名,因怒道:"此老还谤我!"盖以其中"疆"字作"强","道"则音同于"盗",合之而为"强盗"。即命逮送法司。曰:"汝更何说?"张某答道:"臣有一言,就毕就死。陛下有旨,表文不许杜撰,务出经典。臣谓'天下有道'乃先圣孔子之格言,臣谓'万寿无疆'乃《诗经》臣子祝君之至情。今谓臣诽谤,不过如此。"太祖闻其说良久曰:"此老还嘴强。"放去竟不问。左右相谓道:"数年已来,才见容此一人而已。"(李贤:《古穰杂录摘抄》,《纪录汇编》卷二三)

数年间才见容此一人,足见数年间罹祸者之众多。以上诸例,仅散见于野史笔记中的记述,事实上当然非仅如此。频繁的文字狱案造成了官吏中的普遍疑惧,礼臣因此而上疏请降表式,太祖于是亲自为文播示天下。而这时候已经是洪武末年,"二十九年,以天下诸司所进表笺,多务奇巧,词体骈丽。令翰林院撰庆贺谢恩表笺成式,颁于天下诸司,令如式录进"(《明会典》卷七五《表笺仪式》)。①

明朝所规定的表笺格式,不仅包括地方诸司的上表,也包括诸王上表

---

① [美]陈学霖教授认为,明祖之屡兴刑戮,其故或在芟除异己,以达成其专权独擅之目的,而此平平之辈,或以人事关而遭牵连,如洪武十三年(1380年)胡惟庸、二十六年(1393年)蓝玉诸大狱是也。或有甚者,此辈之被株连,乃因政治关系,非以表文忤旨之故,而野史流言遄加附会,以讥讪太祖之不学无道亦未定。文见《徐一夔刑死辨诬兼论洪武文字狱案》,载《史林漫识》,中国友谊出版公司2001年版。

格式。诸王的格式与群臣不同,大约亦定于此时。启奏题本格式的规定,早于表笺式,是为公文行文规范之用的。

制造表笺案是明初专制政治的需要,而确定表笺式,又是当时行政的必要手段。明太祖用这样的方法去限制文人们的自我文化表现,使文人们的行为更加行政化,成为君主专制的工具,不过从此以后,明人的表笺文字便都出于一体,明太祖也不必再去一一读它们了。

二、诗文案

诗文案是指那些因作诗文而引发的文字狱案,这在明代文字狱案中也是相当突出的。

因诗文而招致杀身之祸的事例中,最突出的莫过于明初的才子高启。《明史·高启传》记:

> 高启,字季迪,长洲人。博学工诗。……启尝赋诗,有所讽刺,帝嗛之未发也。及归,居青丘,授书自给。知府魏观为移其家郡中,旦夕延见,甚欢。观以改修府治,获谴。帝见启所作上梁文,因发怒,腰斩于市,年三十有九。

这里提到高启获罪于一诗一文,其诗见于《高青丘集》卷一七,名《宫女诗》:

> 女奴扶醉踏苍苔,
> 明月西园侍宴回。
> 小犬隔墙空吠影,
> 夜深宫禁有谁来?

诗写宫中妃嫔之生活,令人回味之处在后两句,似是暗指当时的宫闱不严。这类漫写宫中生活的绝句,本来有些像宫词之类的作品,倘若没有

后来高启的被罪,人们也许还不会有过多的联想,但后来的事态发展却使人感到了这首诗似确有所指,而并非无稽之谈。明清之际钱谦益为此诗作注云:"《吴中野史》载季迪因此诗得祸,余初以为无稽。及观《国初诏示》诸录所载李韩公子侄诸小侯爱书,及高帝手诏豫章侯罪状,初无隐避之词,则知季迪此诗盖有为而作。讽喻之诗,虽妙绝古今,而因此触高帝之怒,假手于魏守之狱,亦事理之所有也。"(钱谦益:《列朝诗集注》)

李韩公,即韩国公李善长。豫章侯,即胡美。善长子李祺配临安公主,拜驸马都尉,侄佑为丞相胡惟庸从女婿,善长因此坐胡惟庸党案。然其乱宫之事,史书多讳言无记,或语焉不详。仅清初吴乔《答万季野诗问》记:"太祖破陈友谅,贮其姬妾于别室,李善长子弟有窥觇者,故诗云然。李、高之得祸,皆以此也。"窥所获陈友谅之姬妾即谓乱宫,言之过矣。友谅姬妾后有为朱元璋所收入宫者,估计其所谓窥视宫禁者当指此。另外还有胡美事见于本传:"胡美……十七年坐法死。二十三年,李善长败,帝手诏条列奸党,言美因长女为贵妃,偕其子婿入乱宫禁,事觉,子婿刑死,美赐自尽云。"(《明史·胡美传》)胡美长女为贵妃者,即顺妃,太祖十二子湘王朱柏之生母。顺妃未入《明史·后妃传》,其事迹仅见于《太祖实录》卷一〇上。

高季迪被腰斩于洪武七年(1374年),胡美被赐死于十七年(1384年),湘王朱柏生于四年(1371年),胡顺妃入宫必早于此。十多年间,宫阃不严,岂有无人议论之理?不过季迪以才子卖弄于诗文之间罢了。观季迪之经历,初以荐授翰林院国史编修,与修《元史》,又教诸小王于宫中,耳闻目睹宫中的事情当是比较多的。三年(1370年)秋,擢其户部右侍郎,自陈年少,不敢当重任,赐白金放还。此时已有赋诗之事,明太祖隐忍不发,数年后复有上梁文之事,于是二事并治,终致杀身之祸。季迪的上梁文乃是为当时苏州新建府衙而作的:

苏州郡衙,自来本在城之中心,僭周称国,遂以为宫,颇为壮丽。元有都水行司在胥门内,乃迁衙居焉。及士诚被俘,悉纵煨焰,为瓦砾荒墟,方版图始收兹地。

……

蒲圻硕学凤充,性尤仁厚,莅临之久,大得民和,因郡衙之隘,乃按旧地而徙之,正当伪宫之基。初,城中有港曰锦帆泾,云阊闾所凿,以游赏者,久已湮塞,蒲圻亦通之。时右列方张,乃为飞言上闻,云:"蒲圻复官开泾,心有异图也。"……乃使一御史张度觇焉。御史至郡则伪为役人,执搬运之劳,杂事其中,斧斤工毕,择吉构架,蒲圻以酒亲劳其下人予一杯,御史独谢不饮。是日,高太史为《上梁文》。御史还奏,蒲圻与太史并死都市,前工遂辍。(杨循吉:《吴中故语》)

季迪《上梁》一文,世卒未之见。自其门人吕勉作传及《吴中故语》《泳化类编》《七修类稿》《东吴名贤记》《续吴先贤赞》《词林人物考》《传信录》诸书相沿而述,然其文迄未见录。《高青丘集》卷一五《七言律诗》有《郡治上梁》诗一首:

郡治新还旧观雄,
文梁高举跨晴空。
南山久养干云器,
东海初生贯日虹。
欲与龙庭宣化远,
还开燕寝赋诗工。
大材今作黄堂用,
民庶多归广庇中。

诗无可讳而存。但观其所记,除去对于魏观的称诩外,对于朝廷并无一语及之,这大概也便是高启之类才子不称上意的原因所在吧。据称季迪《上梁文》中有"龙盘虎踞"之句,盖喻指张士诚旧宫,本亦无他意,而知府魏观素与右列武臣不合,至遭告讦,加之御史张度为人险刻,终酿此文字

之祸。已经去官的高启,因与魏观交友,被请作上梁之文,加之前诗之怨,亦被牵于祸中。

明太祖的护短自卑固然是其制造文字之祸的原因之一,文人们对宫闱的影射摹画,也往往更加引发了这位初登皇位的农民的恼羞成怒。除高启外,另有监察御史张尚礼作《宫怨》诗:"庭院沉沉昼漏清,闭门春草共愁生。梦中正得君王宠,却被黄鹂叫一声。"(徐釚:《续本事诗》引《尧山堂外纪》)太祖以其能摹图宫闱心事,下蚕室死。文人作诗,托借宫人之心情,其实未必真的了解太祖后宫隐事,却身遭腐刑,乃至丧生,这才实在是没有人性了。

不过太祖天下得来不易,唯恐一朝便失,诛功臣,用重典,目的均在于此;又因他出身卑微,对于文人有着天生的隔阂,既有礼敬,又多猜忌,因此屡兴文字狱。可是有些文人并不惧怕。

> 太祖尝游一废寺,戈戟外卫而内无一僧,壁间画一布袋僧,墨痕犹新,傍题一偈云:"大千世界浩茫茫,收拾都将一袋藏。毕竟有收还有散,放宽些子又何妨?"盖帝政尚严猛,故以此讽之。急命武士索其人,不获。(徐祯卿:《翦胜野闻》)

关于此事,明人亦有记其"因尽诛寺僧"者(郎瑛:《七修类稿》卷三七)。以诗论政,乃是明太祖这类专制君主的大忌,但若因此而尽诛寺僧,则难免有暴君之嫌了。然而此类事例,明人所记也确是甚多。

> 佥事陈养吾作诗曰:"城南有嫠妇,夜夜哭征夫。"太祖知之,以为伤时,取到湖广,投之于水。(刘辰:《国初事迹》)

陈某于明初征战建国之际公然出此哀诗反战,当然为太祖所不容,但仅以诗句而置之死地,严猛之政实可令文人们生畏了。而那些欲以逃仕避祸,求一清静栖身之所者,结果却也难逃不测。

元末高僧一初、止庵,于明初被召至京师,授僧录司官。一初有《题翡翠》诗一首云:"见说炎州进翠衣,网罗一日遍东西。羽毛亦足为身累,那得秋林静处栖?"止庵有《夏日西园》一首云:"新筑西园小草堂,热时无处可乘凉。池塘六月由来浅,林木三年未得长。欲净身心频扫地,爱开窗户不烧香。晚风只有溪南柳,又畏蝉声闹夕阳。"太祖见诗,谓一初曰:"汝不欲仕我,谓我法网密耶?"谓止庵曰:"汝诗'热时无处可乘凉',以我刑法太严耶?又谓'六月由浅''三年未长',谓我立国规模小而不能兴礼乐耶?'频扫地''不烧香',是言我恐人议而肆杀,却不肯为善耶?"(《七修类稿》卷三四)两僧人皆由此获罪而不善终。

两位僧人大约确有退隐之心,否则也不会于元末逃禅了。但是既已出家,却又被征召为僧官,结果还是未能完全脱离官场,难免会说两句牢骚话,至于所谓"法网""规模""礼乐""肆杀"之类,则显然是牵强附会至极了。

诗文本来便是极易曲解的,倘若再像明太祖那样去随心测度,则无诗文不可成狱。

当时有僧人来复,上《谢恩诗》,其中有"金盘苏合来殊域""自惭无德颂陶唐"两句,因以致祸。太祖命诛来复,曰:"汝用殊字,是谓我歹朱也。又言'无德颂陶唐',是谓我无德,虽欲以陶唐颂我而不能也。"(《廿二史札记》卷三二《明初文字之祸》)此出于明文附会之传说。来复死于胡惟庸案,盖因政治牵连之故。是否因此而有对其诗文的追究,则未可知。

洪武以后的历代皇帝中,除去成祖是以藩王夺位登极之外,其余的均为依照皇统择立,不再是草莽出身,也不再需要以无赖手段达到逞淫威于文人之中的目的。那种于诗文引申附会导致杀身之祸的情形不复多见了,但诗文案仍时有发生。

清人赵翼记明初文字之祸,有正统末至景泰初,金都御史张楷以"耽师玩寇"被劾罢官之事。称张楷以金都御史监军镇压浙、闽邓茂七、叶宗留起义,至建宁后停顿不前,日置酒赋诗为乐,又攘他人之功,为人所劾。然其实张楷之获罪,却非因"耽师玩寇",而是因其所作诗文。

> 正统十四年,福建剿贼都御史张楷作除夕诗云:"静夜深山动鼓鼙,生民何苦际斯时。"……又云,"庭院不须烧爆竹,四山烽火照人红。"为给事中王诏所劾罢去。宣德中,楷先为御史,作诗以献宣宗,意欲求进。罪之,赖学士陈循力救而免。至是终以诗败。(《万历野获编》卷二五《诗祸》)

当时以诗获罪者还有天顺间的罗学渊。

> 天顺四年,江西万安县民罗学渊进所作诗三百余首,名《大明易览》,中有《咏犬》《咏蜜》《咏虫》《嘲丑妇》及诛当道者,词多谬妄。上大怒,出其诗,命下狱讯治。集诸大臣廷鞫,坐妖言律论斩。(沈德符:《万历野获编》卷二五《诗祸》)

又:

> 弘治十二年,云南副使赵炯作诗十二首,自序身谕孟密夷使入贡之功,以献。上怒,降为运同。(同上)

以诗寄情,有时难免会有对于时政的批评,这也是自古文人发牢骚、抒情怀的手段,并不鲜见,而明朝文人中却因此而获罪者独多,足见其文化专制之严厉。

正德中浙江佥事韩邦奇,亦以诗获罪。

> 时中官在浙者凡四人,王堂为镇守,晁进督织造,崔璘主市舶,张玉管营造。爪牙四出,民不聊生。邦奇疏请禁止,又数裁抑堂。邦奇悯中官采富阳茶鱼为民害,作歌哀之。堂遂奏邦奇沮格上供,作歌怨谤。帝怒,逮至京,下诏狱。廷臣论救,皆不听,斥为民。(《明史·

韩邦奇传》)

嘉靖四年(1525年),巡抚应天(今南京)右都御史吴廷举,升南京工部尚书。吴以为南京工部为闲职,上疏请辞,其中引用白居易诗句:"月俸百千官二品,朝廷雇我作闲人。"又引张咏诗:"可幸太平无一事,江南闲杀老尚书。"疏末又用"呜呼"二字,明显有牢骚之意。世宗怒,令其致仕,"以廷举怨望,无人臣礼"(《明史·吴廷举传》)。

因诗而致仕,尚属小事,更何况廷举确有牢骚之举,但是嘉靖中另一都御史胡缵宗以献诗得祸,并且几乎酿成大狱,便更显出当时的文化专制之甚了。

> 嘉靖十七年,上幸承天府,都御史胡缵宗作诗纪上南巡。末句云:"穆王八骏空飞电,湘竹英皇泪不磨。"又云,"东海细臣瞻巨斗,北枢中夜几曾移。"自刻而勒之石。后为仇家任邱王联所讦,指为诅咒讥讪。上震怒,逮下诏狱,拷掠论死,后宥戍极边。(《万历野获编》卷二五《诗祸》)

这里所说的仇家王联,原为阳武知县。胡缵宗为河南巡抚时,曾以事笞王联。后王联因殴打亲父,被巡按御史陶钦夔劾罢入狱论死。其父为之请,得释出,又因杀人再次论死。王联知世宗喜告讦,于是以胡缵宗迎驾诗"穆王八骏"等为谤诅,称缵宗命其去为刊刻,又因其不从,乃使陶钦夔弹劾,罗织罪名至论死。王联还使其子诈为朝官,临阙称冤,凡其所恨者,悉构陷于其中,如副都御史刘隅,给事中鲍道明,御史胡植、冯章、张洽,参议朱鸿渐,知府项乔、贾应春等,共百十人。幸有刑部尚书刘讱持法而断,将王联父子斩首。而世宗仍心忌胡缵宗之诗,竟革其职,刘讱亦受牵除名。事详《明史·刘讱传》。

世宗朝诗祸颇多,或因其以外藩入继,心多疑虑,并以此立威。时人又记:

嘉靖间,又有锦衣经历沈炼以劾严嵩编置保安,亦作诗讥督臣杨顺,被诬勾,坐斩。至穆宗初昭雪,加恤翰林院编修。赵祖鹏罢官居家,被宗人赵驯讦其作诗讪上,下诏狱论死。亦至隆庆元年始得释。二人俱浙产。其人虽薰莸,然以诗得祸则一也。(《万历野获编》卷二五《诗祸》)

据明朝人记述:"古来人主多拘避忌,而我朝世宗更甚。当辛巳登极,御袍偶长,上屡挽而视之,意殊不惬。首揆杨新都进曰:'此陛下垂衣裳而天下治。'天颜顿怡。晚年在西苑,召太医院使徐伟察脉。上坐小榻,衮衣曳地。伟避不前。上问故。伟答曰:'皇上龙袍在地上,臣不敢进。'上始引衣出腕。诊毕,手诏在直阁臣曰:'伟顷呼地上,具见忠爱。地上人也,地下鬼也。'伟至是始悟,喜惧若再生。"(《万历野获编》卷二《触忌》)

专制君主的忌讳,是造成诗文案的直接原因,而诗文是最禁不起推敲曲解的,这也便给那些以陷构为业的小人们提供了机会。在那充满险恶的专制社会里,人们必须学会谨小慎微地生活,这实在是中国人的悲哀。

到明末天启年间,太监魏忠贤专权,有知府刘铎以诗致祸。

铎,庐陵人。由刑部郎中为扬州知府。愤忠贤乱政,作诗书僧扇,有"阴霾国事非"句。侦者得之,闻于忠贤。倪文焕者,扬州人也,素衔铎,遂嗾忠贤逮治之。(《明史·刘铎传》)

其实刘铎的诗句在当时并不是什么激励之辞。那时候的官吏军民,无不对魏忠贤、客氏及其阉党切齿痛恨。当时北京有民谣:"委鬼当朝立,茄花遍地开。"委鬼即魏,茄花即客(音近客)。又传:"八千女鬼乱朝纲",

"八千女鬼"合而为魏字。此谣传至宫中,魏忠贤空有淫威却无可奈何。①这时已是明朝末年,十几年后,明朝的专制统治便在天怒人怨中灭亡了。

三、书院讲学案

书院自古即为学者论道讲学之所,与官办的儒学不同,亦有别于进行启蒙教育的乡间私塾。正因为如此,书院便往往成为文人学者们自由抒发学术思想的场所,也因此而有悖于专制政治。

> 书院之制,昉自石鼓、岳麓、白鹿、睢阳,皆硕德鸿儒讲道明教之地,世所谓四大书院者是也。厥后书院遍天下,日增月益,星罗而鳞次,然多尚虚名,而实学荒矣。(王圻:《续文献通考》卷六一《学校·书院》)

四大书院说始于宋,盖指南康之白鹿书院、湖广之岳麓书院、归德之应天书院、登封之嵩阳书院。然"书院之设,莫盛于元,而皆设山长以主之,给廪饩以养之,几遍天下"(孙承泽:《春明梦余录》卷五六《首善书院》)。明初兵燹之后,书院多毁圮,加之太祖、成祖文化专制的严禁,学者多自危,所讲不过宋儒之说,且未敢广聚徒众,故书院于明初为衰落之时。

按照习惯的说法,书院之设,盖未修庠序之教,士病无所于学,乃"相与择胜地,立精舍,为群居讲习之所"(《续文献通考》卷六一《学校·书院》)。明初太祖极重儒学,儒学盛而书院衰。然明初未有书院之禁。明朝人说:

> 国朝修建书院,初未有禁。至嘉靖十七年夏四月,吏部许赞言:"抚按司府,多建书院,以聚生徒,供亿科扰,亟宜撤毁。"从之。万历

---

① 秦征兰:《天启宫词》注,北京出版社《明宫词》本。

十年,阁臣张居正以言官之请,概行京省查革。士论纷然不平,然竟亦不能尽撤。(《续文献通考》卷六一《学校·书院》)

明代书院之禁,初禁于嘉靖间,再禁于万历间,这与明代的政治状况有着颇大的关系。明代的书院讲学之盛,始于成(化)、弘(治)间陈献章(白沙)。正(德)、嘉(靖)后,王阳明则更逾之,其后泰州学派,讲学之风波及上下,终遭当政所忌。

泰州之后,其人多能以赤手搏龙蛇,传至颜山农、何心隐一派,遂复非名教之所能羁络矣。(黄宗羲:《明儒学案》卷三二《泰州学案一》)

嘉靖朝的禁毁书院,起于十六年(1537年)二月。据明人王圻考,湛若水讲学之甘泉书院与王守仁讲学之阳明书院分建于池州府(今安徽贵池)化成寺东西。嘉靖十六年二月,有御史游居敬,上疏《乞戒邪僻大臣以端士习》称:"王守仁之学,主于致良知;湛若水主于体认天理。皆祖陆九渊而少变之,以号召好名谋利之士。然守仁谋国之忠,应变之才,犹不可泯。若水迂腐之儒,广收无赖,私建书院,其言近似,其行大非。乞戒谕以正人心。"诏下礼部议,礼官遂复奏:"王守仁既经禁革,不必更议。若水掌教南雍,间有生徒附和标榜,居敬责备太甚。若水年已七十,屡乞休致,方且慰留,可再议耶。"上谕:"若水既有成命,书院令所司毁之"(《续文献通考》卷六一《学校·书院》)。此次专毁若水之甘泉书院。次年许赞再言,遂有全面禁毁书院之令。

当时禁毁书院讲学之案,虽有端倪而未成大祸,书院讲学亦禁而未止。待到泰州学派讲学之风大兴,终致颜山农入狱、何心隐被杀。

颜钧,字山农,吉安人也。……山农游侠,好急人之难。……颜欲有为于世,以寄民胞物与之志。……然世人见其张皇,无贤不肖皆

恶之,以他事下南京狱,必欲杀之。(《明儒学案》卷三二《泰州学案一》)

其弟子罗近溪变卖家产,为之营救,至不赴廷对者六年,山农终以戍出,年八十余。

> 梁汝元,字夫山,其后改姓名为何心隐,吉州永丰人。……心隐在京师,辟各门会馆,招徕四方之士,方技杂流,无不从之。(《明儒学案》卷三二《泰州学案一》)

其后心隐设计,用道士蓝道行以扶乩劝世宗除严嵩。张居正当政后,遂令捕杀之。"心隐方在孝感聚徒讲学,遂令楚抚陈瑞捕之,未获而瑞去。王之垣代之,卒致之。"心隐后来死于狱中,死前曾言:"公安敢杀我?亦安能杀我?杀我者张居正也。"(《明儒学案》卷三二《泰州学案一》)

此事在万历七年(1579年)三月至九月间,至十年,张居正以言官之请,再申禁令。可见其非仅因与何心隐的旧日之恩怨。史称"而心隐故尝以术去宰相(按指计除严嵩事),江陵(张居正)不能无心动"(同上)。但实际恐非如此。颜山农、何心隐所代表的书院讲学风气,对于时政是一种强有力的冲击,甚至于危及当时的专制政体,作为执政者的张居正当然不能容忍这种风气的蔓延。万历十年(1582年)正月,遂有诏毁天下书院。

> 先是原任常州知府施观民,以科敛民财,私创书院,坐罪褫职。而是时士大夫竞讲学,张居正特恶之,尽改各省书院为公廨。凡先后毁应天等府书院六十四处。(夏燮:《明通鉴》卷六七)

但正如当时人王圻所称:"士论纷然不平,然竟亦不能尽撤。"

在当时，士大夫们讲学成风，被斥削职官员更多行此道。十年之后，至万历二十一年（1593年），大计京察，文选郎中孟化鲤支持主察官员孙鑨、赵南星、顾宪成等人，后被斥为民。"既归，筑书院川上，与学者讲习不辍，四方从游者恒数百人。"（《明史·孟化鲤传》）

不久，顾宪成亦被削职。万历二十六年（1598年），宪成于无锡二泉会吴中诸君子，遂有东林书院之议。"邑故有东林书院，宋杨时讲道处也，宪成与弟允成倡修之，常州知府欧阳东凤与无锡知县林宰为之营构。落成，偕同志高攀龙、钱一本、薛敷教、史孟麟、于孔兼辈讲学其中，学者称泾阳先生。"（《明史·顾宪成传》）当时四方亦多有闻风而起，设立书院者，如毗陵之经正堂、金沙之志矩堂、荆溪之明道书院、虞山之文学书院。而顾宪成等皆以正人被斥，"当是时，士大夫抱道忤时者，率退处林野，闻风响附，学舍至不能容。宪成尝曰：'官辇毂，志不在君父；官封疆，志不在民生；居水边林下，志不在世道，君子无取焉。'故其讲习之余，往往讽议朝政，裁量人物。朝士慕其风者，多遥相应和。由是东林名大著，而忌者亦多"（《明史·顾宪成传》）。而明清之际黄宗羲更称其裁量人物，訾议国政，"亦冀执政者闻而药之也。天下君子以清议归于东林，庙堂亦有畏忌"（《明儒学案》卷五十八《东林学案一》）。这便是后来东林之祸的根本原因。

以讲学而立党，以立党而干政，这远远超过了泰州学派对于当政者的威胁。

万历末至泰昌间的明宫三案发生时，顾宪成虽已病卒，然而东林诸君子都直接参与其中，这时候他们已不再像顾宪成那样为当政者提供良药，而是开始直接当政。《明史》称：

> 初，神宗在位久，怠于政事，章奏多不省。廷臣渐立门户，以危言激论相尚，国本之争，指斥宫禁。宰辅大臣为言者所弹击，辄引疾避去。吏部郎顾宪成讲学东林书院，海内士大夫多附之。"东林"之名自是始。既而"梃击""红丸""移宫"三案起，盈廷如聚讼。与东林

忤者,众目之为邪党。天启初,废斥殆尽,识者已忧其过激变生。及(魏)忠贤势成,其党果谋倚之以倾东林。(《明史·魏忠贤传》)

至天启四年(1624年),汪文言狱兴,东林杨涟、左光斗等与魏忠贤及其阉党更成水火之势。于是阉党复起大狱,逮杨涟、左光斗、魏大中、周朝瑞、袁化中、顾大章等六人,掠治死于狱中。此时顾宪成虽已卒,亦被追削籍,终于造成了明末迫害正人的第一大惨案。

第二节　取士与文化专制

一、"士不为君用"

明太祖朱元璋建国之前,即优礼儒士,建国后,又以大兴文教为求治手段,同时开科取士,着手建立起了一套为君主政体服务的官僚体制。

当时的文人士大夫们的处境是颇为特殊的。朱元璋建国前,中国经历了元朝蒙古族贵族近百年的统治,那时候的汉族士大夫们在政治上的状况是相当窘迫的。当时人说:

> 天下治平之时,台省要官皆北人为之,汉人、南人万中无一二,其得为者,不过州县卑秩,盖亦仅有而绝无者也。后有纳粟、获功二途,富者往往以此求进。令之初行,尚犹与之,及后求之者众,亦绝不与南人。在都求仕者,北人目为腊鸡,至以相訾诟。盖腊鸡为南人馈北人之物也,故云。(叶子奇:《草木子》卷三《克谨篇》)

在这种情况之下,汉人中的士大夫们无法求得心理的平衡,因此元末农民大起义爆发后,一批汉族士大夫便起而寻求出路,投身于群雄之中。当时人高启笔下的南宫生(宋克)即是一个典型人物:他家素厚藏,博饮好游,尽丧其资,后见天下乱,"思自树功业,乃谢酒徒,去学兵……将北走中原,从豪杰计事"(朱存理:《铁网珊瑚》卷六,高启:《南宫生传》)。

到明初任官凤翔同知。

但是,并非所有的士大夫都如同南宫生那样去投靠了朱元璋,那些去投靠了陈友谅、张士诚的文人士大夫,后来都成为群雄纷争中的失败者。而更多的士大夫则成为这场农民战争中被打击的对象。所以当时人又说:"元季扰攘,乡人角力,儒家子弟,率被戕灭。"侥幸逃亡者,惶惶然若丧家之犬,至明初还乡时,"旧佃减获,十亡八九"(柯暹:《东冈集》卷七《宏冈阡表》)。这些人当中的大多数会情不自禁地将自己的命运与失败的群雄和灭亡的旧朝联系在一起,从而在感情上与朱元璋的新朝格格不入。

在明初的士大夫当中,还有一种情况,那就是建国后依附于新朝的一批年轻士人,他们随着新朝的"大兴文教",开科取士,或以品官子弟及民间俊秀通文义而充国子监生,"未几,众皆超任美官,横金跃马,惊骇闾里"(贝琼:《清江集》卷二四《晚翠堂序》)。一些居乡未仕者,也在"修复故业,葺室庐田园,卓然有树立之志"(程大蕃:《程氏家乘》,曾棨:《处士名哲程公墓志铭》)。但是,这种新鲜和兴奋很快便消失了,他们开始发现新朝并非如其所想象的那样美好。洪武朝的严猛之治使他们感到了惶惧和不满。如"胡惟庸案""蓝玉案""郭桓案""空印案"……洪武一朝频兴的大案,株连杀戮多达数万人,人们谈之色变。"无几时无变之法,无一日无过之人。""祸不止于一身,刑必延乎亲友。"(《明经世文编》卷一一,解缙:《大庖西封事》)一些士大夫虽然在政治上步入了仕途,但却畏之而称其为"作虎穴游"(嘉靖《吴江县志·莫辕传》)。据明朝人称:"太祖视朝,若举带当胸,则是日诛夷盖寡;若按而下之,则倾朝无人色矣。"(徐祯卿:《翦胜野闻》)因此,没有多久,士大夫们便普遍视做官为畏途,开始拒绝出仕。

洪武十九年(1386年),明太祖在亲撰的《大诰三编》中记述了他亲审广信府(今上饶)贵溪县儒士夏伯启叔侄一案的情形。伯启叔侄为了不入朝为官,自行截去手指。太祖得知后,命拿赴京师亲审。

（太祖）谓曰："昔世乱，汝居何处？"对曰："红寇乱时，避兵于福建、江西两界间。"曰："家小挈行乎？"对曰："奉父行。"曰："既奉尔父行，上高山峻岭，下深沟陡涧，还用手扶持乎？"曰："扶持。"曰："自后居何如？"曰："红寇张元帅守信州，伯启还乡复业。"曰："向后何如？"曰："教学为生至今。"朕知伯启心怀愍怒，将以为朕取天下非其道也，特谓伯启曰："……尔伯启言'红寇乱时'，意有他愍，至于天更历代，列圣相传，此岂人力而可为乎！今尔不能效伯夷、叔齐去指以食粟，教学以为生，恬然不忧凌暴，家财不患人将，尔身将何怙恃？"伯启俯首默然。噫！朕谓伯启曰："尔所以不忧凌暴，家财不患人将，所以有所怙恃者，君也。今去指不为朕用，是异其教而非朕所化之民。尔宜枭令，籍没其家，以绝狂夫愚夫仿效之风。"而伯启无对，命法司诣本贯决之。（朱元璋：《大诰三编·秀才剁指第十》）

此时已是建国十余年，伯启叔侄虽然固执于旧立场，视元末为所谓"红寇乱时"，其实所言并非指明太祖及新朝为寇；其不肯与新朝合作，也不过是自伤其手指，以逃避入仕，罪不至死，更不至籍没。太祖施之以法外之刑，其根本目的还在于杀一儆百，"以绝狂夫愚夫仿效之风"。太祖在建国之初处于一种矛盾的心理之中，他一方面确实代表了极端的君主集权专制统治，认为天下的臣民必须为皇权服务，没有丝毫的余地；而另一方面，他对于士大夫们究竟能与他合作到什么程度，感到心中无数，认为如果他们不肯与新朝合作，则必然会成为一种危及新朝的势力。这在太祖处理苏州人才姚叔润、王谔的时候，表现得十分突出。

姚、王二人皆儒生，被荐于朝，吏部行文于苏州府，取赴京师，准备擢用。但是二人与苏州府官吏张亨等交结，不欲入仕。故太祖称"二生交结本府官吏张亨等，暗作主文老先生，因循破调，不行赴京以就官位而食禄，匿于本郡，作害民之源"。结果"事觉枭令，籍没其家"（《大诰三编·苏州人材第十三》）。

这在明初算得上是个典型案例了。姚、王二人不愿赴京为官，留于本

郡，并无伯启之类与新朝矛盾之言论，只是做地方官府主文老先生，仍是为官府服务，太祖却认为这是害民之源，并称："其二生以禄为薄，以酷取民财为厚，故重主文、贵老先生而为得计，以致杀身亡家。呜呼！'率土之滨，莫非王臣'，成说其来远矣。寰中士夫不为君用，是外其教者，诛其身而没其家，不为之过。"（《大诰三编·苏州人材第十三》）

明代俸禄之薄，乃是人所共知的事情，而明初的吏治之严格，亦堪称古今之极端，至有酷吏之嫌。时刑部尚书王峕处理一军人娶妻案时，欲查明详由，忤旨被罪，交御史唐铎按问，王峕即说道："你入我罪，久后少不得请公入瓮。"（《御制大诰·尚书王峕诽谤第八》）太祖因此大怒。王峕引唐武则天酷吏故事，可见于时人时政之看法。在这种情形之下，做官实非乐事。

《明史》中记有时人严德珉事：

> 吴人严德珉，由御史擢左佥都御史，以疾求归，帝怒，黥其面，谪戍南丹。遇赦放还，布衣徒步，自齿齐民，宣德中犹存。尝以事为御史所逮，德珉跪堂下，自言曾在台勾当公事，晓三尺法。御史问何官？答言："洪武中台长，所谓严德珉是也。"御史大惊，揖起之。次日往谒，则担囊徙矣。有教授与饮，见其面黥，戴敝冠，问："老人犯何法？"德珉述前事，因言："先时国法甚严，仕者不保首领，此敝冠不易戴也。"乃北面拱手，称"圣恩，圣恩"云。（《明史·杨靖传附严德珉传》）

以疾求归便遭黥戍，足见太祖时"寰中士夫不为君用"法禁之严厉，故严德珉称：求一敝冠而不易得。近人清史学家孟森先生评论此事时说："当时士大夫并不因得官之易而敢于奔竞，止有招之不来之患，是何也？一有不称职，辄遭诛戮，自揣未可侥幸，即避之恐后。……盖既被荐举，即不许遁免，可知时无奔竞之风矣。"（《明清史讲义·开国》）

这是太祖实行君主专制的重要手段。但是，自太祖以后，这种情形便不多见了。只有在成祖夺位登极时,有过类似的情况。一是方孝孺因不肯降附为官,又拒绝为成祖起草《登极诏》而获罪;一是当时因不肯为夺位的成祖服务而在南京陷落前逃遁的官员463人,他们中间还有100多人被逮杀;一是有成祖起兵夺位之初便携印逃亡的北平布政使司官员219人,他们都被令入粟赎死,并发兴州充军屯戍。①

成祖后期,吏治渐趋宽松,官员贪墨风气也有所发展,仁、宣以后,奔竞之风日炽,"寰中士夫不为君用"法也就不再具有任何实际意义了。

二、科举之兴废

科举制度,始行于隋唐,后世因袭之。或略有变化,然其以考试取人才,以为君主所用之宗旨则定然不变。

明代科举始行于洪武三年(1370年),是年有开科取士诏:

> 朕闻成周之制,取才于贡士,故贤者在职而其民有士君子之行,是以风淳俗美,国易为治,而教化彰显也。汉、唐及宋,科举取士,各有定制,然但贵词章之学而不求德艺之全。前元依古设科,待士甚优,而权豪势要之官,每纳奔竞之人,夤缘阿附,辄窃仕禄,所得资品,或居贡士之上,其怀才抱道之贤,耻与并进,甘隐山林而不起,风俗之弊,一至于此。今朕统一华夷,方与斯民共享升平之治,所虑官非其人,有殃吾民,愿得贤人君子而用之。自今年八月为始,特设科举,以起怀才抱道之士,务在经明行修,博通古今,文质得中,名实相称。其中选者,朕将亲策于庭,观其学识,第其高下,而任之以官。果有才学出众者,待以显擢,使中外文臣皆由科举而选,非科举者毋得与官,彼游食奔竞之徒,自然易行。於戏!设科取士,期必得于全材,任官惟贤,庶可成于治道。咨尔有众,体予至怀。(《明太祖实录》卷五二)

---

① 谈迁:《国榷》卷一二,惠文帝建文四年六月;潘柽章:《国史考异》卷五。

诏书中将科举的设置目的阐述得十分明确,并表示从此后决心以科举取士为任官的唯一途径,使那些奔竞之徒改变旧行,唤起世人读书求进的风气。然而,事实上却未能尽如诏书中所云。

太祖诏书颁发的当年,京师与各省均举行了乡试,当时规定了各地取录的名额:京师(南京及应天各府)百名,河南、山东、山西、陕西、北平(今北京)、福建、江西、浙江、湖广(今湖南、湖北)均40名,广西、广东均25名。但若人才甚多,或者人才缺乏,亦可不拘此额。次年于京师举行会试,取录120名,经殿试后分为一甲、二甲、三甲,分赐进士及第、进士出身、同进士出身。这成为有明一代开科取士之始。

看来似乎一切都开始走上了正轨。但是,明朝建国之初官员极其缺乏,太祖本以为开科取士可以解决官员不足的矛盾,于是从洪武三年(1370年)起,曾下令各省连行三年乡试,以所录举人俱免会试,赴京听选。结果却是令太祖出乎意料。前来应试的多为后生少年之辈,而那些怀才抱德之士却都宁肯隐没于山林沟壑,不肯前来应试。这样的结果与太祖开科取士的初衷大相径庭,他于是不得不考虑改变取士的方针。

洪武六年(1373年)二月,太祖在给中书省大臣的诏谕中说道:"有司所取多后生少年……能以所学措诸行事者甚寡……非朕责实求贤之意也。今各处科举宜暂停罢,别令有司察举贤才,必以德行为本,而文艺次之。"(王世贞:《弇山堂别集》卷八一《科试考一》)从这时候起,仅开始三年的科举考试被停罢,直到洪武十五年(1382年)才诏复行,定以三年一行。到十七年(1384年),又颁布科举定式,"命礼部颁行各省,后遂以为永制,而荐举渐轻,久且废不用矣"(《明史·选举二》)。

科举制度自其产生之日起,便是专制皇权笼络与控制文人士大夫的手段。正如唐太宗见到取录进士于榜下过时所说:"天下英雄尽入吾彀中矣。"然而这种情形必要的前提是文人士大夫们对于做官趋之若鹜,明初的现实情况却是一批政治上比较成熟的文人士大夫兴起避仕之风,这就使得明太祖不可能像唐太宗那样的风光,当他不得不用重刑去强迫士大夫们出仕为官的时候,科举取士也就无法发挥应有的作用了。

停罢科举也从一个侧面反映了明太祖君主专制的淫威。科举成了他手中的一根魔杖。当他采取荐举制度来强迫那些不肯出仕的文人士大夫为其所用后,便又重新拿出科举这一取士之法,并将其完善化,确为定制。因为这时候的情形与建国初已有所不同,那些避仕不出的元末遗民年事已高,而新朝建立后培养出的新一代文人士大夫已渐成熟。科举毕竟较之荐举是一种更为进步的取士制度。

但是太祖既然将科举作为一种文化专制的手段,他所确定的科举取士也就必然要遵循同样的原则,对此《明史》中有所略述:

> 科目者,沿唐、宋之旧,而稍变其试士之法,专取四子书及《易》《书》《诗》《春秋》《礼记》五经命题试士。盖太祖与刘基所定。其文略仿宋经义,然代古人语气为之,体用排偶,谓之八股,通谓之制义。(《明史·选举志》)

这里讲到两个问题,一是考试内容,一是考试方式。究其考试内容,不仅定为四书五经,而且有更为详明之规定:四书义主朱子集注,五经中,《诗》主朱子集传,《易》主程、朱传义,《书》用蔡氏传及古注疏,《春秋》主左氏、公羊、穀梁、胡氏、张洽传,《礼记》主古注疏。至于考试答卷方式用八股文之说,今日之史家多以为并不尽如《明史》中所述,并已有专论者,于此不赘。

这一科举程式颁行于洪武十七年(1384年)三月初一,这时候与洪武六年停罢科举前的情形已经大不相同了。洪武三年庚戌科开科取士的时候,就试者乡举士仅123人,中试者72人。次年合诸省之士会试,不过200人,中试者120人。而到十七年颁行科举定式后,应天府(今南京)奏是年秋闱中试229人,再至二十四年辛未科,参加会试的举人已达660人之多,而经会试取中进士者则仅31人,与当初求士而不可得的情形相比,实不相同。

经过十余年间科举的废兴变化,太祖才真正使之成为笼络与控制文

人士大夫的重要手段。所谓"赚得英雄尽白头",至此方得以符实,而曾经作为强迫文人士大夫为朝廷所用的荐举制度,从此逐渐退转为一种选用人才的补充形式,不再是文人士大夫们入仕的正途。

三、科场案

科举既然成了明朝选官正途,其在政治生活中的地位也便日渐重要。每三年一行的乡试、会试,可以招揽人才,补充官缺,更可以将文人士大夫们置于科举的追求之中,逐渐形成一种模式化的文化方式:读书只为了做官。因此只读做官考试必读之书。这对于维护君主专制的政治体制当然是十分有利的。正因为如此,科举实际也成了皇权的标志。科举取士成为君主专制的必要手段,同时君主专制也最大限度上控制着科举考试。发生于明代的大大小小的科场案,则是这种君主专制在科举中的具体表现。

见于记载的明朝最早的科场案发生于洪武三十年(1397年)丁丑科:

> 三十年丁丑会试,命翰林院学士刘三吾、吉府纪善白信蹈为考试官,取宋琮等五十一人。廷试,赐闽县陈䢿为首,吉安尹昌隆、会稽刘谔次之。时大江以北无登第者。下第诸生上疏,言三吾等南人,私其乡。上怒,命儒臣再考落卷中文理长者第之。于是侍读张信、侍讲戴彝、右赞善王俊华、司直郎张谦、司经局校书严叔载、正字董贯、长史黄章、纪善周衡萧揖及䢿、昌隆、谔人各阅十卷。或言刘、白嘱信等以陋卷进呈。上益怒,亲赐策问,擢韩克忠、王恕、焦胜等六十一人及第有差,授第一名韩克忠为翰林修撰,第二名王恕为编修,第三人焦胜为行人司副,进士陈性善为行人,陈诚为检讨。(《弇山堂别集》卷八一《科试考》)

此事史称"南北榜",又作"春夏榜"。考官白信蹈、张信等被磔杀,刘三吾以老戍边,陈䢿、刘谔安置边地,后取回为司宾司仪署丞,复被杀。唯赦戴彝、尹昌隆。初榜所取宋琮授官御史,后以检讨掌助教致仕。其中被杀之侍读张信,定海人,为前科二十七年甲戌科状元,曾因教韩王写杜诗含讥刺及策稿削御制二语获罪,此次再因考试之案并罪,乃遭磔杀之祸。

若就此科取录本身而言,考官与太祖都没有错。史称考官刘三吾"为人慷慨,不设城府,自号坦坦翁。至临大节,屹乎不可夺"(《明史·刘三吾传》)。

刘在科举考试中偏私舞弊似是不大可能的。但是刘三吾等人专以文辞取人,当时江南文化教育,较之北方发达,士子多擅文章,故试卷明显优于北人。但北人爽直,处事有气度,又往往优于南士。在太祖看来,应当南北兼用,而三吾等未能理解其用心,一味重文辞,且未能依旨更张,终至引发了太祖的疑忌之心。

对于此案的内幕,明人亦另有一说:

> 洪武三十年,礼部会试贡士,考官刘三吾等出题,内有讥讽朝廷及凶恶字,并考试有不公,御史劾奏,治以重罪。(《明英宗实录》景泰七年八月)

又说:

> 黄章与侍读张信……十余人,翻阅学士刘三吾主考会试落第卷,以不用心批点,且所进卷有"一气交而万物成",及"至尊者君,至卑者臣"等语坐罪,置于法。①

我们实在看不出这两句试卷中语的"讥讽朝廷及凶恶字"之处。或许这只是当时为治考官罪而找寻的一些理由而已。

---

① 《千顷堂书目》引《薄福不臣榜文》,转引自丁易:《明代特务政治》,中华书局2006年版,第409页。

太祖对于此案的处理是极为严厉的,这也反映出他对于科举考试的重视。太祖是要将此纳入到君主专制的轨道之中,因此也就不准许其中稍有偏忤之处。他在处理此案时那种尽取北士、滥杀考官的做法,目的便是为了大树其淫威,以达到杀一儆百的作用。

一般来说,在像洪武朝那样的政治气氛下,应该是科场案最易发生的时期。然而终洪武之世,仅见此"南北榜"一案。究其原因,一是在于洪武朝科举时间不长,自十八年(1385年)重开科举,至三十年(1397年)丁丑科,凡会试五次;二是由于当时吏治甚严,人多畏罪,而不敢有逾定制。丁丑科以后不久,太祖即病逝。建文帝即位后,政尚宽仁,文人士大夫们似可松一口气了。但是随之而来的成祖夺位,又将明朝的政治重新纳入了太祖定制的轨道。

《明史》称:"自太祖重罪刘三吾等,永、宣间大抵帖服。"(《明史·解缙传》)但从永乐间起,便不断有科场案发生。永乐五年(1407年),阁臣解缙被谪外任,其根本原因固然是因为他于议定皇储时支持太子朱高炽,遭到汉王朱高煦的陷害。但是其被谪外任的理由却是永乐四年丙戌科考试时"廷试读卷不公"(《明太宗实录》卷五二)。

《明太宗实录》记:"壬寅,上御奉天殿试礼部选中举人朱缙等二百一十九人。"又记:"乙巳,上御奉天殿阅举人对策,擢林环为第一,赐环等二百一十九人进士及第出身有差。"再记:"上虑礼部下第举人中或有遗才,复亲试之,得文学优等二十一人,各赐冠带。简周翰、蓝昉进学于翰林院,李弼为汉府伴读,王乐孟等十八人肄业于国子监,以俟后科。"

看起来永乐四年(1406年)丙戌科确实发生了问题,这在解缙后来为蓝昉所作的墓志铭中亦可得到证明:"永乐四年春,天下士会试南宫。状出,嚣然称屈。圣天子临轩复试副榜三百三十有一人,余友蓝君昉中第二名,特赐冠带,同进士及第,入翰林为庶吉士。"(解缙:《解文毅公集》卷一三《翰林蓝君日省墓志铭》)所谓"状出,嚣然称屈",即参与会试的举人认为取录不公,乃至有成祖对副榜士子重行廷试:"是岁,仍取乙榜举人廷试,擢周翰等三人进学翰林,余除学官。"(《弇山堂别集》卷八一《科试

考》)

　　这次为成祖夺位后的第二次会试,第一次会试本应在永乐元年(1403年),但因前一年,即建文四年,"靖难之役"尚在尾声,各地未及进行乡试,只得依次推后一年,至四年复依子午卯酉年乡试与辰戌丑未年会试之制举行。因此,四年丙戌科会试也是成祖夺位后第一次依制举行的科试,他当然不愿意因会试士子闹事而造成不良影响。这次科场案于史书中未见明载,大约也正在于此。解缙以廷试读卷不公获罪,虽源于立储之争,亦绝非"莫须有"者。

　　三年后,翰林院侍讲邹缉、左春坊左司直郎徐善述为主考,掌七年(1409年)己丑科会试。试后御史劾出题《孟子节文》《尚书》《洪范九畴》偏题,邹缉等俱被下狱。究竟如何偏题,史未明载,但成祖玩科试于指掌,则史有明鉴。

　　永乐二十二年(1424年)甲辰科,廷试时原取第一名为孙曰恭,成祖认为曰恭二字合而似一暴字,有彰其暴政之嫌,遂改取邢宽为第一名,而降曰恭为第三名。以邢宽音同于"刑宽",乃称:"孙暴不如邢宽。"(同上)这正是成祖标榜宽仁之时,也是他刚刚诏令停止追治所谓建文"奸党"之时。一次科举取士,于是也成了他表示宽仁的机会。

　　永乐以后,科场案更频有发生,加之官员们相互攻讦亦多以此为由,伺隙劾奏。如景泰七年(1456年)丙子科,太常寺少卿兼翰林院侍读刘俨主顺天府(今北京)乡试,因当时内阁大学士陈循、王文之子均未取中,遂遭弹劾。

　　　　内阁大学士陈循、王文等言,考中译字官刘淳送试不中为失旧制。诏俨等回话,宥之。王文、陈循又言,循子瑛、文子伦不中式,为考官忽略之故,又出题偏驳,犯宣宗御讳。(《弇山堂别集》卷八一《科试考》)

　　陈循在弹劾刘俨等人时,即举洪武三十年丁丑科之例,请治以重罪。

在试题文字中找寻纰漏,附会成狱是非常容易的,频多的科场案反映了明朝文化专制的程度。成化二十二年(1486年),礼部尚书周洪谟等奏:"本年《天下乡试录》,文多乖谬,乞将考试官训导黄奎追夺聘礼,行巡按御史提问。"(同上)宪宗从之。

嘉靖七年(1528年),左春坊左庶子兼修撰方鹏、右庶子兼修撰韩邦奇主顺天府乡试,被御史周易弹劾:"录文裁改圣经,且失体。"(《万历野获编》卷二)邦奇降南京太仆寺丞,鹏夺俸四月。

世宗是以外藩入继的,惟恐臣民不尊,且多猜疑忌讳。因此,世宗朝的文狱较之历朝为多。

嘉靖十三年(1534年)甲午,顺天府乡试,吏部尚书汪鋐有子未中,于是上疏指摘场事,以太祖诛戮刘三吾等为言,主考官廖道南则引景泰七年(1456年)丙子顺天乡试刘俨事答辩,已隐然有科场案发之势。至十六年(1537年)丁酉乡试,果然案发。

> 十六年,应天府进试录,考官评语失书名,诸生答策多讥时政。帝怒,逮考官谕德江汝璧、洗马欧阳衢诏狱,贬官,府尹孙懋等下南京法司,寻得还职,而停举子会试。(吴)悌为举子求宽,坐下诏狱。(《明史·吴悌传》)

时严嵩为礼部尚书未久,务为佞悦,以求固位邀宠。九月应天乡试案发后,至十二月,他便复奏广东乡试:"广东所进试录字如'圣谟''帝懿''四郊''上帝',俱不行抬头,及称陈白沙、伦迂冈之号,有失君前臣名之义,且录中文体大坏,词义尤为荒谬,宜治罪。"(《弇山堂别集》卷八二)结果学正王本才等、布政陆杰等、按察司蒋淦等俱被逮问,并通告天下提学官,严禁士子肆为怪诞不遵旧式者。严嵩并为此再上奏议称:

> 近年以来,士子所作文字,偏尚奇诡,竞驾虚词,往往不依经传本旨。原题起结,决裂破碎,漫无体制,或引用庄列杂书,争相崇尚,以

自矜炫,其于纯正博雅之体,优柔昌大之气,荡然无有,叛理害治,莫此为甚。(《南宫奏议》卷二一《申明正文体以变士习》)

严嵩固然是为迎合上意,但君主专制本身也确实需要对文人文风的限制与禁锢。十六年这场乡试风波,揭开了嘉靖朝一系列科场案的序幕。

嘉靖二十二年(1543年),山东所进乡试小录,因策问语中有涉及"北虏"问题,触怒世宗,于是引发了一起科场大案。

> 上览山东所进乡试小录,手批其第五问《防边御虏策》曰:"此策内含讥讪,礼部其参看以闻。"于是尚书张璧等言:"今岁虏未南侵,皆皇上庙谟详尽,天威所慑,乃不归功君上,而以'丑虏厌饱'为词,诚为可恶。考试官教授周鑨、李弘,教谕刘汉、陶悦、胡希颜、程南、吴绍曾、叶震亨、胡侨,率意为文,叛经讪上,法当重治;监临官御史叶经漫无纠正,责亦难辞;其提调官布政使陈儒、参政张杲、监试官副使谈恺、潘恩,均有赞襄之职,俱属有罪。"上曰:"各省乡试出题刻文,悉听之巡按,考试教官莫敢可否,此录不但策对含讥,即首篇《论语》义'继体之君',不道。叶经职司监临,事皆专任,并同鑨等、陈儒等俱令锦衣卫差官校逮系至京治之。"(《弇山堂别集》卷八二《科试考》)

在这起科场案中,叶经、陈儒、张杲、谈恺、潘恩均被逮治,其中叶经以"狂悖不道",杖八十为民,结果死于杖下。陈儒等降调边方杂职。

同年贵州所进乡试录也出现忤旨之事,结果是御史被削职为民,右参政等各降三级。

嘉靖二十二年乡试最为多事,除上述事件之外,顺天府又有冒籍考试之事发生,其后又有讦奏考官卖题。世宗本是个生性多疑、刚愎自用的人,次年会试时便疑少傅翟銮之子有弊,后果然被录一甲第三名,于是引发大案,翟氏父子俱勒为民,主考江汝璧等下锦衣卫狱问罪,此案涉及考官士子多人。

三十四年（1555年）乙卯乡试，又有应天府试录中出现所谓"词旨不明"，且有忤触之处，幸有内阁大臣为解释其意，事情方才了结，否则又将酿成狱案。

三十五年（1556年），吏部尚书李默出策问题为："汉武、唐宪以英睿兴盛业，晚节用匪人而败。"严嵩党羽赵文华稔知世宗喜告讦，遂奏李默诽谤。世宗览奏大怒，下李默锦衣卫狱拷讯。初礼部及法司奏"默偏执自用，失大臣体；所引汉、唐事，非所宜言"。世宗认为礼臣党护，夺尚书王用宾等俸禄三月。刑部尚书何鳌遂引"子骂父律"论绞。世宗称："律不著臣骂君，谓必无也。今有之，其加等斩。"（《明史·李默传》）李默后竟瘐死狱中。

观尚书李默的策问题，或许真有以此为君鉴的意图，其所指或即严嵩及其党羽，故引发祸端。而此时的世宗，多疑之心，也已超出了正常程度。待到世宗的晚年，避忌更多，四十四年（1565年）会试，又发生试题犯讳之事：

> 乙丑会试第一题为"绥之斯来"二句。下文则"其死也哀"，上已恶之矣。第三题《孟子》又有两"夷"字。时上苦虏之扰，最厌见"夷""狄"字面。至是大怒，欲置重典。时主文为高新郑，赖徐华亭诡辞解之而止。（《万历野获编》卷二《触忌》）

当时世宗最忌"夷""狄"之类字，每逢诏旨或章疏中有此二字，必定写得极小。于试题中两见"夷"字，又题中有死哀之意，故疑为诽谤。若非徐阶调解，必然又一大狱。其实这完全是世宗的无端猜忌。当时人说："世宗朝语涉忌讳有厉禁，乡、会试命题，莫非谀词"（《万历野获编》卷十五《出题有他意》）自世宗以后，这也成了科试中的一种风气。

万历七年（1579年），右春坊右中允兼翰林院编修高启愚主应天乡试，试题有"舜亦以命禹"。时内阁大学士张居正当权，各地乡试命题，多有谄媚之意。至十年，神宗追治居正罪，至籍没其家。十二年有御史丁此吕追论七年应天乡试命题之事:"为阿附太师张居正,有劝进受禅之意,为大不敬。"(《弇山堂别集》卷八四《科试考》)高启愚被夺官,削籍还里,并收三代诰命。此事与嘉靖中李默案一样,或即真有其含意,而其后的处理,也多少有其理由了。

熹宗天启年间,太监魏忠贤及其阉党当政,四年(1624年),"山东、江西、湖广、福建考官,皆以策问讥刺,降谕切责。初命贬调,既而褫革。江西主考丁乾学至下狱拟罪,盖触魏忠贤怒也。"(《明史·选举二》)这时已值明朝末年,政事颓败,不久,饥民起义于陕北,十数年间,势如燎原。明朝的君主专制也随之土崩瓦解了。

第三节 书籍之禁毁

一、《孟子节文》

洪武元年(1368年),太祖建国之初,便确立了孔子及儒家经典作为统治思想的主导地位。当年,他在授孔子第五十六代孙孔希学为衍圣公时,曾经对礼臣们说道:"孔子万世帝王之师,待其后嗣,秩止三品,弗称褒崇,其授希学秩二品,赐以银印。"(《明史·职官二》)又命复孔、颜、孟三家子孙徭役。其实,经历了十多年征战而得天下的明太祖,这时候只是在沿袭历代帝王的传统,至于孔、孟等先哲究竟说过些什么,他知道得并不多。

第二年,刚刚尊称孔子为万世帝王之师的太祖大概感到对于这位先哲的礼祀超过了帝王,于是下诏:"孔庙春秋释奠,止行于曲阜,天下不必通祀。"(《明史·钱唐传》)这样一来,刚刚为太祖的尊孔而感兴奋的儒臣们便难以接受了,他们虽然极力反对,但太祖却不为所动而坚持自己的主张。

如果说建国之前太祖主要与儒臣们探讨历史和治国平天下的道理的话,那么这时候他则开始要花一点时间来读孔、孟的书了。这样一来,他对于孔、孟的看法也就与从儒臣们那里听到的有些不同了。太祖对于孔

子究竟怎么看,史无明载,但对于孟子,他则明显地表示了不满。

> 上读《孟子》,怪其对君不逊,怒曰:"使此老在今日,宁得免耶?"时将丁祭,遂命罢配享。(全祖望:《鲒埼亭集》卷三五《辨钱尚书争孟子事》)

这里的所谓对君不逊,即指《孟子·离娄下》中所说的"君之视臣如草芥,则臣视君如寇仇"云云。明朝人记:"上览孟子'土芥''寇仇'之说,谓非臣子所宜言,议欲去其配享,诏敢谏者,罪以不敬,且命金吾射之。"(《国榷》卷五)当时有刑部尚书钱唐,抗疏入谏,舆榇自随,袒胸当箭曰:臣得为孟轲死,死有余荣。

关于钱唐袒胸受箭之事,后人多有所怀疑,但是洪武初令天下不必通祀孔子及罢孟子配享,则实有其事。后虽复孟子配享,而于孟子的民贵君轻的思想,不能不耿耿于心,终有洪武二十七年(1394年)命刘三吾修《孟子节文》之举。当时刘三吾在《孟子节文题辞》中写道:

> 孟子一书,中间词气之间抑扬太过者八十五条,其余一百七十余条,悉颁之中外校官,俾读是书者知所本旨。自今八十五条之内,课士不以命题。科举不以取士,一以圣贤中正之学为本。(转引自《明代特务政治》第407页)

这本《孟子节文》于洪武二十七年十月完成上奏,当即诏命刊刻成书,颁示天下。

有人将《孟子》与《孟子节文》做了对照,找到了被删去的八十五条,将其分成了如下几类:

一、不许说统治者及其走狗官僚的坏话——如"庖有肥肉,厩有肥马,民有饥色,野有饿莩,此率兽而食人也。兽相食,人且恶之。为民父母,行政不免于率兽而食人,恶在其为民父母也。仲尼曰:'始作俑者,其无后乎',为其象人而用之也,如之何使斯民饥而死也"等章。

二、不许说统治者要负转移风气的责任——如"君仁莫不仁,君义莫不义,一正君而国定矣"等章。

三、不许说统治者应该行仁义之政——如"得百里之地而君之,皆能以朝诸侯有天下,行一不义,杀一不辜,而得天下,皆不为也"等章。

四、不许说反对征兵征税和战争的话——如"有布缕之征,粟米之征,力役之征,君子用其一,缓其二,用其二而民有殍,用其三而父子离","古之为关也,将以御暴;今之为关也,将以为暴","争地以战,杀人盈野;争城以战,杀人盈城。此所谓率土地而食人肉,罪不容于死,故善战者服上刑"等章。

五、不许人民说可以反抗暴君,可以对暴君报复的话——如"贼仁者谓之贼,贼义者谓之残,残贼之人谓之一夫,闻诛一夫纣矣,未闻弑君也","君之视臣如手足,则臣视君如腹心;君之亲臣如犬马,则臣视君如国人;君之视臣如草芥,则臣视君如寇仇"等章。

六、不许说人民应该丰衣足食——如"是故明君制民之产,必使仰足以事父母,俯足以畜妻子,乐岁终身饱,凶年免于死亡,然后驱而之善,故民之从也轻。今也制民之产,仰不足以事父母,俯不足以畜妻子,乐岁终身苦,凶年不免于死亡。此惟救死而恐不赡,奚暇治礼义哉?"等章。

七、不许说人民有地位和权利的话——如"民为贵,社稷次之,君为轻"等章。(《明代特务政治》第409页)

这些内容涉及《孟子》中《梁惠王》《离娄》《尽心》《公孙丑》等篇。对此后人多有批评,至永乐朝孙芝奏复《孟子》全书。节文本虽由朝廷颁行,却渐不流行,乃至如今已很难再见到。孙芝在争复《孟子》全书时,曾

力诋刘三吾为佞臣。

孟子书,旧经刘三吾节略,凡去八十五条,如见梁惠王章,养气章,俱在节中。永乐朝,闽连江孙芝始奏复之,直斥三吾为逆臣,书以是全,功甚巨。(黄景昉:《国史唯疑》卷一)

孙芝奏疏在永乐九年(1411年),距《孟子节文》颁行已十有七年,其疏中称:"又欲课试不以命题,科举不以取士,则谬妄益甚。"(潘柽章:《国史考异》卷三)所谓"又欲"云云,盖恐于洪武以后已不能尽如初颁时禁锢之严,但禁令未解,儒臣心怀耿耿,终再疏而争之。

清人朱彝尊作《邹县重修亚圣孟子庙碑》,对于《孟子节文》及罢享事做朦胧解释:"其命刘三吾节文者,为发题试士,恐启诸生讪上之端尔。乃无稽之言,谓帝欲废孟子,钱唐进谏,以腹受箭,野史近诬不足信。"(转引自黄云眉《明史考证》第1190页)全祖望为此作《辨钱唐争孟子事》一文,以证其实。而即使如朱彝尊所言,也只是疑钱唐以腹受箭,节文恐启讪上之端,则被删节之文字中必有讪上之迹。如前所云,所删者全系孟说之精神所在,而节文本则尽失原貌,再无丝毫民主痕迹。通过这次删节《孟子》所表现出来的文化专制,实在是达到了空前的程度。

二、方孝孺著作之禁

有明一代书籍禁毁最严厉者,莫过于永乐中方孝孺著作之禁。

作为明初正统儒家思想文化的代表人物,方孝孺曾以其文章著作闻名于海内。《明史》称:"孝孺工文章,醇深雄迈。每一篇出,海内争相传诵。"然而,永乐中,方孝孺的著作遭到严禁,乃至"藏孝孺文者罪至死"(《明史·方孝孺传》)。

不同于洪武中《孟子》之被删节,方孝孺著作的禁毁,不是因为他著作本身触及了当时的统治者,而是出于他本人的政治原因。

方孝孺,字希直,一字希古,宁海人。少时从师宋濂,为其门下之佼佼者。洪武二十五年（1392年），被荐授汉中府教授。蜀献王闻其名，聘为世子之师，尊以殊礼。建文帝即位后，召为翰林侍讲，后迁侍讲学士。更定官制后改为文学博士。凡有国家大政事，辄向其咨询，方孝孺因而成为建文帝身边的近臣。

"靖难之役"爆发后，朝廷诏檄皆出其手，他还向建文帝先后提出疲兵、离间、割地等策。但是直到燕王起兵夺位时，方孝孺并非燕王所指的"奸臣"。待到燕王从北平（今北京）出师南下的时候，燕王身边的谋臣姚广孝（僧道衍）曾以孝孺为托，说道："城下之日，彼必不降，幸勿杀之。杀孝孺，天下读书种子绝矣。"（《明史·方孝孺传》）燕王当时也曾应允。但是当他打下南京，准备登极而欲使方孝孺为草《登极诏》时，却遭到了方孝孺的拒绝。

> 至是欲使草诏。召至，悲恸声彻殿陛。成祖降榻劳曰："先生毋自苦，予欲法周公辅成王耳。"孝孺曰："成王安在？"成祖曰："彼自焚死。"孝孺曰："何不立成王之子？"成祖曰："国赖长君。"孝孺曰："何不立成王之弟？"成祖曰："此朕家事。"顾左右授笔札，曰："诏天下，非先生草不可。"孝孺投笔于地，且哭且骂曰："死即死耳，诏不可草。"成祖怒，命磔诸市。孝孺慨然就死，作绝命词曰："天降乱离兮孰知其由，奸臣得计兮谋国用犹。忠臣发愤兮血泪交流，以此殉君兮抑又何求。呜呼哀哉兮庶不我尤。"时年四十有六。其门人德庆侯廖永忠之孙镛与其弟铭检遗骸瘗聚宝门外山上。（《明史·方孝孺传》）

方孝孺被杀时，宗亲受到株连被杀八百四十七人，还有一些门人或以身殉，或遭株连，因此史有诛十族之传说。

燕王夺位以后实行大屠杀，前后长达十余年，被株连者多至万人，史称"壬午之难"。而在被难的建文遗臣当中，方孝孺受祸最惨。

方孝孺作为一名儒臣，他在建文帝身边的地位与参与机务的齐泰和

黄子澄等人是有所不同的。但是由于他在这场皇室夺位斗争中对于建文帝的忠诚，使他成为一个政治色彩甚浓的人物。方孝孺在当时又是一位文坛的代表人物。燕王夺位后，既然在政治上指斥方孝孺为"奸党"，除去对他进行杀戮之外，还必须清除其在文人士大夫中间的影响，于是便有了方孝孺著作之禁。文化专制在这里得到了充分的体现。明清之际黄宗羲在谈到此事时曾说："成祖天性刻薄，先生为天下属望，不得其草，则怨毒倒行，无所不至。"(《明儒学案》卷四三《文正方正学先生孝孺》)不论著作的内容，而因为著作者自身的政治原因而加以文字之禁，这在中国历史上应该说始于成祖。

至于方孝孺著作本身，对于成祖的时政甚至夺位均无触犯之处。明朝人在谈到方孝孺的学问时，将其视为明初儒家的正统：

> 孝孺学术盖源流于伊洛，文章大类苏氏，而正论过之。四方夷裔得一字宝于金璧，实一代宗工也。尝与郭浚、郑居贞、林右、刘刚、王绅、王琦、郑楷、赵象、王叔英相友善，皆海内名儒，每以书往来，切劘道谊，闻风者莫不兴起，礼文为之复振。(董佐：《革除遗事》卷一)

> 方正学负精纯之资，修端洁之行。考其学术，皆非流俗所可及。言其功业，则以伊、周为准；语道德，则以孔、孟为宗，会其道而不泥于一志乎。大而不局于小，实有志于圣贤者也。(宋端仪：《立斋闲录》卷二)

这显然是继承了宋儒的思想和言论，而宋儒的思想在明初是占主流地位的。严禁方孝孺的著作，乃至藏之者死，其目的一是出于强烈的政治报复心理，再有则借此以显示君主专制的淫威。

当时的禁令确实是付诸实行了。永乐三年(1405年)十一月，杀庶吉士章朴。

> 朴坐事与序班杨善同诖误,家藏有方孝孺诗文,善借观之,遂密以闻。上怒,逮朴,戮于市,而复善官。——是时诏天下,有收藏孝孺诗文者,罪皆至死,故朴及之。(夏燮:《明通鉴》卷一四)

读书人本来大都是散漫无羁的,但在这样的酷法和这般相互告讦的情况下,也不得不谨慎自危了。

对于方孝孺的文字之禁,也影响到了其他与之相关的著作。据后人所记,其后在宫中内殿看到一部宋濂的《潜溪文集》,其中凡有方孝孺名字之处,皆用墨涂乙。

其实方孝孺遵循的只是近乎迂腐的"忠君"思想,他不仅是一位典型的儒生,而且是明初的一位大儒。与明初的另一位文坛代表人物宋濂相比,明人自有评论:"孝孺学于宋濂,其文章滂沛,议论波澜,类东坡之才,而忠义之气凛然不可犯,濂不及也。"(《立斋闲录》卷二)

方孝孺与宋濂都是明初君主专制的牺牲品,而方孝孺较之宋濂,结局还要凄惨。他的文章影响既广,遭禁亦严。方孝孺本来是一位多产的文人,但他留下来的作品大约只有《逊志斋集》了。而且即使是这部文集,也多缺失。"史称孝孺殉节后,文禁甚严,其门人王稌藏其遗稿,宣德后始稍有传播,故其中阙文脱简颇多。"(《四库全书总目》卷一七〇)文集原本40卷,其中包括拾遗10卷,后并为24卷。据说其门人王稌为保存方孝孺遗稿,当时将其秘录为《侯城集》,才得以躲过了成祖时的检查,而使之保存了下来。但今所刊行的《逊志斋集》中,仍多杂以他人之诗文,此即后人收集整理之误所致。而方孝孺的其他著作,如《周礼考次》《大易技辞》《武王戒书注》《帝王基命录》《文统》《宋史要言》等,则皆散佚不存。

当时遭文字之禁的还不仅方孝孺,如王叔英,亦当时名儒,亦因为政治上与成祖对立而遭文禁。

> 叔英自号静学,有《静学斋集》。与同郡林右、方孝孺友善。二

人尝序之以传。叔英没后,竟无完稿。(《革除遗事》卷二)

王叔英是在成祖夺位后自缢而死的,其显然是决心不与夺位的成祖合作。所以后来追治"奸党"时,被名列其中,于是有人上其所赋诗文,欲以禁之,成祖称:"彼食其禄,自尽其心尔。"置不问。成祖虽然不问,而下面的趋炎附势之徒亦多有之,叔英文稿之毁,实当时小人为之。又有练子宁,文亦被禁,后人集其遗文一帙,为《金川玉屑集》传世。

辽府长史程通,"靖难"后名列党人,亦遭籍没,"文稿百余卷,悉毁于官"(《革除遗事》卷一)。但这并非出于成祖诏谕的禁毁,而是各级官员以积极的态度加以禁毁了,中国传统的君主专治的文化悲剧,往往出于此。

三、禁书案

永乐二年(1404年)七月,江西饶州府鄱阳(今波阳)儒士朱季友来到了南京,向朝廷献上其所著的书传。这是一部专门攻击宋儒周(敦颐)、程(颢、颐)、张(载)、朱(熹)的著作。这件事引起当时的儒臣们一片大哗。

当时正是太子朱高炽的千秋节(生日),文武百官行贺礼、赐宴于文华殿的时候,朱季友献书在儒臣中引发的混乱,与太子的生日庆典造成了一种极不协调的气氛。

> 壬戌,皇太子千秋节,文武百官行贺礼,赐宴于文华殿。饶州鄱阳县民朱季友进书,词理谬妄,谤毁圣贤。礼部尚书李至刚、翰林学士解缙等请置于法。上曰:"愚民若不治之,将邪说有误后学。即遣行人押还乡里,会布政司、按察司及府县官,杖之一百,就其家搜检所著文字,悉毁之,仍不许称儒教学。"(《明太宗实录》卷三三)

朱季友所献之书,因遭此禁毁,连书名也不曾留下,仅知其内容是诋毁宋儒，并未能见到只言片语，我们今天已无从得知其详了。这对于我们了解明初的社会思想，不能说不是一件憾事。

明朝自建国之初，太祖即确定了以儒道治天下的方针。然而这只是一个公开的原则，而在当时实施的政治中，并非完全遵照儒家，尤其是宋儒的那套东西。事情有时候就是这样的矛盾，明太祖一方面不能完全信用宋儒的那套理论，一方面却又不得不打出宋儒的旗号来，并以其作为当时政治的主流。朱季友的著作便是在这样矛盾的情势之下应运而生的。

站出来维护宋儒并要求惩治朱季友的是当时朝廷中两位极有影响的人物。内阁近臣翰林学士解缙是明初儒学的代表人物，据史传中记述，说他读书甚多，素称渊博。但是用他自己的话来讲，他所读的书是有明显内容界限的。他说："虽然书不可不读，有不必读者，有不可读者。方外异端之书不必读，妄诞迂怪之书不必读，驳杂之书不必读，淫佚之书不可读，刻薄之书不可读。"（《解文毅公集》卷九《溪山读书处记》）这一读书原则的依据，当然便是儒家尤其是宋儒的经典了。如果说解缙在这一事件中的表现主要是出于自身思想基础的话，李至刚则有所不同，他这次出来充当儒家的卫道士，除去要尽其礼部尚书的职责之外，还有迎奉上意之嫌。史称"至刚为人敏给，能治繁剧，善傅会，首发建都北平议。请禁言事者挟私，成祖从之。既得上心，务为佞谀"（《明史·李至刚传》）。李至刚是个人品不佳的官吏。利用成祖夺位之初，宣扬礼儒的机会顺为佞谀，很符合李至刚的为人，不过这样一来，鄱阳的一介儒生朱季友便献书而得祸了。

明清之际史家谈迁曾经说过："先朝守宋儒遗书如矩镬，毋敢逾尺寸。故惩朱季友，而经学至深邃也。句沿字踵，等于苴蜡。于是曲士凿其隅见，稍有所缘饰，而矫异之窦，纷互四出。……彼季友一斥不再振，则当时功令可想见也。"（《国榷》卷一三）

成祖本人当然并非那种"守宋儒遗书如矩镬"者，但是当他将维护宋儒作为维护其所代表的君主专制的秩序时，他便必然对攻击宋儒的著作实行专政了。当然朱季友之所以获罪，还由于儒臣们激烈的反应，他毕竟

只是一个无足轻重的小人物。因为当时批评宋儒的并不止于朱季友一人。曾帮助成祖夺位的"靖难"第一功臣太子少师姚广孝便曾专门撰写了一卷《道余录》，摘录程、朱语录，一一加以驳斥。这部书虽然招致众多的儒臣不满，却没有一个人敢于公开指责。《道余录》遭到儒臣们的攻击和焚毁，则是姚广孝死去以后的事情了。专制政治和等级制度本来就是中国传统社会的一对双胞胎。

自朱季友获罪后，书禁之案不断有所发生。大多因书中内容有忤当道，或悖于正统，遂遭禁毁，著书者亦多获罪。

正统七年，东昌府通判傅宽进《太极图说》，上谓僻谬悖理，斥之，勿令误后学。

成化二十年五月，无锡处士陈公懋删改《四书朱子集注》进呈，命毁之，仍命有司治罪。……至弘治元年，公懋又上所著《尚书》《周易》《大学》《中庸》注。称："臣有一得，颇能折衷。"通政司言："公懋不称军民籍，自名为庶人。所进多穿凿悖理。"上命焚所著书，押遣还乡。

嘉靖八年二月，太仆寺丞陈云章上所注诸书，及《大学疑》《中庸疑》《夜思录》各一。上曰："诸书姑收。其《学》《庸》疑，《夜思录》即毁之，有踵之者，罪不赦。"

嘉靖二十六年，陕西保安县岁贡任时上所著《参两贞明图》。礼部谓其说不经，诏法司讯治，赎罪为民。

二十九年，原任广东佥事，福建同安人林希元，改编《大学经传定本》及《四书、易经存疑》，并上呈御览，乞刊布。诏焚其书，下希元于巡按御史究问，褫其官。（《万历野获编》卷二五《献书被斥》）

如此种种，不胜枚举。而有明一代书禁之案中，最著名者，莫过于李贽《藏书》《焚书》之案。

李贽，号卓吾，福建泉州人，曾任官姚安知府，史称其："一旦自去其发,冠服坐堂皇,上官勒令解任。居黄安,日引士人讲学,杂以妇女,专崇释氏,卑侮孔、孟。后北游通州,为给事中张问达所劾,逮死狱中。"(《明史·耿定向传附李贽传》)

李贽的代表作有《焚书》《续焚书》《藏书》和《续藏书》等。

《焚书》刊成于万历十八年(1590年),共六卷,为李贽历年的书答、杂述、读史短文及诗的合集。《续焚书》是李贽死后由其弟子们编辑其书信诗文而成的文集。《藏书》刊于万历二十七年(1599年),六十八卷,载战国至元朝重要历史人物约800人的传记。《续藏书》亦刊于李贽死后,共二十七卷,载明神宗万历以前的人物400人的传记。所谓《焚书》,用李贽自己的话说,就是"颇切近世学者膏肓",故必被"焚而弃之"之作。《藏书》则"与世不相入",故而"吾姑书之而姑藏之,以俟夫千百世之下有知我者"(《藏书·梅国桢序》)。

李贽虽然称其所作为《焚书》《藏书》,但其实对于自己的著作是非常自信的,所谓"与世不相入",则正是其精华所在。他曾说道:"盖我此书,乃万世治平之书,经筵当以进读,科场当以选士,非漫然也。"(《续焚书·与耿子健书》)

但结果却与其所期望的恰恰相反,李贽所持的历史批判精神,在专制统治者们的眼里则是离经叛道的大逆,因此,他和他的著作也就必然遭到当政者的残酷摧折。

万历二十九年(1601年)二月,李贽避地于通州(今北京通州区),朝廷中的一批专制政治的卫道士即大感惶然。礼科给事中张问达为此上疏称:

> 李贽壮岁为官,晚年削发,近又刻《藏书》《焚书》《卓吾大德》等书,流行海内,惑乱人心。以吕不韦、李园为智谋,以李斯为才力,以冯道为史隐,以卓文君为善择佳偶,以司马光论桑弘羊欺武帝为可笑,以秦始皇为千古一帝,以孔子之是非为不足据。狂诞悖戾未易枚举,大都刺谬不经,不可不毁者也。尤可恨者,寄居麻城,肆行不简,

与无良辈游于庵,挟妓女,白昼同浴,勾引士人妻女,入庵讲法,至有携衾枕而宿庵观者,一境如狂。又作《观音问》一书,所谓观音者,皆士人妻女也。而后生小子,喜其猖狂放肆,相率煽惑,至于明劫人财,强搂人妇,同于禽兽而不之恤。迩来缙绅士大夫,亦有诵咒念佛,奉僧膜拜,手持数珠,以为律戒,室悬妙像,以为皈依,不知遵孔子家法,而溺意于禅教沙门者,往往出矣。近闻贽且移至通州,通州距都下仅四十里,倘一入都门,招致蛊惑,又为麻城之续。望敕礼部檄行通州地方官,将李贽解发原籍治罪,仍檄行两畿各省,将贽刊行诸书,并搜简其家未刊者,尽行烧毁,毋令贻乱于后,世道幸甚。(《明神宗实录》卷三六九)

看来问题不仅在于李贽撰写了一大批离经叛道的作品,而且在于这些作品在当时民众乃至士大夫中具有相当大的影响力,这才使当时统治者们感到惶恐不安,才使他们一定要对李贽本人实行迫害,对其著作严行禁毁。在当时的皇帝谕旨中说:

李贽敢倡乱道,惑世诬民,便令厂卫、五城严拿治罪。其书籍已刊未刊者,令所在官司,尽行烧毁,不许存留。如有徒党曲庇私藏,该科及各有司访参奏来,并治罪。(《明神宗实录》卷三六九)

这是万历三十年(1602年)对李贽著作的第一次禁毁。但是,李贽的思想被相当多的"后生小子"和"缙绅士大夫"所接受。公安三袁之一的文坛领袖袁宏道在谈到李贽著作时曾说:"幸床头有《焚书》一部,愁可以破颜,病可以健脾,昏可以醒眼,甚得力。"(袁宏道:《袁郎中全集》卷二一)这般深入人心的东西,岂是一道谕旨所能禁毁得了的?更何况此时的明朝已不复是太祖、成祖的时代,君主专制虽然还在显示着淫威,但也是千疮百孔,再无昔日的风光了。

是年三月十五日,李贽于狱中自杀,次日死。他以此向专制政治做了最后的抗争。

李贽死后二十余年,到天启五年(1625年),朝廷对其著作又有第二次禁毁之令:

> 李贽诸书,怪诞不经,命巡视衙门焚毁,不许坊间发卖,仍通行禁止。(《明神宗实录》卷三六九)

我们由此可以看到,从朝廷对李贽著作禁毁令下达之后二十年间并没有能够将其著作真正禁毁掉,不仅如此,这一次次的禁毁,反而提高了李贽著作的知名度,如明末清初顾炎武所说:"虽奉严旨,而其书行人间自若也。""士大夫多喜其书,往往收藏,至今未灭。"(《日知录》卷一八《李贽》)而随着文化商品化的发展,一些书商为了牟利,不仅私下刊印李贽的著作,而且制造伪书,假借李贽之名,以求畅销之利。这实在是专制者们所想不到的。明代的书禁几乎都是在维护儒家正统的旗号下进行的,一切为其所禁者皆斥之为异端。这其实旨在维护专制统治的秩序。貌似强大的专制统治,实际上又是虚弱不堪的。这也正是它必然要实行文禁的根本所在。

然而当时的书籍之禁却非仅如此。有明一代,即使一般有悖于传统礼教的文化作品,甚至民间文化作品,也都在严禁之列。

永乐元年(1403年)曾有杂剧词曲之禁。其年七月初一,刑科署都给事中曹润等上奏:"乞敕下法司,今后人民倡优装扮杂剧,除依律神仙道扮、义夫节妇、孝子顺孙、劝人为善及欢乐太平者不禁外,但有亵渎帝王圣贤之词曲、驾头、杂剧,非律所该载者,敢有收藏传诵印卖,一时挈送法司究治。"奉旨:"但这等词曲,出榜后,限他五日,都要干净将赴官烧毁了,敢有收藏的,全家杀了。"(顾起元:《客座赘语》卷一〇《国初榜文》)

永乐之初,正当追戮建文遗臣、文禁极严的时候,即使是儒家经典也被修订为《大全》书。故后人批评道:"《大全》出而经说亡,十族诛而臣节变。洪武、永乐之间,亦世道升降之一会矣。"(《日知录》卷一八《书传会

选》)

至正统间,又有小说之禁。

> 国子监祭酒李时勉言:"……近年有俗儒,假托怪异之事,饰以无根之言,如《剪灯新话》之类。不惟市井轻浮之徒争相诵习,至于经生儒士,多舍正学不讲,日夜记意,以资谈论。若不严禁,恐邪说异端,日新月盛,惑乱人心,实非细故。乞敕礼部行文内外衙门及提调学校佥事御史并按察司官,巡历去处,凡遇此等书籍,即令焚毁,有印卖及藏习者,问罪如律。庶俾人知正道,不为邪妄所惑。"……上是其议。(《明英宗实录》卷九十)

瞿佑所著《剪灯新话》,不过规摹唐人传奇小说,写些脂粉、灵怪故事。但即使是这样,"在当时文网严密、文坛冷落的情况下,大足新人耳目,所以很受读者的欢迎"(周楞伽:《剪灯新话前言》)。正因为如此,它才被统治者们视为蛊惑人心而加以严禁。乃至今天我们看到的《剪灯新话》并不是在中国留传下来的,而是由日本国复归之物。从这里我们可以想见,那种专制条件下的严禁,不知使多少优秀的文化作品被毁而无存。

四、官修史籍与正史之篡改

在统一思想模式之下官修书籍是文化专制的另一种表现。官修书籍是为统治者的政治服务的,专制条件下的官修书籍则必然服务于专制政治。

明代官修书籍始于太祖建国之初,太祖以推崇文治而颇重书籍的修纂,洪武中官修的书籍大致可分为两类。一类为完善统治及开创一代制度而作,这主要包括由官方颁行的儒家经典和官方公布的各种制度的政书。另一类则为总结历史教训的前朝史及各类史鉴书。这一时期由于文禁甚严,私人著述相对较少。

洪武元年（1368年），中书省、御史台修成《大明律令》，同年四月，命学士朱升等修《女诫》，从而开始了明初政书与史鉴书的修纂。与此同时，学士宋濂奉敕开始组织修纂《元史》。后朝为前朝修史固然出于中国历代修史的传统，但是明初亟修元史的目的之一还在于要证明太祖得天下之为天命，为正统，且可为史鉴。当时宋濂代丞相李善长所撰的《进元史表》中说道："苟善恶了然在目，庶劝惩有益于人。"又说："因以往之废兴，用作将来之法戒。"其用意是十分明确的。二年（1369年）八月书成，其后又修成《大明集礼》《大明志书》，以及"搜萃历代奸臣之迹"的《辩奸录》等。（彭孙贻：《明史纪事本末补编》卷一《秘书告成》）不过，明朝修史之重点并不在前朝史，而在国史。洪武朝虽未有实录之修纂，却不乏官修国史之举。

洪武六年（1373年），吏部尚书兼学士承旨詹同请修《大明日历》。明人记述说："又以渡江以来，征讨平定之迹，礼乐治道之详，虽有记载，尚未成书，请编《日历》。帝从之。命同与宋濂为总裁官，吴伯宗等为纂修官。"（《明史·詹同传》）书成于七年五月，詹同、宋濂率诸儒进上，命藏于秘书监。全书共一百卷，载太祖起兵临濠，至六年十二月之间的史事，凡征伐次第、礼乐沿革、刑政施设、群臣功过、四方朝贡之类，莫不具备，为后修纂实录的主要依据。此外复有《皇明宝训》，分类辑录太祖言行。八年，宋濂等以太祖所行关乎政要之事修成《洪武圣政记》，后来均成为修纂《太祖实录》之本。

实录之修纂在明朝最为大事，凡新皇帝登极，即诏修先帝实录，敕命监修、总裁、副总裁、纂修官及誊录官等。礼部行文中外官署，采辑史事上报，各地以布政司正官及知府为纂修官，遣进士或国子生等分赴各地，搜访遗事，上报史馆。实录修竣，誊录为正本、副本，底稿则予焚毁，以示禁密。焚稿处为宫中椒园。史记：

> 玉河桥东岸，再南曰五雷殿，即椒园也。凡修实录成，于此焚草。（刘若愚：《酌中志》卷一七《大内规制纪略》）

然此为成祖迁都北京后之制,《太祖实录》修时尚都南京,焚稿之处,史无明载。

《明太祖实录》凡三修,《明史·艺文志》记:

《明太祖实录》二百五十七卷。建文元年(1399年)董伦等修。永乐元年(1403年)解缙等重修。九年,胡广等复修。起元至正辛卯(十一年,1351年)讫洪武三十一年戊寅(1398年),首尾四十八年。万历时允科臣杨天民请,附建文帝元、二、三、四年事迹于后。

洪武三十一年(1398年)八月,即征召修纂人员,作开局修书的准备,时距太祖去世仅三个月。至建文元年(1399年)正月正式开修,书成于建文三年(1401年)十二月,前后凡三年。

洪武晚年,太子朱标病故,太孙朱允炆年幼,诸王觊觎皇位,藩衅已萌。朱允炆即位后,以尚书齐泰、太常卿黄子澄参与机务,定计削藩。洪武三十一年(1398年)七月,命李景隆突执周王,废为庶人,与其征召纂修官之令仅数日之隔。至建文元年(1399年)正月,正式开局修书,则同月又废代王。四月,湘王自焚死,五月废齐王,六月废岷王,七月,燕王起兵于北平(今北京),"靖难之役"起。建文三年(1401年)十二月,书成上呈时,则燕师南下,战局已定。半年后,燕师入南京,燕王夺得皇位,是为成祖(原庙号为太宗)。由此可知,建文之修《太祖实录》始于"靖难"变起之前夕,竣于燕王夺位之前夕,大略与"靖难之役"相始终。

鉴于如此历史背景,建文所修《太祖实录》中对燕王及诸藩王,必多有不利之言辞。燕王夺位后,这部由其政敌所修订的正史,势必为其深忌而必予改纂。

至洪武三十五年七月,实建文四年也,文皇新即位,以前任知府叶仲惠(注:《明史》本传作叶惠仲)等修太祖录,指斥靖难君臣为逆

党,论死籍没。(《万历野获编》卷一《监修实录》)

叶惠仲成了这场政争与专制的牺牲品。同年十月,成祖下令重修《太祖实录》,此时距燕王夺位登极亦仅三月,而距建文所修实录成书,尚不足一年。利用改纂《太祖实录》以正其夺位之名,这与当时成祖大肆杀戮建文遗臣,并指其为奸党的目的是一致的。

此次重修,全力于删改其中触犯忌讳之处,前后仅用了八个月的时间,至永乐元年(1403年)六月,即匆匆成书。究全书来看,基本上保持原书的大貌,"又成于急促,未及精详"(《明太宗实录》卷一二〇)。成祖并未真正感到满意,这于是便决定了此书还必将会有三修。

永乐五年(1407年),《永乐大典》修竣。这部着意表现成祖文治武功与太平盛世的巨帙,使那部匆匆成书的《太祖实录》相形见绌。永乐八年(1410年),成祖即位后第一次亲自率师北征凯旋,其文治武功均有卓迈太祖之势。于是,次年便有重修《太祖实录》之令。这一次成祖要求该书力求精详,又使其不留夺位的一点痕迹。这一次的重修,历时六年七个月,直到永乐十六年(1418年)五月,才告结束。全书二百五十七卷,另有《宝训》十五卷。此即今日所见之《太祖实录》。

成祖两次改修《太祖实录》,开明代人纂改历史之先例。明时人对此已有所批评,其恶劣影响,延及后世。明朝人因此有"实录难据"之说:

> 本朝无国史,以列帝实录为史,已属纰漏。乃太祖录凡经三修,当时开国功臣,壮猷伟略,稍不为"靖难"归伏诸公所喜者,俱被刬削。建文帝一朝四年,荡灭无遗。后人搜括捃拾,百千之一二耳。景帝事虽附英宗录中,其政令尚可考见,但曲笔为多。至于兴献帝以藩邸追崇,亦修实录,何为者哉?其时总裁费文宪等,苦无措手,至假借承奉、长史等所撰实录为张本,后书成,俱被醲赏,至太监张佐辈,滥受世锦衣,可哂亦可叹矣。今学士大夫有肯于秘阁中借录其册,一展其书者乎?止与无只字同。……总之皆不经之举也。(《万历野获

编》卷二《实录难据》）

至清初修《明史》，于《太祖实录》更直斥其陋。如徐乾学称："今观此书，疏漏舛误，不可枚举。"（徐乾学：《憺园集》卷一四《修史条议》）万斯同则以史家之眼光批评道："高皇帝以神圣开基，其功烈固卓绝千古矣。乃天下既定之后，其杀戮之惨，一何甚也。当时功臣百职，鲜得保其首领者，迨'不为君用之法'行，而士子畏仕途甚于阱坎，盖自暴秦以后，绝无而仅有者。此非人之所敢谤，亦非人之所能掩也。乃我观《洪武实录》，则此事一无所见焉。纵曰为国讳恶，顾得为信史乎？"（《群书疑辨》卷一二《读〈太祖实录〉》）待后世史家论及此事，言辞更厉。夏燮修《明通鉴》又称："至如《洪武实录》，再改而其失也诬。……明成祖于建文所修之《太祖实录》，一改再改，其用意在适出一事。……自谓伦序当立，藉以文其篡逆之名也。……种种伪撰，无非欲以《太祖实录》为之张本。此再修、三修之所由来也。"（《明通鉴·义例》）

《明太祖实录》，其中不经之举，误及后世之修史者，故明人李建泰为何乔远《名山藏》作序时写道："至考实录所记，止书美而不书刺，书利而不书弊，书朝而不书野，书显而不书微。且也序爵而不复序贤，避功而巧为避罪。文献之不足征久矣。"张岱更由此而对于有明一代的史书概予否定："有明一代，国史失诬，家史失谀，野史失臆。故以二百八十年，总成一诬妄之世界。"（《琅嬛文集》卷一《石匮书序》）

明修国史，为专制统治之目的，不能如实撰述，而史家"节钞实录，即名为纪"，所成之书，又罹禁毁之祸。如明嘉靖中陈建所撰之《皇明通纪》，至隆庆间，有给事中李贵和上言："我朝列圣实录，皆经儒臣纂修，藏在秘府。建以草莽僭拟，已犯自用自专之罪，况时更二百年，地隔万余里。乃以一人闻见，荧惑众听，臧否时贤，若不禁绝，为国是害非浅。乞下礼部追焚原板，仍谕史馆勿得采用。"然而此时已非比明初，虽有朝廷禁毁之令，"而海内之传诵如故也。近日复有重刻行世者，其精工数倍于前"（《万历野获编》卷二五《著述·焚通纪》），已经无法禁止了。

五、《大明律》与《大诰》

《大明律》是明朝的基本法典,它上承唐律,下启清律,为中国历代法典中集大成者。

明太祖建国前,初平陈友谅,即议定律令。当时战事未平,大势未定,红巾军小明王仍在,故虽有议律之考虑而无暇顾及。

至吴元年(1367年)冬十月,太祖始命左丞相李善长为律令总裁官,参知政事杨宪、傅瓛,御史中丞刘基,翰林学士陶安等二十人为议律官,开始修定律书。同年十二月书成,其中凡为令一百五十四条,律二百八十五条。这是明朝最早的律令。

律令虽然修成,但内容并不完备,随着当时政治情况的变化,又不断地进行修改补充。至洪武六年(1373年)夏,刊行《律令宪纲》,颁之诸司。但于当年冬十一月,太祖又命刑部尚书刘惟谦详定《大明律》,每成一篇即上奏。太祖并命人将其贴挂于宫内两庑,详加裁酌。至次年二月书成,全书分为三十卷,较之原定的律令有了很大的改动和补充。此后还屡有详议厘正,到十三年(1380年)胡惟庸案发后,罢丞相,升六部秩,皇权专制更为突出,明律亦与之相配合,再行改定,直到三十年(1397年)再颁《大明律诰》,始成定制。

明律的产生既然以维护君主专制为原则,其内容也就必然与明朝君主专制统治的强化相适应,其中又尤以增加文化思想专制内容为其特点。

与唐以来诸律比较,明律增创了《公式》《课程》《仪制》《骂詈》《犯奸》《人命》《钱债》《军政》《营造》《河防》十章,其中《公式》《仪制》《骂詈》诸章,多有涉及文化思想专制的内容。

如《公式》,计18条,其中"讲读律令"一条即规定:

> 其百工技艺,诸色人等,有能熟读讲解,通晓律意者,若犯过失及因人连累致罪,不问轻重,并免一次。

"制书有违"条又定：

> 凡奉制书有所施行而违者，杖一百。……失错旨意者，各减三等。

其中更有"上书奏事犯讳"的规定：

> 凡上书，若奏事误犯御名及庙讳者，杖八十。余文书误犯者，笞四十。若为名字触犯者，杖一百。其所犯御名及庙讳，声音相似，字样分别，及有二字止犯一字者，皆不坐罪。

《仪制》一章20条，其中有"收藏禁书及私习天文"之禁：

> 凡私家收藏玄象器物、天文图谶、应禁之书，及历代帝王图像、金玉符玺等物者，杖一百。若私习天文者，罪亦如之。并于犯人名下，追银一十两，给付告人充赏。

"服舍违式"之禁：

> 凡官民房舍、军服、器物之类，各有等第。若违式僭用，有官者，杖一百，罢职不叙。无官者，笞五十，罪坐家长。工匠并笞五十。若僭用违禁龙凤纹者，官民各杖一百，徒三年。工匠杖一百，连当房家小，起发赴京，籍充局匠。违禁之物并入官。首告者，官给赏银五十两，若工匠能自首者，免罪，一体给赏。

在明律中甚至规定了不许大小文武官员之家"妄言祸福"，以杜其僭越之心。

《刑律》中《贼盗》章中，又有"造妖书妖言"的禁条：

> 凡造谶纬、妖书、妖言及传用惑众者,皆斩。若私有妖书隐藏不送官者,杖一百,徒三年。

《骂詈》章中则规定了骂詈的等级,其中"骂制使及本管长官"条中,区别所骂官员的品秩,从杖一百递减。

这些法律条文完全是针对思想文化方面所定,其控制的严厉程度也实在是前所未有的。

此外,在明律中还特别设有关"奸党"的条文,这是与洪武中屡兴大狱相配合的,后来亦为历代专制君主所承用,以镇压政治上的反对派。

> 凡奸邪进谗言左使杀人者,斩;若犯罪律该处死,其大臣小官,巧言谏免,暗邀人心者,亦斩。若在朝官员交结朋党,紊乱朝政者,皆斩,妻子为奴,财产入官。若刑部及大小各衙门官吏,不执法律,听从上司主使,出入人罪者,罪亦如之。若有不避权势,明具实迹亲赴御前执法陈诉者,罪坐奸臣,言告之人,与免本罪,仍将犯人财产,均给充赏。有官者,升二等,无官者,量与一官,或赏银二千两。(《大明律》卷二《奸党》)

这个律条,成为后世实行专制主义政治思想统治的极端手段的根本依据。

当然,作为刑法,依照吏、户、礼、兵、刑、工分类,所涉及的方面必须尽量求全,不可能以大篇幅收入思想言论控制方面过多的内容,因此,太祖于《大明律》之外,"万机之暇,著为《大诰》,以诏示天下"(《明太祖实录》卷一七六)。于是一部法外之法,以超逾法律的地位出现。

在《大诰》以及后来陆续颁布的《大诰续编》《大诰三编》当中,文化思想专制得到了更为充分的体现。

洪武十八年(1385年)十月颁布的《大诰》序中,太祖认为元朝纲纪

不陈,导致了"临事之际,私胜公微,以致愆深旷海,罪重巍山。当犯之期,弃市之尸未移,新犯大辟者即至"。因此要立纲陈纪,"将害民事理,昭示天下诸司,敢有不务公而务私,在外赃贪酷虐吾民者,穷其原而搜罪之"。显然,其主要目的还在于整顿吏治。但是随着专制皇权的极端化发展,其思想文化方面的控制也有了更多的体现。

《大诰·尚书王峕诽谤第八》中所述,即其一例。其案缘于军人唐闰山告娶山西洪洞县姚小五之妻史灵芝一事。地方官依照兵部所给勘合,同意将灵芝给配军人唐闰山。姚小五不服上告,状到刑部,尚书王峕查明史灵芝幼时曾与唐闰山兄订婚,后唐兄病故,遂嫁与姚小五为妻。太祖定此案为:"军人妄给妻室",王峕所为忤旨,于是改令御史唐铎按问。王峕执书生之气,引武则天酷吏故事面诋唐,称:"你入我罪,久后少不得请公入瓮。"太祖因此专列"尚书王峕诽谤"一条于《大诰》之中,定其"怀暴诽谤,惟在沽名"。

其实王峕等刑部官员查明史灵芝一案原委,系法司本职,太祖以其意尽更州县原判,并将所涉官员尽行处斩,显属用刑太侈,故尚书王峕引武则天故事以讽,虽然是书生意气,却是十分的恰当,因此而又增"上侮朝廷,下慢执法之官"的罪过,这大约也是本来便在其意料之中的。(《大诰·尚书王峕诽谤第八》)

然而,就当时情况分析,太祖之所以甚重此案,当有两方面的原因。一方面固然是出于疑心官员们通同为奸,是在趁当时变更元代婚姻旧俗之令,受贿于其中;另一方面也由于王峕等人对于此案的处理有悖于太祖当时欲改变元代婚姻旧俗的命令。太祖于《大诰》中专作《婚姻》一条,称:"同姓、两姨姑舅为婚,弟收兄妻,子承父妾,此前元之胡俗。"故重申旧章。结果有人借此妄告,勾结官府,将前元已婚之家,迫其离异,从中营私。而史灵芝案却并非旧日依"胡俗"的婚配,恰是州县及法司因循旧俗,欲以兄妻给配胞弟,自然招致了太祖的发怒。此案表面上是为处理官吏的"因私为奸",其实是一次典型的思想控制案。

这些在太祖看来,都是风化之事,这类事情在当时还是颇为多见的。

例如乡饮酒礼的紊乱、祭祀的不敬、僧道的不务祖风等等,太祖认为都必须以家迁化外、犯者弃市之类严刑酷法去约束臣民,强迫他们按照朝廷规范行事,并且发出了"从者昌,否者亡"的警告。(《大诰·乡饮酒礼第五十八》)

从当时的情况来看,官民的过犯类型,一是经济上的贪污受贿,一是政治乃至思想上的违犯。而所谓吏治的严酷,主要当指后者。太祖将两者有意混淆于一起,目的是为了掩饰思想专制的实质。

所谓思想专制,就是要人们在同一模式之下生活,而不允许超出专制政治的范围。这一模式便是一个固定的统治秩序。太祖在诰文中特别强调了这种秩序,他首先强调了官民之别,不准民擅官称:"民有不才越礼犯分者,朕今谕诫之。"(《大诰续编·民擅官称第六十九》)同时又强调等级的差别,所谓不准"僭分"。这种不准"僭分",是从日常生活中便开始执行了的:"一切臣民所用居处器皿、服色、首饰之类,毋得僭分。敢有违者,用银而用金,本用布绢而用绫、锦、纻、丝、纱、罗,房舍栋梁不应彩色而彩色,不应金饰而金饰,民之寝床、船只,不应彩色而彩色,不应金饰而金饰,民床毋敢有暖阁而雕镂者,违《诰》而为之,事发到官,工技之人与物主各各坐以重罪。"(《大诰续编·居处僭分第七十》)

不准"僭越",便是不准有非分之想,遵循礼教和等级制度,这也正是维护专制秩序的基础。

强调等级和官民差别的另一个目的是防止官民交往。太祖认为,建国以后官民安居都应该对他心存感激,若"民有不知其报,而恬然享福,绝无感激之心"(《大诰·民不知报第三十一》),便是过犯,"凡我良民,无得交结官吏"(《大诰·京民同乐第二十八》)。这也是一种思想上的整顿。按照太祖的说法:"在京人民,朕于静处少有暇心,即思必与同乐。不期愚民为胡、陈所诱,一概动摇,至今非心不格,面从心异。"(《大诰·京民同乐第二十八》)这里的胡,即胡惟庸,陈即陈宁。他在这里说的也可能确是实情。胡惟庸、陈宁等人所组成的官僚集团,在与太祖皇权的冲突中,必然会有一定的社会思想基础,而且这也绝非用罗织"奸党"及严

刑酷法即可解决的事情。从法律上将官民隔离，可能是防止政治反对势力取得民众土壤的有效手段。太祖所要做的不仅是制造狱案，清除对皇权的威胁，他还必须从根本上去清除造成对于皇权威胁的基础，这才使当时人真正体会到了政治的严酷。仕途于是也就变成了畏途。太祖大概是明显地感到了这一点，他因此在《大诰》中又不得不谈及于此："奸贪无福小人，故行诽谤，皆说朝廷官难做。"对于持此论者，太祖是恨之入骨的，斥之为"自作非为，强声君过，妄彰君恶……掩非饰过，昧己谩人"（《大诰·奸臣诽谤第六十四》）。

这其实很能够反映出当时的政治生活状况。因为一年以后颁布的《大诰续编》中，又出现了《断指诽谤》案。

洪武十七年（1386年），福建沙县民罗辅等十三人，自残手指，以避为官。称："如今朝廷法度好生利害，我每各断了手指，便没用了。"结果被人告发，捉拿到官。太祖责其"自残父母之遗体，是谓不孝；捏词上谤于朝廷，是谓不臣。似尔不臣不孝之徒，惑乱良民，久则为祸不浅。所以将尔等押回原籍，枭令于市，阖家成丁者诛之，妇女迁于化外，以戒将来"。

对这些以断指来逃避入仕者处以极刑，目的是杀一儆百。但我们也可以从中看到当时畏仕已经形成风气了。仅仅因为避仕而遭到这种灭门的灾祸，这如果不是因为太祖要利用此来作为警世的典型，实在是无法从法律角度来解释的。但尽管如此，太祖也不得不对当时的官民们做一个交代："朕制法以养民，民乃构奸而自罪。全家诛之，朕岂得已乎？智人鉴之。"（《大诰续编·断指诽谤第七十九》）

然而，不久便又出现了江西贵溪夏伯启叔侄剁指拒仕的事件，其后又有苏州姚叔闰、王谔匿于本郡，不肯赴京任官，从而引出了太祖的"寰中士夫不为君用"法。

明初的文人拒仕大概是极为普遍的，这不仅见于御制《大诰》中，而且多见于笔记文集之中，而且不仅是避仕不出的儒生，也有已经就职的官吏。《大诰三编》中历官江宁知县、太常少卿的高炳即为一例。高炳初选江宁知县，复任太常少卿，未久作故而归。五年后，复以通经再选江宁知县,结果事发追罪,被判徒刑。其后又以"妄出谤言,以唐律作流言以示人,获罪而身亡家破"(《大诰三编·作诗诽谤第一一》)。高炳究竟作何诗而为谤,史无记述。观其所为,充其量不过是惧避仕途,何况"年已苍老",仍不为太祖所放过。

第三章　多层文化特征

第一节　特定的文化分野

当元末明初的文人士大夫们踌躇满志、以社会改造者的自信投身于那场改朝换代的斗争中时,他们自然而然成为那一时代文化的主流。以刘基的《郁离子》、叶子奇的《草木子》、宋濂的《龙门子》和孙作的《东家子》等为代表的一大批元末诸子,是这场变革时期文化的中坚。他们不同于决无信心的老一辈文人如杨维桢、吴莱、顾阿英等人,谢国桢曾经这样描述道:"他们无不摩拳擦掌,各抒自己胸中韬略,以发挥足智多谋的思想,所以他们所著的书籍,无不是诸子百家之言。"[①]但是随着太祖建国,文人士大夫们从那种带有狂热色彩的躁动中逐渐平静了下来。

与政治上的极端君主专制相适应,文化专制成为当时的文化基点。但是文人士大夫们所代表的精英文化作为时代的主体文化,仍旧起着文化的主导作用。它们在很大程度上被明太祖用来作为扭转元代北族文化对社会生活渗透的工具。不过我们在观察这一段历史时,更多感觉到的则是一种迫使人们去循规蹈矩的趋势。

明初的社会是一个文化层次不甚鲜明的社会,当时从上到下都将注意力集中于物质生产的恢复中,再加上突如其来的文化专制的摧折,酿成了一场万马齐喑的时代文化悲剧。多层文化是一种充分发展的文化,它必须产生于社会经济的一定发达程度和文化教育普及的基础之上。商品经济的繁荣可以促使文化交流的迅速发展,文化的商品化程度越深,它的交流也就越得以发展,传统社会固有的文化模式也就越难以维持。在这

---

① 谢国桢:《明末清初的学风·明清野史笔记概述》,人民出版社1982年版,第94页。

种情况下,得到充分发展的首先是下层社会的文化。下层文化从备受漠视中发展崛起,使人感到文化的层面鲜明了起来。

然而更值得注意的是,在明代多层文化发展过程中,由于统治阶级文化的日趋腐朽没落、枯燥僵化、没有生气,因而抵挡不住丰富多彩、通俗可亲、充满生活情趣的大众文化的冲击,俗文化和雅文化发生颇为明显的互动、交融和转移。在这一变动过程中,以往曾经是亚文化甚至反文化的东西开始走上主导文化的地位。一批士大夫在其间充当了提炼和吸收大众文化的中心环节,而乡间塾师和说唱艺人之类的文化人,则充当了上层文化传播者的角色。明中后期文化之所以与前有着明显的不同,在于这时士大夫所代表的主文化是明显吸收了民间文化的再制品。因此有人将其作为市民文化或者乡土文化,这其实都是一种误解。文化的多层性和贯通互动,是社会向近代发展过程中的文化特征。

当然,中国传统文化还具有相对较强的封闭性,各种不同文化之间或多或少总会保留着各自的特点,这往往取决于文化背景和各种文化群体的社会生活状况。保持其鲜明的文化特征,也正是保持着自我。透过这种情况,我们便能够从中看到各种文化的分野。

一、宫廷文化

宫廷作为政治统治中心,长期以来,逐渐形成了一种带有神秘色彩的特殊文化现象。唐宋以前,京城几乎完全为皇宫所占据,京城文化生活实际上便是皇宫文化。唐宋以后,随着社会经济的发展,京城在宫廷之外,城市人口和市场经济等方面都发生了明显变化,文化生活空前丰富起来。随着都市文化发展,宫廷文化亦日趋充实,禁城内外在文化上相互影响日渐明显。但是宫廷毕竟又不同于民间,在重重禁垣阻隔之下,在统治者制造的神幔遮掩之下,宫廷中形成了一种外界无法效仿的特殊文化。

宫廷建筑

宫廷的建筑本身便首先反映出这一文化的特征。

明代宫廷始建于中都凤阳和南京,永乐(1403—1424)迁都时,又于

北京兴建皇宫。就其建筑艺术来看,明代宫廷建筑与陵墓、园囿、寺庙乃至官邸有诸多共同之处,但其规制与建筑思想却有相当大的区别。

明代宫室规制始定于吴元年(1367年),洪武八年(1375年)改建南京宫殿,"制度如旧,规模益宏"。永乐中建北京宫殿,"凡宫殿、门阙规制,悉如南京,壮丽过之"(《明史·舆服志》)。

明代皇宫建于京城中轴线上。这种以宫廷为中心的建筑设计,充分体现了封建社会中皇权的至高无上和中央集权统治的加强。

明代的皇宫包括外层的皇城和内层的紫禁城,紫禁城内称为大内。

> 皇城外层,向南者曰大明门,与正阳门、永定门相对者也。稍北过公生左门而向东者,曰长安左门。再东过玉河桥,自十王府西夹道往北向东者,曰东安门。转而过天师庵草场,转西向北,曰北安门,即俗称"厚载门"是也。转而过太平仓,迤南向西,曰西安门。再南过灵济宫灰厂向西,曰长安右门。……此外围之六门。墙外周围红铺七十二处。
>
> 紫禁城外,向南第一重曰承天之门,……南二重曰端门,三重曰午门。魏阙西分,曰左掖门,曰右掖门。转而向东曰东华门,向西曰西华门,向北曰玄武门。此内围之八门也。墙外周围红铺三十六处。每晚有勋臣一员,在门左门内直宿,每更官军提铜铃巡之。而护城之河绕焉。(吕毖:《明宫史》)

在紫禁城和皇城之外,还有北京城内城和外城高大的城墙,城外并有护城河。这是作为政治(中央或地方政府所在地)、军事(边地及内地重镇)城市的特点。这是封建封闭型文化的体现。比较单纯因工商业发展而形成的市镇,则一般没有这样的坚固城池,不少江南工商业市镇的城墙是后来为防倭患而修建或加固的。

从午门开始,皇宫主体建筑仍依中轴线而排列。午门内正中为奉天门(后改皇极门),门内为奉天殿(后改皇极殿),奉天殿后为华盖殿(后改中极殿），再后为谨身殿（后改建极殿），此即所谓"三大殿"，是皇帝临朝问政之地。清代改称太和、中和、保和三殿。

三大殿之后是乾清门，门内为乾清宫，宫后交泰殿，再后即坤宁宫。此为皇帝、皇后居住之处。坤宁宫北为御花园，中有钦安殿，殿后坤宁门（后改顺贞门），其宫墙之外是紫禁城北门玄武门，清代改称神武门。

处在这条中轴线上的建筑，玄武门北为煤山（景山），再北为皇城北安门，门外再北为鼓楼、钟楼。

明代中叶以后来华的西方传教士利玛窦（Mathew Ricci）注意到了明代皇宫的这些建筑特点，他曾经写道：

> 皇宫建筑在南墙之内，像是城市的一个入口，它一直延伸到北墙，长度贯穿整个的城市并且一直穿过城市的中心。城市的其余部分则分布在皇宫的两侧。这个皇帝的居处不如南京皇宫宽阔，但它建筑的雅致和优美却由于它的细长线条而显得突出。（《利玛窦中国札记》第四卷第三章）

也就是说，明代皇宫乃至京城中的主体建筑，都处于城市的中轴线上，而且呈南北细长形。

经过对这一特点的科学研究，从中得到了一个令人惊奇的发现。自20世纪80年代中叶以来，有关科研单位对北京城进行高空遥感拍照，从所得照片中可以看出，从天安门到钟楼，这一细长形建筑群，俨然组成了一条龙的形状。太庙（今劳动人民文化宫）与太社稷（今中山公园）为龙头两侧双目，紫禁城、景山直至钟鼓楼可区分开龙头、龙身、龙尾，十分形象。更令人感到意外的是，在这条处于城市中轴线上龙形建筑群的西侧，还有一条由南海、中海、北海和积水潭（后海）、什刹海组成的水龙。两条龙头都伸向棋盘街（今天安门广场一带），在龙头前面则是正阳门瓮城的

圆形建筑,恰似一轮火珠,从而构成了二龙戏珠的巧妙结合。①

这种建筑思想,是中国封建帝王以真龙天子自居和中国龙文化思想的体现。龙是中国传统文化中臆造的一种客观主宰物形象,是帝王统治者的象征。在封建帝王的殿宇、器物、服饰中充满了龙,这是他们所独有的,而其他人如果使用这种装饰的话,就要被指为僭越。

明代宫廷建置的另一特殊之处是"中央土"的设计。即由奉天、华盖、谨身三大殿殿基组成的一个南向的土字。过去人们按照以北为上的读图观念,一直将其作为干字,因而得不到建筑文化的合理解释,将其解释为土字,则明显看出古代帝王以有土有民为得天下的思想,更进一步揭示了明代宫廷设计的文化内涵。②

此外,明代宫殿建筑的厚重造型及其宫墙所用暗红颜色等等,也都是在力图制造一种庄严肃穆的气氛和心理暗示,给人以威压,用以体现皇帝的权威,造成人们心理的压迫与崇拜。

由这禁城高墙围括的宫廷,构成了一个特殊的文化圈。它是中国传统社会家长制文化的集中体现。

宫廷礼仪

宫廷文化的最大特点便是制度,这不仅表现在宫廷建置上,而且表现在全部宫廷生活之中。

明代宫廷文化活动的最主要的内容首先是礼制。明代承袭了传统的礼仪制度,并且做了新的规定,这实际上也就是等级制度和政治的一种形式。

首先是祭祀活动,这在五礼之中属吉礼。明代祭祀分为大祀、中祀、小祀。圜丘、方泽、宗庙、社稷、朝日、夕月、先农为大祀;太岁、星辰、风云雷雨、岳镇、海渎、山川、历代帝王、先师、旗纛、司中、司命、司民、司禄、寿星为中祀;其余诸神为小祀。后将朝日、夕月、先农改为中祀。即使如此,

---

① 参见《明北京城规划建筑艺术遥感研究》。该成果于1991年4月通过由中国地质勘查技术院及北京古建博物馆组织的专家鉴定。

② 参见《明北京城规划建筑艺术遥感研究》。

皇帝需要亲临祭祀的还有天地、宗庙、社稷、山川几种。

每年常行的祭祀活动，"大祀十有三：正月上辛祈谷、孟夏大雩、季秋大享、冬至圜丘皆祭昊天上帝，夏至方丘祭皇地祇，春分朝日于东郊，秋分夕月于西郊，四孟季冬享太庙，仲春仲秋上戊祭太社太稷。中祀二十有五：仲春仲秋上戊之明日祭帝社帝稷，仲秋祭太岁、风云雷雨、四季月将及岳镇、海渎、山川、城隍，霜降日祭旗纛于教场，仲秋祭城南旗纛庙，仲春祭先农，仲秋祭天神地祇于山川坛，仲春仲秋祭历代帝王庙，春秋仲月上丁祭先师孔子。小祀八：孟春祭司户，孟夏祭司灶，季夏祭中霤，孟秋祭司门，孟冬祭司井，仲春祭司马之神，清明、十月朔祭泰厉，又于每月朔望祭火雷之神"（《明史·礼志》）。如此繁琐的祭祀活动，倘若均由皇帝亲行，恐怕实在分身无术了。尽管实际上皇帝只需躬亲其中一小部分，但也不得不经常以太子或诸王、大臣代行。除此之外，还有一些因时特举的活动，如新天子耕耤田而享先农，视学而行释奠之礼，皇后享先蚕，祀高禖等，而这还仅仅是五礼中的一项吉礼。

除去吉礼外，另一项较为繁复的礼仪是嘉礼。所谓嘉礼，主要是一些仪式，例如朝会，包括登极、大朝、常朝、皇太子和亲王朝见、诸藩王来朝、诸司百官朝觐、中宫皇后受朝、朝贺东宫太子等；再如宴享，有大宴、中宴、常宴、小宴等；此外有上尊号、徽号，册立皇后、诸妃、太子、诸王，还有皇帝、太子听儒臣讲授经史的经筵，再加上皇帝外出巡狩及其通行的冠礼、婚礼等。这些也构成了宫廷礼仪的一大部分内容。

第三种礼仪是宾礼，主要是接待外国来使及派遣使臣出使的仪式。

第四种为军礼，包括皇帝亲征、遣将、祃祭、受降、奏凯献俘、论功行赏、大阅、大射等。遇有日食发生时的救日伐鼓仪亦属军礼。军礼虽然程序繁复，但非日常之仪，在宫廷日常文化生活中不是重点。

代表宫廷文化特色的，是与吉礼相反的凶礼，凡是陵墓之制、寝庙和丧礼及其祭陵等，均属此类。死是人生中至关的大事，也必然成为宫廷生活中的大事。宫廷中除皇帝之外，为数众多的后妃，未出宫之藩的皇子，未出嫁的公主，这样一个人口庞大的家庭，不断在生老病死中变化，加上

丧葬制度的繁琐,凶礼于是也就成为宫廷中经常举行的礼仪。

如此众多的礼仪,给人以一种难以想象的复杂感,而且这其中几乎每一项仪式,又都繁复得令人目眩。

以吉礼中祭天地之仪为例,首先有坛壝之制,然后确定神位、祭器、玉帛、牲牢、祝册、笾豆之实,再定祭祀日期。祭前要习仪,并要行斋戒,"戒者,禁止其外。斋者,整齐其内。沐浴更衣,出宿外舍,不饮酒,不茹荤,不问疾,不吊丧,不听乐,不理刑名,此则戒也。专一其心,严畏谨慎,苟有所思,即思所祭之神,如在其上,如在其左右,精白一诚,无须臾间,此则斋也。大祀七日,前四日戒,后三日斋"(《明史·礼志》)。祭祀的拜褥,初用绯色。祭郊丘时,以席为表,以蒲为里;祭宗社、先农、山川等,以红文绮为表,红木棉布为里。皇帝入位时,太常寺奏中严,奏外办。盥洗、升坛、饮福、受胙,各致赞辞,还有设爵洗位,升坛唱拜等,后因繁渎删省。另有上香礼、拜礼,仅拜礼即十二拜,并有登坛脱鞋等。

这些礼仪如若常行的话,皇帝大概没有时间再做别的事了。

为了明了宫廷文化的特点,我们不妨再看一看宫廷的葬礼。

永乐二十二年(1424年)成祖死后,礼部拟定了一份发引仪单:"发引前三日,行奏告礼,百官预斋戒三日,遣官以葬期告天地、宗庙、社稷。皇帝(仁宗)衰服告几筵,皇太子亲王以下皆衰服,随班行礼。是日后,百官衰服,朝一临,至发引日止。……发引前一日,遣官祭金水桥、午门、端门、承天门、大明门、德胜门,并桥,清河桥,沙河,京都应祀神祇并经过去处应祀神祠。是夕设辞奠,皇帝、后妃、皇太子、亲王以下皆衰服,以序致祭。司礼监、礼部、锦衣卫官,提督执事者,设大升舆于午门外,依图式陈葬仪于午门外,并大明门外。发引日,设启奠。内侍陈设醴馔拜位如常仪。内导引官导皇帝衰服诣拜位,皇太子、亲王以下各就拜位。赞礼赞四拜,奠帛、献酒、读祝,四拜举哀,兴,哀止,望瘗。礼毕,内导引官导皇帝诣几筵殿内稍东,西向立,皇太子、亲王以下丹陛上,稍东,西向立,执事者升,撤帷幕等物,拂拭梓宫毕,内侍撤启奠。内执事官进龙辅于几筵殿下,设真亭、神帛舆、谥册、宝舆于丹陛上,设祖奠如启奠仪。毕,内导引官导皇帝诣梓宫前稍东,西向立,导皇太子由殿左门入,立于皇帝之南稍东,西向,亲王以下,俱于丹陛上稍东,西向立。内侍于梓宫前跪奏,请灵驾进发。内侍捧谥册宝,次捧神帛,由殿中门出,各置舆内,次捧铭旌,由中门出,执事官升,捧梓宫,内执事持翣左右,蔽梓宫降殿。内侍官于梓宫前跪奏,请梓宫升龙辀,执事官奉登龙辀,讫。以彩帷饰梓宫,执翣仍列左右。内侍擎伞扇侍卫如仪。列旧所御仪仗于前,谥册宝舆、神帛舆、真亭、铭旌,以次而行。内导引官导皇帝由殿左门出,后妃、皇太子、亲王及宫眷后随。至午门内,设遣奠如祖奠仪,内侍于梓宫前跪奏,请灵驾进发,司礼监官率仪卫谥册宝舆等前行,皇帝、后妃、皇太子、亲王以下,皆哭尽哀。内侍于皇帝前跪奏,请还宫,内侍导引皇帝还宫,后妃以下俱还宫。"(万历《明会典》卷九六《永乐二十二年发引仪》)而此后梓宫到午门改换大升舆,抬至端门,由太子捧神帛到太庙行辞祖礼,然后出德胜门往天寿山陵园。沿途所经之处,如土城、清河、沙河等处均有祭坛。至陵园后还要于享殿中行安神礼,下葬前行迁奠礼,在地宫门外行赠礼,将谥册宝等及随葬品陈列地宫中,关闭地宫大门前,再行享礼,至此,一套葬仪才算完结。

这代表了传统社会最高葬仪,后妃、太子和诸王的葬仪,与之相比,要略有简化,但模式相仿,这与民间的葬仪是有严格区别的。

宫廷舆服

在宫廷文化中,礼仪就像是一个个无形的框框,将一切生活和行为都限制在固定模式之内。在当时被称之为舆服的宫廷用具、器物与服饰,也都充分体现了这种固定模式。

在舆服的定制方面,明代承袭了前代"上得兼下,下不得拟上"的原则。明太祖建国之初,因与群雄相争而得天下,未遑详定制度,僭越之事,屡见而不鲜。后世史家为掩盖其混乱无制,托辞于明初的崇俭,称:"明初,俭德开基,宫殿落成,不用文石甃地,以此坊民。武臣犹有饰金龙于床幔,马厩用九五间数,而豪民亦或熔金为酒器,饰以珠玉。"(《明史·舆服志》)这是明显的僭越。其后太祖始命儒臣稽古讲礼,定服舍器用制度,历代守之,递有禁例。这一制度规定的关键所在是皇室与民间的差异。

以车轿为例，皇帝专用者有大辂、玉辂、大马辇、小马辇、步辇、大凉步辇、板轿、耕根车等。这其中除耕根车为皇帝亲耕时载耒耜同行者外，其余均为皇帝在不同场合的专乘车轿。此外，后妃亦有其专门规制的车轿，如皇后的辂车，皇妃的凤轿；皇太子的车轿称金辂；亲王为象辂；公主用凤轿。

按照等级规定乘坐车轿是中国传统社会的一大特点。这些车轿不仅名目繁多，而且有严格规制。

皇帝乘坐的大辂是由两只大象挽驾的车舆，这是最高规格的乘具。史书中对其形制有非常具体的记述：

大辂，高一丈三尺九寸五分，广八尺二寸五分。辂座高四尺一寸有奇，上平盘。前后车棍并雁翅及四垂如意滴珠板。辕长二丈二尺九寸有奇，红髹。镀金铜龙头、龙尾、龙鳞叶片装钉。平盘下方箱，四周红髹，匡俱十二槅。内饰绿地描金，绘兽六，麟、狻猊、犀、象、天马、天禄；禽六，鸾、凤、孔雀、朱雀、翟、鹤。盘左右下有护泥板及车轮二，贯轴一。每轮辐十有八，其辋皆红髹，抹金铜钑花叶片装钉。轮内车心，用抹金铜钑莲花瓣轮盘装钉，轴中缠黄绒驾辕诸索。

辂亭高六尺七寸九分，四柱长五尺八寸四分。槛座皆红髹。前二柱戗金，柱首宝相花，中云龙文，下龟文锦。前左右有门，高五尺一寸九分，广二尺四寸九分，四周装雕木沉香色描金香草板十二片。门旁槅各二及明枕，俱红髹，以抹金铜钑花叶片装钉，槅编以黄线条。后红髹屏风，上雕描金云龙五，红髹板戗金云龙一。屏后地沉香色，上四隔雕描金云龙四，其次云板如之。下三槅雕描金云龙三，其次云板亦如之。俱抹金铜钑花叶片装钉。

亭内黄线条编红髹匡软座，下莲花坠石，上施花毯、红锦褥席、红髹坐椅。靠背上雕描金云龙一，下雕云板一，红髹福寿板一并褥。椅中黄织金椅靠坐褥，四围椅裙，施黄绮帷幔。亭外青绮缘边红帘十扇。辂顶并圆盘高三尺有奇，镀金铜蹲龙顶，带仰覆莲座，垂攀顶黄线圆条。盘上以红髹,其下外四面地沉香色,描金云;内四角地青,绘五彩云。以青饰辂盖,亭内贴金斗栱,承红髹匡宝盖,斗以八顶,冒以黄绮,谓之黄屋;中并四周绣五彩云龙九。天轮三层,皆红髹,上安雕木贴金边耀叶板八十一片,内绿地雕木贴金云龙文三层,间绘五彩云衬板八十一片。盘下四周,黄铜钉装,施黄绮沥水三层,每层八十一摺,间绣五彩云龙文。四角垂青绮络带,各绣五彩云升龙。圆盘四角连辂坐板,用攀顶黄线圆条,并贴金木鱼。辂亭前有左右转角阑干二扇,后一字带左右转角阑干一扇,皆红髹,内嵌雕木贴金龙,间以五彩云。三扇共十二柱,柱首雕木贴金蹲龙及线金五彩莲花抱柱。阑干内四周布花毯。

亭后树太常旗二,以黄线罗为之,皆十有二斿,每斿内外绣升龙一。左旗腰绣日月北斗,竿首用镀金铜龙首。右旗腰绣黻字,竿首用镀金铜戟。各缀抹金铜铃二,垂红缨十二,缨上施抹金铜宝盖,下垂青线纷錔。踏梯一,红髹,以抹金铜钑花叶片装钉。行马架二,红髹,上有黄绒緼条,用抹金铜叶片装钉。有黄绢幰衣(即遮尘)、油绢雨衣、青毡衣及红油合扇梯、红油托叉各一。辂以二象驾之。(《明史·舆服志》)

皇帝以下,皇室成员的车轿依制而减等,但均有龙凤之饰,至郡王妃及郡主即不许用凤饰,将皇妃凤轿中的凤饰,通改易为翟饰。至文武百官则更不许雕饰龙凤纹,亦不许用丹漆。至嘉靖以后,风气崇尚奢靡,严嵩党羽鄢懋卿"制五彩舆,令十二女子舁之"(《明史·鄢懋卿传》)。万历初,大学士张居正所乘步舆"前重轩,后寝室,以便偃息,旁翼两庑,各一童子立,而左右侍为挥箑炷香,凡用卒三十二人舁之"(焦竑:《玉堂丛语》卷八《汰侈》)。此虽称奢靡之至,仍不敢有逾制之举。

明太祖起于乡野,带有农家质俭之俗。明初定舆制,他既反对以玉饰车之玉辂,又令以应用金饰者,一律以铜镀金为饰。但是,在乘舆制度上,他却严格制定等级之别,皇权专制的思想在这里也得以充分贯彻。

永乐元年(1403年),驸马都尉胡观越制乘晋王济熺朱辕棕轿,为给事中周景所劾。成祖为此传诏,宽宥胡观,而下书切责晋王。这是成祖夺位登极之初,尚且切切于车舆僭越之制,其中的严格界限,可想而知了。

车舆文化往往是一个国家民族文化的重要体现。明代宫廷车舆所体现的主要是一种传统等级差别,并没有伴随交通与经济发展的实用性适应。当时所追求的甚至还是商周的古制,这与明代宫廷的封闭是有直接关系的。明朝人评论说:"大驾卤簿,为大朝会丹陛所设者:大凉步辇一、步辇一、大马辇一、小马辇一、玉辂一、大辂一、板轿一。至于上郊祀及巡幸近地,但乘步辇,其他用备观美而已。"(《万历野获编》卷一《御辂》)所谓步辇,实际就是人抬的轿子。在皇帝车辂中,专备有革辂,供其出征之用。大约只有武宗正德十四年(1519年)亲征宸濠时,曾乘坐革辂。革辂虽较之其他车舆易于外行,然而实际上还是遵循古礼而为,还保留在先秦的水平上,因此被诩为"最合古礼"(同上)。

等级便是一切。天启时,熹宗乳母客氏专权,"在宫乘轿,内官抬走,俨如先朝妃嫔,止缺一青盖"(蒋之翘:《天启宫词》注)。缺一青盖便没有逾制,即使专权已极的客氏,也不得不如此。崇祯时贵妃田氏以聪敏著称,看到车轿在宫中夹道行走,不避风雨日晒,特于夹道旁设棕叶等成遮阳篷,颇为宫人称道,而车轿例张青罗小伞,这是旧制,则不可改变。

在宫廷文化中,另一个带有突出特点之处是服饰。宫廷服饰文化首先表现出的还是严格的等级差别。

皇帝的服饰分为衮冕、通天冠服、皮弁服、武弁服、常服等。皇后、妃嫔、内命妇、宫人亦均有服饰规定。自皇太子以下,直至奉国中尉,一切皇室成员也都有不同规制。这些不仅明确载于会典之中,而且附有图形,作为后世遵循的依据。

凡是祭祀天地、宗庙及正旦、冬至、圣节(皇帝生日),以及祭社稷、先农、册拜等大礼仪时,皇帝须服衮冕。

衮冕是皇帝最有代表性的服饰。明朝建国之初,学士陶安曾请依古制设五冕,太祖以其太繁,仅定设衮冕及通天冠服。洪武十六年(1383

年)正式确定衮冕之制,这是最早形成定制之时,此前虽有衮冕之服用,无非红袍黄裳,显示出明朝尚火的特点,而并未定制。

十六年定制:冕,前圆后方,玄表纁里。前后各十二旒,旒五采玉十二珠,五采缫十有二就,就相去一寸。红丝组为缨,黈纩充耳,玉簪导。衮,玄衣黄裳,十二章,日、月、星辰、山、龙、华虫六章织于衣,宗彝、藻、火、粉米、黼、黻六章绣于裳。白罗大带,红里。蔽膝随裳色,绣龙、火、山文。玉革带,玉佩。大绶六采,赤、黄、黑、白、缥、绿,小绶三,色同大绶。间施三玉环。白罗中单,黻领,青缘襈。黄袜、黄鞋,金饰。

这是衮冕最初的样子,十年后的洪武二十六年(1393年)又重作更定:衮冕共十二章,冕版宽一尺二寸,长二尺四寸。冠上有覆,玄表朱里,其余同于旧制。衮改为玄衣纁裳,上面十二章图形依旧。改白罗中单为素纱,蔽膝用红罗,上宽一尺,下宽二尺,长三尺。革带定长三尺三寸。大带依旧素面红里,两边加缘,上以朱锦,下以绿锦。改黄袜黄鞋为朱袜赤舄。

到永乐三年(1405年)再次更定:

> 冕冠十有二旒,冠以皂纱为之。上覆曰綖,桐板为质,衣之以绮,玄表朱里,前圆后方。……以玉衡维冠,玉簪贯纽,纽与冠武,并系缨处,皆饰以金。綖以左右垂黈纩充耳,系以玄紞,承以白玉瑱朱纮。
>
> 衮服十有二章,玄衣八章,日、月、龙在肩,星辰、山在背,火、华虫、宗彝在袖,皆织成本色领褾襈裾。纁裳四章,织藻、粉米、黼、黻各二,前三幅,后四幅,前后不相属,共腰,有襞积,本色綼裼。
>
> 中单以素纱为之,青领褾襈裾,领织黻文十三。蔽膝随裳色,四章,织藻、粉米、黼、黻各二。本色缘,有紃,施于缝中。其上玉钩二。
>
> 玉佩二,各用玉珩一、瑀一、琚二、冲牙一、璜二,瑀下有玉花,玉花下又垂二玉滴,琢饰云龙文描金。自珩而下系组五,贯以玉珠。行则冲牙、二滴与璜相触有声。其上金钩二,有二小绶,六采,以副之。六采,黄、白、赤、玄、缥、绿,纁质。

大带素表朱里,在腰及垂皆有绅。上绅以朱,下绅以绿,纽约用素组。

大绶六采,黄、白、赤、玄、缥、绿,纁质;小绶三,色同大绶。间施三玉环龙文,皆织成。

袜舄皆赤色,舄用黑绚纯,以黄饰舄首。(《明会典》卷六〇《冠服一》)

这一次确定的衮冕之制被历代沿用了一百二十多年,直到嘉靖八年(1529年),世宗发觉所服衮冕与《明会典》所载不合,于是重新确定其制:"冠以圆匡乌纱冒之,旒缀七采玉珠十二,青纩充耳,缀玉珠二,余如旧制。玄衣黄裳,衣裳各六章。洪武间旧制,日月径五寸,裳前后连属如帷,六章用绣。蔽膝随裳色,罗为之,上绣龙一,下绣火三,系于革带。大带素表朱里,上缘以朱,下以绿。革带前用玉,其后无玉,以佩绶系而掩之。中单及圭,俱如永乐间制。朱袜,赤鞋,黄绦缘玄缨结。"(《明史·舆服志》)

衮冕之制之所以这样受到重视,因为它是皇帝最重要的礼服,尽管只有在最重大的祭祀礼仪活动中才会穿用。

因为制作衮冕是由工匠依制操作的,在传制过程中完全依靠手工指导和传统,很难一成不变,时间长久便会与定制不合。况且皇帝即位有早晚,年龄不同,身材也必然不同,不可能完全依照规定的尺寸。显然,舆服制度只是一种礼和等级的规定,这比它的实用效果更为重要。

除去衮冕外,皇帝的礼服还有通天冠服、皮弁服、武弁服等,分别为不同礼仪及出征或遣将时穿用。皇帝日常穿着则为常服。常服自然不会像礼服那样繁琐,而是以穿着舒适随意为原则。初于洪武时定:乌纱折角向上巾,盘领窄袖袍,束带用金、琥珀、透犀。据记,洪武二十四年(1391年),太祖微行至神乐观,见有人结网巾,次日命人取来,于是颁示全国,人无贵贱,皆裹网巾。永乐间,改常服冠为翼善冠,但这似乎也只是一种格式,皇帝日常也只是裹网巾,而常服之制渐缺载。大约是黄袍,圆领,窄袖,前后及两肩各织金盘龙,玉带,皮靴,沿之成俗。到嘉靖间,世宗重寻古制,定燕弁服,目的是为"虽燕居,宜辨等威"。而"寓深宫独处,以燕安为戒之意"(《明史·舆服志》)。按照当时的定制,燕弁服"冠匡如皮弁之制,冒以乌纱,分十有二瓣,各以金线压之,前饰五采玉云各一,后列四山,朱绦为组缨,双玉簪。服如古玄端之制,色玄,边缘以青,两肩绣日月,前盘圆龙一,后盘方龙二,边加龙文八十一,领与两袪共龙文五九。衽同前后齐,共龙文四九。衬用深衣之制,色黄。袂圆袪方,下齐负绳及踝十二幅。素带,朱里青表,绿缘边,腰围饰以玉龙九。玄履,朱缘红缨黄结。白袜"(同上)。然而实际上我们从世宗以后各代帝王燕居画像上看到的,大都没有这样的服饰,画像中皇帝们穿着的常服也不尽同于会典中的规制,而画像中的袍服似乎更接近生活。

与皇帝相比,皇后的冠服要简化多了。明朝皇后的冠服只有两种,一是礼服,一是常服。礼服是在接受册封、谒祭太庙及朝会时服用的,常服即平日之所服。

皇后的冠服定制于洪武三年(1370年),到永乐三年(1405年)又更定其制,为后世所沿袭。皇后冠服中最为突出的是凤冠,按照规制,皇后凤冠上饰有九龙四凤,龙以翠制,凤以金制。中间的龙口衔一颗大珠,上有翠盖,下垂珠结,其余八龙皆口衔珠滴,珠翠云四十片,大珠花、小珠花各十二树。冠旁有金龙、翠云、珠环等饰,多垂有珠滴,或饰有珠宝钿花、翠钿等。再加上织绣的翟衣、玉带、绣带,真可谓是从头到脚满是金玉珠翠。这与皇帝那身金碧辉煌的衮冕倒是十分相称的。

按照舆服制度的规定,皇后的常服也是凤冠霞帔。但是在实际生活中这种情况则不大普遍,后妃们在宫中往往并不会按照会典的规定去着装。尤其在商品化程度比较发达的明中后期,社会上追求服装新奇,出现所谓"时样"的时装。江南商品经济最发达的苏州一带堪称领导时装潮流,为其他地区所效法。这种风气也自然影响到宫廷之中。崇祯时皇后周氏、贵妃田氏便常着江南服饰,"后籍苏州,田贵妃居扬州,皆习江南服饰,谓之苏样"(王誉昌:《崇祯宫词》注),宫中人则多仿效。据记崇祯时,

"一夕,袁贵妃侍于月下,衣浅碧绫,即所谓'天水碧'也。帝曰:'此特雅倩。'于是宫眷皆尚之,绫价一时翔贵"(同上)。又记:"宫眷暑衣从未有用纯素者,葛亦惟帝用之,余皆不敢用。后始以白纱为衫,不加盖饰。上笑曰:'此真白衣大士也。'"(王誉昌:《崇祯宫词》注)而自从周皇后着纯素暑衣后,"一时宫眷裙衫俱用白纱裁制,内衬以绯交裆红袙腹,掩映而已"(同上)。其实早在周皇后之前已有暑服纯素之例。天启"时夏服尚用纨素,俗云怀素是也。内衬白纱,外有自然活纹,如水之波,如木之理"(秦征兰:《天启宫词》注)。但是若称因宫中之尚而致"绫价翔贵",似言过其实。当时宫眷服饰的材料主要还是来自官方织染局。如天启时宫眷尚用一种"海天霞"的织物,史称:"海天霞,当时织染局所造新颜色也。似白而微红,宫眷内官多服之。"(同上)在社会时尚不断追求变化更新的大趋势下,官营织染业也力求生产出更新产品,以供给皇室的消费,这就必然打破旧有的宫廷服饰定制。要求人们一成不变地按照规制穿着,实际上是不大可能的,尤其是在后宫这个女人的王国中,就更加不可能。何况这里面还有皇帝的尚好。明宪宗的宠妃万氏就深谙此中的道理。"帝每游幸,妃戎服前驱"(《明史·恭肃贵妃万氏传》)。一身戎服使这位年长皇帝十九岁的贵妃鹤立于众妃嫔之中。明武宗宠爱回鹘(畏兀儿)女子,宫眷有回鹘装者。时人王世贞作宫词记道:

窄衫盘凤称身裁,
玉靶雕弓月样开。
红粉别依回鹘队,
君王亲自虎域来。(王世贞:《弇州山人稿·正德宫词》)

称身合体的盘凤窄衫,一改宽袍大袖掩遮女性身材线条的传统宫装,给人以耳目一新的感觉。

明武宗是个素有荒唐之名的皇帝,但是在宫廷服装的变化中却是起到了一定的作用。如"罩甲"之制:"罩甲之制,比甲稍长,比披袄减短,正德间创自武宗,近士夫有服者。"(李诩:《戒庵老人漫笔》卷一《罩甲》)上行下效,上面的变化对于下面的影响往往更大。于是,明代宫廷服饰出现了两种鲜明的趋向,一种是在追寻旧制,维持着大明祖制的传统,这主要是指帝后妃嫔及其他皇室成员的礼服;一种是在追求变化和时尚,以满足人们对于生活舒适和美的要求,这主要是指他们日常生活中的服饰。这当然与礼服的严肃性和常服的随意性有关。但是,总体上看,宫廷服饰始终无法摆脱封闭保守的限制,这不仅是宫廷服饰的主流,也是中国传统服饰文化的主流。

宫廷饮食

宫廷饮食文化是构成宫廷文化特点的又一个重要内容。中国人在吃的传统上的优势,在宫廷饮食这方面得到了极大的发展。

明代的宫廷饮食同其他生活内容一样,首先都必须纳入宫廷礼仪规制之中。

明代宫中饮食活动分为大宴、中宴、常宴和小宴等。这些饮食活动同时也都是一种礼仪活动。在重要的庆典活动时举行大宴,一般性的庆典或对于官员的赏赐等,则举行中宴、常宴或小宴。

在举行宴会之前,尚宝司要设御座于宴会场所,锦衣卫设黄麾,金吾等卫设护卫官,教坊司设九奏乐及大乐、舞队等,光禄寺设酒亭、膳亭、珍羞醯醢亭等,其余太子诸王、文武百官依次设位。开宴时,皇帝就座,奏大乐,鸣鞭。太子亲王及文武百官要先行赞拜仪式,然后就座。赞拜时敬第一爵酒,入座后饮第二爵酒。皇帝举酒群臣亦举酒。每饮一爵则奏各种乐曲,间亦有舞蹈。大宴进九爵,常宴、中宴进三或五爵。

这是皇帝与群臣,或者皇后与宫眷及内外命妇的一种礼仪形式,它虽然也属于宫廷饮食文化范围,但应属比较特殊的部分。宴会的特点在于它是与外廷同时进餐的活动,并且首先是一种礼仪。而宴会上的饮食则无疑是由光禄寺备办的宫廷菜肴。光禄寺是掌管备办祭祀、宴会及宫中膳馐的机构,太祖建国之初洪武元年正月,即曾有谕令:"今后但系光禄寺买办一应供用物件,比与民间交易价钱每多十文。且如肉果之数及诸

项物件,民人交易一百文一斤,光禄寺买办须要一百十文,随物贵贱每加一分,卖物之人照依时估多取十文利息。"(孙承泽:《天府广记》卷一〇《光禄寺》)这本是太祖恤民之心,但随着宫廷花费的膨胀,光禄寺大有入不敷出之感。

光禄寺额设银二十四万两,起初年仅用其半,约十二万两,计每月一万两。但到正德、嘉靖间,用至三十六万两,犹称不足。其原因一方面固然是宫廷人数的增加和生活的奢侈。例如嘉靖中宫廷厨役达四千一百名。万历中宫廷花费的奢靡也是举世皆闻的实情,史记:"神宗朝宫膳丰盛,列朝所未有,不支光禄钱粮。彼时内臣甚富,皆令轮流备办,以华侈相胜。又收买书画玉器侑馔,谓之孝顺,上惟岁时赏赐而已。"(《天府广记·光禄寺》)但是神宗的宫膳似乎并不是由光禄寺支给,当然,宦官们轮流备办的只是皇帝一人而已,妃嫔宫眷乃至婢仆供事之人还是由光禄寺供给钱粮的。光禄寺支付过大的另一个主要原因是宫廷中的贪污和浪费。仅以宫中饮食所用餐具而论,即为一大项消耗。明英宗正统二年(1437年)谕旨:"比闻进宫中食物所用器皿扛索,十还一二,重复造用,甚费财扰民。今后凡进食物,必须印信揭帖,备书器皿扛索之数,与收领内官姓名,尚膳监如数还之,不足即以奏闻,敢隐瞒扶同者悉坐以罪。"(《天府广记·光禄寺》)内官们在备办宫膳中的贪污,在当时是基本上公开的。穆宗曾向近侍询问果饼、尚食监和甜食房开出采办制作物料清单,竟索银数千两。穆宗笑道:"此饼只需银五钱,便于东长安大街勾栏胡同买一大盒矣,何用多金!"宫膳的节省很使穆宗得到后世史家的好评:"穆宗在位六载,端拱寡营,躬行俭约,尚食岁省巨万。"(《明史·穆宗本纪》)另一件与之相类的事发生在崇祯年间。崇祯帝"一日欲食米糖,内臣奏令御膳监制进。上问一料所费几何。对曰:'得银八两。'上以银三钱令赴市买之,须臾捧一盒至。上分给各皇子公主,笑曰:'此宁须八两耶!'"(《天府广记·光禄寺》)虚报的钱料当然也就入了内官们的私囊。

崇祯帝是明朝诸帝中最称节俭的一个,据崇祯十五年(1642年)光禄寺揭报:

> 皇帝膳每日三十六两,每月一千四十六两,厨料在外,又药房灵露饮用、粳米、老米、黍米在外。皇后膳每日十一两五钱,每月三百三十五两,厨料二十五两八钱,懿安皇后(熹宗皇后)同。承乾皇贵妃、翊坤贵妃两宫每月各一百六十四两。皇太子膳并厨料每月一百五十四两九钱。定王、永王两宫每月各一百二十两。(同上)

即使如此,光禄寺每月册奏一切内外诸费仍需二万余两,年费仍超过额设二十四万两之数。其中肥饱私囊者恐仍不是小数字。

明世宗为光禄寺岁支三十六万仍不敷出之事曾发出质问:"今无论祖宗时两宫大分尽省,九嫔仅十余,宫中罢宴设二十年矣。朕日用膳品悉下料,无堪御者,十坛供品不当一次茶饭,朕不省此三十余万安所用也?"阁臣回答说:"祖宗时光禄寺除米豆果品外,征解本色岁额定二十四万,彼时该寺岁用不过十二三万,节年积有余剩,后加添至四十万,近年稍减,乃用三十六万,其花费情弊可知。而冒费之弊有四:一、传取钱粮原无印记,止凭手票取讨,莫敢问其真伪。一、内外各衙门关支酒饭,或一人而支数分者,或其事已完而酒饭尚支者。一、门禁不严,下人侵盗无算。一、每岁增买瓷器数多。"(《天府广记·光禄寺》)这虽是上下皆知之事,却始终无之奈何。时人称:"俗语京师有三不称,谓光禄寺茶汤,武库司刀枪,太医院药方。"(谢肇淛:《五杂俎》卷一三《事部》)可知世宗所言不堪食者,实不虚言。

在光禄寺的备办中,御膳虽是极重要的内容,但支给中却仅是一小部分,明朝人对此有较详细的记述:

> 盥栉毕,易衣。上出外室,宫人进茶汤诸饼饵。用已,设早膳中殿,两内府乐作,上入殿,南向坐。若同中宫供食,则设两案,否则具一案,旁置数案,宫人以次进餐。凡米食如蒸香稻、蒸糯、蒸稷粟、稻粥、薏苡粥、西梁米粥、凉谷米粥、黍秋豆粥、松子菱芡枣实粥,一一陈

设,听上用何种,余移置别案。面则玫瑰、木樨、果馅、洗沙、油糖、诸肉诸菜蒸点。有发面、烫面、澄面、油搭面、撒面诸制,与米食同列,亦同撤。其膳馐,牛、羊、驴、豚、狍、鹿、雉、兔及水族海鲜、山蔬野蕨,无不具。大率熏炙、炉烧、烹炒,浓厚过多,为名亦各异。而民间时令小菜小食亦毕集,盖祖宗设之,所以示子孙知外间辛苦也。小菜如苦菜根、苦菜叶、蒲公英、芦根、蒲苗、枣芽、苏叶、葵瓣、龙须菜、蒜薹、饱瓠、苦瓜、斋芹、野韭等。小食如稷黍枣豆糕、仓粟小米糕、稗子、高粱、艾汁、杂豆、干糗饵、苜蓿、榆钱、杏仁、蒸炒面、麦粥、豉糁等,各以时进,不少间。其他遐方之物,除鲥鱼、冬笋、橙桔,可远致不劳民力者,岁时贡之上方,余则概不下所司征取,亦不令中外进献,良法哉。上膳毕,凡平日侍御驯谨宫人,或别院妃嫔曾经幸御者,撤所嗜馐数品赐之,例不亲谢,率为常。或撤赐值日外殿中贵一二人,用金盒令小火者传餐,候上出乃叩谢。每日三膳,惟午与晚水陆毕陈。早午例不进酒,晚则备之。晚宴中殿乐止,内官承应歌舞女优数十人进。上乃宣召此夕本官承御,或妃,或贵人、夫人、才人辈,乘步辇入宫,免大礼,止四叩,赐坐,再谢免,遂侍宴。酒中若演剧当上意,宣赐锦帛金钱八宝银豆等有差。夜分酒止细乐毕,作纱笼行燎达寝宫。(宋起凤:《稗说》卷四《中外起居杂仪》)

如此丰盛的御膳,皇帝所食用者微乎其微,大多供给下人或浪费掉了,这与明太祖令子孙知民间艰难之用心,未免大相径庭。

按照规制,御膳皆由光禄寺供给。但到中叶以后,多改由内庖自行供给。例如明孝宗御膳多用素,光禄寺不习其所好,即由内庖直接供膳。世宗晚年信奉道教,在宫中设斋醮,御膳不茹荤。光禄寺不知如何供给,只得将烹饪悉委之宦官。据称宦官为使世宗满意,于烹制素食时多加荤肉汁剂,世宗食之始甘,而耗费也因此而大增。

在宫廷饮食中,真正有特色的还当属那些御膳小吃。宫廷生活在许多方面与民间有共同之处,各种节令食品尚好,一如外廷。

每年正月初一吃饺子,宫中称"水点心"或如民间称"扁食",立春吃春饼,正月十五吃元宵,等等,均与民间习俗相同,不过所制更精罢了。正月也是宫中过年的日子,这是一年之中各种珍馐美味最集中的时候。

> 斯时所尚珍味,则冬笋、银鱼、鸽蛋、麻辣活兔,塞外之黄鼠、半翅鶡鸡,江南之蜜罗柑、凤尾橘、漳州橘、橄榄、小金橘、风菱、脆藕,西山之苹果、软子石榴之属,水下活虾之类,不可胜计。本地则烧鹅、鸡、鸭,猪肉,冷片羊尾、爆炒羊肚,猪灌肠、大小套肠、带油腰子,羊双肠,猪膂肉、黄颡管儿,脆团子,烧笋鹅,醲腌鹅、鸡、鸭,煠鱼,柳蒸煎爁鱼,煠铁脚雀,卤煮鹌鹑,鸡醢汤、米烂汤、八宝攒汤,羊肉、猪肉包,枣泥卷,糊油蒸饼、乳饼、奶皮,烩羊头,糟腌猪蹄尾耳舌,鸡肫掌。素蔬则滇南之鸡㙡,五台之天花羊肚菜、鸡腿银盘等蘑菇,东海之石花海白菜、龙须、海带、鹿角、紫菜,江南乌笋、糟笋、香蕈,辽东之松子,蓟北之黄花、金针,都中之山药、土豆,南都之苔菜、糟笋,武当之鹰嘴笋、黄精、黑精,北山之榛、栗、梨、枣、核桃、黄连、芽木兰、芽蕨菜、蔓菁,不可胜数也。茶则六安松萝、天池、绍兴岕茶、径山茶、虎丘茶也。凡遇雪,则暖室赏梅,吃炙羊肉、羊肉包、浑酒、牛乳。(刘若愚:《酌中志·饮食好尚纪略》)

据称明熹宗每逢此时最喜欢用炙蛤蜊、炒鲜虾、田鸡腿及笋鸡脯,又海参、鳆鱼、鲨鱼筋、肥鸡、猪蹄筋共烩一处。

除去正月过年外,每月亦多有不同节令的小吃和菜肴。如二月吃鲊鱼,又名桃花鲊。三月吃凉饼,将糯米面蒸熟,加糖、碎芝麻,即南方之糍粑。四月吃一种名叫不落夹的小吃,用苇叶方包糯米,长三四寸,宽一寸,味道与粽子相仿。又吃包儿饭,将各种精肉肥肉和以姜蒜,切成豆粒大小,拌饭,用莴苣大叶裹而食之。月底新麦将熟,取麦穗煮熟,剁去芒壳,磨成细条而食,名为稔转。五月吃粽子,吃加蒜过水面和马齿苋,又叫长命菜。六月吃新藕,均取其嫩秧,称嚼银苗菜。七月间因有盂兰盆节,宫

中甜食房要制一种名波罗蜜的甜食。这时也是吃鲥鱼的季节。八月中秋,食月饼,又此时蟹肥,宫中亦多食蟹。"凡宫眷、内臣吃蟹,活洗净,蒸熟,五六成群,攒坐共食,嬉嬉笑笑。自揭脐盖,细将指甲挑剔,蘸醋蒜以佐酒,或剔蟹胸骨八路完整如蝴蝶式者,以示巧焉。"(《酌中志·饮食尚好纪略》)九月重阳节,吃迎霜麻辣兔,饮菊花酒。十月,天气渐凉,宫中多吃羊肉、炮炒羊肚。甜食房此时供制丝窝虎眼等各样细糖。其造法器具皆内臣自行经手,绝不令人见之。"是以丝窝虎眼糖外廷最为珍味。"(《酌中志·内府衙门执掌》)十一月冬至,宫中多吃糟腌猪蹄尾、鹅脆掌、羊肉包子、饺子,有冬笋上市时,则不惜重金购买。每天早晨即吃辣汤、生炒肉,饮浑酒,以御天寒。十二月初八,吃腊八粥。宫中的做法是先在数日前将红枣捶破泡汤,至时加粳米、白果、核桃仁、栗子、菱米煮粥。因近年节,所吃较诸月为丰,有灌肠、油渣卤煮猪头、烩羊头、爆羊肚、清蒸牛白、酒糟蚶、蟹等。

宫廷生活的特点是物质的极端丰富与精神的寂寥相伴而存。因此,宫廷中虽然也如同外面一样,却缺少家庭生活的情趣,这也促使宫廷中对饮食的无厌追求,从而形成了与外界不同的饮食传统,所谓宫膳、宫点即由此而生。同时,由于宫膳的制作多由宦官掌握,他们一方面去满足皇后宠妃的嗜好,以求新奇,一方面也不断吸取民间的特色,从而使宫膳不断发展、丰富,应该说,宫廷饮食文化在一定程度上是民间饮食文化的更高层次的反映,它既不尽同于民间,又无法脱离民间的文化基础。除去那些典型礼仪化的宴会外,宫廷中的日常饮食便是其同时代饮食的集中提炼。

宫廷教育

明代的宫廷教育是从太祖对诸子的教育开始的。太祖本人自幼做过牧童、游方和尚,家境贫寒,未曾读过书。他的文字功夫主要是在军伍争战中慢慢学来的。做了皇帝以后,情况不同了,对于自己儿子们的教育,看得特别重要,明初宫廷的教育也便成为当时宫廷生活的一件大事。而实际上对于诸子的教育,早在太祖建国之前就开始了。

《明史·宋濂传》记:"明年三月,以李善长荐,与刘基、章溢、叶琛并征至应天,除江南儒学提举,命授太子经,寻改起居注。"这是史书中关于太祖正式为诸子安排儒师的最早记述。这一年是元至正二十年(1360年)。八年后,太祖在南京建立了明朝。

如果说在战争年月里太祖延师教子还仅仅是为了不误其学年,那么建国后这种延师教子的做法便进而成为一套宫廷教育制度。

  太祖建大本堂,取古今图籍充其中,延四方名儒教太子诸王,分番夜直,选才俊之士充伴读。时赐宴赋诗,商榷古今,评论文字,无虚日。(余继登:《典故纪闻》卷二)

这是一所明显带有传统家馆特征的宫廷学校。教习的都是经史。教师是延聘的四方名儒,学生则是太子诸王,后来还有太孙和诸王世子及诸子。农民出身的明太祖既深恨自己少时没有读书机会,又并不了解宫廷教育的习惯,因此这种家馆式的教育方式也就很自然被他采用了。

明初的宫廷教育尽管多有临时性和随意性,然而其效果颇为明显,且具有一些突出特点。

首先是教授制度。明初宫廷教育是统一进行的。按照明初制度规定,在诸皇子封王后即选定王府相、傅、录事、纪善等官属,这些职务均选"老成明经慎行之士"充任(《明史·职官志》)。但是这些都是王府官属,其职责在于辅导诸王,"匡其德义,明其善恶,使知趋正而不至流于邪恶"(《明太祖实录》卷五一)。严格说来还不算是承担宫廷中教育的教师。对于宫廷教育的教师,太祖是专有所选任的。

除去学士宋濂专职教育太子外,专职教育诸王的儒臣最著者为李希颜。这位隐居乡里的宿儒很有点名望,明太祖便亲自致函,延请他做诸小王之师。大约是李希颜也将皇宫中的课堂当作了私塾,这个脾气古板的老儒对待不肯听从教诲的小王动手便打。据说一次某小王被打,太祖抚着儿子的头几乎发作起来。幸有马皇后出面,说师傅以圣人之道教诸王,是无可责怪的。李希颜教习诸王时间最长,直到他们大都陆续就藩后,才

重归故里。而此后类似的宫廷教育依然在进行,诸王成年后,诸王之子又被送宫中读书。明成祖之子汉王朱高煦当年便是顽恶不肯认真就学的一个,太祖因此很不喜欢他。

这种宫廷教育与家馆不同之处是教师的充足,这也是其无与伦比之处,朝廷中著名的儒臣都可以调来任教,而就学者除诸皇子皇孙外,功臣子弟亦入内府读书。除李希颜外,曾任教习的著名儒臣尚有多人。

陶凯,字中立,临海人,洪武初,"授翰林应奉,教习大本堂,授楚王经"(《明史·陶凯传》)。

詹同,字同文,初名书,婺源人。"时功臣子弟教习内府,诸博士治一经,不尽通贯。同学识淹博,讲《易》《春秋》最善。应教为文,才思泉涌,一时莫与并。"(《明史·詹同传》)

刘三吾,茶陵人。初名如孙,以字行。"二十三年授晋世子经,吏部侍郎侯庸劾其怠职。降国子博士,寻还职。"(《明史·刘三吾传》)

许存仁,名元,金华人。其父许谦,有文名,"太祖素闻谦名,克金华,访得存仁,与语大悦,命傅诸子"(《明史·许存仁传》)。

孔克仁,句容人。"洪武二年四月命克仁等授诸子经,功臣子弟亦令入学。"(《明史·孔克仁传》)太祖当时曾有一段名谕:

> 人有积金,必求良冶而范之;有美玉,必求良工而琢之。至于子弟有美质,不求明师而教之,岂爱子弟不如金玉也?盖师所以模范学者,使之成器,因其材力,各俾造就。朕诸子将有天下国家之责,功臣子弟将有职任之寄。教之之道,当以正心为本,心正则万事皆理矣。苟道之不以其正,为众欲所攻,其害不可胜言。卿等宜辅以实学,毋徒效文士记诵辞章而已。(《典故纪闻》卷二)

这段话其实点明了当时宫廷教育的一个突出特点:诸王与诸功臣子弟读书之目的并不在于科举求仕,而是治国接班。这也是宫廷教育与社会公私教育的根本不同之处。

正因为如此,宫廷教育除去儒家学问之外,更加重视德行与修身教育。所谓"帝王之道,礼乐之教,和往古成败之迹,民间稼穑之事,朝夕讲说"(《明太祖实录》卷三一)。而在这方面,明太祖本人也充当了一名言传身教的老师。

太祖对诸子的要求一向是极其明确而严格的。他特命内侍制成"麻屦行縢"(麻鞋和行囊),并且规定:凡出城稍远时,年长诸子必须"马行其二,步趋其一",以使之不致因环境优越而产生骄惰之习。而此时年龄最长的太子朱标不过十二三岁。他还让人将古代的孝行和自己艰难征战的经历绘制成图画,颁赐诸子,使之早晚览观。"富贵易骄,艰难易忍,久远易忘",这三句话即为太祖教子之信条。(《明太祖实录》卷二八下)

在这方面明太祖堪称一位严格教子的父亲,"朕于诸子常切谕之。一举动戒其轻,一言笑斥其妄,一饮食教之节,一服用教之俭。恐其不知民之饥寒也,尝使之少忍饥寒;恐其不知民之勤劳也,尝使之少服劳事"(《明太祖实录》卷八〇)。这实在是令人难忘的教育,一举一动,一言一笑,一食一用,都要受到训诫。

这种宫廷中日常的家庭教育,成为太子诸王生活的主要内容。每逢太祖退朝还宫,诸子们会经常陪侍在旁,而太祖也不会放过这教子的机会,他指着宫中空地对诸子道:"此非不可起亭台馆榭,为游观之所,诚不忍重伤民力耳。昔商纣琼宫瑶室,天下怨之。汉文帝欲作露台,惜百金之费,当时国富民安。尔等常存儆戒。"(谷应泰:《明史纪事本末》卷一四《开国规模》)

同所有开国君主一样,太祖非常重视历史鉴戒的教育。他甚至亲自为太子诸王编写了两部教科书,一部是《昭鉴录》,一部是《祖训录》。《昭鉴录》中选录的全是汉唐以来藩王的善恶事例,《祖训录》是太祖平日的训言。按照规定,诸子不仅必须认真记诵书中的内容词句,而且必须将其抄写到王宫正殿东墙上,以便随时省览。

这种教育要一直进行到诸子接近成年,前往凤阳中都锻炼之时,然后方可再往封藩之地。

明初宫廷教育的另一特点是伴读制度。

洪武元年(1368年)，令品官子弟及民俊秀通文义者，并充学生。选国琦、王璞等十余人，侍太子读书禁中。入对谨身殿，姿状明秀，应对详雅。太祖喜，因厚赐之。(《明史·选举志》)

除去太子之外，诸王也有伴读，不过诸王在一起读书，不必像太子那样精选俊秀之国子监生伴读，一般功臣子弟及官员子弟选入禁中读书者，实际上也就是伴读。洪武九年(1376年)，太祖于诸王官属中增设伴读四人，"选老成明经慎行之士任之，侍读四人，收掌文籍"(《明史·职官志》)，仍有选儒士伴读之遗意。但几年后，年长诸王就藩封国，年幼诸王读书禁中，王府设伴读意义不大，于是随王相府一同罢设。

明初是最为重视宫廷教育的时期，对于太子诸王乃至太孙和诸王世子等的教育贯通了明初三代人。因此，太祖以后，建文帝、成祖、仁宗之政，均出于太祖时宫廷教育。直到宣宗以后，尤其是英宗以冲年登极，情况始有所变化。宫廷教育逐渐形成经筵、日讲、东宫出阁讲学仪和诸王读书仪。

经筵　即由儒臣给皇帝进讲经史。早在太祖建国前后，这种由儒臣给皇帝进讲经史的活动便早已开始，但无定日，亦无定所，没有形成制度。将经筵定为一种常仪是在正统初年，规定每月初二日、十二日、二十二日，三次在文华殿由儒臣进讲，遇寒暑暂免。其制："勋臣一人知经筵事，内阁学士或知或同知。尚书、都御史、通政使、大理卿及学士等侍班，翰林院、春坊官及国子监祭酒二员进讲，春坊官二员展书，给事中御史各二员侍仪，鸿胪寺、锦衣卫堂上官各一员供事，鸣赞一赞礼，序班四举案，勋臣或驸马一人领将军侍卫。"(《明史·礼志》)这显然是在给皇帝上课。这与明初无定日、无定所的进讲不大一样。那时的进讲并无这般繁琐礼仪，更近似皇帝与儒臣探讨经史中的问题。但正统初的情况不同，英宗即位时年仅九岁，尚在学龄，因此经筵便不再有君臣探讨文义的内容，而成为一种单纯的宫廷教育。也正因为如此,待到皇帝年长后,经筵便往往不行。即使如孝宗那样追寻祖制,兢兢于政事的皇帝,也把经筵作为一种咨询质疑的手段。大约从正统初年定经筵制后,虽时行时停,名义不变,而实际内容则迥然不同了。

明武宗也是少年登极,但他生性贪玩废学,又有刘瑾等从旁引诱,不时传旨暂免经筵。这时的经筵又成为明显的宫廷教育了。正德初,内阁大学士刘健的一段话,颇能反映当时的情况。

> 自开讲以来,不时传旨暂免者,多以两宫朝谒为词。近又云:择日乘马。臣等愚见,以为乘马等事,似与讲学两不相妨。至于慈宫问安,往来不过顷刻。且两宫以宗社为念,见皇上勤于讲学,亦必喜动颜色。今以顷刻之问安,而废一日之学业,恐非所以慰圣颜,承慈意也。伏乞日勤听讲,除旧例假日外,其余寻常之日,不暂停免。使臣等得以少效涓埃,则圣德日隆,圣治日新矣。(《明武宗实录》卷三)

少年贪玩,又有身边宦官诱导,正德初年的经筵根本未能正常进行,开讲未久,便以暑月停免,俟秋又以大婚为由,直至九月复开,又欲免午讲。儒臣们也看出其中的原因,进讲经史时,随加规谏之语。武宗便私下对刘瑾说:"经筵讲书耳,何添出许多话来?"(龙文彬:《明会要》卷一四《礼·经筵日讲》)

实际上,正德初年的这种进讲已不是正统初年所定的每月三次的经筵,而是日讲。

日讲 即儒臣每天的进讲,也属于经筵范围,但礼仪从简。

> 日讲,御文华穿殿,止用讲读官内阁学士侍班,不用侍仪等官。讲官或四或六。开读初,吉服,五拜三叩首,后常服,一拜三叩首。阁臣同侍于殿内,候帝口宣"先生来",同进,叩首,东西立。读者先至御前一揖,至案展书,压金尺,执牙签。读五过,掩书一揖退。先书,

次经,次史,进讲如读仪。侍书官侍习书毕,各叩头退。于文华殿赐茶,文华门赐酒饭。(《明史·礼志》)

至隆庆六年(1572年),又定午讲。"每日早讲毕,帝进暖阁少憩,阅章奏。阁臣等退西厢房。久之,率讲官再进午讲,讲《通鉴节要》及《贞观政要》。讲毕,帝还宫。凡三、六、九视朝日,暂免讲读。"(《明史·礼志》)嘉靖中又定每逢初三、十三、初八、十八、二十八日,由经筵日讲官二人于无逸殿讲《大学衍义》。这些都是皇帝为处理政务的学习,与通常理解的宫廷教育有所区别了。

从这些情况来看,经筵、日讲曾经有过两种不同的内容,对于年少的皇帝来说,它才更具有明显的知识教育的意义。因此,宫廷教育的主要对象还应该是太子和诸王。

皇太子和诸王在宫中的学习地点,起初是在大本堂,后改到文华后殿。世宗时改在便殿,移至殿东厢。作为一种固定的讲学仪式,则确立于天顺二年(1458年)。

东宫出阁讲学仪　即皇太子读书仪式。

其每日讲读仪,早朝退后,皇太子出阁升座,不用侍卫等官,惟侍班侍读讲官入,行叩头礼。内侍展书,先读《四书》,则东班侍读官向前,伴读十数遍,退复班。次读经或史,则西班伴读,亦如之。读毕,各官退。至巳时,各官入,内侍展书,侍讲官讲早所读"四书"毕,退班。次讲经史亦然。讲毕,侍书官侍习写字。写毕,各官叩头退。凡读书,三日后一温,背诵成熟。温书之日,不授新书。凡写字,春夏秋日百字,冬日五十字。凡朔望节假及大风雨雪、隆寒盛暑,则暂停。(《明史·礼志》)

这是很典型的读书授课了。授课的内容除《四书》及识字外,还有《尚书》《春秋》《资治通鉴》《大学衍义》《贞观政要》等。由番直进讲的詹事府詹事、少詹事和左右春坊、司经局及翰林院官员事先写成讲章进御，然后再届期讲读。这虽然仍未超出传统生授的教育方式，但给太子预习时间，并于讲读中有所问答交流，较之社会上的教育，实际效果上是先进的。

从授课效果看，太子对于进讲的内容基本上是全盘接受，但也不乏反思疑问之处。如洪武中太祖曾在文楼问起太子近来与儒臣讲说经史的情况。

> 丙戌，太祖御文楼，太子侍侧，因问近与儒臣讲说经史何事，对曰："昨讲《汉书》七国叛事。"遂问此曲直孰在？对曰："曲在七国。"太祖曰："此讲官一偏之说。宜言景帝为太子时，尝设博局杀吴王世子，以激其怒。及为帝，又听晁错之说，轻意黜削诸侯土地，七国之变，实由于此。若为诸子讲此，则当言藩王必上尊天子，下抚百姓，为国家藩辅，以无挠天下公法。如此，则为太子者知敦睦九族、隆亲亲之恩，为诸子者知夹辅王室以尽君臣之义。"（《明太祖宝训》卷二《教太子诸王》）

这完全是一种实用化的教育了。

诸王读书仪　指诸王未就封国前在宫中读书的仪式。明代宫廷教育中，太子和诸王起初是并不分开的。太祖初建大本堂，太子、诸王均于此听学士宋濂讲授经史。后改于文华殿，遂逐渐分开读书。诸王书堂在皇极门右厢，讲官选部曹或进士改授翰林官充任。其制亦定于天顺初。

> 天顺二年（1458年）定，初入书堂，其日早，王至右顺门之北书堂，面东，中坐。提督讲读并讲读官行四拜礼。内官捧书展于案上，就案左坐。讲读官进立于案右，伴读十遍，叩头退。每日讲读，清晨，王至书堂，讲读官行叩头礼，伴读十遍，出。饭后，复诣堂伴看写字。讲书毕，仍叩头退。（《明史·礼志》）

宫廷教育的制度化,一方面从制度上保证了年幼皇帝、太子和诸王在学龄期间接受教育,同时也为帝王在日常处理政务中不断补充知识;另一方面,这种制度化实际仍然是等级化,过分强调尊卑仪式,使之符合传统观念。讲读官是师,同时又是臣;皇帝和皇子是学生,同时又是君,师生和君臣的关系在这里被用礼仪制度固定下来,这也是宫廷中师生关系与一般学校、私塾、书院等教育的区别。

明代宫廷文化,除去前述各方面内容外,还应包括有宗教、文学、美术、舞蹈等方面。但是这些内容虽然是宫廷文化的一部分,却与宫廷之外的文化成为密不可分的整体,并不具备鲜明特点,因此我们将其留在以后去做介绍。在明代宫廷文化中,还有一种特殊的文化现象,那便是作为宫廷中最大群体的宦官与宫婢文化圈。

二、宦官与宫婢文化圈

这是传统宫廷中特有的一种文化圈,而在明代宫廷中,宦官与宫婢文化无论其特点还是内容,都达到了空前的程度。

宦官是皇帝的家奴,但是自汉唐以来,往往因皇权失落而造成宦官的专权。"明太祖既定江左,鉴前代之失,置宦者不及百人。迨末年颁《祖训》,乃定为十有二监及各司局,稍称备员矣。然定制,不得兼外臣文武衔,不得御外臣冠服,官无过四品,月米一石,衣食于内庭。"(《明史·宦官传序》)在这种种规定之后,太祖还命镌铁牌置于宫门,上书:"内臣不得干预政事,预者斩。"

纵观有明一代之历史,可知三百年间,宦官专权之势,仍在所难免。前有王振、汪直、李广等,后有刘瑾、魏忠贤,而东厂、西厂侦伺官吏军民,又令人谈之色变。如此种种,人多以明代阉宦之祸论之。然而能够专权为祸者,督特务缉事者,充使外出者,毕竟只是其少数。据记明末宫中宦官多达十余万。这样一个庞大的特殊群体,在宫廷生活中占据了很重要的地位,而且他们因为经常需要出入宫禁,因此在客观上充当了宫廷与民间文化的传播者。同时,宦官们特殊的生理和心理状态,以及长期宫禁生活,使之逐渐形成了一种特殊的文化现象。尽管在宦官的群体中有专权的中贵,有失势的老监,有充当宫中使役的下层宦官,但他们在文化生活中却处在同一个层次中,这也应该说是一种特例。

明初宦官的文化层次是比较低的,这与太祖使用宦官的主旨有关。他曾经对侍臣们说:"朕观《周礼》,奄寺不及百人。后世至逾数千,因用阶乱。此曹止可供洒扫,给使令,非别有委任,毋令过多。"又言:"此曹善者千百中不一二,恶者常千百。若用为耳目,即耳目蔽;用为心腹,即心腹病。驭之之道,在使之畏法,不可使有功。畏法则检束,有功则骄恣。"(《明史·职官志》)如果宦官们果真只是供洒扫,给使令,自然无需有更高的文化层次。但是,皇权专制本身又极易造成宦官涉入政事,这在太祖时即已有发生,并不像其对侍臣所讲的那样,至成祖起兵夺位,宦官或从征战有功,如郑和、狗儿等,或以迎附而得信用,遂有出使、专征、监军、分镇及刺臣民隐事诸大权之委任。宦官一旦成为皇权的一种倚赖,其专权之势便一发而不可收,终于导致了有明一代屡屡发生的宦官之祸。

《明史》称:"初,太祖制,内臣不许读书识字。后宣宗设内书堂,选小内侍,令大学士陈山教习之,遂为定制。用是多通文墨,晓古今,逞其智巧,逢君作奸。"(《明史·宦官传》)宣宗之设内书堂,在宣德元年(1426年)七月,任教习者除陈山外,还改刑部主事刘翀为翰林修撰,与修撰朱祚等俱专是职。"选内使年十岁上下者二三百人,读书其中。后增至四五百人,翰林官四人教习,以为常。"(《明会要·职官》)

这在明朝宦官史上是一件大事,史家们将其作为宦官作奸的缘由。但这其实恐出于史家的偏见。观有明一代历史,前有王振,乃以教职自阉入宫,后有刘瑾,亦非内书堂出身,至天启之魏忠贤,更是一字不识。宦官善恶,与读书于宫中实并无绝对联系,相反,内书堂的读书对于宦官来说反倒应是件好事。

关于内书堂读书的情况,明末太监刘若愚有详细记述:

内书堂读书　自宣德年间创建,始命大学士陈山教授之,后以词臣任之。凡奉旨收入官人,选年十岁上下者二三百人,拨内书堂读书。本监提督总其纲,掌司分其劳,学长司其细。择日拜圣人,请词林众老师。初则从长安右门入,北安门出,后则由北安门出入。每学生一名,亦各具白蜡、手帕、龙挂香,以为束脩。至书堂之日,每给《内令》一册,《百家姓》《千字文》《孝经》《大学》《中庸》《论语》《孟子》《千家诗》《神童诗》之类,次第给之。又每给刷印仿影一大张。其功课:背书、号书、判仿。然判仿止标日子,号书不点句也。凡有志官人,各另有私书自读,其原给官书,故事而已。派年长有势力者六人或八人为学长,选稍能写字者为司房,凡背书不过、写字不堪,或损污书仿、犯规有罪者,词林老师批数目,付提督责之。其余小事,轻则学长用界方打,重则于圣人前罚跪,再重扳著几炷香。扳著者,向圣人前直立弯腰,以两手扳著两脚,不许体屈,屈则界方乱打如雨。或一炷香、半炷香,其人必眼胀头眩,昏晕僵仆,甚而呕吐成疾者,此最酷、最不近理之法也。凡强凌弱,众暴寡,长欺幼者,每贿托学长,借公法以报私怨,此第一陋套,所宜痛革者也。……凡读书官人,遇令节、朔望,亦放学一日。其每日暮放学,则排班题诗,不过"云淡风轻"之类,按春夏秋冬,随景而以腔韵题毕,方摆列鱼贯而行。有不知而搀越者,必群打诟辱之。别衙门官遇学生排班行走,必拱手端立让过,即司礼老公,遇之亦然。凡各衙门缺写字者,即具印信本奏讨,奉旨拨若干名,即挨名给散。至逆贤(魏忠贤)时,此制大坏无余,殊可叹也。(《酌中志·内府衙门执掌》)

由此而观之,内书堂的读书,与各地方书堂甚相仿佛,其师生之关系也一如之。时有小宦官姜淮读书内书堂,趁老师不在时,戴其纱帽银带,在堂中招摇,正值老师殷士瞻猝至。姜淮不知银带的解法,被殷士瞻看到,颇不怿。姜淮连忙说道:"师父还系玉带呢,此银带何足贵。"殷士瞻笑而释之,回去后与夫人转述而笑。万历初年,殷士瞻入阁,果然腰玉,夫人忆起姜淮的名字,托太监冯保查询,方知姜淮已任御马监奉御,于是让他前往殷府拜见老师、师母。待到殷士瞻罢相致仕,姜淮一直送到天津始归。很有点师生的情味。

内书堂读书,目的只为宦官二十四衙门等培养备用的识字人员,在明宫数万,乃至十数万宦官中,不过数百人能入堂读书,所占比例是非常小的。宫中大多数宦官均为民间贫寒人家子弟,以入宫为谋富之路,而其入宫为宦官者,则于宫中过着畸形生活,日复一日,逐渐成为一个在政治上和文化上保守和腐朽的代表。所谓"内臣贪婪成俗","性好赌博"云云,均出于宦官自己之口。至晚明,宫中宦官以斗鸡为赌,至入秋夜长,闲来无事,则"又须三五成朋,饮酒掷骰、看纸牌、耍骨牌、下棋、打双陆,至二三更始散,方睡得着也。又有独自吃酒肉不下者,亦如前约聚,轮流办东,帮凑,饮啖。所谈笑概俚鄙不堪。多有醉后忿争,小则骂打僮仆以迁怒,大则变脸挥拳,将祖宗父母互相唤骂,为求胜之资。然易得和解,磕过几个头,流下几眼泪,即欢畅如初"(《酌中志·饮食好尚纪略》)。那种市井无赖和空虚度日的情状,被描述得十分生动。

到万历以后,内臣中更兴起一股奢侈争胜的风气,日常所用的桌椅、床柜、轿乘、马鞍,直至盘盒器具,以及棺椁之类,均不惜工费,务求奢华。以所用之床为例,时兴重大,常至十余人方能移动,都是由匠人杜撰出极俗的样式以求新潮。

特殊的生理造成了宦官的特殊心理,他们往往寄希望于来世,虽然不肯以自身的约束去换取来世的变化,却信奉因果,尚佛教。宦官的坟墓大都修建在佛寺内。

在宫中与宦官生活情形相类似的是下层的宫婢。这些宫婢大都出身民间,选入宫廷后终生难与家人相聚,其中虽有偶得皇帝宠幸而为妃嫔者,然而绝大多数却只能在宫禁中寂寞一生。蜀王朱让栩《拟古宫词》中曾这样写道:

无语凭栏珠泪清,

双眉戚戚锁春山。
可怜空长彤宫里,
一世光阴半世闲。

半掩残灯半掩明,
前生薄幸在今生。
凄凉最苦秋宵永,
风冷阶虫伴雨鸣。

这些凄凄惨惨的诗句,确实道出了宫人们的处境。也正因为如此,被选入宫也便成为民间的畏途。

明代选民间女子入宫称选秀女。每逢朝廷选秀女之时,往往造成民间的混乱。隆庆二年(1568年)一次讹传选秀女,几乎造成变乱。当时人记:"隆庆二年戊辰春正月十二日,哄传朝廷取绣女,民间年十三岁以上无不婚配,霎时惟求得婿,不暇择人。且有瞷于门首,见总角经行者,拥之而入,遂以女配焉。几数日而止,竟不知何自起而有此异也。"(李诩:《戒庵老人漫笔》卷五《讹言取绣女》)有人记称:"人家女子,七八岁已上,二十岁已下,无不婚嫁。不及择配,东送西迎,街市接踵,势如抄夺。甚则畏官府禁之,黑夜潜行,惟恐失晓,歌笑哭泣之声,喧嚷达旦,千里鼎沸。无问大小长幼美恶贫富,以出门得偶郎为大幸,虽山谷村落之僻,士夫诗礼之家,亦皆不免。时遇一大将官抵北关,放炮三声,民间愈慌惊走,曰:朝使太监至矣。仓忙激变,几至于乱。至十三日,上司出榜严禁,尤不能止,真人间之大变也。"事后有童谣道:"正月朔起乱头风,大小女儿嫁老公。"又有诗曰:"大男小女不须愁,富贵贫穷错对头。堪笑一班贞节妇,也随飞诏去风流。"(田艺蘅:《留青日札》卷九《风变》)是时有一守制之妇,守制二十年,已四十五六岁,誓不再嫁,其女亦二十余未嫁,至此恐被选入宫,东西各从其人,哭别而去。真是一场人间悲喜剧。

民间对于入宫的畏惧,反映出宫人的悲苦。但明初选民女入宫,似乎尚未有这般的困难。

洪武五年(1372年),选苏杭二府妇女,愿入宫者四十四人,授内职,蠲其家徭役。其三十人年未二十,各赐白金遣还,任其适人。洪武十四年,敕谕苏、松、嘉、湖及浙江、江西有司,民间女子年十三岁以上,十九岁以下,妇人年三十岁以上,四十岁以下,无夫者,愿入宫备使,令各给钞为道里费,送赴京师。所选女子为备后宫,而妇人则充女官六尚之职。

然自洪武以后,选入宫中的女子日渐增加,且有入无出,寂寞一生,老死于内安乐堂。而这也还是有幸终老者,更有许多年轻美貌的少女,成为皇帝死后的殉葬品。《明史》称:"初,太祖崩,宫人多从死者。建文、永乐时,相继优恤。若张凤、李衡、赵福、张璧、汪宾诸家,皆自锦衣卫所试百户、散骑带刀舍人进千百户,带俸世袭,人谓之'太祖朝天女户。'"(《明史·后妃传》)

所谓殉葬,其实是一种惨无人道的屠杀。《明会典》记成祖长陵殉葬十六妃,均无名位。而《朝鲜李朝实录》中则记有三十多人。宣宗时从殉者均有妃号及谥号,共五人。景泰帝从殉者十人,亦均有名谥。其实从殉者还不止此数。宣宗时从殉宫嫔郭爱即为无名谥者。《明史》记:

> 郭嫔,名爱,字善理,凤阳人。贤而有文,入宫二旬而卒。自知死期,书楚声以自哀。词曰:"修短有数兮,不足较也。生而如梦兮,死则觉也。先吾亲而归兮,惭予之失孝也。心凄凄而不能已兮,是则可悼也。"(《明史·郭嫔传》)

这首绝命词,比起那些充满哀怨之情的宫词,更使人看到了宫女的悲惨生活。史书中关于殉葬过程的记述,更令人感到惨不忍睹。

> 当死之日,皆饷之于庭。饷辍,俱引升堂,哭声震殿阁。堂上置小木床,使立其上,挂绳围于其上,以头纳其中,遂去其床,皆自雉。(《朝鲜李朝实录中的中国史料》上编卷四,甲辰六年十月丙午)

这哪里是自雉,完全是彻头彻尾的屠杀。这种殉葬制度到英宗以后被废止了,但宫女并未能摆脱被迫害杀戮的命运。明世宗嘉靖二十一年(1542年)发生的"宫婢之变"就反映了这种情况。

这一年十月初九日夜,世宗宿于曹妃宫中,深夜,宫婢杨金英等十几人动手欲将世宗勒毙,但因动手时慌张,误将绳索打成死结,世宗气未断绝,被皇后方氏带人赶来救活,杨金英等均被处死。据记,宫婢在动手前曾称:"咱们下了手罢,强如死在手里。"(张合:《宙载》)可见这些宫婢确实感到没有活路,才敢于冒险干出这样大胆的事情来。史书中未曾记其原委,但史家据当时宫中情形分析,估计与世宗用宫婢炼制丹药有关。

> 嘉靖中叶,上饵丹药有验。至壬子冬,命京师内外选女八岁至十四岁者三百人入宫。乙卯九月,又选十岁以下者一百六十人,盖从陶仲文言,供炼药用也。其法名先天丹铅,云久进之可以长生。(沈德符:《万历野获编补遗》卷一《宫词》)

当时人王世贞曾作《西城宫词》写道:

> 两角鸦青双筯红,
> 灵犀一点未曾通。
> 自缘身作延年药,
> 憔悴春风雨露中。

即指此事。自嘉靖十九年(1540年)太仆寺卿杨最因谏止丹药被杖死,二十一年发生宫变,直至三十一年(壬子)、三十四年(乙卯),还在不断选少女入宫,供炼丹药。这前后将近二十年时间,不知有多少宫女成为皇帝追求长生的牺牲品。

这当然都是些极端的例子,大多数被选入宫中的女子寂寞度日,葬送青春使得民间惟恐有女被选。宫中一些佞臣,居然以此为敲诈百姓的手段。武宗时,南巡至扬州,幸臣江彬等传旨要选秀女,知府蒋瑶知其以此勒索,并不敷衍,说道:"止知府有三女,民间并无。"江彬之谋因此未能得逞。(赵翼:《廿二史札记》卷三二《明代选秀女之制》)

《廿二史札记》之《明代选秀女之制》并称:"今案明代选秀女之制,亦非通行天下,大概多在京师附近之处。初两京并重,故妃后尚有南人。"后遂专于北都,"盖有明中叶以后,选妃多在京师,不及远方,恐滋扰也。"但其文中所列,则均为后妃之选,或太子诸王妃之选。赵翼之所以将后妃之选列入选秀女之中,系因明代后宫之选,均来自民间,无论后妃、宫人及女官等,不过一般后宫之选不及后妃之选认真。后妃之选即为大婚而行,非比一般充填后宫的选秀女。《明史》中记:"故事,宫中选大婚,一后以二贵人陪。中选,则皇太后幂以青纱帕,取金玉跳脱系其臂。不中,即以年月帖子纳淑女袖,侑以银币遣还。"(《明史》卷一一四《庄烈帝愍皇后周氏传》)据记,落选的女子身价甚高,贵家争聘。光宗为太子时,诏选太子妃,郭氏姊妹与一名刘大姑女子入选。其后郭氏被选中,其妹及刘大姑赐金币而还。其妹后嫁为成山伯夫人,大姑独不肯嫁,称:"被选后,与今元妃同卧起三月,外间何等子,乃议婚耶。"遂守贞以殁。(《廿二史札记》卷三二《明代选秀女之制》)这种心态,大概也是绝无而仅有者。

被选入宫中的女子,除去极个别得到宠幸者外,大都难得与皇帝见上一面,只是空守深宫,挨度年日。

皇宫作为中国传统社会的第一家庭,虽则是大,却也只有一名家长,而且除去太子之外,也只有一名成年男人。但是在宫廷中却又有着数以万计的被阉割的男子。这些宦官与绝大多数宫人共同的地位、命运,使得他们之间逐渐形成一种类似于民间夫妻的关系,这在宫中被称作"对食",明人亦称之为"菜户"。当时人记述此事颇多:

> 太祖驭内官极严。凡椓人娶妻者,有剥皮之刑。然至英宗朝之吴诚,宪宗朝之龙闰辈,已违禁者多矣。今中贵授室者甚众,亦有与

娼妇交好，因而娶归者。至于配偶宫人，则无人不然。凡宫人市一盐蔬，博一线帛，无不藉手。苟久而无匹，则女伴俱姗笑之，以为弃物。当其讲好，亦有媒妁为之作合，盖多先缔结，而后评议者。所费亦不资。然皆宫掖之中，怨旷无聊，解馋止渴，出此下策耳。……按宫女配合，起于汉之对食，犹之今菜户也。（《万历野获编·对食》）

内中官人，鲜有无配偶者，而数十年来为盛。盖先朝尚属私期，且讳其事，今则不然，唱随往还，如外人夫妇无异。其讲婚媾者，订定之后，星前月下，彼此誓盟，更无别遇。亦有暗约偷情，重费不惜，或所欢侦知之，至于相仇持刃挺报复者。顷年翼坤宫皇贵妃郑氏宫人，名吴赞女者（按即吴赞之女，此明宫中之惯称），久为内官宋保所侍，后复与同类张进朝者结好。宋不胜愤恨，遂弃其官，去为僧不返，侪类辈咸高之。又宫人与内官既偶之后，或一人先亡，亦有终身不肯再配，如人间所称义节。其与为友者，多津津称美，为人道之。今上（神宗）最憎此事，每闻成配，多行谴死，或亦株连说合媒妁，多毙梃下，然亦终不能禁也。

凡内人呼所配为菜户，即至尊或亦问曰：汝菜户为谁？即以实对。盖相沿成习，已恬不为怪。唯名下人，及厮役辈，则曰某公为某老太弟兄。盖老太乃宫女尊称，而弟兄则翁姬之别名也。凡闽人呼男淫者为契弟兄，此或仿其意欤？似不如呼兄妹之为亲切耳。（《万历野获编·内廷结好》）

其实此类情况并非明中叶后始有，明初即早已有之。永乐十二年（1414年）九月发生的吕鱼宫案，虽源于权贤妃被毒死一事，而后亦与宫中对食有关。

先是，贾人子吕氏入皇帝宫中，与本国（朝鲜）吕氏以同姓欲结好，吕氏不从。贾吕畜憾。及权妃卒，诬告吕氏点毒药于茶进之。帝怒,诛吕氏及宫人宦官数百余人。后贾吕与宫人鱼氏私宦者,帝颇觉,然宠二人不发。二人自惧缢死。帝怒事起贾吕,鞫贾吕侍婢,皆诬服,云欲行弑逆。凡连坐者二千八百人,皆亲临剐之。或有面诉帝曰:"自家衰阳,故私年少寺人,何咎之有!"后帝命画工图贾吕与小宦相抱之状,欲令后世见之。然思鱼氏不置,令藏于寿陵之侧。及仁宗即位,掘弃之。(《朝鲜李朝实录中的中国史料》上编卷四,甲辰六年十月丙午)

吕氏、鱼氏为成祖宠爱之人,亦有相私宦官,足见此在明初即已普遍存在。

万历三十二年(1604年),尚衣监丢失御前珍珠袍一件,袍房内官以夙怨互讦,均遭拷究,或瘐死,或充净军。"后乃知上前一贵显宫女,即内中称为某太者,盗与菜户内官,斥卖久矣。然惮此宫人为主上信用,且事属既往,遂不复穷诘。"(沈德符:《万历野获编》卷六《尚衣失珠袍》)

天启间,熹宗乳母客氏居宫中,先与宦官魏朝相私,后又私魏忠贤。二人因争客氏至深夜醉骂相殴,熹宗被惊醒,知其原委,竟问客氏:"客奶,尔只说尔处心要著谁替尔管事,我替尔断。"(刘若愚:《酌中志》卷一四《客魏始末纪略》)客氏遂专私魏忠贤。

这实在是宫中奇闻,恐怕也是中国宫廷特有的文化现象。

宦官中的有权势者,多在宫外有家宅,妻妾童仆,俨然官邸。无权势的宦官在宫中永巷有一集中住处。地点自玄武门西,经九门,再自北而南,过长庚桥至御酒房后墙,这一段称长连,共有三十一门,再前为短连,有三门。玄武门东又有十一门,直到更鼓房。在左右廊房东夹墙、西夹墙等处设有宫人和宦官所用的厕所。便溺在宫墙之内,宫墙外砌有券门,有凿孔大石,由净军在下接盛打扫。较之帝后妃嫔设于寝宫的厕帐,条件虽差,却更有外间生活气息。这一带总称为"廊下家",是宫中宦官的家。这里宦官亦非单人住宿,亦有相伴宫人同居者。正德初,武宗未建豹房时,以此为乐游之处。他让宦官扮作商人,摆设货摊,讨价还价,相争不

休,并有人扮作市正调和,然后拥至廊下家酒肆中,肆中妇女杂出,牵衣蜂拥而入。武宗吃醉酒后便住在那里。这些酒肆即宦官们的住所,当垆的妇女即与宦官相私之宫人。

廊下家居住的大都是答应、长随之类下级宦官,他们所居各门多有枣树,便取以酿酒,货卖为生,京师人称作廊下内酒。

这种类似于民间的家庭式的生活,创造了一种奇特的宫廷文化,它虽然不同于民间文化,但却带有极浓郁的民间文化气息。不仅宫中的制酒,即宫中的饮食菜肴,也多出自这些下层宦官宫女之创造。

明末宫中太监刘若愚曾经写道:

凡替宫人造办食物、衣服、首饰者,便有一种无骨气、贪脂粉内官,名曰菜户,甘心为之驱使供给,即有父母兄弟亦不暇供养,而沉迷于酒肉财色,至死方已。其次雇倩驱使者,亦是内官,每月三五两工食不等,为之执炊、扫除、浆洗,无事不做。凡此类之人,衣上有油,穿窄袖衣,背菜筐,人贬之曰镟匠,言其洗涤盆碗,抟转精熟,可笑可鄙。然不过饥寒所逼,苟图衣食而已,可谅也。

又道:

凡宫眷所饮食,皆本人菜户置买,雇倩贫穷官人,在内灶爨烹饪。其手段高者,每月工食可须数两,而零星赏赐不与焉。凡煮饭之米,必拣簸整洁,而香油、甜酱、豆豉、酱油、醋,一应杂料,俱不惜重价自外置办入也。凡宫眷内臣所用,皆炙煿煎煤厚味,但遇有病服药,多自己任意调治,不肯忌口。总之,宫眷所重者,善烹调之内官,而各衙门内臣所最喜者,又手段高之厨役也。(《酌中志·饮食好尚纪略》)

如同宫人宦官寻结菜户一般,又寻觅善炊的仆役,然后互夸精美,这虽然是出于宫中的寂寞,却无形中助长了宫中饮食文化的发展。也正因为如此,明朝自中叶以后,皇帝便不再吃光禄寺的御膳,而专门由宦官们轮流置办了。

宦官和宫女们的服饰是有定制的,其间虽有变化,基本定制不变。例如宦官,品级高者穿红贴里缀补服,一般宦官只穿青贴里。再如巾帽,帽以竹丝作胎,蒙以青绉纱,又叫刚叉帽;巾为平巾,类似帽而无后山,后面垂罗一幅,长尺余,因此被叫作沙锅片。还有一种二色衣,也是近御之人的服饰,不光宦官服用,宫女也穿,只是宦官衣领不外露,不缀钮扣,宫人则于脖领缀钮扣,以示区别。

> 二色衣近御之人所穿之衣。自外第一层谓之盖面,如裰襈贴里圆领之类,第二层谓之衬道袍,第三层曰褑领道袍。其白领以浆布为之,如玉环在项,而缺其前,稍油垢即换之,非入过皇城者不敢缀也。自此三层之内,或褂或袄,俱不许露白色袖口,凡脖领亦不许外露,亦不得缀钮扣,只官人脖领则缀钮扣,是以切避忌之。凡外廷讲幄召对之臣,不可不晓二色衣之妙处者。如夏则以葛布为上身,以深蓝或玉色纱作下褶,并按两袖各数寸,又缘子领寸许,一则露白色,一则省费惜福,以便拆浣。(《酌中志·内臣服佩纪略》)

不准露白色,盖出于近丧制之憚忌,待天启中魏忠贤专权,宦官服饰为之一变,穿白色生纱、生罗、葛布及白绫、丝绸,领袖襟缝也都公然显露,不再忌避。宫女衣领有以纸为护领者,一日一换,浆布领可持久无垢。其纸领专取自江西玉山县。(李诩:《戒庵老人漫笔》卷一《宫女护领》)

这里所说的只是在御前通常的服饰,典礼仪仗时,内官则着朝服、朝冠,与外廷官员相仿。"宫女服用紫色,圆领、穿袖,遍刺折枝小葵花于上,以金圈之,珠络缝金束带,红裙,弓样鞋,乌纱帽,饰以花,帽额缀团珠、结珠鬓梳,垂珠耳饰。"(孙承泽:《春明梦余录》卷一一《卤簿》)

宦官是有品秩的,最高品秩为各衙门太监,正四品,左、右少监从四品,左、右监丞正五品,典簿正六品,长随、奉御从六品。这都是有势力身

份的宦官,其下尚有大量下级宦官,或为所驱使,或执役于宫中杂务。宫女亦有品秩,最高为六尚,掌尚宫等六局,正五品,六局下共领二十四司,正六品,再下为二十四典,正七品,二十四掌,正八品,另有女史,无品秩。女史以下即为大量下层宫婢。这些来自民间的宫婢,多不识字,亦同宦官一样有被选读书者,然教习者非外廷儒臣,而是宫中"选二十四衙门多读书、善楷书、有德行、无势力者任之"。"所教宫女读《百家姓》《千字文》《孝经》《女训》《女诫》《内则》《诗》《大学》《中庸》《论语》等书,学规最严。"(《酌中志·内府衙门执掌》)能通者升女秀才,升女史,升宫正司六局掌印等,即步入女官之列。但这百里难得其一。读书中但有过失,罚之与内臣读书一样,亦有扳著之刑,此外有罚每夜提铃在宫中巡行,自乾清宫门至日精门、月华门,再回到乾清宫门而止,口中高唱"天下太平",与铃声相应。据传一夕风雨中,崇祯帝听宫女唱声凄婉,命宣至,问其姓名,答为"韩翠娥"。特命赦之,后韩升为女史,时人称之为"异数",可见大多数宫人无此幸运。即使帝后身边近侍宫人,亦难得有此机会。天启张皇后性严正喜淡雅,曾选宫人中秀慧者授以唐宋词,经常孤灯之下,令其于左右背诵,课其勤惰。有能背诵者,则喜道:"学生子宜拜谢师父矣。"[①]不过像张氏这样有雅兴的后妃在明宫史上也属绝无仅有者。

三、趋向没落的皇室贵族文化

洪武元年(1368年)正月初四,明太祖朱元璋在南京皇宫中登极称帝时,如同所有的开国皇帝一样,他希望这个帝国能够子孙相承,永世不绝。这个时候的皇室成员,除去他本人之外,只有少量的后妃和陆续出生的26个儿子、16个女儿、1个侄孙。作为一个家庭,这当然称得上是人丁兴旺,但是作为皇室,则仅仅是开始。

这时的贵族,除了少量外戚,便是那些追随太祖打天下的开国功臣。其中虽有少数儒臣,而绝大多数都是出身田间、行伍的武夫。

[①] 秦征兰:《天启宫词》,《明宫词》,北京古籍出版社1987年版。

这样一个文化层次不高的新贵族集团骤然成为新朝政权的主宰,他们却无法同时成为新时期文化的主宰。太祖在寻求文化依托时,种种条件迫使他不得不去追复旧的文化传统。事实上,明太祖在翦灭群雄的同时,便打出了"驱逐胡虏,恢复中华"的旗号。他所谓的"中华"自然是指蒙古族入主中原之前的那个中华。这实际上当然是不可能的,因此他所提出的"恢复中华"也就只能表现为文化的追复。这一切早在太祖建国之前即已经开始了。

至正二十七年(1367年)冬十月,诏命百官礼仪俱上左。元朝制度以右为上,这种更改显然带有否定元制的意义。几天后,在命中书省详定律令时,便对元朝的不仿古制提出批评。"太祖以唐、宋皆有成律断狱,惟元不仿古制,取一时所行之事为条格,胥吏易上下滋弊。"(谷应泰:《明史纪事本末》卷一四《开国规模》)到洪武元年(1368年)讨论到东宫官僚设置时,太祖再次对元制的不师古予以否定:"元人事不师古,设官不以任贤,惟类是与,岂可取法?"(谷应泰:《明史纪事本末》卷一四《开国规模》)而为了表示自己的事必师古,太祖在当年下诏定衣冠之制时,明确规定衣冠悉如唐制。礼定丧服之制时,特别对百姓仍元旧俗、丧葬中作乐娱尸颁布了禁令。

颇具讽刺意味的是,这位出身草莽的开国之君将这一切都归咎于人心不古,似乎明初的一切问题都起因于元俗。他说:"昔者元处华夏,实非华夏之仪。所以九十三年之治,华风沦没,彝道倾颓。学者以经书专记熟为奇,其持心操节,必格神人之道,略不究衷。所以临事之际,私胜公微,以致愆深旷海,罪重巍山。当犯之期,弃市之尸未移,新犯大辟者即至。若此乖为,覆身灭姓,见存者曾几人而格非。呜呼,果朕不才而致是欤?抑前代污染而有此欤?然况由人心不古,致使而然。"(《御制大诰》序)太祖从儒臣口中听来的那点历史知识,对于他以权术治国大约是够用的了,但是至于说到人心不古,他恐怕未必知道何为古风。但是他却处处要摆出一副通今博古的样子。"朕今所任之人,不才者众,往往蹈袭胡元之弊。临政之时,袖手高坐,谋由吏出,并不周知,纵是文章之士,不异胡人。"(《御制大诰·胡元制治第三》)"昔我中国先圣先贤,国虽运去,教尤存焉。所以天命有德,惟因故老,所以不旋踵而雍熙之治,以其教不迷也。胡元之治,天下风移俗变,九十三年矣。无志之徒,窃效而为之。虽朕竭语言,尽心力,终岁不能化矣,呜呼艰哉。"(同上)总之一句话,古风败毁于元朝,而他要来恢复古风了。

太祖的这种做法,正符合了一些循旧不化的儒臣的口味,他们甚至较之太祖的复古口号走得更远。在他们看来,只有三代之风可为师法。"奈何三代以降,汉、晋、唐、宋之君,因循为治,先王之教,日衰月替,俗渐浇漓。降及胡元,以夷风制治,先王之教,华夏之风,于是扫荡无余,民俗愈偷,可胜叹哉。"(刘三吾:《大诰三编后序》)但是这套食古不化的主张,其实明太祖也吃不消,直到他们真的坚持这套东西而与太祖的政策发生抵牾的时候,他们也没有明白这究竟是为什么。

但我们绝不应低估这些哓哓不休的儒臣对当时文化的影响,他们是明初儒家的正统。从刘三吾到方孝孺便是这一脉相承的代表人物。他们相近的悲剧性的结果过去只被看作是书生意气致祸,其实根本原因还是他们那不切时务的主张。

曾经繁荣一时的元代文化,在一片鼓噪声中寂寞了下来,而皇室贵族的文化更是这寂寞中的寂寞。

太祖对宫禁的严格控制大约是从洪武三年(1370年)开始的。这一年三月乙未"严宫闱之政,著为令,俾世守之"。史书中说这是因为"上以元末宫嫔女谒私通外臣,或番僧入宫,摄持受戒,而大臣命妇亦往来禁中,淫渎亵乱。遂深戒前代之失,著为典:皇后只得治宫中嫔妇事,宫门之外,不得与焉。宫费奏自尚宫,内使监覆之,始支部,违者死。私书出外者罪如之。……群臣命妇,节庆朔望朝见中宫,无故不得入。人君无见外命妇礼。"(《明史纪事本末》卷一四《开国规模》)然而前有丞相李善长子弟偷窥太祖姬妾,后有豫章侯胡美偕子婿入乱宫禁。功臣的恣肆,外廷对于宫禁内幕的好奇,加之人们性追求的天性,酿成了明初屡见的宫廷丑闻。这与所谓"前代之失"没有什么关系。

据说太祖在南京新建宫殿后,命儒士熊鼎编类古人行事可为鉴戒者书于壁间,又命侍臣书《大学衍义》于两庑壁间,并称:"前代宫室多施绘画,予用此以备朝夕观览,岂不愈于丹青乎?"(《典故纪闻》卷一)他还说:"声色乃伐性之斧斤,易以溺人。一有溺焉,则祸败随之,故其害,甚于鸩毒。人君居天下之尊,享四海之富,靡曼之声,窈窕之色,何求而不得?苟不知远之,则小人乘间纳其淫邪,不为所迷惑者,几人焉?况创业垂统之君,为子孙之所承式,尤不可以不谨。"(同上书卷三)这一切太祖本人确实是做到了的,他因此可以理直气壮地对太子、诸王们说:"吾持身谨行,汝辈所亲见。吾平日无优伶挚近之狎,无酣歌夜饮之娱,正宫无自纵之权,妃嫔无宠幸之昵。或有浮词之妇,察其言非,即加诘责,故各自修饬,无有妒忌。……每旦,星存而出,日入而休,虑患防危,如履渊冰,苟非有疾,不敢怠惰,以此自持,犹恐不及。故与尔等言之,使知持守之道。"(同上书卷四)然而这种类似清教徒式的文化生活,皇室的其他成员和贵族们是很难循守的。因此,除去身教和言教之外,还必须确立一套制度。于是儒臣们奉命编修了《礼制集要》,对冠服、房室、器物、伞盖、床帐、仪从、奴婢,乃至弓矢、鞍辔等均做出规定,并且专门为功臣们制定礼制,"稽古定制,颁功臣之家,俾遵行之"(同上)。

明太祖汰侈从简的思想与明初处于恢复中的经济状况确实保持了一致。但这用之于小民则可,用之于皇室贵族却难以施行。

太祖诸子,在宫中时尚能随时督教,就藩封国后便多任其所为,难于控制。次子秦王身为诸王之长,却"不良于德"(《明史·秦王樉传》),行为多失。三子晋王"在国多不法"(《明史·晋王㭎传》)。七子齐王"性凶暴,多行不法"(《明史·齐王榑传》)。十子鲁王,信术士,"饵金石药,毒发伤目"(《明史·鲁王檀传》),死后谥"荒"。十二子湘王专好游山玩水,"尤喜道家言"(《明史·湘王柏传》)。十三子代王生性暴虐,其妃为中山王徐达之女,"骄妒,尝漆二侍女为癞"。代王年老后,还常与诸子"窄衣秃帽,游行市中,袖锤斧伤人"(《明史·代王桂传》)。十八子岷王"沉湎废礼",怙恶不悛(《明史·岷王楩传》)。十九子谷王更骄肆不法,

擅杀无辜,"大创佛寺,度僧千人,为咒诅"(《明史·谷王橞传》)。二十五子伊王,"不乐居宫中,时时挟弹露剑,驰逐郊外。奔避不及者,手击之。髡裸男女以为笑乐"(《明史·伊王㰘传》)。驸马欧阳伦,所为多不法,不顾国家禁令,走私贩茶,骚扰地方,"虽大吏不敢问"(《明史·崇宁公主传》)。功臣东川侯胡海之子驸马胡观,"强取民间子女,又娶娼为妾"(《明史·南康公主传》)。

诸王、驸马属于当时皇室和贵族集团中的第二代,而作为第一代的功臣当中,也多有不法者。位居功臣之首的韩国公李善长,"富贵极,意稍骄","毫不检下",以卫卒营建私宅(《明史·李善长传》)。宋国公冯胜,每逢征战,常私匿所获驼马,曾向北元太尉纳哈出之妻索求大珠异宝;在北元王子死方二日,即娶其女。豫章侯胡美,即偕子婿入乱宫禁者。至于永嘉侯朱亮祖父子,"勇悍善战而不知学,所为多不法"(《明史·朱亮祖传》),受土豪贿赂又纳富民女为妾,纵容妾家怙势为奸,诬陷番禺知县道同,更是人所共知之事。洪武初年,江夏侯周德兴倚仗功劳,且恃为太祖故人,多有不法逾制之举,"太祖宥之。因戒谕公侯,谓多粗暴无礼,自取败亡"(《明史·周德兴传》)。但这种戒谕似乎并无多大作用,"太祖以功臣之家不循礼,往往奢侈自纵,以致覆亡,虽屡加戒饬,终莫之省"(《典故纪闻》卷五)。太祖自己也曾说:"似此等愚下之徒,我这般年纪大了,说得口干了,气不相接,也说他不醒。"(《大诰武臣》序)因此他专门写了《大诰武臣》颁示天下。

一方面是皇室贵族的恣纵,另一方面又是太祖的汰侈,这势必造成明初统治集团的畸形文化。

明太祖的文化生活已经完全政治化了。这就更加导致当时的宫廷文化枯竭不堪。洪武十五年(1382年),马皇后死后宫人们所唱的思念之歌便是生动的一例。

我后圣慈,
化行家邦。

抚我育我，
怀德难忘。
怀德难忘，
于万斯年。
毖彼下泉，
悠悠苍天。（《明史·太祖孝慈高皇后马氏传》）

这首歌若译作白话，大致是这样的：

我们的皇后神圣而慈祥，
以其典范重建新的家邦。
抚育我们茁壮成长，
她的恩情永世难忘。
恩情永世难忘呵，
我们亿万年不变。
请安息于九泉，
愿您灵魂永存如苍天。

全都是空洞无物的赞辞，但这恰恰正是当时宫廷文化的峰极。我们无法设想这状况能够维持多久，一旦太祖去世，不再有那种严厉的禁令时，统治集团中文化生活的迅变，也就如洪水猛兽而势不可挡了。

太祖的继承人建文帝朱允炆是个儒生式的人物。他因为在政治上主张宽仁而与其祖父太祖有所分歧。因此他的即位必然会给当时文化政策带来一定的变化。可惜的是，这个变化在它刚刚开始后不久便遭到了夭折。封藩北平（今北京）的燕王起兵夺位，爆发了"靖难之役"。仅仅四年时间的建文之政是始终伴随着战争度过的，燕王夺位后对建文事迹的禁毁，更使后人对建文之世几乎没有什么了解，但是我们仅从燕王夺位后对于建文的诋毁中也可以看到一点当时文化政策变化的痕迹。

时诸王坐废,允炆日益骄纵,焚太祖高皇帝、孝慈高皇后御容(按后修实录时改为"简宗庙之礼"),拆毁后宫,掘地五尺,大兴土木,怨嗟盈路,淫佚放恣,靡所不为。遣宦者四出,选择女子充满后宫,通夕饮食,剧戏歌舞,嬖幸者任其所需,谓羊不肥美,辄杀数羊以厌一妇之欲。又作奇技淫巧,媚悦妇人,穷奢极侈,暴殄天物,甚至亵衣皆饰以珠玉锦绣。(《奉天靖难记》卷一)

这里面恐多有不实之处,但是显然建文时的宫廷与太祖时已经不一样了。

明成祖是靠自己起兵夺得的天下。他夺位后的大肆杀戮,使后来人们一直将其作为一个严厉而可怕的皇帝,甚至超过了乃父太祖。成祖表面上也确是刻意模仿他的父亲太祖的俭约。但是,他虽然是自己打下的天下,却并无其父那样从牧童到贫僧的经历,贵族的出身使他对父辈的模仿显得太露痕迹。他对"靖难"功臣的封赏,对藩王们的物质收买,对军卫的扩大,对外用兵,派遣中官的出使,以及宫殿、都城的工程,"供亿转输以巨万万计"(《明史·夏元吉传》)。这都不大像是开国君主的所为,而他的宫廷生活比他所批评的建文帝还要混乱和荒唐得多。"永乐时,朝鲜贡女充掖庭。"(《明史·恭献权贤妃李氏传》)成祖不断命朝鲜选送美女入宫,其中最受宠幸的有权贤妃等。

史书中未见有关成祖服用丹药的记录,但服用丹药的房中术是明朝皇帝的通病。永乐十五年(1417年)二月,成祖敕封了五代时的道士徐知证、徐知谔为真君,并在北京建洪恩灵济宫。据说这是因为一个名叫曾辰孙的道士为成祖治病时祷之二徐真君而颇有灵效,并说是梦见二徐真君授以灵药才治愈了成祖的疾病。由道士来治病,服用所谓真君的灵药,很难设想会没有丹药和房中术的东西。同年八月便又有人进献金丹和方书给成祖,称用此可致长生不老。但这一次成祖没有接受,并且说:"秦皇、汉武为方士所欺,乃又欲欺朕!"(查继佐:《罪惟录》卷三二上《永乐逸纪》)让其人自食金丹,烧毁了方书。这其实是成祖故作的姿态,他不希望人们把他看作是一个迷信方士、追求长生不老的皇帝。

明仁宗也是一个儒生式的皇帝。他的过于儒生化招致了成祖对他的不满而险些被兄弟汉王、赵王所取代。他在明朝历史上虽然算是一位有德之君,但是典型贵族皇室子弟出身使他在观念上与父亲和祖父都有所不同。他做太子时,宫中供给不足花费,曾私下取给于南京富户伊氏,"金陵伊氏,家丰裕,人亦谨厚。仁宗在青宫,屡取给于其家。伊氏绝口不与人言。登极后,即擢其子为营缮所官。仁宗上仙,张太后追思其事,遂进为尚宝少卿"(王锜:《寓圃杂记》卷二《金陵伊氏》)。很有点卖官的味道。仁宗在父亲和兄弟们的百般挑剔中小心谨慎地过了二十余年,待到终登宝座时,却不足一年便去世了。不过这反倒给他短暂的皇帝生活画了个颇为完满的句号。明代宫廷生活由俭而侈,由肃而靡,都是从宣宗时代开始的。

史书中对宣宗其人多是褒贬相兼的:

> 帝有睿才,书艺风雅,光大恺恻,允哉太平天子之言。旨兴豪举,虽内侍小臣,不嫌唱和。间为微行,或称为英国公家使,或称校尉。斗鸡走马,圆情鹘首,往往涉略。尤爱促织,亦鬖驯鸽,万姓颇为风俗,稍渐华靡。然此其余才,性明断,不废政事。(《罪惟录》卷三二《宣德逸纪》)

宣宗的喜爱促织之戏是久已闻名的了,而其斗鸡驯鸽,走马出游,似不大为人所知。明人记:"宣庙好促织之戏,遣取之江南,其价腾贵至数十金。时枫桥一粮长,以郡遣觅,得其最良者,用所乘马易之。妻妾以为骏马易虫,必异,窃视之,跃去矣。妻妾惧,自经而死。夫归,伤其妻,且畏法,亦经焉。"(转引自黄云眉《明史考证·明史卷九考证》)这大概就是后来蒲松龄《促织》的故事原型。但宣宗无论如何还不算是个荒怠之君,而他的多种爱好则为明初以来寂寞的宫廷文化骤增了几分色彩。当然,与

此同时,宣德的宫廷生活也日渐华靡了。

事实上宣宗不仅是第一个将宫廷生活引向华靡的明朝皇帝,而且是第一个打破太祖以来的宫廷婚姻与性禁锢的皇帝。宣德三年(1428年)春天,宣宗废掉了皇后胡氏,改立贵妃孙氏为皇后。正史中说:"时孙贵妃有宠,后未有子,又善病。"(《明史·宣宗恭让皇后胡氏传》)似乎是因为胡氏多病而失宠。但所谓多病的胡氏却一直活到正统八年(1443年),比宣宗多活了八九年,而且还是因为一直很关照她的张太后病逝使她在精神上深受打击,才病倒不起的。其实真实的原因还是孙贵妃"幼有美色"的缘故(《明史·宣宗孝恭皇后孙氏传》)。

如同对宣宗的好游乐一样,史书中对他的后宫生活也没有更多的记述,但是这位以勇武著称的皇帝却只活了三十七岁。史家们常常批评明朝皇帝纵欲而短命,宣宗堪称此风之始。

英宗以年少登极,便有王振等宦官"狡黠得帝欢"(《明史·王振传》),宫廷生活更加没有节制。当时一个名叫韦力转的宦官,代表了那种肆无忌惮的放荡:

> 韦力转者,性淫毒,镇守大同,多过恶。衔军妻不与宿,杖死其军。又与养子妻淫戏,射杀养子。天顺元年,工部侍郎霍瑄发力转僭用金器若王者,及强娶所部女为妾诸不法事。帝怒,执之下锦衣卫狱,既而宥之。(《明史·韦力转传》)

如此恶行,尚能宥之不问,足见英宗对此事的态度。至于对导之嬉戏乱政,乃至身陷土木堡的宦官王振,则始终追念不已,惑溺至深。

在读到这一段历史时我们明显感觉到了那种败敝的宫廷风气。一种无形的力量将宫廷文化生活导入了歧途。当后来的皇帝们失去了宣宗那样的风流潇洒时,宫廷生活便只剩下畸形的性关系和房中术了。

明宪宗是个有后天心理缺陷的人,这同他做太子时曾遭废立的反复有一定的关系,而英宗被也先俘虏,尔后又遭景帝软禁,也必然影响到宪宗,使之自幼感到任人摆布。他的恋母情结大约也是由此而产生的。那个较之年长十九岁的美貌宫女万氏,则正好满足了他的这种心理需求。这是一桩令人惊异的婚姻,宪宗十六岁即位时,万氏已经三十五岁了。但是她对于宪宗的了解是没有人能与之相比的,万氏一身而兼有妻子、母亲、保姆和使女多种身份,因而使宪宗无法离开她去依赖别的女人。不过这并不等于宪宗不同其他女人发生关系。宪宗共有十四子、五女,其中只有皇第一子是万贵妃所生。孝宗与兴王、岐王、雍王的生母纪氏、邵氏,都是容色出众的女官、宫人。

在明朝皇帝的生活中,宪宗是第一个被史书明载信奉道家和房中术的。内阁大学士万安便是不断向宪宗进献房中术的主要人物。这件事直到宪宗去世,孝宗即位后才被揭发出来:

> 先是,歙人倪进贤者,粗知书,无行,谄事安,日与讲房中术。安昵之,因令就试,得进士,授为庶吉士,除御史。帝一日于宫中得疏一小箧,则皆论房中术者,末署曰"臣安进"。帝命太监怀恩持至阁曰:"此大臣所为耶?"安愧汗伏地,不能出声。(《明史·万安传》)

万安只是成化间众多幸臣中的一个。当时最著名的佞幸李孜省,也是以方术得幸于宪宗的。史称:"时宪宗好方术,孜省乃学五雷法,厚结中官梁芳、钱义,以符箓进。……益献淫邪方术,与芳等表里为奸,渐干预政事。"(《明史·李孜省传》)当时得幸的还有西番僧人,其原因也与所谓"淫邪之术"有关。这时方术和烧炼已经成为宫廷文化中必不可少的内容,即使是被誉为中兴明主的孝宗,也离不开对方术和丹书的信奉。

按照正史的记述,孝宗的后宫生活与其父宪宗是截然不同的。他不仅没有宠妃,而且没有册立过一位妃嫔,只是与皇后张氏一起,情同民间夫妇。然而这并不意味着孝宗只同张皇后一个女人有性关系。许多史料可以证明,其子武宗生母便不是张皇后,而很有可能是宫女郑金莲。只不过这些宫人并未因同皇帝发生关系和生儿育女便获得妃嫔封号。

孝宗本人身体孱弱，因此颇重养生养气，宦官李广以道家修炼之术得幸。内阁首辅徐溥等人曾为此上疏说："近闻有以斋醮修炼之说进者。宋徽宗崇道教，科仪符箓最盛，卒至乘舆播迁。金石之药，性多酷烈。唐宪宗信柳泌以殒身，其祸可鉴。今龙虎山上清宫、神乐观、祖师殿及内府番经厂皆焚毁无余。彼如有灵，何不自保。天厌其秽，亦已明甚。"（《明史·徐溥传》）但这并未能够说服孝宗，直到李广后来畏罪自杀，孝宗仍然相信他家中藏有异书，并派人去索取，结果得到的是那本写着"黄米""白米"的贿籍。

孝宗是一个追求名声的皇帝，他的宫廷生活秘事被他正人君子式的公开行为掩盖了许多。他的儿子武宗则与之截然相反，他把宫廷生活的一切都公开于世人面前，这时人们才为明朝宫廷中的颓靡与无聊而感到震惊了。

荒唐的生活使武宗只活了三十一岁，外嬖妓女是武宗宫廷生活的一个插曲。明朝人说："本朝家法，无平阳更衣之事，惟景帝与武庙有之。"（《万历野获编》卷二一《主上外嬖》）景帝当年嬖妓女李惜儿，通籍宫掖，并召其兄李安为锦衣。而武宗所嬖则多不胜数。

嘉靖十九年（1540年），太仆寺卿杨最因谏丹药之事被杖死，二十一年即有宫婢之变。明世宗最后还是死于这些所谓长生不老药。嘉靖末年，陶仲文已死，明穆宗即位后也不再崇信方士，但是与宫廷生活相适应的那些秘方却仍然保留下来。当时人对此并不隐讳，沈德符记："幼时曾于二三豪贵家，见隆庆窑酒杯茗碗，俱绘男女私亵之状。盖穆宗好内，故以传奉命造此种。"（《万历野获编》卷二六《瓷器》）穆宗在这方面超逾了他的父辈祖辈，他在宫廷生活方面的放荡甚至影响到与皇后陈氏的关系，陈氏被迫出居别宫。这件事在朝臣中间引起多种猜测，穆宗只好推说陈氏有病，待病愈后再还宫。但朝臣中则知："帝颇耽声色，陈皇后微谏，帝怒，出之别宫。"（饶智元：《隆庆宫词》注引《明外史·詹仰庇传》）只是徒自忧之而莫敢言。

这些所谓的秘方很快便损坏了穆宗的健康，起初是不能坚持日讲，到隆庆五年(1571年)冬天,便连上朝也感到困难了。这一年五月,穆宗病死于乾清宫,年仅三十六岁。

造成明朝皇帝这种无节制的宫廷生活的原因是多方面的,宫廷文化的枯竭寂寞无疑也是其重要原因之一。从太祖时定下的祖制是要防止宫廷中过多的娱乐,其目的是防止嬉政。但是细想一个在这样的环境中生活的皇帝,倘若不去勤于政务而久居宫禁,他在文化生活的匮乏之中很容易成为方士和宦官们的俘虏,而宫廷独有的性关系,则是造成房中术泛滥的基础。这种没落的宫廷文化实在是难以维持长久的。

从某种意义上来看,正德时明武宗的种种荒诞之举,例如外出的游幸、恋"廊下家"、建豹房等等,也可以算作是对当时宫廷文化寂寞的一种逆反。明末人宋起凤在回忆起武宗朝事时曾说:"初,上深处宫禁,左右诸侍御皆良家子,不事伎巧,毋敢以蛊惑进。已,游王国(按指宣府、大同),见边人声色货利狗马之盛,时时乐之忘归。上既耽游乐,外人渐以樗蒲角抵为纵饮具,博上欢笑,得厚资,相呼拥罢去,以为常。此时承平久,物力甚盛,边塞金钱充牣,邸肆饶庶,四方商贾与豪贵少年游国中者云集。故上频幸私邸,人第目为军官游闲辈,概不物色也。惟姬某侍上久,私窃异之,而未敢发,但曲意承顺而已。稍稍事闻,外廷言官密疏谏止。上意亦倦,乃阴遣中贵具嫔礼迎姬某入内,居今之蕉园,宦寺皆称为黑娘娘殿云。……边人至今骄语曰:'我代邸乐籍,故尝上眷也,非一日矣。'"(《稗说》卷一《蕉园》)

没落的宫廷文化一旦遇到丰富多彩的民间文化的冲击,就很难再照老样子维持下去了。

四、绚丽多彩的民间文化及其发展

明太祖洪武五年(1372年)五月初四,一个由官方制定的民间文化活动告示了全国,这便是"古先圣王皆致重而不轻"的乡饮酒礼。这件事颇引起士大夫们的兴奋。乡民们也感到新鲜有趣。这种在《仪礼》中记载的达于庶民的礼仪,已经停废很久了,据当时人估计在百年以上。也就是

说,终元之世从未实行过这一礼仪。士大夫们因此而感慨道:"呜呼!乡饮不行久矣。黄鲐之老,耳不闻《鹿鸣》之歌,目不识宾介之仪,盖百有余年矣。"(叶盛:《水东日记》卷二一《乡饮酒礼》)到洪武十六年(1383年)再颁《乡饮酒礼图式》于天下,对这一礼仪做出了更为制度化的明确规定。

每年正月十五及十月初一,乡饮酒礼在各地儒学及民间里社举行。届时"有司与学官率士大夫之老者,行于学校。民间里社以百家为一会,或粮长、里长主之。百人内以年最长者为正宾,余以齿序坐","以府州县长吏为主,以乡之致仕官有德行者一人为宾;择年高有德者为僎宾,其次为介,又其次为三宾,又其次为众宾,教职为司正。赞礼、赞引、读律,皆使能者"。(《明史·礼志》)

两年以后,太祖将乡饮酒礼写进他的《御制大诰》中:

> 所以乡饮酒礼,叙长幼,论贤良,别奸顽,异罪人。其坐席间,高年有德者居于上,高年淳笃者并之,以次序齿而列。其有曾违条犯法之人,列于外坐,同类者成席,不许干于善良之席。主者若不分别,致使贵贱混淆,察知,或坐中人发觉,主者罪以违制。奸顽不由其主,紊乱正席,全家移出化外,的不虚示。……乡里安,邻里和,长幼序,无穷之乐,又何言哉。吾今特申明之,从者昌,否者亡。(《御制大诰·乡饮酒礼第五十八》)

到洪武二十二年(1389年),再次强调了乡饮酒礼中关于以善恶分坐为席的规定:"以善恶分列三等为坐次,不许混淆。如有不遵序坐及有过之人不赴饮者,以违制论。"(龙文彬:《明会要》卷一四《礼九·乡饮酒礼》)这实际是对《大诰》中所做规定的补充。此后,包括有关乡饮酒礼规定在内的《大诰》也便成为乡饮酒礼活动中的重要内容:

> 二十五年,诏令各处官民之家传诵《大诰》三编。凡遇乡饮酒

礼,一人讲说,众人尽听,使人皆知趋吉避凶,不犯刑宪。(《明会典·读法》)

至此太祖推行乡饮酒礼之目的已经十分明确,而乡饮酒礼这一朝廷倡导之官办民间活动,已尽失民间活动之意,而成为一种强令推行的政治活动。

明初儒臣余爔在《乡饮酒礼序》中记述了洪武十二年(1379年)昆山县的一次乡饮酒礼过程:

> 昆山县人臣李无逸尚义读书时为万石长,奉诏惟谨,乃即其乡宾礼耆英,远近毕至,则有若周寿谊,年百有十二岁,皤然在席;九十、八十、七十者坐以齿,盛升降揖让拜俯周旋之仪,献酬有容,读法胥告,观者如堵墙,莫不感化翕然。已而醉者扶,归者歌,翳白欣欣,笑言载途,乡士大夫纪其事而咏之。(《水东日记》卷二一《乡饮酒礼》)

从当时情形看,还是很有些民间活动味道的。但当初只是倡导,规制并不固定。另见叶盛追记昆山洪武八年(1375年)乡饮酒礼,即由各都大户率士民于申明亭上读律戒谕,然后饮酒致礼,政治学习色彩颇浓起来,而此次活动则系知县毕福奉命而行者。

倘若乡饮酒礼仅仅作为一种倡导,又时逢年节,或许能够有所流行,但其后改由官府强制,内容枯燥,形式繁琐,俱非人所乐为,其生命力也就荡然无存。自洪武以后,这种乡饮酒礼便不复举行了。

正德初年,内阁大学士王鏊追记乡饮酒礼之行废,说道:"自乡饮酒之礼废,而后有香山之会、洛阳之会、睢阳之会,以为希阔之举而侈谈焉,斯亦会之近古者也。"又道,"余过宜兴,览而叹曰,乡饮之礼古也,香山诸会之后,继者无闻焉,岂非难哉!"因作《东丘会老记》以述之。今之史家多以此为乡饮酒礼久废之依据:"宜兴东丘之会,在正德四年,而读鏊文,乃无一语及国初尝班乡饮酒礼,则其礼之废固久矣!"(黄石眉:《明史考

证·明史卷五十六考证》第二册,第435页)

由此看来,洪武间推行的乡饮酒礼,如同昙花一现,很快便被民间所摒弃。明初的民间文化活动可以说是相当寂寞的,这也是当时推行文化专制的必然结果。

有几份洪武、永乐年间的榜文,很能反映当时对民间文化的禁锢:

洪武二十二年三月二十五日奉圣旨:"在京但有军官军人学唱的,割了舌头;下棋打双陆的,断手;蹴圆的,卸脚;作买卖的,发边远充军。"府军卫千户虞让男、虞端故违吹箫唱曲,将上唇连鼻尖割了。又龙江卫指挥伏颙与本卫小旗姚晏保蹴圆,卸了右脚,全家发赴云南。

又二十五年九月十九日,礼部榜文一款:"内使剃一搭头,官民之家儿童剃留一搭头者,阉割,全家发边远充军。剃头之人不分老幼问罪。"

二十六年十二月十五日奉旨禁约:"不许将太祖、圣孙,龙孙、黄孙、王孙、太叔、太兄、太弟、太师、太傅、太保、大夫、待诏、博士、太医、太监、大官、郎中字样为名字称呼,一医人止许称医士、医人、医者,不许称太医、大夫、郎中。梳头人止许称梳篦人,或称整容,不许称待诏。官员之家火者,止许称阉者,不许称太监。"

又二十六年八月榜文:"为奸顽乱法事,节次据五城兵马司挚送到犯人颜锁住等,故将原定皮札䩺样制,更改作半截靴,短䩺靴,里儿与靴䩺一般长,安上抹口,俱各穿著,或卖与人,仍前自便。于饮酒宿娼,行走摇摆,该司送问罪名,本部切详。"先为官民一概穿靴,不分贵贱,所以朝廷命礼部出榜晓谕军民:商贾、技艺、官下、家人、火者,并不许穿靴,止许穿皮札䩺,违者处以极刑。此等靴样传于外,必致制度紊乱,宜加显戮。奉旨:"这等乱法度的,都押去本家门首枭令了,全家迁入云南。"

一榜永乐九年七月初一日,该刑科署都给事中曹润等奏:乞敕下法司,今后人民倡优装扮杂剧,除依律神仙道扮,义夫节妇,孝子顺孙,劝人为善,及欢乐太平者不禁外,但有亵渎帝王圣贤之词曲、驾头、杂剧,非律所该载者,敢有收藏、传诵、印卖,一时擎送法司究治。奉旨:"但这等词曲,出榜后,限他五日,都要干净将赴官烧毁了,敢有收藏的,全家杀了。"(《客座赘语》卷一〇《国初榜文》)

对于这些莫名其妙的禁条,恐怕后来的明朝人也感到实在难以理解了,因此特别记述了下来。明朝人还传说,南京淮清桥北有逍遥楼,为太祖所建,以处游惰子弟。据陈太史某所作《维桢录》记:"太祖恶游手博塞之民,凡有不务本,逐末、博弈、局戏者,皆捕之,禁锢于其所,名'逍遥牢'。"(《客座赘语》卷一〇《逍遥牢》)

明初以禁奢闻名,当时正值社会经济恢复时期,太祖严禁游手好闲之徒,本意未必不佳,但结果无疑损及明初民间文化。到永乐中,成祖以夺位登极,喜用告讦之人。有山阳人丁珏,以诬陷乡民得官:"永乐四年,里社赛神,诬以聚众谋不轨,坐死者数十人。法司因称珏忠,特擢刑科给事中。"(《明史·丁珏传》)然而此时的立意与洪武中已不尽同,其目的只是为了实行专制政治。随着社会经济的恢复与发展,旧有的民间文化活动也相应得到了一定的发展。

永乐七年(1409年),成祖谕礼部定元宵放假之制:"我太祖君天下四十余年,法度明备。朕恪遵成宪。今四方无虞,民物康阜,思与臣民同乐太平,自正月十一日为始,其赐元宵节假十日,百官朝参不奏事,听军民张灯饮酒为乐,弛夜禁。著为令。"(《典故纪闻》卷七)到永乐十年元宵节,更准许臣民赴午门外观鳌山灯三日,成为京城中的盛事。当年户部尚书夏原吉也侍母前往观灯,被史臣载为佳话。但是到十三年元宵节,却发生

了鳌山火灾,不及避而死者颇多,都督马旺亦被烧死。此后始有所节制。此虽属官方组织的文化活动,却可作为风气之始,至仁、宣以后,民间文化活动更骤然兴盛起来。

民间文化是一种继承性很强的文化。明初太祖以革"胡元之俗"为名,对于元朝民俗禁革颇多,然多禁而不能绝,一旦弛禁,迅即有所恢复。如所谓"放偷"之俗,据记:"金与元国俗,正月十六日谓之'放偷'。是日各家皆严备,遇偷至,则笑而遣之,虽妻女、车马、宝货为人所窃,皆不加罪。"此风于明初则绝然不存,但自明中叶后又有所恢复。弘(治)、正(德)间的明人笔记中说:"闻今扬州尚然。而燕地正月十六夜之走街,恐亦遗俗也。"(郎瑛:《七修类稿》卷四四《放偷》)这实际是正月民间娱乐活动的一部分。

用行政手段禁毁民间文化,最终是不可能奏效的。明太祖用割唇、断手足的酷刑来禁止的吹拉弹唱和蹴球游戏,乃至赌博夜饮等,在其死后不久便成为时尚而风靡于官民之中。

永乐中官至广西、河南左布政使的李昌祺,曾作传奇小说集《剪灯余话》,其中有《月夜弹琴记》记述洪武间吉安永新知县之子乌熙,为祭宋时节妇赵氏抚琴之事,文称:"公之子熙,字缉之,尤尚风概,且精于琴;见节妇事,啧啧叹慕,作《贞松操》,写之丝桐。"全然誉美之辞,对于太祖的所谓弹唱之禁,似茫然无知。

中华民族的集体精神乃是造就共性的基础,而风俗流行得此基础的依托,也就更加随其所之。许多自上而下的风气,不知不觉之中便为大多数人所接受。

例如饮酒的风气,到正统、天顺间与洪武初已大不相同,当时人记称:"古人饮酒有节,多不至夜,所谓厌厌夜饮,不醉无归,乃天子燕诸侯,以示慈惠耳,非常燕然也。故长夜之饮,君子非之。京师惟六部十三道等官饮酒多至夜。盖散衙时才得赴席,势不容不夜饮也。若翰林六科及诸闲散之职,皆是昼饮。吾乡会饮,往往至昏暮才散,此风亦近年后生辈起之。殊不思主人之情,固所当尽,童仆伺候之难,父母悬念之切,亦不可不体也。"(陆容:《菽园杂记》卷一四)此等的饮酒风气,绝非洪武中禁酒乃至禁种糯米之可比。

再如赌博之风,亦盛行于正统后,昆山、太仓一带颇为典型:"斗叶子之戏,吾昆城上自士夫,下至僮竖皆能之。予游昆庠八年,独不解此,人以拙嗤之。近得阅其形制。一钱至九钱各一叶,一百至九百各一叶,自万贯以上皆图人形。万万贯呼保义宋江,千万贯行者武松,百万贯阮小五,九十万贯活阎罗阮小七,八十万贯混江龙李进,七十万贯病尉迟孙立,六十万贯铁鞭呼延绰,五十万贯花和尚鲁智深,四十万贯赛关索王雄,三十万贯青面兽杨志,二十万贯一丈青张横,九万贯插翅虎雷横,八万贯急先锋索超,七万贯霹雳火秦明,六万贯混江龙李海,五万贯黑旋风李逵,四万贯小旋风柴进,三万贯大刀关胜,二万贯小李广花荣,一万贯浪子燕青。或谓赌博以胜人为强,故叶子所图皆才力绝伦之人,非也。盖宋江等皆大盗,详见《宣和遗事》及《癸辛杂识》。作此者,盖以赌博如群盗劫夺之行,故以此警世,而人为利所迷,自不悟耳!"(《菽园杂记》卷一四)时人陆容这段话,既写明当时赌博之盛行,且生动记下斗叶子这一赌博形式之文化内涵。关于宋江等水浒英雄的传说,当时已为人所共知。

小说的流行,更是民间文化发展的突出表征。小说的流行,大约亦在正统前后。《剪灯余话》作者李昌祺,宣德中去世,议祭于社,乡人有以其作《余话》一事短之,乃罢。所谓"白璧微瑕,惟在闲情一赋"便是指此。(钱谦益:《列朝诗集小传》乙集《李布政祯》)但是到正统以后,情况便又大不相同了,小说戏文流行于民间,官员士大夫亦不以为非。时人叶盛曾记:

> 今书坊相传,射利之徒,伪为小说杂书,南人喜谈如汉小王(光武)、蔡伯喈(邕)、杨六使(文广),北人喜谈如继母大贤等事甚多。农工商贩,钞写绘画,家畜而人有之。痴骃女妇,尤所酷好,好事者因目为《女通鉴》,有以也。甚者晋王休征、宋吕文穆、王龟龄诸名贤,至百态诬饰,作为戏剧,以为佐酒乐客之具。有官者不以禁杜,士大

夫不以为非,或者以为警世之为,而忍为推波助澜者,亦有之矣。(《水东日记》卷二一《小说戏文》)

尽管还有像叶盛之类不满于此风气者,但毕竟已无力阻挡风气之流行,而此尚为明中叶之事,自正(德)、嘉(靖)以后,种种民间文化复归求新,社会文化节奏加快,风气流行骤兴骤变,更加使人眼花缭乱。

民间文化的发展离不开社会经济的发展,明初关于纸张使用的记述则非常典型地反映出这一发展中的关系。

> 浙之衢州,民以抄纸为业。每岁官纸之供,公私糜费无算,而内府贵臣视之,初不以为意也。闻天顺间,有老内官自江西回,见内府以官纸糊壁,面之饮泣,盖知其成之不易,而惜其暴殄之甚也。又闻之故老云:洪武年间,国子监生课簿仿书,按月送礼部,仿书发光禄寺包面,课簿送法司背面起稿,惜费如此。永乐、宣德间,鳌山烟火之费,亦兼用故纸,后来则不复然矣。成化间,流星爆仗等作,一切取榜纸为之,其费可胜计哉。(《菽园杂记》卷一二)

而"糜费"本身也是一种富庶的表现。明人王锜生于宣德中,卒于弘治中,亲眼看到了明初至中叶的经济发展变化及其对文化的影响:

> 吴中素号繁华,自张氏(张士诚)之据,天兵所临,虽不被屠戮,人民迁徙实三都、戍远方者相继,至营籍亦隶教坊。邑里潇然,生计鲜薄,过者增感。正统、天顺间,余尝入城,咸谓稍复其旧,然犹未盛也。迨成化间,余恒三四年一入,则见其迥若异境,以至于今,愈益繁盛。闾檐辐辏,万瓦甃鳞,城隅濠股,亭馆布列,略无隙地。舆马从盖,壶觞罍盒,交驰于通衢。水巷中,光彩耀目,游山之舫,载妓之舟,鱼贯于绿波朱阁之间,丝竹讴舞与市声相杂。凡上供锦绮、文具、花果、珍羞奇异之物,岁有所增,若刻丝累漆之属,自浙宋以来,其艺久

废,今皆精妙,人性益巧而物产益多。至于人材辈出,尤为冠绝。作者专尚古文,书必篆隶,骎骎两汉之域,下逮唐、宋未之或先。此固气运使然,实由朝廷休养生息之恩也,人生见此,亦可幸哉。(《寓圃杂记》卷五《吴中近年之盛》)

其实王锜所见,只是在弘治中叶以前,而其后之正德、嘉靖乃至隆庆、万历,更是明朝社会繁华奢靡的时代。经济与文化的发展,不仅造就了一代风气,而且造就了一个时代的社会生活。文化活动充斥于整个社会经济活动之中,成为人们社会生活中必不可少的一部分,而且是大量专职从业人员的衣食来源,成为全社会的需要。

这种情况最突出的还是在经济发达的苏松一带。"洋货、皮货、绸缎、衣饰、金玉、珠宝、参药诸铺,戏园、游船、酒肆、茶店,如山如林。"不知有几千万人享用于其间,而这几千万人的奢华享受,恰恰又成为几千万人从业的生理,因此当时有论之者道:"有千万人之奢华,即有千万人之生理。若欲变千万人之奢华而返于淳,必将使千万人之生理亦几于绝,此天地间损益流通,不可转移之局也。"(顾公燮:《消夏闲记摘抄》上)他们甚至认为,这是安顿穷人的有效方式,称之为"穷人大养济院",并且举例说道:"昔陈文恭公(宏谋)抚吴,禁妇女入寺烧香,三春游屐寥寥,與夫舟子肩挑之辈无以为生,物议哗然,由是弛禁。胡公(文伯)为苏藩,禁闭戏馆,怨声载道。金阊商贾云集,宴会无时,戏馆数十处,每日演剧,养活小民,不下数万人。……苏郡五方杂处,如寺院、戏馆、游船、赌博、青楼、蟋蟀、鹌鹑等局,皆穷人大养济院。一旦令其改业,则必至失业,且流为游棍,为乞丐,为盗贼,害无底止矣。"(顾公燮:《消夏闲记摘抄》上)

这确是一种颇具新意的见解。当时对于奢侈世风具有如此看法的人还有作《禁奢辨》的陆楫。在他们看来,奢侈本身毕竟是社会的进步。他们认为秦淮歌舞也是国家承平的体现:"金陵秦淮一带,夹岸楼阁,中流箫鼓,日夜不绝。盖其繁华佳丽,自六朝以来已然矣。杜牧诗云:商女不知亡国恨,隔江犹唱后庭花。夫国之兴亡,岂关于游人歌妓哉?六朝以盘

乐亡,而东汉以节义、宋人以理学,亦卒归于亡。但使国家承平,管弦之声不绝,亦足装点太平,良胜悲苦呻吟之声也。"(谢肇淛:《五杂俎》卷三《地部》)自六朝乃至宋之败亡原因姑且不论,就明朝人这种敢于大胆言奢的勇气,不能不是出自时代与社会风气的鼓舞。这虽然在很大程度上是为了满足消费欲望,但正是这种社会消费和需求,使得相当多的民间文化具有了商品的价值,这也就为其发展提供了有利条件。

南京的秦淮河一定程度上代表了当时风俗文化的繁荣,这里的文化活动同时带着浓厚的城市消费特点。当时的南北两京及苏、杭等大城市中几乎都具有这种特点。当时北京虽然没有南京秦淮河那样突出的消费集中地区,但是以其京师的地位,更吸引了四方商贾来客,到明中叶以后,北京不仅是全国的政治中心,而且成为全国的文化中心,具有包容各地文化的京城文化的特点。

明人冯梦龙在他的拟话本小说中写到正德年间北京的情形便可见其大概。他写道:"人烟凑集,合四山五岳之音;车马喧阗,尽六部九卿之辈。做买做卖,总四方土产奇珍;闲荡闲游,靠万岁太平洪福。处处胡同铺锦绣,家家杯斝醉笙歌。"(《警世通言·玉堂春落难逢夫》)

作为消费型城市,文化活动与经济活动往往密不可分,于是庙市等各种市场便成为民间文化活动的重要场所。明人凌濛初在小说中记写了明中叶后的北京庙市的情况:"京师有个风俗:每遇初一、十五、二十五日,谓之庙市。凡百般货物,俱赶在城隍庙前,直摆到刑部街上来卖。挨挤不开、人山人海的做生意。"(《二刻拍案惊奇·权学士权认远乡姑》)这生意中很有些文化特色,文房古董往往是摊商的重要经营内容,许多破落人家的古物由此流散到民间,人们往往能够以颇为低廉的价格购买到文物精品。除此之外,还另有一些文化特色更浓的集市,如北京西直门外高粱桥的浴佛会。

高粱桥北,精蓝棋置。每岁四月八日为浴佛会,幡幢铙吹,蔽空震野,百戏毕集。四方来观,肩摩毂击,浃旬乃已,盖若狂云。温陵黄居中诗:"四月长安道,芳郊乐事偏。乍休浴佛会,更结赛神缘。角抵依人戏,婆娑里社传。汗挥都市雨,香滚禁城烟。翠黛迷金粉,青骢控锦鞯。旌幢纷耀日,铙鼓竞喧天。树色翻罗绮,莺声入管弦。移尊依水曲,挈榼拥桥边。杂逻穿花去,酣歌藉草眠。风流欢胜赏,不数永和年。"(蒋一葵:《长安客话》卷三《郊垌杂记·高梁桥》)

在这类庙市及佛事活动中,从歌舞杂技到戏剧表演,应有尽有,实为民间文化盛事。与游高梁桥同时的活动还有许多,如赏西湖景(即今昆明湖)、登玉泉山寺,耍戒坛秋坡。戒坛即京西戒台寺,秋坡为近寺地名,距城七十里,不为不远,然每逢春夏之际,亦有盛会。

戒坛在县南七十里,先年僧人□□奏建说法之所。自四月初八说法起,至十五日止。天下游僧毕会,商贾辐辏,其旁有地名秋坡,倾国妓女竞往逐焉,俗云"赶秋坡"。宛俗是月初八日,耍西湖景、玉泉山,游碧云、香山。十二日耍戒坛,冠盖相望,绮丽夺目,以故经行之处,一遇山坳水曲,必有茶篷酒肆,杂以妓乐,绿树红裙,人声笙歌,如装如应,从远望之,盖宛然图画云。(沈榜:《宛署杂记》卷一七《民风》)

除去这些节令性文化活动之外,日常性表演也十分盛行,其中最突出的要属戏曲说唱和器乐表演。如果说院本、杂剧和昆曲属于比较正规的表演,那么更为民间化、大众化的表演形式当是说唱:"世之瞽者,或男或女,有学琵琶,演古今小说,以觅衣食。北方最多,京师特盛,南京、杭州亦有之。"(姜南:《蓉塘诗话》卷二《洗砚新录》)这些盲人表演者,一般在街市茶楼酒肆中说唱人们喜闻乐见的古今传奇故事,所谓"说唱于九衢三市"(臧懋循:《负苞堂文集》卷二《弹词小说》)。当然这中间也有非盲人者,如明末著名说书人柳敬亭便是其中之佼佼者。

明朝人沿元朝的习惯,称这些说书人为"老郎"。"老郎"们以口传或者文字形式继承和编撰话本故事。明中叶以后,随着城市文化生活的丰富发展,说书成为一种极普遍的文化活动。《二刻拍案惊奇》卷二九《赠芝麻识破假形》一回中称:"这一回书,乃京师老郎传留。"书后注说:"按老郎这一称呼,在元明杂剧中是常常可以看到的。《醒世恒言》卷一三《勘皮靴单证二郎神》回尾称'原系京师老"郎"传流,至今编入野史';元无名氏《逞风流王焕百花亭》杂剧第三折中下末亦云:'……须记得京城古本"老郎"流传……'《古今小说》卷二《陈御史巧勘金钗钿》开首明说:'闻得京城古本"老郎"们相传的说话'更明显地使我们了解'老郎'是'说话'艺人的尊称,相当于明朱有燉杂剧《桃源景》第一折句中所称的'书会老先生'。宋、元、明初都有书会的组织,许多话本和戏曲都是由这些书会中编撰出来的。此处的老郎即指此。"但明中叶以后许多作品是拟话本,作者突出"京师老郎"流传,目的之一也是要表示作品的依据。而我们所见到的"老郎",又多与京师联系在一起,可见当时说书在京师流传最广,亦最有权威。

这些说书人对当时文化的传播起到了难以估量的作用。明中叶以后社会文化教育的普及则又促进了这些民间说唱表演的发展。

我们现在虽然无法准确知道当时社会文化教育的程度,但仅就现存可见的记述来看,当时除去僻远的不发达地区外,文化教育的普及程度是相当高的。以江浙的余姚为例,明人张岱甚至举读书为当地之风俗:"余因想吾八越,惟余姚风俗,后生小子无不读书,及至二十无成,然后习为手艺。故凡百工贱业,其《性理》《纲鉴》,皆全部烂熟。偶问及一事,则人名、官爵、年号、地方枚举之,未尝少错。学问之富,真两脚书橱。"(《娜嬛文集》卷一《夜航船序》)但这风俗似乎还不仅于余姚,就张岱所记,大约苏、杭、常一带亦多如此,故他称学问之难,莫过于苏杭间的夜航船上:"天下学问,惟夜航船中最难对付。盖村夫俗子,其学问皆预先备办,如瀛洲十八学士、云台二十八将之类,稍差其姓名,辄掩口笑之。"(同上)这反映了当时文化的普及。另一位当时人李诩,也从另一个角度谈到这种情况,他讲的是坊间刊刻科举考试的时艺文字之事:"余少时学举子业,并无刊本窗稿。有书贾在利考,朋友家往来,抄得灯窗下课数十篇,每篇誊写二三十纸,到余家塾,拣其几篇,每篇酬钱或二文或三文。忆荆川中会元,其稿亦是无锡门人蔡瀛与一姻家同刻。方山中会魁,其三试卷,余为怂恿其常熟门人钱梦玉以东湖书院活字印行,未闻有坊间板。今满目皆坊刻矣。亦世风华实之一验也。"(《戒庵老人漫笔》卷八《时艺坊刻》)坊刻流行,说明读书人之多,考试指导资料之为世所需。这当然也是文化商品化的表现。

五、士大夫文化的发展与嬗变

元朝末年的汉族士大夫们是以文化人的面目活动于时代舞台的,而作为统治者的蒙古贵族和色目商人在文化活动方面确实无法与之相比。政治的失落从某种意义上助长了汉族士大夫们的文化追求,他们把文化活动作为一种特权和精神支柱,尤其在"天高皇帝远,民少相公多"的江南一带,文化活动成了士大夫们生活中的一项最主要的内容。其中最有代表性的便是盛极一时的吟诗结社。

> 胜国季年,东南士人有力之家最重诗社,聘有诗名者为主,试如科举之法。(《戒庵老人漫笔》卷六《月泉吟社》)

这实在是一种很有意思的活动,虽然是以诗会友的诗社,但是却一定要采用科举的方式,从而使人感到像是在通过这种民间活动去满足士大夫们在科举方面的要求,带有一定程度的政治色彩。

对于这类诗社的活动情况,明人保留了一些记述,其中较早的有前宋义乌知县吴渭的"月泉吟社"。

吴渭入元后解职家居,延致乡里遗老方凤、谢翱、吴思齐等,主于家,"开社命题,鉴别高下,榜示褒赏,诚一时之胜举哉"(同上)。其所建之"月泉吟社"因至明中叶后复行于世,故得存其大概。这种诗社并非固定的组织,诗社的活动也多以致函帖的方式广邀诸士大夫参加。

吴渭于元前至正二十四年（1287年）致函帖诸士大夫：

> 月泉吟社　浦阳盟诗、潜斋吴渭清翁　本社预于小春月望命题，至正月望日收卷，月终结局，请诸处吟社用好纸楷书，以便誊副，而免于差舛。明书州里姓号，以便供赏，而不致浮湛。切望如期差人来问浦江县西地名前吴知县渭对面交卷，守回标照应，俟评校毕，三月三日揭晓，赏随诗册分送。此固非足浼我同志，亦姑以讲前好求新益云。
>
> 春日田园题意　所谓田园杂兴者，凡是田园间景物，皆可用，但不要抛却田园，全然泛言他物耳。《归去来辞》全是赋体，其中"木欣欣以向荣，泉涓涓而始流，善万物之得时，感吾生之行休"四句，正属兴。此题要就春日田园上做出杂兴，却不是要将杂兴二字体贴。只为时文气习未除，故多不体认得此题之趣，识者当自知之。（《戒庵老人漫笔》卷六《月泉吟社》）

其下述誓诗坛文、诗评等，此略。这次有奖征诗活动甚得士人支持，"预于丙戌小春望日收卷，月终结局，收二千七百三十五卷，选中二百八十名，三月三日揭榜"（《戒庵老人漫笔》卷六《月泉吟社》）。从发题到收卷，仅三个月时间，而收卷仅半月之内，竟得二千七百余卷，可见响应之踊跃。

选中者的奖赏无非是些罗绮笔墨：第一名，公服罗一缣七丈，笔五贴，墨五笏；第二名，罗六丈，笔四贴，墨四笏；第三名，罗五丈，笔三贴，墨三笏。以下四至十名，各春衫罗一缣，笔二贴，墨二笏。十一至二十名，各深衣巾一缣，笔一贴，墨一笏。二十一至三十名，各深衣布一缣，笔一贴。三十一至五十名，各笔一贴，墨一笏，吟笺二沓。五十名以后只记名次，无奖赏。

这种情况一直沿袭至元末：

> 当元季，浙东、西士大夫以文墨相尚，每岁必联诗社，聘一二文章

钜公主之,四方名士毕至,宴赏穷日夜,诗胜者辄有厚赠。临川饶介为元淮南行省参政,豪于诗,自号醉樵,尝大集诸名士赋醉樵歌。(张)简诗第一,赠黄金一饼;高启次之,得白金三斤;杨基又次之,犹赠一镒。(《明史·张简传》)

这时候江南士大夫们在财力上已非昔比,诗社盟主又是在职的官员,奖赏也就更加阔绰了。但是到了明朝初年,这种诗社的盛况便销声匿迹了。

明初的士大夫们有拟唐之王、杨、卢、骆的杨基、张羽、徐贲、高启;有比邻而居的"北郭十友"高逊志、唐肃、宋克、余尧臣、吕敏、陈则、王行等;还有晨夕与客置酒赋诗的顾德辉,以工诗而有盛名的袁凯……这都是些元末的文人,到了太祖的专制淫威之下,大都落得死无葬身之地。

到明初以后,士大夫们的文化生活发生了突变,他们在被纳入到新的官僚体制中的同时,却又失去了当初那种随心所欲的放荡不羁,士大夫文化开始与官僚文化合而为一。这生动地表现到那种粉饰太平的富丽堂皇的台阁体文字之中。尽管它在一开始也曾给人以一种新鲜感觉,但那其实只是一种错觉,因为它毕竟不是文坛的进步,而只是将人们的思想限制在空洞无物的程式之中,让人去追求文字的绮丽。

明初士大夫们在官僚化方面的变化实在是惊人的,他们几乎立刻就适应了这种新的生活。那时的京师,每逢年节,"不问贵贱,奔走往来者数日,家置一册,题名满幅"(《水东日记》卷一《京都贺节礼》)。这是典型的官僚礼节,中国传统官僚体制中,大小官僚们就是利用这样的机会和方式来编织关系网,或者以此为日后的政资。这与元末士大夫们以诗文会友的吟社之风相去又何其远。

当然,元末风行过的那种诗社也有少许被保留了下来。毕竟有些士大夫没有遭到明太祖的网罗,这些未被君用之士得以保留下了洪武革命前的文化旧迹,其中很典型的是以林鸿为首的"闽中十才子"。《明史》中记:"晋府引礼舍人浦源,字长源,无锡人也,慕鸿名,逾岭访之。造其门,二玄(林鸿弟子周玄、黄玄)请诵所作,曰:'吾家诗也。'鸿延之入社。"

(《明史·林鸿传》)这里的入社自然是入其诗社。闽中地处东南隅,略有天高皇帝远之意,留下了这一点净土。江南的士大夫们却无此雅境,而落入当时官场的奔竞之风中。

造成明初士大夫文化生活巨变的原因,除去这些政治因素之外,也有经济上的原因。明初士大夫在经济上的败落,是尽人皆知的。"元季扰攘,乡人角力,儒家子弟,率被戕灭。"侥幸逃亡者,亦如丧家之犬,至明初还乡时,"旧佃减获,十亡八九"(柯暹:《东冈集》卷七《宏冈阡表》)。这是元末农民战争和群雄争战的结果。太祖建明后,"惩元末豪强侮贫弱,立法多右贫抑富"(《明史·食货志》)。对于江南及其他地区富户的强行迁徙,造成了许多富户的破产。洪武中入朝为官的名士贝琼,亲见并记述了华亭巨富邵文博因迁徙凤阳,两年之间,家破人亡,美园佳圃,湮为荒野的情况。因此明初江南的富民中相当多的人家"数年之中,既盈而覆,或死或徙,无一存者"(贝琼:《清江集》卷一九《横塘农诗序》)。这样条件下的文人士大夫,实在谈不上再有什么丰富的文化生活了。

这种情况到永乐以后渐渐有所变化。当时人曾做比较说:"国初右武事,上民功,士之出为世用者,不限以科第。至于永乐纪元,民庶且富,文教大兴。龙飞初科,取士倍蓰于前。一时绩学馆阁试政方州者多其人,至今言进士科者首称之。盖文皇帝所以鼓舞一世,摩砺天下,而为此盛举耳。延及宣德正统间,士益向风,争相磨濯,攘袂以起,以至于今日,如星列云族,焕然以相辉,蔼然以相映,人文宣昭而天下化成矣。"(吴宽:《匏翁家藏集》卷三二《吴县儒学进士题名记》)他们将永乐时期描绘成一个"文治既兴,人才振迅,争欲出为世用,文学吏事,蔚然可观"的文化繁荣时代(同上书卷四一《潜斋诗集序》)。就连《明史·胡俨传》中也说:"当是时,海内混一,垂五十年。帝方内兴礼乐,外怀要荒,公卿大夫彬彬多文学之士。"这固然都是事实,因为这时候与太祖时"右武事,上民功",朝内多新贵的情形已大不相同了,官员的成分发生了很大的变化。但是倘若由此而以为这时候便出现了一个士大夫文化生活的繁荣,恐怕为时尚早。

永乐时的官僚士大夫,政治上丝毫没有摆脱那种严厉的控制,经济上也还处于比较清贫的阶段。以俸禄为生的官员们即使在日常生活中,也常常会感到所费不赀。永乐中的名臣解缙在家书中写道:"每月关米七石,其余每石折钞共七千贯。又尝留下三石,粜四石,得钞百余贯。而马料豆每石五十贯,稻草亦甚贵。时时虽有赏赐,随得随用,又作些人情,又置些书,尽是虚花用了。衣服、靴帽、饮食之类,所费不赀。"(《西园闻见录》卷一四)户部尚书夏原吉对来京探亲的兄弟也仅能以米二石相赠。成祖知道后助赠了几匹异布。当时新科进士朝参,都是徒步出入,直到宣德以后才渐有骑驴者,这与明中叶后骏马高骑车轿往来的情形是无法相比的。

经济条件决定了当时士大夫的风气。永乐间著名阁臣金幼孜曾说:"今之故家饶于财赋者不足贵,惟能敦礼教以绍续先世之绪者,乃为可贵。"(金幼孜:《金文靖公集》卷七《赠周子宣还吉水序》)这就是后来被人们追忆和称誉的国初质朴之风。这显然也是当时社会经济状况的必然结果。明初对于官员们的许多限制规定,实际上也恰恰是这种条件下的因时之宜。例如对官员宿娼的严禁,是早已为人所共知的了:"官吏宿娼,罪亚杀人一等,虽遇赦,终身弗叙。"(王锜:《寓圃杂记》卷一《官妓之革》)这是太祖矫枉过正之举,其后书之于《大明律》时稍有所改动"凡官吏宿娼者,杖六十。媒合人,减一等。若官员子孙宿娼者,罪亦如之,附过,候荫袭之日,降一等,于边远叙用。"(《寓圃杂记》卷二五《官吏宿娼》)再如对文武官员住房的规定,不仅有严格的等级限制,而且在园囿制度上也有所规定:"国初以稽古定制,约饬文武官员家不得多占隙地,妨民居住。又不得于宅内穿池养鱼,伤泄地气。故其时大家鲜有为园囿者。"(《客座赘语》卷五《古园》)

即使侥幸于明初未得祸者,已有杀身亡家者鉴,只有谨慎行事以自保。如永乐中南京富户伊氏,家虽素丰而以谨厚行事。时为太子的仁宗,"屡取给于其家,伊氏绝口不与人言"(王锜:《寓圃杂记》卷二《金陵伊氏》)。这是当时富户的自保之途。这种情况到仁、宣以后才开始有所变化。仁宣致治确立了文官治国的政体,明朝的统治集团也就完成了从打

天下到治天下的过程。但是刚刚开始了新的政治生活的士大夫们,此时在文化生活方面尚无上乘之表现。

翻开《明史·文苑传》,我们可以看到,经过元末明初文苑的繁荣之后,它的再度繁荣是在弘、正以后。

> 明初,文学之士承元季虞、柳、黄、吴之后,师友讲贯,学有本原。宋濂、王祎、方孝孺以文雄,高、杨、张、徐、刘基、袁凯以诗著。其他胜代遗逸,风流标映,不可指数,盖蔚然称盛已。永、宣以还,作者递兴,皆冲融演迤,不事钩棘,而气体渐弱。弘、正之间,李东阳出入宋、元,溯流唐代,擅声馆阁。而李梦阳、何景明倡言复古,文自西京,诗自中唐而下,一切吐弃,操觚谈艺之士翕然宗之。明之诗文,于斯一变。迨嘉靖时,王慎中、唐顺之辈,文宗欧、曾,诗仿初唐。李攀龙、王世贞辈,文主秦、汉,诗规盛唐。王、李之持论,大率与梦阳、景明相倡和也。归有光颇后出,以司马、欧阳自命,力排李、何、王、李,而徐渭、汤显祖、袁宏道、钟惺之属,亦各争鸣一时,于是宗李、何、王、李者稍衰。至启、祯时,钱谦益、艾南英准北宋之矩矱,张溥、陈子龙撷东汉之芳华,又一变矣。有明一代,文士卓卓表见者,其源流大抵如此。

这当然只是从文学风气的一个角度的论述,但也反映出了明代士大夫文化的盛衰。

大约从仁、宣直到成化以前,半个世纪左右的时间里,明朝士大夫们还是处在挫伤元气后的恢复和发展之中,其重要表现是文化上的拘谨。生活在这一段时间中的叶盛曾记下了友人范启东的一番话:

> 范启东闻之前辈云:士大夫游艺,必审轻重,且当先有迹者。谓学文胜学诗,学诗胜学书,学书胜学图画。此可以垂名,可以法后。若琴弈,犹不失为清士,舍此则末技矣。(《水东日记》卷四《范启东述前辈语》)

将士大夫的文化活动按照等级依次列为：文学、诗歌、书法、绘画、琴弈，而且指明此外不属于清雅之列，这便是当时士大夫圈子里的主流观念。这种情况到成化以后开始有所变化。经过建国后近百年的发展，明朝士大夫不仅羽翼丰满，而且不再安心于旧窠臼里面的生活，他们逐渐走出了旧观念，用放纵和猎奇去弥补生理和心理的不足，与之相应的文化风气于是也发生了变化。

明末清初人钱谦益在回首有明一代诗人风格的变化时，描述了这种变化的痕迹。在永乐后的诗人中他只推崇解缙一人，称他："倚待辄数万言，未尝起稿。善为狂草，挥洒如雨风。才名烜赫，倾动海内。俗儒小夫，谰言长语，委巷流传，皆藉口解学士。"（《列朝诗集小传·解学士缙》）明朝建国之初，大臣以别集行世者，不过数人；到永乐以后，公卿大夫，家各有集，但却无法同国初的文集相比，文风拘泥于馆阁体，丝毫无文人学士的风格，只是一副官僚气派。作为内阁大学士的"三杨"便是这一文风的代表。钱谦益说他们："其诗文号台阁体……大都词气安闲，首尾停稳，不尚藻辞，不矜丽句，太平宰相之风度，可以想见，以词章取之则末矣。"（同上书《杨少师士奇》）永、宣以后情况开始有所变化，钱谦益以郎中卞华伯为例，称："华伯在景泰间，盛有诗名。居郎署二十年，朝骑甫归，持牍乞诗者，拥塞户限。日应百篇，风驰雨洒。今所传《卞郎中集》，往往率易凡近，叫嚣躁突，但以敏捷为能事，无可讽咏者。国初永、宣后，风尚大都如此。"（同上书《卞郎中荣》）看来这似乎只是形式上的变化，内容上并未突破旧有的窠臼。倘若我们留意当时风气的渐变时，有时会发现那些退职的乡官和绝意仕进的文人们起到了相当大的作用。这时的情况已不同于建国之初，既不再有那样严格的文禁，文人们也较少经受那种谪贬打击，而且相比之下，这时候的文人士大夫们在经济上也已经不再像国初时那样的拮据。

成化间解职归乡的御史姚绶过的是神仙般的生活："作沧江虹月之舟，游泛吴、越间，粉窗翠幕，拥僮奴，设香茗，弹丝吹竹，宴笑弥日。家设

亭馆称是,作室曰'丹丘',自称丹丘先生。人望之亦以为神仙云。"(《列朝诗集小传·姚御史绶》)这是一种对超凡脱俗的追求。而天顺间被贬黜的徐有贞则把政治上的失意变作了一种放情无羁的风流儒雅。史家们说他"晚遭屏废,放情弦管泉石之间,好作长短句,以抒写其抑塞激昂感慨,有辛稼轩、刘改之之风。草书奇逸,自负入神,登山临水,洒洒悲歌,笔墨淋漓,流传纸贵。"(《列朝诗集小传·徐武功有贞》)直至明末清初,吴下推风流儒雅者,必以徐有贞为领袖。除去这种超脱的追求外,更多的官僚士大夫在解官后追求的是那种典型的诗文结社式的生活,如成化中的解职参政祝颢,"归田之后,一时耆俊胜集,若徐天全、刘完庵、杜东原辈,日相过从。高风雅韵,辉映乡邦,历二十年"(同上书《祝参政颢》)。无论是诗文结社,还是追求超凡脱俗的风流儒雅,这时候的士大夫们的文化模式都还是以追求清雅为主的,他们将其作为士大夫的特权。与明初有所不同的是,他们的文化生活中较之以前多了不少的物质生活的内容。成化以后社会经济的发展使士大夫们开始具备了一定的物质基础。

从成化到正德的数十年间,可谓是明朝士大夫们最感舒适的时代了。无论在政治生活还是经济生活中,他们都处于别人无可相比的满足之中。一位生活在南京、亲身经历过这段历史的明朝人,曾经以十分留恋的心情回忆到当时的情况:"正嘉以前,南都风尚最为醇厚。荐绅以文章政事、行谊气节为常。求田问舍之事少,而营声利、畜伎乐者,百不一二见之。逢掖以咕哗帖括,授徒下帷为常,投贽干名之事少,而挟倡优、耽博弈、交关士大夫陈说是非者,百不一二见之。军民以营生务本、畏官长、守朴陋为常,后饰帝服之事少,而买官鬻爵、服舍亡等、几与士大夫抗衡者,百不一二见之。妇女以深居不露面、治酒浆、工织纴为常,珠翠绮罗之事少,而拟饰娼妓、交结姐媪、出入施施无异男子者,百不一二见之。"(顾起元:《客座赘语》卷一《正嘉以前醇厚》)他是在经历了正嘉以后的变化才有了这些对比和感受。南京作为有明一代文化的先驱之地,它的风尚一般可以作为时代趋势的代表。

人们一般常用"醇厚"二字来形容正嘉以前的风尚,然而这种被视作醇厚的风尚实际上也在不断变化,只是相对为一种较为缓慢的渐进。比如文人间的互相宴请,正统年间,大都于宴请当天早晨,命一童子至各家邀请,只云"请吃饭",未至午则客已毕集。如果有六人至八人,只用大八仙桌一张,菜肴不过四大盘、四小菜,不设时果,饮酒用两大杯,轮流传饮,桌上摆一只大碗盛水,用来洗涤酒杯,称"汕碗"。至午后席散各归。十多年后,改为前一日用帖相请,帖宽二寸三四分,长五寸,上面写姓名某拜,书"某日午刻一饭",席间菜肴与前无异。再过十多年后,开始用双帖,但也不过三折,长五六寸,宽二寸,写上眷生某或侍生某拜,并始设开席,二人一席,席间设有果肴七八种,一般也是已刻入席,申刻末即散去。至于席间设乐及专请厨人等等,则是正德、嘉靖间的事情了。

嘉靖间居家的官员生活与前开始有了比较明显的变化。他们虽然大多还是追求闭门读书的生活,而且门无杂宾,只有士大夫过访时,才肯延见。但他们在家中却过着渐为奢侈的生活。他们往往在家中多畜少艾,间赋诗写字,与亲友共赏。每逢家中盆养的名品花开时,便招客聚饮,饮中说些古诗奇句,或僻事奇人,以为酒令,嘲谑相错,风流文雅。平日衣必华丽,自高其身。在他们身上,一方面追求弘、正前的风尚,一方面又追求着正、嘉后的奢华。这种情况只能是一种过渡,随着士大夫奢靡之风的兴起,他们必将打破明朝中叶以前的那种种旧有风气的限制,而变得放纵起来。

嘉靖以后,士大夫的经济状况得到了进一步发展,这对士大夫的文化生活的变化起到了很大的影响。

经历嘉、隆、万三朝的江西参议李乐曾经谈到当时人们衣着的变化:

> 嘉靖辛丑、壬寅间,礼部奉旨严行各省,大禁民间云巾、云履。一时有司视为要务,不敢虚行故事,人知畏惮,未有犯者。不意嘉靖末年,以至隆、万两朝,深衣大带,忠靖、进士等冠,唯意制用,而富贵公子衣色大类女妆,巾式诡异难状,朝廷(按原刻本误作家)亦曾设禁,士民全不知警。(《见闻杂记》卷二)

衣着服饰所体现的文化现象是十分突出的。在中国传统文化中,保持旧的服饰和更换新的服饰往往是文化冲突的重要内容。所谓奇装异服被传统观念视作"服妖"。但是这种情况到明朝的嘉靖末年至隆庆、万历间被彻底打破了。这给亲眼目睹了这一变化的李乐留下了十分深刻的印象。他十五岁那年,曾与众生员一起去谒见嘉兴知府赵瀛,这时间大约是在嘉靖中后期。同去的一位曹姓青年,大约十六七岁,是位富家子弟,衣着颇为修饰,与众生员同立于班中。赵知府看到后问道:"生非娼优家子弟乎?何盛妆如此?"那位曹生为之失色而无地自容。但是待到万历十一年(1583年),学道巡视湖州时,则已经是"民生俱红丝束发,口脂面药,廉耻扫地,父兄方以为得计,而郡邑官亦未闻有正言黜阻者"。与当初截然不同了。李乐在文化上属于比较保守之列,他因此而感叹道:"噫,若遇赵公凝然在上,则人妖物怪安得可丑如是。"(《见闻杂记》卷二)这时候的变化已经不只表现在青年秀才们自身,而且表现在了从官府到社会的观念变化。这已经不再是少数人的行为,而成了整个社会的行为。

> 南都服饰,在(隆)庆、(万)历前犹为朴谨。官戴忠静冠,士戴方巾而已。近年以来,殊形诡制,日异月新。于是士大夫所戴,其名甚夥,有汉巾、晋巾、唐巾、诸葛巾、纯阳巾、东坡巾、阳明巾、九华巾、玉台巾、逍遥巾、纱帽巾、华阳巾、四开巾、勇巾。巾之上侧缀以玉结子、玉花瓶,侧缀以二大玉环。而纯阳、九华、逍遥、华阳等巾,前后益两版,风至则飞扬。齐缝皆缘以皮金,其质或以帽罗、纬罗、漆纱,纱之外又有马尾纱、龙鳞纱,其色间有用天青、天蓝者。至以马尾织为巾,又有瓦楞、单丝、双丝之异。于是首服之侈汰,至今日极矣。足之所履,昔惟云履、素履,无它异式。今则又有方头、短脸、球鞋、罗汉靸、僧鞋,其跟益务为浅薄,至拖曳而后成步。其色则红、紫、黄、绿,亡所不有,即妇女之饰,不加丽焉。(《客座赘语》卷一《巾履》)

晚明服饰的变化当然不仅限于青年秀才，但是他们确实充当了这一风气的倡导者，而且这显然又始于那些富有人家的子弟。但是这股风气很快便流布于士大夫之间。官员们虽然受到品服的限制，但他们也没有忘记务求华贵。至于其内眷家人，则将罗绮珠玉的服饰作为一种身份的标志。这种服饰文化的现象，当时在外来人眼里看来就更显突出。万历间来华的耶稣会传教士利玛窦曾经以旁观者的目光记下了当时士大夫们衣着的特点：

> 男女都穿拖到脚面的外衣。男人的袍子在胸前交迭起来，用扣子把里褶固定在左臂下面，外褶则固定在右臂下面。……男女的袖子都又肥又长，是威尼斯式的。……男人的帽子种类很多，制作精致，最好的是用马鬃织成的。然而，冷天也戴毛织或丝织的帽子。和我们的式样最不相同的，或许可以从中国人穿的鞋上看出来。男人的鞋是用布或绸做成的，上面绣的花甚至比我们贵妇人穿的还要讲究。
>
> 当大臣或有学位的人出门拜客时，他穿上一件特制的拜客长袍，和他日常穿的长衫大不相同。甚至没有荣誉头衔的重要人物出门拜客时也要穿特别设计的袍服，如果他穿平时的衣服，就会被人见怪。（《利玛窦中国札记》卷一）

利玛窦没有做更多的描述，他并不知道明朝人在服饰上的变化，但从他的记述中显而易见，讲究服饰已经成为了当时士大夫间的一种风气，而且这种风气在当时也已经不仅限于士大夫范围之内。当时人记述浙江桐乡一带见闻时曾说："余乡二三百里内，自丁酉（万历二十五年）至丁未（三十五年），若辈皆好穿丝绸绉纱湖罗，且色染大类妇人。"（《见闻杂记》卷一〇）这里所说的"若辈"，既包括富贵人家，也包括"下此而贱役，长年分止衣布食蔬者"。当然这里的"衣布食蔬"其实不只是对那些下层劳动者的统称。他们既然已身着丝罗，便不再是衣布者，而且也正在追求

着改变食蔬的状况。

晚明社会是个吃喝风气盛行的社会。这种风气的盛行首先还是始于士大夫的追求与倡导。利玛窦在他的札记中许多处记述了明朝士大夫的吃喝宴请：

> 事实上有些人几乎每天都有宴会,因为中国人在每次社交或宗教活动之后都伴有筵席,并且认为宴会是表示友谊的最高形式。
> 例如一个人要出门很久的时候,在临行前夕他有可能要出席七八处饭局,才能不怠慢他的朋友们。
> 当一个人被邀请去参加一次隆重的宴会,那么在预定日期的前一天或前几天,他就会收到一本我们已经讲过的那种小折子(即拜帖,这里指的则是请柬)。那里面署有主人的姓名,还有一种简短的套语,很客气而又文雅地说明他已将银餐具擦拭干净,并且在一个预定的日子和钟点准备下菲薄的便餐。通常宴会在晚间举行。请帖上还说主人很乐于听他的客人发表自己的想法,使参加宴会的人都能从中得到一些智慧的珠玑,并且要求他不可拒绝赏光。在我们讲过的请帖封面上贴着的红竖条上写着客人最为尊贵的名字,还顺序有他的各种头衔。……同样的请帖送给每个被邀请的人。在预定举行宴会的那天早上,又给每人送一份请帖,格式简短一些,请他务必准时到来。就在规定的宴会开始不久前,又送出第三份请帖,照他们的说法,是为了在半路上迎接客人。(《利玛窦中国札记》卷一)

利玛窦的这段记述颇为生动,令他感到惊异的是明朝士大夫们拜帖或者请柬的讲究与繁琐,但是他并不知道这其中的变化。生活在嘉靖后期的郎瑛曾经记述了这一变化：

> 予少年见公卿刺纸,不过今之白录纸二寸,间有一二苏笺,可谓异矣。而书柬折拍,亦不过一二寸耳。今之用纸,非表白录罗纹笺,

则大红销金纸。长有五尺,阔过五寸。更用一绵纸封袋递送,上下通行,否则谓之不敬。(《七修类稿》卷一七《义理类·刺纸》)

到万历年间,此风愈甚,"郡邑上任,或遇令节,红帖积受,多至百千,今昔奢俭迥别"(《见闻杂记》卷二)。"可谓暴殄天物,奢亦极矣。"(《七修类稿》卷一七《义理类·刺纸》)

然而,更奢而至极的还是宴会本身。这时候比起正嘉以前又大不相同。"有时候桌上摆满了大盘小盘的各种菜肴。……所以饭没吃完,桌子上就压得吱嘎作响;碟盘子堆得很高,简直会使人觉得是在修建一个小型的城堡。……正式宴会常常要举行一个通宵,直到破晓。酒席上剩菜剩饭都慷慨地分给仆人。"(《利玛窦中国札记》卷一)吃喝成为官场上不可缺少的内容,这不仅表现在那些贪黩的官员身上,即使是像张居正那样的改革家,也居然成为这种奢靡风气的前导者。他外出时"始所过州邑邮,牙盘上食,水陆过百品,居正犹以为无下箸处。而(钱)普无锡人,独能为吴馔,居正甘之,曰:'吾至此仅得一饱耳。'此语闻,于是吴中之善为庖者,召募殆尽,皆得善价而归"(《玉堂丛语·汰侈》)。

晚明时代,自上而下,形成了一股吃喝应酬的风气。人们所重的不仅仅是吃什么喝什么,而且更在于这种形式和排场。吃喝成了身份和经济地位的象征。这些宴请的支给,有些出于私人,也有些出于公款。当时来华并与官员们结交的西方传教士利玛窦曾经与一位官员同行,亲眼看到了他们的生活情况:

在中国,可以看到有些城市是建筑在河流湖泊之中的,就像威尼斯在海上那样,有宫殿般的船舶在其间往返。全国被许多河流和运河划分开来。他们比我们西方人更多地用船来旅行,他们的船比我们的更考究更宽敞。例如,一个官员的游艇就大到可以容纳他的全家人,和在他们家时一样地自在。开支全部由公家支付,设置有厨房、卧室和起坐间,装饰得看来更像是阔人的住宅而不像是游艇。有

时候他们在船上豪宴并在湖上或沿河泛舟取乐。(《利玛窦中国札记》卷一)

利玛窦在这里不仅看到了官员生活的豪华,而且一针见血地指出其要害在于"开支全部由公家支付"。这才是造成"宫殿般的船舶"和"在船上豪宴并在湖上或沿河泛舟取乐"的重要条件。倘若没有官职权力,也就不可能由公家支付而要由私人来支付,那只能是些有钱的阔人(一般多为豪商大贾),他们与在职的官员们形成了一个同样的生活阶层。到明中叶以后,士大夫们已经逐渐具备了这样挥霍的条件。

衣食住行的变化带来了士大夫文化的变化,使他们有条件重新掀起一场诗文唱和坐而论道的高潮。但这与元末明初那种诗社之类的士大夫文化活动相比,则从形式到内容都发生了根本的变化。

就其形式而言,这时候士大夫们的文化活动似乎强调的不是组织形式,而是以文化风气为主导的流派式的群体。如像前七子、后七子以及"公安派""竟陵派"等等。一些志同道合的士大夫,在倡导新的文风和反击旧的文风过程之中,逐渐形成了一支支代表着文化潮流的新军。但是同时,由于长期官僚化,在这些士大夫群体中往往会表现出带有政争色彩的派系倾轧或者对无身份成员的摈斥。如后七子中谢榛的被排斥,便是其中最突出之例。史称:"李攀龙、王世贞辈结诗社,榛为长,攀龙次之。及攀龙名大炽,榛与论生平,颇相镌责,攀龙遂贻书绝交。世贞辈右攀龙,力相排挤,削其名于七子之列。"(《明史·谢榛传》)但是实际上谢榛的被排斥,与其布衣身份有很大关系。对此,同为布衣的徐文长(渭)看得颇为清楚:"当嘉靖时,王、李倡七子社,谢榛以布衣被摈。渭愤其以轩冕压韦布,誓不入二人党。"(《明史·徐渭传》)谢、李的矛盾并非文学流派之争,而体现了士大夫当中官员和非官员之间的冲突,他们虽然互相摈斥,但在文学流派上则是一致的:"诸人心师其言,厥后虽合力摈榛,其称诗指要,实自榛发也。"(《明史·谢榛传》)

从李东阳为代表的"茶陵诗派"到前后七子的复古派,虽然在文化上是不断的进步,但是那时候只是刚刚摆脱传统而沉闷的"台阁体"的一统天下,往往会出现"天下翕然宗之","无不争效其体"的情况,或者说是潮流化的倾向。这其实是文化发展不充分的表现。待到"公安派""竟陵派"以新的文体取而代之的时候,那种天下一宗的情形便一去不复返了。这是文坛的一种进步。

从这样一条晚明文化发展的脉络中,我们清楚地看到了当时士大夫文化的趋向:突破旧的束缚,不断丰富,不断贴近生活。

文化是时代特征的集中体现,晚明社会在商品化和近代化启蒙的过程中的种种特征,无疑都会在文化上得到体现。他们无法摆脱当时的社会生活的影响,晚明士大夫的颓放与茫然成为当时文化作品的主流。尽管对于明末的小品文,后人曾给予较高的评价,就连鲁迅也曾说道:"明末的小品虽然比较的颓放,却并非全是吟风弄月,其中有不平,有讽刺,有攻击,有破坏。"(《小品文的危机》)但是真正在当时造成更大影响的还不是这些清隽的散文,而是那些更加深入到人们生活之中的长篇或短篇小说。

我们有时候会很自然地将 14 世纪中叶意大利作家卜伽丘的《十日谈》与 16 世纪中叶明朝人的《金瓶梅》做一番比较。有人认为它们都具有在文学作品中性描写方面的突破。然而实际上,在它们之间有着根本性的区别。《十日谈》中关于性的描写,代表了资本主义启蒙思想对于教会和世俗封建势力的讥讽唾骂,具有极强的战斗性。而《金瓶梅》中的性描写却显然是出于应和当时人们对色情东西的猎奇心理,淫乱成为书中人物生活的主要内容。如果说《金瓶梅》中对于西门庆们为富不仁或多或少还提出了一点警诫的话,那么与之同时的《绣榻野史》《肉蒲团》《隔帘花影》之类作品,则完全出于为表现性描写而作,是地道的淫秽小说。然而对这些东西,晚明士大夫则是颇为欣赏的。"公安派"的领袖人物袁宏道将《金瓶梅》列为"外典",将其与《水浒传》相提并论,称:"传奇则《水浒传》《金瓶梅》为逸典。"(袁宏道:《袁中郎文集》卷一四《十之掌故》)到万历以后,更甚至传说其书出自文坛领袖王世贞之手。至于南京

才子吕天成的《绣榻野史》,则有著名思想家李卓吾为之评点,文学家冯梦龙为之校订;而《肉蒲团》则真正出自著名剧作家李笠翁之手。这虽然可以从长期性禁锢造成的逆反心理来解释,但是士大夫们对于这些作品中的淫秽描写并不是出于批判,而是欣赏,这就使之完全失去了积极的意义,而成为社会放纵的教科书,所以明朝人自己也承认,那些书中所写的正是他们自己的生活。

与这些色情文学相应而生的是色情绘画。曾对此做过认真研究的荷兰学者高罗佩在他的著作中写道:"明代早期和中期的春宫手卷和册页满足不了明代晚期江南画家和文人圈子中那些享乐过度、厌倦已极的人。在……他们写的那些淫秽小说中,他们已经极为逼真地描绘过女人的美丽,而现在他们想的是把她们画成裸体,毕现其隐秘部分的魅力。他们想画各种姿态的裸体,比当时流行的卷轴、册页画得更精确,也更大。"[①]据高罗佩考察,当时在画女人人体方面最成功的便是唐寅,他认为唐寅是用自己的情人作人体模特来作画的。倘若果真如此的话,这应当算是中国绘画史上的一个突破。几年以后又有仇英继之而做人体绘画的尝试。中国画完全可以由此而走上一个新的境地,但结果却出人意料:"南京圈子里的人们在唐寅、仇英及其弟子的画中,找到了他们所需要的范本。"从而采用套色刻印的办法,去印制春宫图。晚明士大夫们那种颓腐的心态,在这里表露无遗了。

这是一种文化的曲变,而这种曲变正是晚明士大夫心理曲变的反映。

晚明士大夫文学创作中较为成功的只是那些吸收了民间文化精华的东西。具有代表性的便是"三言二拍"之类的拟话本短篇小说集。当士大夫们毫不隐讳地宣称自己的作品来自民间说唱艺人(老郎)甚至村姑村夫之口的时候,他们的作品才真的具有了时代的生活气息,以致后来的研究者们甚至认为它们是市民文化的代表作。其实这些作品还应属于士

[①] 高罗佩:《中国古代房内考》第四编《蒙古统治与明的复兴·明代春宫画》上海人民出版社1990年版,第419页。

大夫文化的范畴,只不过这时候的士大夫文化已经发生了变化。

晚明士大夫创作中的两种不尽相同的情况,恰恰反映了当时的社会及其自相冲突的士大夫自身。我们在晚明士大夫的作品中找不到较为成熟的现实批判主义的代表作。晚明士大夫还不可能做自我批判,那时候的社会也只是前进到这里而已。

第二节 层间文化互动

我们在观察明代各种不同文化层情况的时候,往往会明显感觉到在它们之间存在着许多较前更为突出的难以分离的联系。这当然首先是因为中华民族这个大文化基奠的作用,任何特定文化都离不开这个大文化的基础。但是这里面还有一个不可忽视的原因,那便是各种不同文化层次之间的相互影响,或者称之为文化的层间互动。随着中国传统社会走向近代的过程,我们可以明显感到,这种文化的层间的互动也在不断加快,从某种意义上看,它比文化的区域性流动更加突出。

在中华民族这一大范围之内,各民族、各地区,以及各阶级、阶层、行业和群体之间,长期以来始终处于一种文化的互相作用影响之中。我们常说中华民族是一个文化基奠非常深厚的民族,这个深厚的文化基础,便是由多民族、多地区、多层次文化共同构筑起来的。

明朝是中国由传统社会向近代社会过渡的关键时期。它的前期充分体现了中国传统社会的特征,甚至可以说是中国传统社会的顶峰时期。它的后期又出现了许多近代社会的特征,成为中国由传统社会走向近代社会的转型时期。因此,明代的文化流动,也便呈现出前期与中后期各自的不同特点。

一、从官方的文化推动到民间的文化流动

洪武四年(1371年)明太祖与儒臣们对于当时的风俗教化问题进行了一次讨论。太祖对诸臣说道:"世之治乱,本乎风俗。京师天下之根本,四方所取则。而积习之弊,以奢侈相高,浮藻相诱,非所以致理也。"

礼部尚书陶凯应对说:"'道之以政,齐之以刑。'欲整齐风俗,必以政刑先之,然后教化可行。"太祖却并不同意陶凯的说法,他认为:"教化必本诸礼义。徒急于近效,而严其禁令,是欲澄波而反汩之也。"(《明会要》卷五一《民政二·风俗》)显然太祖更强调以教化去整顿风俗。次年二月,明太祖便开始正式落实自己的主张,诏令各府、州、县于乡里设申明亭,从此申明亭成为一个官方宣扬教化的重要设施。

从明初太祖的多次谈话中,使人感到他在对待民间风俗文化的态度上,似乎更多强调一些德化。当时儒臣刘三吾向他建议:"南北风俗不同,有可以德化,有可以威制。"他却不以为然,而且认为"地有南北,民无两心"(同上)。当然,太祖时代实际上是以严猛为治本的,因此他所强调的所有教化内容,都有着严刑酷法作为其保障。如前所述的洪武、永乐间的几份教民榜文,对于民间文化活动以及杂剧内容的种种禁令,都达到空前无理的地步。但是既然强调以教化来移风化俗,明初官方的文化宣扬就必然成为当时的一项重要政务而加以大力推行。地方官吏以教化为己任,先后出现了不少以教化而成治的名吏,这也就造成了明初以官方文化宣传为主体的文化流动趋势。

强调官方文化宣传,实际上当然也就是文化专制的另一种形式。这种带有强制性的官方文化灌输,势必阻碍民间文化的发展。一般来说,官方限定的文化内容总是比较狭窄的。例如永乐间对民间杂剧的内容规定便只有"神仙道扮""义夫节妇""孝子顺孙""劝人为善""欢乐太平"几项内容。这也就是说,即使民间文化活动,实际上也纳入了官方文化宣传的轨道。

这种情况在明初之所以能够得以施行,与当时整个社会的文化状况有直接的关系。明朝人说:"国初,民无他嗜,率尚简质。中产之家,犹躬薪水之役;积千金者,宫墙服饰,窘若寒素。"(董含:《三冈识略》卷三)。这里所说的"民无他嗜",一方面是指民无奢求,同时也说明当时民间文化处于相对低落的时期。

到明朝中叶以后,一些思想相对守旧的士大夫,由于看不惯社会上种种风化变异的现象,有时候会比较怀恋明初的那种文化状况。其实他们并不知道,如果真的让他们再回到明初那种文化的极端匮乏之中,他们也将是无法忍受的。

明初社会文化状况的另一特点是文化人的匮乏,其实元朝末年曾有"天高皇帝远,民少相公多"的民谣,那时候也应当算是文化人的盛世。但是到明朝初年,居然一点也看不出这样的影子了。官方的文化灌输,离不开文化传播的中间人。一般情况下,各级儒学的教官、民间私塾先生、说唱表演艺人,当然还有一些专门从事于写作通俗作品的文人。这些人的文化作用,是把朝廷的各种精神用不同方式传播到全社会的大众之中。与此同时,民间文化也要通过文化传播的中间人进行传播。民间文化的传播主要依赖于民间艺人和下层文化人。但是民间文化对于上层文化的影响,则主要通过一批士大夫来完成。他们把民间文化中的东西经过选择后,再造成为士大夫们欣赏的东西。这就是文化的互动关系。明初的文化专制和社会经济尚不发达等种种政治与经济的原因,限制了这种文化互动的程度。从明代文化发展的趋势来看,这种互相的作用和影响直到明朝中叶以后,才随着整个社会生活节奏的加快,而变得更快了起来。明朝人说:

> 四方风俗,皆本于京师,自古然矣,故有广眉高髻之谣。吾乡自国初至弘治以来,皆行好钱,每白金一分,准铜钱七枚,无以异也。但拣择太甚,以青色者为上。正德丁丑,余始游京师,初至,见交易者皆称钱为板儿,怪而问焉,则所使者皆低恶之钱,以二折一,但取如数,而不视善否,人皆以为良便也。既而南还,则吾乡皆行板儿矣。好钱遂阁不行,不知何以神速如此。既数年,板儿复行拣择,忘其加倍之由,而仍责如数,自是银贵而钱贱矣。其机亦始于京师。三十年前,吾乡妇女,皆窄衣尖髻,余始至京,见皆曳长衣,飘大袖,髻卑而平顶,甚讶其制之异也,还乡,又皆然矣。(董穀:《碧里杂存》)

这种风俗传播速度,是以前所不能相比的。我们从中可以看出当时文化,尤其是民间俗文化传播的速度之快。

一些学者,包括一些外国汉学家,都比较强调民间文化(或称之为俗文化)传播的多种方式。例如会话、说书、戏剧、闲聊、传教、写信、读书等等。其实这多种不同的方式,一般可以分为三类:一是口传,即指所有以口传方式的文化传播;二是文字,即指所有用文字形式进行的文化传播;三是模仿,即不通过口传或者文字传播,只须在人们中间的互相效仿,这也可以称之为目传。而在这多种传播方式中,有些学者特别强调了那些能够使文化穿越口语和文字领域间的鸿沟的传播媒介人。并且指出:"文盲者之间的整套相互沟通的系统,正是了解宋朝以来中国历史的重心,而应受到研究中国文化史各层面的学人的重视。"①

这确实应该算是文化史研究的一个重要内容。但是明朝中叶以后社会文化的繁荣却是建立在商品经济的发展和文化教育的普及基础之上的。如果说当时还有相当数量的文盲和文化水准极低的半文盲的话,那么至少作为文化传播中间人的人数是大大增加了。而且这些文化传播的中间人,有相当数量者代表了下层社会。

从明中叶以后的材料看,下层社会中的文化人不为少数。如前引张岱所述江浙一带:"后生小子无不读书。及至二十无成,然后习为手艺"之说,既能读书至二十岁,虽则无成,也应当具有了相当程度的文化知识。我们在这方面还可以找到更为具体的例子。当年国桢在对江南奴仆进行研究时,就曾举过一些读书有成的奴仆子弟的例子。明人董含记其乡事称:

> 余族叔襟海公有仆曰张福,幼有断袖之爱。及长,遂冒主姓,配宠婢,以当垆为业。生子云孙,举甲午乡荐,联捷南宫,虑不齿于众,

---

① [美]姜士彬(David Johnson):《明清俗文化的传播》,载《明史研究》第1辑,黄山书社1991年版。

屡经主人门不入谒。(《三冈识略》卷三)

谢国桢还谈到了复社领袖张溥解放奴仆,提高奴仆人格的运动:

> 延陵世睿有家僮张岿者,能文章,少受业于越自新,两张收之为弟子,主人不之许,使之供隶役,职抄誊。岿耻之,避之南张(张采)所。延陵拘系其父母,南张为请甚力,事虽解,而使供役如故。岿不能堪,举家徙之武陵,吴来之处之客席。未几,两张使之入泮吴江,延陵控之当事,求正叛之罪,卒不胜。久之,两张嘱州守周仲琏携来之手书造延陵,进赎金,为岿削隶籍。延陵压于州父母,勉从之,而内不能平。(眉史氏:《复社纪略》卷四)

在当时的士大夫中,进步者与保守者之间虽然在对待奴仆之类下层民众子弟的态度上截然不同,但是,下层大众在文化方面的发展却是一个无法改变的事实,而且人们实际上也都逐渐在被动中或者不自觉中接受着这一事实。

钱穆在他的《中国文化史导论》一书中,特别谈到在中国文化史上"值得大书特书"的三个内容:一是宗教思想之再澄清;二是民族之再融合;三即是社会文化之再普及与再深入。他认为这种文化的普及与科举取士制度的确立有很大的关系,并且指出这种民间教育的经济来源主要是"义庄""学田"之类的社会资助。其实"义庄"与"学田"之类的社会资助虽然有一定的作用,但是关键还在于全社会经济状况的改变,明中叶以后民间文化的空前繁荣,主要还是建立在经济发展的基础之上的。在平民大众之中,真正能够读书有成而走上仕途,成为士大夫之中一员的,毕竟只是极少数,大多数人都在所谓"二十无成"之后去习为手艺了。这些掌握了一定文化的小知识分子,在文化上的需求与毫无文化时的情况是绝不会相同的,于是便出现了一个各行各业、各个阶层之中都有一定数量文化人的情形。因此文化普及的结果并不是改变了科举考试的状况,而

是改变了社会文化结构状况。

我们前面引用的张岱所说余姚及苏杭间夜航船中"村夫俗子"们的情况,使张岱这类文学大家都感到不易对付的如"瀛洲十八学士""云台十八将"姓名之类的知识,其实都是当时民间文化活动的内容:

> 古者立春迎青帝于东郊……杭人增设迎春之仪,集优俳诸人,饰以冠带,被服乘马,效古人云台诸将、瀛洲学士之类,多至数十队。又令倡妓绚装环佩,童子衣被锦绮,令坐台阁中。又制彩亭数十,罗列市肆诸物,备极繁华。远近之人,至期塞途充路,肩摩鳞集,群聚而观。视天气晴和,春仪繁盛,呼为富春,亦祈禳之意也。至秋,霜降祀五纛之神,先期罗列将卒,盛陈兵器,如行师队伍,旗帜剑戟,精光蔽天,而金鼓铙角,喧填盈耳。杭人亦聚观之,以为盛事。(张瀚:《松窗梦语》卷七《时序纪》)

从这段记载来看,苏杭间夜航船上的"村夫俗子"能够知道"云台诸将""瀛洲学士"完全是来自这类民间活动,而且是知之者甚广。反之,张岱等人对于这类知识却一般并不予以注意。于是夜航船在某种意义上便成为了上下层文化自然交流的一个特殊场所。

这种文化流动与明初那种官方教化不同之处在于它是一种自然流动,这其中并无人为的强行因素。杭人所增的迎春之仪可算是当时民间文化的一种发展,云台二十八将,本来是汉光武帝开国二十八位名将,因图其像于云台而得名,后又增为三十二人,事详于《后汉书》中。"瀛洲十八学士",系太宗时文学馆中十八位文臣,亦曾绘为图像,事详于《新唐书》。将历朝正史中的记述演义为这种民间活动,再由民间活动的内容去影响"村夫俗子"们,成为他们津津乐道的知识,并转而作为他们考校士大夫们的资本。这种文化的流动完全出于自然,并无官方强力推行的因素,而其效果则又远远超过官方推行的各种教化。我们前面曾经说过,嘉靖辛丑、壬寅间对于民间云巾、云履的禁令,"一时有司视为要务,不敢虚行"。这是嘉靖二十至二十一年间的事,但是曾几何时,这个禁令便成了一纸空文,"朝廷亦曾设禁,士民全不知警",各种形制"诡异"的巾式都出现了。这也是一种文化的自然流动现象,而且是官方推行的东西所不能比拟的。

二、明代文化的民俗化

社会文化一旦呈现自然流动,便会出现优胜劣汰的形势。也就是说,各种文化能否存在,就要取决于它的生命力,而不是官方手段。在中国的文化发展史上,自从唐代开始,文化的平民化趋势就已经非常的明显,这是因为平民文化具有更强的生命力,是贵族文化所无法相比的。然而自宋代的"新儒家们"开创的学术风气,及其影响下的文化艺术,虽然脱离开了旧有的贵族化窠臼,但它们并不是真正的平民文化,而是在平民文化和贵族文化之间的一种士大夫文化,它曾经较之贵族文化有更强的生命力,然而随着士大夫自身官僚化的加深,它们逐渐失去了旧有的生命力,开始变得枯燥无味起来。明朝的士大夫文化从建国以后经过了大约一百多年的时间,才从寂寞中找到了出路。这并不是哪一个人的发明创造,而是一种自然的选择:从平民化向民俗化与大众化的发展。

一般来说,人们对于文化的要求与人们对生活的要求一样,总是具有强烈的求上与求新的趋向。按照这个规律,明代文化的发展应该是下层文化向上层文化变动。事实上这种变化的趋势在当时确是存在的。明人王丹丘著有《建业风俗记》一卷,于正嘉前后社会生活风俗变化记述颇详,"其事自冠婚丧祭,以迨饮食衣服;其人自乡士大夫秀才,以至于市井之猥贱,亡不有纪"。其中对正嘉前后社会文化生活的变化反映相当突出:

> 如云嘉靖初年,文人墨士,虽不逮先辈,亦少涉猎,聚会之间,言辞彬彬可听。今或衣巾辈徒诵诗文,而言谈之际,无异村巷。又云嘉靖中年以前,犹循礼法,见尊长多执年幼礼。近来荡然,或与先辈抗

衡，甚至有遇尊长乘骑不下者。又云嘉靖初年，市井极僻陋处，多有丰厚俊伟老者，不惟忠厚朴实，且礼貌言动可观。三四十年来虽通衢亦少见矣。又云嘉靖初，脚夫市口或十字路口数十群聚，阔边深网，青布衫裤，青布长手巾，靸鞋，人皆肥壮。人家有大事，一呼而至，至于行礼娶亲，俱有青布折，其人皆有行止。今虽极繁富市口，不过三五黧瘦之人，衣衫褴褛，无旧时景象。又云正德中，士大夫有号者十有四五，虽有号，然多呼字。嘉靖年来，束发时即有号。末年，奴仆、舆隶、俳优，无不有之。又云嘉靖十年以前，富厚之家，多谨礼法，居室不敢淫，饮食不敢过。后遂肆然无忌，服饰器用，宫室车马，僭拟不可言。又云正德已前，房屋矮小，厅堂多在后面，或有好事者，画以罗木，皆朴素浑坚不淫。嘉靖末年，士大夫家不必言，至于百姓有三间客厅费千金者，金碧辉煌，高耸过倍，往往重檐兽脊如官衙然，园囿僭拟公侯。下至勾阑之中，亦多画屋矣。(《客座赘语》卷五《建业风俗记》)

同样是讲僭越与奢靡，但与其他人所记不同之处在于此段文字没有过多去记述人们吃穿的变化，而是更重视当时风俗文化的变化。从这些记述中我们看到的似乎是下层社会开始闯入了上层社会的文化圈，但是这段记述中还表现出了另一方面的内容，那便是下层社会文化对上层社会旧有文化的冲击。所谓"衣巾辈""无异村巷"的言谈，实际上也可算作是社会文化民俗化的一种表现。而且这种民俗化的趋势此后愈加明显。如其后人之评论："先生所见，犹四十年前事也，今则又日异而月不同矣。"(《客座赘语》卷五《建业风俗记》)四十年后即是万历间，社会风气之变化自然又非嘉靖时所能比。

问题在于随着社会经济的发展，过去那些简单枯燥的上层文化已经不再能满足社会的文化需求。这不仅是对于那些欲望奢靡已极的士大夫圈子，而是对于整个社会，尤其是那些经济状况发生变化的士农工商。能够改变旧有文化的唯一办法是吸收民间文化的形式和内容去充实他们。

其实有许多民俗文化的东西,一直是被包括士大夫在内的各阶层人士所喜爱的,只是囿于人为制造的社会舆论压力,长时间不能得到应有的发展。就明朝著名的传奇话本和拟话本来说,前后经历变化之大,便是明证。一段材料记述了太祖时对平话的严禁:

> 太祖令乐人张良才说平话,良才因做场,擅写"省委教坊司"招子,贴市门柱上。有近侍入言,太祖曰:"贱人小辈,不宜宠用。"令小先锋张焕缚投于水。尽发乐人为穿甲匠,月支米五斗。(刘辰:《国初事迹》)

这情形到了成、弘间便有所变化:

> 《剪灯新话》,钱塘瞿长史宗吉所作。《剪灯余话》,江西李布政昌期(按当为祺)所作。皆无稽之言也。今各有刻板行世。闻都御史韩公雍巡抚江西时,尝进庐陵国初以来诸名公于乡贤祠。李公素著耿介廉慎之称,特以作此书见黜。清议之严,亦可畏矣。闻近时一名公作《五伦全备》戏文印行,不知其何所见,亦不知清议何如也。(《菽园杂记》卷一三)

《五伦全备》出于成、弘间内阁大学士邱濬之手。虽然是一部宣传礼教的典型作品,但是其以阁臣而作传奇戏,这反映出成、弘间士大夫们对于传奇创作的态度与明前期已经明显有所不同了。

许多戏曲文学研究者对于明朝的传奇戏曲进行研究时,总结出了明朝不同时期传奇创作的特点。从他们的研究结果来看,明初的传奇作品多出自民间艺人之手而成为无名氏之作。从明中期开始,进入了文人传奇创作的时代,这一时期,由于地位较高的文人参与了传奇创作,因而出现了"骈丽派"传奇作品,其时间大约从成化到嘉靖之间。所谓"骈丽派",实际上是士大夫们在接受了民间传奇文化之后用士大夫文化改造民间文化的一种方式。到明代后期,即万历以后,更进入了传奇创作的

"黄金时期"。这一时期的主要特点是众多的名人才子染指于传奇剧的创作,当时人说"名人才子,踵《琵琶》《拜月》之武,竞以传奇鸣,曲海词山,于今为烈"。① 能够称之为"曲海词山",足见其作品之丰富。而名人才子加入创作队伍,则更起到了社会宣传的效应,从而吸引更多的人去欣赏这些颇具诱惑力的传奇故事。本来属于下层文化人的东西,开始进入了士大夫们的圈子,而士大夫们的创作内容,也从他们刚刚接受民间文化初期那种重于文词形式转变为重视创作的思想内容。他们不再过于强调士大夫的文化形式,而是尽力去追求民间文化中的活力,使之重又脱离开士大夫的小圈子,成为大众文化的一部分。

万历时人在谈到词曲变化的时候,曾有过非常具体的描述:

自宣(德)、正(统)至成、弘后,中原又行《锁南枝》《傍妆台》《山坡羊》之属。李崆峒先生初自庆阳徙居汴梁,闻之以为可继《国风》之后。何大复继至,亦酷爱之,今所传《泥捏人》及《鞋打卦》《熬髻髻》三阕,为三牌名之冠,故不虚也。自兹以后,又有《耍孩儿》《驻云飞》《醉太平》诸曲,然不如三曲之盛。嘉(靖)隆(庆)间,乃兴《闹五更》《寄生草》《罗江怨》《哭皇天》《干荷叶》《粉红莲》《桐城歌》《银纽丝》之属,自两淮以至江南,渐与词曲相远,不过写淫媟情态,略具抑扬而已。比年以来,又有《打枣竿》《挂枝儿》二曲,其腔调约略相似,则不问南北,不问男女,不问老幼良贱,人人习之,亦人人喜听之,以至刊布成帙,举世传诵,沁入心腑,其谱不知从何来,真可骇叹。又《山坡羊》者,李、何二公所喜。今南北词俱有此名,但北方惟盛爱数落《山坡羊》。其曲自宣、大、辽东三镇传来,今京师妓女,惯以此充弦索北调。其语秽亵鄙浅,并桑濮之音,亦离去已远,而羁人游婿,嗜之独深。丙夜开樽,争先招致,而教坊所隶筝琵等色,及九宫十二则

---

① 沈宠绥:《度曲须知》,转引自许金榜《中国戏曲文学史》第五章第二节,中国文学出版社 1994 年版,第 224 页。

皆不知为何物矣。俗乐中之雅乐,尚不谐里耳如此,况真雅乐乎。(《万历野获编》卷二五《时尚小令》)

将原本属于士大夫雅文化的小令,改变成为"不问南北,不问男女,不问老幼良贱,人人习之,亦人人喜听之,以至刊布成帙,举世传诵,沁入心腑"的俗曲,这是典型的文化民俗化的结果。这里所说的人人喜听,不仅包括百姓、士大夫,也包括了皇室贵族。大约在万历时期,皇宫中也开始引进了民间戏曲。当时人称:"至今上始设诸剧于玉熙宫,以习外戏,如弋阳、海盐、昆山诸家俱有之。……颇采听外间风闻,以供科诨。……又有所谓过锦之戏,闻之中官,必须浓淡相间,雅俗并陈,全在结局有趣,如人说笑话,只要末语令人解颐,盖即教坊所称耍乐院本意也。"(《万历野获编补遗》卷一《禁中演戏》)这恐怕比起传奇戏来更加时俗化了。

与传奇戏曲同时涌现出来的"话本"传奇小说,也很反映出当时文化的民俗化趋向。当嘉靖二十年至三十年(1541—1551)间,钱塘(今杭州)人洪楩于其书斋清平山堂刊辑话本小说的时候,还只能算是话本小说流行的开始,其后《京本通俗小说》及"三言二拍"等将话本与拟话本小说推向了高潮。白话小说本身便是通俗文化形式,明代文人们在写作拟话本的时候,又着力于突出作品的民间流传渊源和俗文化的特征,从而使之更加成为城乡大众喜闻乐见的东西。而且事实上,话本的读者范围还不仅限于民间的大众,同时也为士大夫阶层所喜爱。过去那种按照阶层而有严格区别的文化限定,变得模糊不清了。一些国外的汉学家曾经设法去了解这些民俗化文化作品的实际读者(或称之为作品的大众),他们认为:"明清时代大部分作品的实际读者,其资料几乎不可能得到,但有时我们能作一些合理的假设。例如明朝中叶的《说唱词话》,在一位官员夫人的坟墓中被发现,这位夫人想必读过此书,而与她地位相同的妇女想必也当读过。"(《明清俗文化的传播》)能够将说唱的词话作为殉葬物品,可见其深入死者生前生活之中,这位墓主对于话本的热衷程度也可想而知了。通俗文化已经深入到官员的家庭生活之中。再如明末"民抄董宦"

一事。董氏(其昌)在乡里多为富不仁之举,因收本郡生员陆某家奴投充,又率仆从殴打陆生,引起合郡之不平,其姻亲范某遂"将此事演为词曲,被之弦管丝索,以授瞽者,令合城歌之"①。所作之词曲名《黑白传》,以讽董其昌家人所为。董氏因此而执瞽者究曲所由来,乃至引发其后之事件。身边生活中之事,随手可作成传奇说唱,而且是"合城歌之",可见说唱文化在当时的发展程度。

晚明文化民俗化的原因虽出自多方面,但是我们总感到,这种趋向与当时的商品经济发展也有着极大的关系。文化作品的民俗化在某种程度上也是为了适应市场的需要。受教育的人数增多,民间文化需求的增加,士大夫阶层对民俗文化的兴趣等等,都促进了文化的民俗化发展。如前所述,在许多城市中,依靠文化活动作为谋生手段的人越来越多,他们也必须不断提供多数人喜闻乐见的文化内容,以争取到更多的读者或者观众。这也就势必要摆脱原来只有极少数人能够欣赏的做法,也就是逐渐走向民俗化或者称之为大众化。

这在当时可以称作是一场潮流了,它不仅表现在全社会的文化娱乐形式之中,而且也表现在士大夫圈子内的文化形式之中。为后人评价颇高的晚明小品文,一向被称作有浓郁生活气息且具灵性和闪光的作品。但是在当时它们显然并不是写给大众的读物,而主要是在士大夫圈子内的高层次文化产物。然而就在这高层次的文化作品中,也很自然地注入了民俗化的内容。如像那些小品文中的游记,除去山川名胜之外,也有像《城隍庙市》《济上看月记》之类记述民间活动的名篇。其中张大复的《济上看月记》虽记其夏夜于济宁赏月之事,却以半篇之文字写涿州道上所见:

予自吴之燕,自燕归吴,游殆四月,所过不下七千余里,其会心者惟今夕与前者涿州道上耳。过涿州之日,橹声潺潺,拥衾悉卧,时闻钟磬声,或曰此碧霞宫香客也。往觇之,市上士女骈集,予马几不得

---

① 沈炳巽:《权斋老人笔记》,转引自谢国桢《明季奴变考》。

行。巫出市门外,则叠骑联鞍,结束妖丽,每百十人为一聚,持幡捧垆,鸣金击柝,以万万计。而道旁巫师媪,乞儿歌郎,哑女挛子,献天堂希有之福利以祈半菽者,鼠窜猬起,多于黄土之第。一带幽香,阵阵扑人鼻孔间;麦风毛雨,寒沁肌骨,遂舍舆走沙上,忘其身之为我也。(《晚明二十家小品》)

对于民间文化情趣之会心流连,跃然于纸上也。

再如小品文中之杂谈,袁宏道的《畜促织》《斗蛛》,可谓记述民间文化活动之代表。像袁宏道这样的名士,居然也"尝畜二笼,挂之檐间"。并称:"露下,凄声彻夜,酸楚异常,俗耳为之一清。……自以为蛙吹鹤唳不能及也。"(《晚明二十家小品》)

记写人物的文字,除去一朝名士之外,或写风流道人,或记隐士异者,或志奴仆娼妓,或传江湖艺人,与当时流传甚广的传奇小说不谋而合了。

除去小品文外,晚明"为书至繁,著述之盛,包括之广"的野史笔记也很反映出了这种变化。从重于士大夫的活动到重于记述社会生活及时代掌故,正是这种变化的集中体现。学者们对此一向有甚高之评价:"至于明代文学艺术,由明初而至于明季,历有嬗变,不但小说戏剧,书画雕刻,各有擅场;即明末文学,人材之盛,数量之广,如吴伟业之歌曲,方以智之才思,异军突起,难以缕举。"[1]

这也给明代士大夫文化注入了新的生命力。但是这具有新的生命力的作品出现,却经历了整整二百年的时间。这实在是使人既感悲哀又感欣慰的事情。在那山穷水尽的时候,又见柳暗花明的境界。而这柳暗花明的境地,绝然不再是旧的传统士大夫文化的发展,而是现实主义化的革新,是民俗化与大众化的发展,它带有明显的变革色彩,或者说它具有中国传统社会走向近代的文化特征。

---

[1] 谢国桢:《明清史料研究》,《明清笔记谈丛》,第172页。

第四章　教育与考试制度

在中国传统社会中,教育与考试制度的主要作用在于对官吏的铨选,自隋、唐以来,教育与考试制度便与选举制度有着直接关系。《明史·选举志》称:

> 选举之法,大略有四:曰学校,曰科目,曰荐举,曰铨选。学校以教育之,科目以登进之,荐举以旁招之,铨选以布列之,天下人才尽于是矣。明制,科目为盛,卿相皆由此出,学校则储才以应科目者也。其径由学校通籍者,亦科目之亚也,外此则杂流矣。(《明史·选举志序》)

明朝初年,为了网罗士大夫为新朝服务,曾经盛行荐举制。但是到永乐以后,科举考试便逐渐走上正轨,并且取代了盛极一时的荐举制。仁、宣以后,科举考试更进一步制度化,与之相应的学校教育也逐渐成熟。学校教育与科举考试的发展成熟,对于有明一代的文化状况具有直接的关系。我们甚至可以说,有明一代的社会文化教育都是建立在为科举服务的基础之上的。当然,并非所有的受教育者最终都能够通过科举达到做官的目的,而且有相当一些文化人出于种种原因拒绝通过科举考试做官,但是从学校教育—科举考试—做官(或者没有做官)这样一条通用的文化路径,实际上构成了一种文化现象,我们可以称之为"科举文化"或者"考试文化"。而称之为"考试文化"可能更准确一点,因为"科举必由学校,而学校起家可不由科举"(《明史·选举志序》)。也就是说,在明朝,所有的文化人都必须经过不断的考试,或者科举考试,或者学校考试。这种"考试文化"一方面将众多的人吸引到读书道路上,同时也在读书人中展开了优胜劣汰的竞争,因此,它的作用不仅是发展了有明一代的大众文化,也发展了有明一代的精英文化,从而成为明代文化发展的基础。

第一节 教育制度

明代的教育可以分为民间教育与官方教育两个不同的层次。民间教育是官方教育的基础,官方教育则是民间教育的准则。

一个人从幼时的启蒙教育开始,便在为日后进入官方学校做准备。进入学校以后,则要为日后的科举考试做准备。因此,他所学习的内容,也便限定在了官方规定的文化范围之中。于是整个时代的文化模式就从这里产生了出来,而且不论是接受了哪一个层次的教育,都无法脱离开这种模式。但是,民间教育与官方教育又毕竟有所不同,民间教育不像官方教育那样有着比较严格的制度,如像私塾、家馆、义学、族学等等,可以有各种形式,也可以比较随意地设立。官方教育则具有一套完整的体制和制度,而且只有一种形式,那就是各级学校。

在这两个不同层次的教育体制之外,还有一种特殊的教育形式:书院。书院教育与学校教育不同,它虽然属于民间教育范畴,却必须有官方的认可,而且它不是一种低层次的教育,而是一种最高层次和学术传播探讨性的教育,应当属于一种特殊的高层文化。

因此,民间教育、官方教育和书院教育构成了有明一代多层次相关联的教育体系,明代的各种文化现象几乎都与这种教育体系有着不可分割的关系。

一、民间教育

明代的民间教育范围是相当广泛的,除官方学校诸如国子监、府州县学及卫学等官学之外的所有非官方教育形式,都可以算作是民间教育的范畴。

对于明代民间教育的情况,史书中没有明确而集中的记述。从零散的记述中,我们可以得知,当时的民间教育包括了私人教育和半官方的教育两部分。私人教育主要指遍布于城乡的私塾、家馆等。半官方的教育

则包括地方民办的义学、族学和社学等各类学校。

这虽然并不都属于官方规定的正规化的教育体制范畴，但是由于中国长期的教育传统的影响，到明代已经相当的成熟，并形成了一套约定俗成的教育方式。从学生的入学拜师到授课程式，从教授的内容到考试方法，都有固定的规矩。

一般来说，这类民间教育，都属于启蒙教育的阶段。所学习的内容也是从识字开始的。学习使用的教科书主要有：《百家姓》《千字文》《孝经》《大学》《中庸》《论语》《孟子》《千家诗》《神童诗》等等，由浅入深，次第学习。

太祖建国之初，由于长期战乱的破坏，经济处于恢复时期，朝廷虽然提倡发展教育，以正风化，但是各地民间教育情况尚较为低落。洪武二年（1369年）以后，在朝廷的强令推行下，各地官办的儒学开始逐渐有所发展，与之相应的民间启蒙教育也得到了一定程度的发展。据《明史》中记述，到洪武中叶以后，"盖无地而不设之学，无人而不纳之教。庠声序音，重规叠矩，无间于下邑荒徼，山陬海涯。此明代学校之盛，唐、宋以来所不及也"（《明史·选举一》）。然而教育的发展与社会经济有着直接的关系，明代从洪武到永乐间，经济虽然得到了较大程度的发展，却又受到国家大幅度开支的影响，当时的经济特征实际上是国富民穷，这也就必然会限制民间教育的发展。《明史》中的这段记述可能有些言过其实了。

就当时的教育情况看，洪武中所谓的"无间于下邑荒徼，山陬海涯"，主要还是指官办的府、州、县儒学和半官方的地方社学。

地方社学始建于洪武八年（1375年）。

> 太祖洪武八年，诏有司立社学，延师儒以教民间子弟。十六年，诏民间立社学有司不得干预。其经断有过之人，不许为师。二十年，令民间子弟读《御制大诰》者赴京，礼部较其所诵多寡，次第给赏，又令兼读律令。（《续文献通考》卷六〇《社学》）

这种半官方的学校在设置、学习与管理等方面也都有其制度。所以后来人也称之为"乡里学舍生员"。

> 明初生员分二等,有府、州、县学舍之生员,有乡里学舍之生员。府、州、县学舍生员有定额,自四十人以下为差,日给廪饩,而乡里则凡三十五家皆置一学,愿读书者,尽得预焉,又谓之社学。盖即党庠术序之遗也。……若乡里学舍,则守令于其同方之先辈,择一有学行者以教之。在子弟称为师训,在官府称为秀才。其教之也,以百家姓氏千文为首,继及经史律算之属,守令亦稽其所统弟子之数,时其勤惰而报之行省。三年大比,行省拔秀才之尤者贡之朝,守令资送妻子入京,天子临轩试之,加以录用。其学舍生员,则俊秀者升入学,补缺食饩;不成材者,听其各就所业。(全祖望:《鲒埼亭集》外编卷二二《明初学校贡举事宜记》)

这种半官方的社学,就其设置安排而论,确是一种办学的较好形式。但是不久社学便出现了问题。用太祖的话说是"好事难成"。以致洪武十八年(1385年)他在《御制大诰》中不得不专门写上了《社学》一条:

> 好事难成。且如社学之设,本以导民为善,乐天之乐。奈何府、州、县官不才,酷吏害民无厌。社学一设,官吏以为营生。有愿读书者,无钱不许入学。有三丁四丁不愿读书者,受财卖放,纵其顽愚,不令读书。有父子二人,或农或商,本无读书之暇,却乃逼令入学。有钱者,又纵之,无钱者虽不暇读书,亦不肯放,将此凑生员之数,欺诳朝廷。呜呼难哉!天灾人祸,若不灾于此官此吏,载在祀典之神无凭可敬。似此善道难为,惟天可监,智人详之。朕恐逼坏良民不暇读书之家,一时住罢。复有不知民艰,茫然无知官吏害民者,数言社学可兴。古云:为君难,诚如是,为臣不易,果然哉!(《御制大诰·社学第四四》)

从《大诰》中的这段文字来看,到洪武十八年时,对于社学已经不再提倡了。所以前文所记,洪武二十年令民间子弟赴京诵读《大诰》之事,已不是社学的活动内容。

然而洪武以后一段时间里,太祖所立社学的传统,得到了提倡支持:

英宗正统元年(1436年),令各处提学官及司、府、州、县官,严督社学,不许废弛。其有俊秀向学者,许补儒学生员。

宪宗成化元年(1465年),令民间子弟愿入社学者听,贫乏不愿者勿强。

孝宗弘治十七年(1504年),令各府、州、县建立社学,访保明师。民间幼童年十五以下者,送进读书,讲习冠婚丧祭之礼。(《续文献通考》卷六〇《社学》)

从这些材料中我们可以看到社学的创建与发展的过程。看来社学兴盛的时间并不很长。到成化间,便已经出现了贫家子弟不愿入学的情形。弘治朝虽复予提倡,但似并无明显成效。我们知道,弘治朝的特点便是对于祖制的追复,这实际上便是"弘治中兴"的实质。但是这种追复由于脱离了时代发展的实际情况,因此并未能起到明显的作用。对于社学的提倡也是一样,到弘治以后,关于社学的记述便不复多见了。随着明代社会与经济的发展,私塾与家馆式的民间教育逐渐取代了社学。明中叶以后,教育普及的大幅度发展,主要还是依靠私塾和家馆等民间教育方式。

我们虽然无法得知明代各个时期各地方学生的具体数量,但是从其地方官办儒学生员数额的增长中,也可以看出与之相应的民间教育的概况。按照这样的情况分析,明代民间教育可能是从宣德以后才真正逐渐发展起来的。

私塾和家馆都是通过私人聘请教师的方式进行教学的。这是中国一种传统的教育方式。明朝初年,由于建国不久,一批元朝的遗民,或安于平静生活,隐居于乡里,或不愿意与新朝合作,不肯出仕为官,其中相当一部分便靠教书为生。其中最为著名的即有洪武中被延为诸王师的李希颜。《明史》中记:"李希颜,字愚庵,郏人。隐居不仕。太祖手书征之,至京,为诸王师。规范严峻。诸王有不率教者,或击其额。帝抚而怒。高皇后曰:'乌有以圣人之道训吾子,顾怒之耶?'太祖意解,授左春坊右赞善。诸王就藩,希颜归旧隐。"(《明史·李希颜传》)这位隐居不仕的宿儒显然是非常习惯于民间私塾中对待学生的教育方法的,而且将其搬用到了宫廷教育之中。明初著名的学者谢应芳也曾以教学为生。他于元末避地吴中,"吴人争延致为弟子师"(《明史·谢应芳传》)。素有"石门先生"之名的梁寅,于元末明初隐居教授多年。著名诗人丁鹤年,于元末明初"转徙逃匿,为童子师"(《明史·丁鹤年传》)。再如明初著名文人王行,《明史·王行传》中记:

> 王行,字止仲,吴县人。幼随父依卖药徐翁家,徐媪好听稗官小说,行日记数本,为媪诵之。媪喜,言于翁,授以《论语》,明日悉成诵。翁大异之,俾尽读家所有书,遂淹贯经史百家言。未弱冠,谢去,授徒齐门,名士咸与交。富人沈万三延之家塾,每文成,酬白金镒计,行辄麾去曰:"使富可守,则然脐之惨不及矣。"洪武初,有司延为学校师。已,谢去,隐于石湖。其二子役于京,行往视之,凉国公蓝玉馆于家,数荐之太祖,得召见。后玉诛,行父子亦坐死。

名气虽大,也是一辈子以教书为生。还有在太祖《大诰三编》中说到的广信府贵溪县儒士夏伯启叔侄二人,他们因不肯出仕为官,各自截去左手大指。而在截指之前,伯启自还乡复业,"教学为生至今"。当时的这些以授生徒为业的儒士,几乎都是太祖选官任用的对象,足见当时人才的缺乏。这种情况到明中叶以后便逐渐发生了变化,随着读书人数量的增多,未能考取功名的读书人以教书为生的人数开始有了较大的增加,教授私塾或者家馆甚至成为一些读书人在不断参加科举考试过程中暂以为生的

手段。名儒为民间教师的情况不再多见了。这些以教书为生的文人中，略有名声者一般被势家延请为教习去教家馆，更多的则到私塾中任教。这既反映出了民间教育的普及，也反映了民间教育的败落。其实不仅私塾的教书先生，即使是官办儒学中的教官，也是人不乐就的卑冷之职。

但是民间教育的情况也不尽相同，在大多数私塾中就读的学生，只是识字断句，并没有机会求得功名，只有少数学业突出的，才有机会考入府、州、县儒学，成为生员（秀才）。当然还有个别极为突出者，不通过入学，而直接参加乡试。《明史》中记：

> 士子未入学者，通谓之童生。当大比之年，间收一二异敏，三场并通者，俾与诸生一体入场，谓之充场儒士。中式即为举人，不中式仍候提学官岁试；合格，乃准入学。（《选举一》）

明中叶以后，江南经济发达地区，文化教育普及程度较高。如明人张岱所说："后生小子无不读书，及二十无成，然后习为手艺。"（《娜嬛文集·夜航船序》）这里所谓的"无成"，便是指的没有考取功名，也就是说没有能够取得秀才的身份，因此去操百工之业。

家馆的情形与私塾稍异。一般财势之家，延请地方名师以教授其子弟，目的多为子弟的功名前途，因此对教育情况极为重视，其子弟多能考入儒学。这类人家在为子弟择师的同时，还要为其子弟选择伴读伙伴，一般都要选择聪敏好学者。于是一些平民子弟往往附读于大户家馆得以学而有成。

无论是私塾还是家馆，其中的教学内容与方式大同小异。明末宫中宦官刘若愚曾经记述了宫中小宦官读书的情形，虽然是宫中官办的学堂，其教育内容与方式都完全依照宫外私家学堂的样子，所述颇为生动：

> 凡奉旨收入官人，选年十岁上下者二三百人，拨内书堂读书。……择日拜圣人，请词林众老师。……每生一名，亦各具白蜡、手帕、

龙挂香,以为束脩。至书堂之日,每给《内令》一册,《百家姓》《千字文》《孝经》《大学》《中庸》《论语》《孟子》《千家诗》《神童诗》之类,次第给之。又每生给刷印仿影一大张。其功课:背书、号书、判仿。然判仿止标日子,号书不点句也。凡有志官人,各另有私书自读,其原给官书,故事而已。派年长有势力者六人或八人为学长,选稍能写字者为司房。凡背书不过、写字不堪,或损污书仿、犯规有罪者,词林老师批数目,付提督责之。其余小者,轻则学长用界方打,重则于圣人前罚跪,再重扳著几炷香。扳著者,向圣人前直立弯腰,以两手扳著两脚,不许体屈,屈则界方乱打如雨。或一炷香、半炷香,其人必眼胀头眩,昏晕僵仆,甚而呕吐成疾者。……凡强凌弱,众暴寡,长欺幼,每贿托学长,借公法以报私怨……遇令节、朔望,亦放学一日。其每日暮放学,则排班题诗,不过"云淡风轻"之类,按春夏秋冬,随景而以腔韵题毕,方摆列鱼贯而行。有不知而挽越者,必群打诟辱之。别衙门官遇学生排班行走,必拱手端立让过。(《酌中志·内府衙门执掌·内书堂读书》)

一般私塾学堂,当然没有这样多的学生,也没有这样过分的体罚,但除此而外,大体情形还是基本相同的。

明代的民间教育,除去上述内容之外,还有一些特殊教育形式,如寺庙庵观的教育。明初著名政治家姚广孝年少读私塾时就曾到佛寺中求学,并最终出家为僧。不过这些特殊的教育形式在当时的民间教育中所占比重甚小,这里就不做专述了。

二、官办学校——府、州、县儒学

明代的民间教育一般是读书人的启蒙阶段,当读书人经过民间教育,达到一定的文化程度以后,如果还想继续读书,或者通过科举考试求官的话,就必须进入官办学校中学习。《明史·选举志》中说:"科举必由学校,而学校起家可不由科举。学校有二:曰国学,曰府、州、县学。府、州县

学诸生入国学者,乃可得官,不入者不能得也。"也就是说,在明代官办的学校中,共分作两级,一级是府、州、县的儒学,这是官办学校中的低级阶段;一级是国子监,这是官办学校中的高级阶段。明代的读书人如果想通过科举取得做官资格的话,首先必须要进入官办的府、州、县儒学中学习,因为只有在儒学中达到一定程度以后,才有资格参加乡试,而只有参加乡试,取得举人资格后,才能继续参加会试去求得官职。但是如果能够进入国子监读书的话,即使不通过科举考试,也有可能得官。

明朝初年,因为亟需人才而实行荐举授官的制度,学校教育尚未与官吏的使用直接联系在一起,但不久便开始实行科举授官的制度,由于科举必经学校,于是官办学校的教育也就逐渐成为明朝人政治生活中的一件大事。这无疑更进一步推动了明朝官办学校的发展,所以《明史·选举志》中又说:"郡县之学,与太学相维,创立自唐始。宋置诸路、州学官,元颇因之,其法皆未具。迄明,天下府、州、县、卫所,皆建儒学,教官四千二百余员,弟子无算,教养之法备矣。"这里说的是明朝中叶以后的情况。按照《明史》中的记述,终明之世,全国共有140府,93州,1138县,再按照府儒学设教官5人,州设4人,县设3人计算,应有教官4486人,如果再加上都司卫所和都转运司儒学,以及宣抚司、安抚司儒学中的教官,人数应该更多一些,估计可能在4500～5000之间。而在校生员的数量,不包括无定额的附学生员在内,估计人数也在3万～3.5万之间,如果加上附生,人数应该在5万以上。如果按照当时全国人口为5000万计算,在校生员占人口比例为0.1%～0.2%之间。这只是一个大概的情况,我们现在还很难准确知道当时接受过官办学校教育的具体人数,但那个数字肯定比上述的数字要大。

明初未建儒学之前,曾经设有儒学提举司,至洪武二年(1369年),始诏立儒学。太祖诏令全国府、州、县设立儒学,主要有两个目的,一是为行教化,二是为育人才。这在他于洪武二年(1369年)十月间连续两次下达的建立学校的诏谕中说得十分清楚。

洪武二年十月辛巳，上谕中书省臣曰：学校之教，至元其弊极矣！使先王衣冠礼义之教，混为夷狄，上下之间，波颓风靡，故学校之设，名存实亡。况兵燹以来，人习于战斗，唯知干戈，莫识俎豆。朕恒谓治国之要，教化为先，教化之道，学校为本。今京师虽有太学，而天下学校未兴，宜令郡县皆立学，礼延师儒教授生徒，以讲论圣道，使人日渐月化，以复先王之旧，以革污染之习，此最急务，当速行之。

辛卯，命郡县立学校，诏曰：古昔帝王育人材，正风俗，莫先于学校。自胡元入主中国，夷狄腥膻，污染华夏，学校废弛，人纪荡然。加以兵乱以来，人习斗争，鲜知礼义。今朕一统天下，复我中国先王之治，宜大振华风，以兴治教。今虽内设国子监，恐不足以尽延天下之俊秀，其令天下郡县，并建学校，以作养士类。其府学，设教授一员，秩从九品，训导四员，生员四十人，州学设学正一员，训导三员，生员三十人，县学设教谕一员，训导二员，生员二十人。师生月廪食米人六斗，有司给以鱼肉，学官月俸有差。学者专治一经，以礼、乐、射、御、书、数设科分教，务求实才，顽不率者黜之。（《明太祖实录》洪武二年十月）

显然起初太祖想到的只是行教化，但既然是建学校，自然也不能不谈到育人材的问题，而重点仍在行教化上。正因为是出于这样的目的，所以尽管称之为最急之务，却是到了洪武二年十月，也就是建国将近两年后才正式提出设立学校。

洪武二年的这两个诏令，后来便成为了有明一代儒学的定制。建文、永乐两朝基本上承继了洪武朝的规定，只是从永乐以后，专以科举取士，学校的主要作用由洪武中的行教化转变为育人材，而且与之相应，对于儒学的教学内容也有了新的调整。

永乐中颁降府、州、县学的必读书籍计有：《大诰三编》《大明律》《礼仪定式》《表笺式》《减繁行移体式》《新官到任须知》《韵会定式》《六部职掌》《科举程式》《孟子节文》《朔望行香体式》《四书大全》《五经大全》

《性理大全》《孝顺事实》《为善阴骘》《劝善书》《五伦书》等(黄润玉:《宁波府简要志》卷五)。这些教本后来基本上为各朝所因袭。其中《孟子节文》为太祖时所删定,其余如《四书大全》《五经大全》,都是永乐朝刊定的。这里面既有儒家思想教化的书籍,也有为生员日后步入仕途而必须掌握的知识。明朝的儒学从洪武后期至永乐以后,开始正式成为国家文职官员的培养机构。

府、州、县学生员,责任守令于民间俊秀及官员子弟选充,守令亲身相视,必人材挺拔,容貌整齐,自年十五以上,已读《论语》《孟子》、四书者乃得预选。在内监察御史,在外按察使,行部到日,一一相视,有不成材者黜退,更择人补之。(《鲒埼亭集》外编卷二二《明初学校贡举事宜记》)

明初凡是由童生进入府、州、县儒学读书,必先经过面试。这种面试的情况,后来略有所变化:

生员入学,初由巡按御史,布、按两司及府、州、县官。正统元年,始特置提学官。专使提督学政,南北直隶俱御史,各省参用副使、佥事。景泰元年罢提学官。天顺六年复设,各赐敕谕十八条,俾奉行之。直省既设学校,有所辖太广,及地最僻远,岁巡所不能及者,乃酌其宜。口外及各都司、卫所、土官以属分巡道员,直隶庐、凤、淮、扬、滁、徐、和以属江北巡按,湖广衡、永、郴以属湖南道,辰、靖以属辰沅道,广东琼州以属海南道,甘肃卫所以属巡按御史,亦皆专敕行事。万历四十一年,南直隶分上下江,湖广分南北,始各增提学一员。提学之职,专督学校,不理刑名。所受词讼,重者送按察司,轻者发有司,直隶则转送巡按御史。督、抚、按及布、按二司,亦不许侵提学职事也。(《明史·职官一》)

以御史、道员之类要职管理学政,足见朝廷对于学校管理的重视程度。除去委官管理之外,府、州、县儒学中还确立了一套严格的学规。洪武十五年(1382年)朝廷颁布了学校禁例十二条,"镌立卧碑,置明伦堂之左。其不遵者,以违制论"(同上)这十二条学规规定:

一、今后府、州、县生员,若有大事干于己家者,许父兄弟侄具状入官辩诉;若非大事,含情忍性,毋轻至于公门。

一、生员之家,父母贤智者少,愚痴者多。其父母贤智者,子自外入,必有家教之方,子当受而无违,斯孝行矣,何愁不贤者哉。其父母愚痴者,作为多非,子既读书,得圣贤知觉,虽不精通,实愚痴父母之幸,独生是子。若父母欲行非为,子自外入,或就内知,则当再三恳告,虽父母不从,致身将及死地,必欲告之,使不陷父母于危亡,斯孝行矣。

一、军民一切利病,并不许生员建言,果有一切军民利病之事,许当该有司、在野贤人、有志壮士、质朴农夫、商贾技艺,皆可言之,诸人毋得阻当,惟生员不许。

一、生员内有学优才赡,深明治体,果治何经精通透彻年及三十愿出仕者,许敷陈王道,讲论治化,述作文词,呈禀本学教官,考其所作,果通性理,连名其名,具呈提调正官,然后亲赍赴京奏闻,再行面试,如果真才实学,不待选举,即行录用。

一、为学之道,自当尊敬先生,凡有疑问及听讲说,皆须知诚心听受,若先生讲解未明,亦当从容再问,毋恃己长,妄行辩难,或置之不问,有如此者,终世不成。

一、为师长者,当体先贤之道,竭忠教训,以导愚蒙,勤考其课,抚善惩恶,毋致懈惰。

一、提调正官,务在常加考较,其有敦厚勤敏,抚以进学,懈怠不律,愚顽狡诈,以罪斥去,使在学者,皆为良善,斯为称职矣。

一、在野贤人君子,果能练达治体,敷陈王道,有关政治得失、军民利病者，许赴所在有司，告给文引，亲赍赴京面奏，如果可采，即便施行，不许坐家实封入递。

一、民间凡有冤抑，干于自己，及官吏卖富差贫，重科厚敛巧取民财等事，许受害之人，将实情自下而上陈告，毋得越诉。非干己事者，不许。及假以建言为由，坐家实封者，前件如已依法陈告，当该府州县、布政司、按察司不为受理，听断不公，仍前冤枉者，然后许赴京申诉。

一、江西、两浙、江东人民，多有不干己事，代人陈告者，今后如有此等之人，治以重罪。若果邻近亲戚，全家被人残害，无人申诉者，方许。

一、各处断发充军及安置人数，不许进言，其所管卫所官员，毋得容许。

一、若十恶之事，有干朝政，实迹可验者，许诸人密切赴京面奏。

前件事理，仰一一讲解遵守，如有不遵，并以违制论。（《明会典》卷七八《学校·学规》）

这十二条学规中，有针对生员的，也有不仅针对生员的，其用意主要还在于社会教化。看来太祖是将办学当作了推行统治政策和改变社会风化的事情来做的。

学校生员的数额虽然在太祖敕建儒学之初即已确定，但是随着社会经济的恢复发展，读书人数不断增加，要求进入官办儒学学习的人数也随之增加，于是不得不在原定额之外增广生员人数。到宣德以后，又确定了增广的数额：两京府学增60人，在外府学增40人，州学增30人，县学增20人。这些增广的生员出现以后，为与初设的食廪生员相区别，于是称原设生员为廪膳生员，称增广者为增广生员。其后读书人数一增再增，又于额外增取，附于诸生之末，称为附学生员。于是明代的府、州、县儒学生员中便有三种不同的生员：廪膳生员、增广生员和附学生员。由于廪膳生员和增广生员都有固定的数额，而附学生员没有数额的限制，所以后来凡是初入儒学的生员,统统作为附学生员,然后再经过考试去补充廪生与增广生。

太祖初建儒学的时候,由于当时官吏的缺乏,教官与生员得以升擢的机会甚多,所以《明史·选举志》中说:"明初优礼师儒,教官擢给事、御史,诸生岁贡者易得美官。然钳束亦甚谨。太祖时,教官考满,兼核其岁贡生员之数。后以岁贡为学校常例。"到二十六年(1393年)定学官考课法,"专以科举为殿最。九年任满,核其中式举人,府九人、州六人、县三人者为最"。中举人数少者为第二等,中举人数太少或者全无者为殿。教官的升降便与生员学习好坏与中式率有直接的关系:

> 其计典,守令与教官各置文簿报之,而巡按御史、按察使为政。守令一月一考验,有三月学不进者,教授辈及本科训导罚米。巡按御史、按察使一岁一考验,府学自十二人以上,州学自八人以上,县学自六人以上学不进者,守令辈及本科训导罚俸。府学自二十四人以上,州学自十六人以上,县学自十二人以上学不进者,教授及本科训导罢黜,守令笞,生员有父兄者亦罪之。(《鲒埼亭集》外编卷二二《明初学校贡举事宜记》)

而且要求教官必须按照统一规定对生员进行教导:"务要依先圣先贤格言,教诲后进,使之成材,以备任用。敢有妄生异议,蛊惑后生,乖其良心者,诛其本身,全家迁发化外。"(《明会典》卷七八《学校·学规》)但是,实际上太祖对于教官的要求还不仅如此。据记,当时有教官吴从权、张桓等奉诏至京,太祖向其询问民间疾苦,二人称:"臣职在训士,民事无所与。"太祖却因此而大怒道:"宋胡瑗为苏湖教授,其教兼经义、治事。汉贾谊、董仲舒皆起田里,敷陈时务。唐马周不得亲见太宗,且教武臣言事。今既集朝堂,朕亲询问,俱以无对。志圣贤之道者,固如是乎?"下令将其窜之远方,并且榜谕天下学校,使为鉴戒。(《明史·萧岐传》)在太祖的心目中,教官如果不能知道民间疾苦,也就不可能真正培养出合格的

学生。

当时不仅对待教官要求严格,对于生员们学习的要求也十分严格。生员入学后,"其所业自经、史外,礼、律、书共为一科,乐、射、算共为一科,以训导分曹掌之,而教授或学正或教谕为之提调。经史则教授辈亲董之,自九经、四书、三史、通鉴,旁及庄老韬略。侵晨,学经史、学律,饭后,学书、学礼、学乐、学算,晡后,学射,有余力,或习为诏诰、笺表、碑版传记之属。其考验时,观其进退揖让之节,听其语言应付之宜,背诵经史,讲明大义,问难律条,试以断决,学书不拘体格,审音以详所习之乐,观射以验巧力,稽数则第其乘除之敏钝"(《鲒埼亭集》外编卷二二《明初学校贡举事宜记》)。以其中所学射、书、数为例:"遇朔望,习射于射圃,树鹄置射位,初三十步,加至九十步。每耦二人,各挟四矢,以次相继。长官主射,射毕,中的饮三爵,中采二爵。""习书,依名人法帖,日五百字以上。""数,务在精通《九章》之法。"(《明会典》卷七八《学校·学规》)每天早晨,师生都要到堂上行恭揖礼,礼后,再各归而依制学习,平时要求生员们一定会食肄业,到晚上还要行恭揖礼。这样做目的主要是为了让生员们认真读书,防止他们外出游荡。

自洪武以后,历朝对于生员们的管理,都不断有所规定,例如洪武中关于生员学业的要求:"生员入学十年,学无所成者,及有大过者,俱送部充吏,追夺廪粮。"(《明史·职官一》)再如成化中将生员德行、文艺、治事的综合能力分为三等,分列于三等簿的做法,以及后来弘治中不准生员傲慢师长,挟制官府,败伦伤化,结党害人的申谕。到嘉靖中还有专门惩治学霸和对于生员肆为"怪诞文字"的禁令。从这些禁令中反映出了对于生员管理的日渐松散,也反映出了学校中存在的问题也日趋严重。早在正统十四年(1449年)重申对于生员处理办法的时候,要求已经有所变化:凡"受赃、奸盗、冒籍、宿娼、居丧娶妻妾所犯事理重者,直隶发充国子监膳夫,各省发充附近儒学膳夫、斋夫,满日为民,俱追廪米。犯轻充吏者,不追廪米"(同上)。再到后来,教官的黜降,生员的发充,皆废格不行,即卧碑所定制度,亦成具文而已。诸生中上者中式,次者为廪生,年久充贡,或选拔为贡生。那些累试不第者,到年过五十,愿意告退者,给予冠带,仍复其身。与明初的严格要求不啻天壤之别了。

随着生员数额的增多和学校管理的松散,学校教育的质量明显下降,同时出现了督学官员为收士心而私自扩大取录人数的做法。为了解决这些问题,嘉靖中曾下沙汰生员的诏令,因御史杨宜力争而止。但是问题并未由此而解决。

实际上地方学校的好坏与地方守令关系甚大。学校的问题既是社会问题,同时也是吏治问题的反映。嘉靖中内阁大学士桂萼曾经在奏疏中谈到自己任县官时建学的情况,可以代表当时较为有序的学校规制:"臣治县时,辟义仓之右废寺隙地南北数百步有余建为学舍。左右相向,中设四堂,前后为门,左右为塾。以笃实长老二人,平旦坐左右塾,序行道出入。每食时至,日夕亦如之。次为习礼堂,中绘陈祥道、杨复所撰礼图,曰童子礼,曰士相见礼,曰婚礼,曰子事父母礼,曰妇事舅姑礼,曰祀先礼,曰乡射礼。立师掌之。诸童子进学,即率见先生,习升降、拜揖、坐立之节,随授一图,指示擘画,令其通晓。间令展习,以辨杂服。又次为句读堂,内榜管子弟子职,亦列数图示之,日讲一图。次以《孝经》《小学》,教之句读,令其粗熟。仍为讲说大义,约之入身。又次为书算堂,榜六书法,每日止教一两字,即以四方上下,自一至十,若干支等名数授之。又次为听乐堂,内置鼓鼙、笙磬、投壶、诗章、弓矢礼乐之器,或教以鼓节,或教以诗歌,或教击鲁、薛鼓之半以习投壶,或击鲁薛鼓之全以习射仪,四堂遍而日亦且晡矣。自听乐堂复之书算,以次至句读,至习礼,皆略复旧业,于门左右塾,以次序出。"(孙承泽:《春明梦余录》卷五五《府学》)桂萼的这种做法固然是好,但在当时却属绝无而仅有者。多数地方守吏是不会这样去用心于学校教育的。

四十九年后,到了万历初年张居正当国,在重申学校管理制度时,对旧的《提督学校官敕谕》做了更定:

一、学者读书,贵乎知而能行。先将圣贤经书熟读背诵,牢记不忘;又从师友讲解明白,俾将圣贤言语体而行之,敦尚孝、弟、忠、信、礼、义、廉、耻之行,不许徒务口耳之学,将来朝廷庶得真才任用。

一、为学功夫,必收其放心,主敬穷理,毋得卤莽间断。其余修己、治人之方,义利公私之辨,须要体认精切,庶几趋向不差。他日出仕,方能顾惜名节,事业可观。

一、习学举业,亦穷理之事。果能精通四书本经,便会行文。有等生徒,不肯实下功夫,惟诵旧文,意图侥幸出身。今宜痛革此弊。其所作四书经义、策论等文务要典实平顺,说理详明,不许浮诞。至于习字,亦须端楷,庶不乖教养之意。

一、学效无成,皆由师道不立。今之教官,贤否不齐,先须察其德行,考其文学。果所行、所学皆善,须礼待之。若一次考验,学问疏浅,及怠于训诲者,姑戒励之,令其进学改过;若再考无进不改,送吏部别用;其贪淫不肖,实迹彰闻者,不必考其文学,即送按察司,直隶送巡按御史问理。吏部别选有学行者补其缺。

一、师生每日坐斋读书,及日逐会馔,有司签与斋夫、膳夫。府学膳夫四名,斋夫八名;州学膳夫三名,斋夫六名;县学膳夫二名,斋夫四名,不许违误缺役。

一、生员考试不谙文理者,廪膳十年以上,发附近去处充吏,六年以上,发本处充吏;增广十年以上,发本处充吏,六年以上,罢黜为民;未及六年者,量加决罚,勉力进学。

一、生员之家,并依洪武间例,除本身外,户内优免二丁差役,有司务要遵行,不许故违。

一、凡巡视学校,水路乘驿舟,陆路乘马。仍于本司带书吏一名随行。陆路与官驴,俱支廪给。

一、府、州、县提调官员,宜严束生徒,不许出外游荡为非。凡学内殿堂、斋房等屋损坏,即办料量工修理,若恃有提督宪职,将学校中一切合行之事推故不行用心整理,量加决罚惩戒。

一、所过之处,遇有军民利病,及不材官吏贪酷害人,事干奏请者,从实奏闻。

一、本职专督学校,不理刑名。如有军民人等诉告冤枉等事,许受词状,轻则发下所在有司问理,重则送按察司,直隶送巡按御史提问。

一、科举本古者乡举里选之法,今南、北所取举人名数已有定制。近年奔竞之徒,利他处学者寡少,往往赴彼投充增广生员,诈冒乡贯,隐蔽过恶,一概应试。所在教官,侥幸以为己功,其弊滋甚。今后不许,违者听本职及提调科举官、监试官拿问。

一、布政司、按察司官及巡按御史,不许侵越提督官职事。若以公务至府、州、县,亦当勉励师生勤力学业,不许推故不理。若提督官行止不端,许巡按、监察御史指实奏闻。

一、所辖境内,遇有卫所学校,一体提调整理。武职子弟悉令其习读武经七书、百将传,及操习武艺。其中有能习举业者,亦听科举。

一、各处岁贡生员,照例将食粮年深者严加考试,不必会官。如果年深不堪充贡,就便照例黜罢,却以次者考充。务要通晓文理,方许起送赴部。

一、廪膳、增广生员已有定额。廪膳有缺,于增广内考选学问优等者帮补;增广有缺,于本处官员军民之家选择资质聪敏人物俊秀子弟补充,不许听信有司及学官徇私作弊。若有额外之数,须严加考选通晓文义者存留待缺,不许将不堪者一概存留,躲避差徭。

一、古者乡间里巷莫不有学,即今社学是也。凡提督去处,即令有司每乡、每里俱设社学,择立师范,明设教条,以教人之子弟。年一考较,择取勤效。仍免为师之人差徭。

一、师生于学校一切事务,并要遵依洪武间卧碑行,不许故违。(《春明梦余录·府学》)

为保证学校教育质量,当时还重新核减生员人数,并提出:"童生必择三场俱通者,始收入学,大府不得过二十人,大州县不得过十五人,如地

方乏才,即四五名亦不为少。"(张居正:《张太岳集》卷三九《请申旧章饬学政以振兴人才疏》)这本来是与张居正所推行的一系列改革措施相辅的一次整饬,但是结果督学官们为了遵从上意,奉行太过,甚至有一州县仅录一人者,造成了新的矛盾,不久便无法再推行了。

事实上,明朝府、州、县儒学中的问题与其政治体制有直接的关系,在政治体制不变的情况下,学校教育是无法根本改变的。

三、官办学校——国子监

明代的官办学校中,比府、州、县儒学更高一级的是南北两京的国子监。一般沿旧的习惯,也名之为太学。其肇建之初,亦曾称国子学。据《明史·选举志》中记:"国子学之设,自明初乙巳始。"《明史·职官志》中又记:"乙巳九月置国子学,以故集庆路学为之。"所谓明初乙巳,即指元至正二十五年(1365年)。这是太祖称帝登极前三年。乙巳置国子学之前,至正二十四年(1364年)正月,太祖已于应天府(今南京)称吴王,并设置中书省及百官,已初具建国之规模,故次年即于应天(南京)元朝旧集庆路学改设国子学,并将其作为招揽和培养人才的主要机构。

但是,这时候的国子学从各个方面都尚未规制化,据明人所记,仅称:"太祖乙巳岁置国子学,以元故集庆路儒学为之。设博士、助教、学正、学录、典乐、典书、典膳等官。"(《续文献通考》卷九三《职官考·国子监》)此外并无再详细之记述。直到两年以后的吴元年(1367年),才正式确立了国子学的品秩与设置:

> 吴元年,定国子学官制,添设祭酒,正四品;司业,正五品;博士,正七品;典簿,正八品;助教,从八品;学正,正九品;学录,从九品;典膳,省注。(同上)

第二年,太祖于南京建国,同年,"令品官子弟及民俊秀通文义者,并充学生。选国琦、王璞等十余人,侍太子读书禁中。入对谨身殿,姿状明秀,应对详雅。太祖喜,因厚赐之"(《明史·选举一》)。这才真正是国子学开办的记述,而不仅仅是停留在建官置署的阶段了。但是这时候的国子学,仍然尚未形成一套较为完备的规制。按照当时设置官办学校的设想,国子学为官办学校的高级阶段,其学生应当由地方儒学选送,因知国子学正式形成规制必须在地方儒学建立起来的基础之上,也就是在洪武二年(1369年)以后。所以《明史·选举志》中又说:

> 天下既定,诏择府、州、县学诸生入国子学。又择年少举人赵惟一等及贡生董昺等入学读书,赐以衣帐,命于诸司先习吏事,谓之历事监生。取其中尤英敏者李扩等入文华、武英堂说书,谓之小秀才。其才学优赡、聪明俊伟之士,使之博极群书,讲明道德经济之学,以期大用,谓之老秀才。

国子学在当时不仅是全国的最高学府,而且成为太祖选才任官的重要机构。此时尚未举行乡试及会试,而且明初始行乡会试后,仍以荐举为主要取士手段,国子学也因此而显得格外重要。

洪武八年(1375年),于凤阳另置中都国子学,与京师(南京)国子学并立,但是中都国子学选收的学生,均为京师国子学优选后的中式生员。

随着建国后学校教育的发展,到洪武十四年(1381年),又重定了国子学的官员设置:

> 更祭酒一人,从四品;司业二人,正六品;其属,监丞二人,正八品;博士五人、助教十五人、典簿一人,俱从八品;学正十人,正九品;学录七人、典膳一人,俱从九品;掌馔二人,杂职。(《续文献通考》卷九三《职官考·国子监》)

与此同时,又选择了城北鸡鸣山下为太学新址,另建学舍,第二年新舍建成,于是改学为监,正式确立了国子监的名称,从此成为有明一代的定制。

这与二十四年（1391年）再次更定的国子监官吏设置已经基本一致了：

> 国子监。祭酒一人，从四品；司业一人，正六品。其属，绳愆厅，监丞一人，正八品。博士厅，"五经"博士五人，从八品。率性、修道、诚心、正义、崇志、广业六堂，助教十五人，从八品；学正十人，正九品；学录七人，从九品。典簿厅，典簿一人，从八品。典籍厅，典籍一人，从九品。掌馔厅，掌馔二人，未入流。（《明史·职官二》）

洪武二十六年（1393年），罢中都国子监，将其师生并入京师国子监。至成祖夺位，改北平为北京，于永乐元年（1403年）始设北京国子监。十九年（1421年）迁都北京后，以原置于南京的京师国子监为南京国子监，于是又开始有了南监、北监之分。终明之世，南北两监一直并立为全国最高学府。

黄佐《南雍志》、孙承泽《春明梦余录》等书中，对于南北两监有所记述。以北京国子监为例，其规制大致如下：

正堂七间，为彝伦堂。中一间，列朝皇帝临幸设座于此，内悬敕谕五通。东一间为祭酒和司业的公座。堂前为露台，台南为甬路，东西为墀，诸生列班处。后堂三间，东讲堂三间，西讲堂三间。药房三间。折而东为绳愆厅三间，鼓房一间，率性堂、诚心堂、崇志堂各十一间。西为博士厅三间，钟房一间，修道堂、正义堂、广业堂各十一间。这六堂即监生肄业之处。南面东西两侧各有廊房九间，门一间。国子监大门三间。门东有敕谕碑、洪武十五年申明学训碑、洪武三年定学规碑、洪武初定永乐三年（1405年）申明学规碑、洪武十六年（1383年）并三十年钦定庙学图碑等。监外东侧有井亭，再东为持敬门通孔庙。中北为储才门，通启圣祠、土地祠及典簿、典籍、掌馔厅和仓库。典籍厅五间，典簿厅三间，掌馔厅五间。西另有井亭，再西为退省号门，西北为广居门，为司业和诸生入号房的通路。墀前为集贤门三间。门前东西各一牌坊，上题"国子监"，监街东西各一牌坊,上题"成贤街"。彝伦堂后为斋明所九间,格致成正号,每号通计三十七间。嘉靖初,作敬一堂,有御制圣谕碑七座。前为大门题"敬一之门"。监东北为会馔堂,堂门右侧为土地祠。退省号及广居门之西,为天、地、人、智、仁、勇、文、行、忠、信、规、矩、准、绳、纪、纲、法、度,共十八号,即所谓号房,并有混堂、净房各一所。

国子监初为国子学时,学生止称太学生,至改学为监以后,则亦统称之为监生。监生的来源为地方儒学,即岁贡生员。因初以各儒学岁贡一人,故名。其后贡例屡变,洪武二十一年(1388年)定以府、州、县分别一、二、三年贡一名,二十五年(1392年)改定府学岁贡二人,州学二岁三人,县学岁一人。永乐八年(1410年)又定为州县户不及五里者,州岁贡一人,县隔岁一人,后改依洪武二十一年例。宣德七年(1432年)后再改用洪武二十五年例。正统中改为府学每岁一人,州学每三岁二人,县学每二岁一人。直到弘治、嘉靖后再改用洪武二十五年例,遂成定制。

按照洪武十六年(1383年)的规定:"岁贡生员至京,从翰林院试经义、四书义各一道,判语一条,中式者入国子监,不中者罚充吏。"(《明会典》卷七七《岁贡》)这时候已经设立了中都国子监,所以又有中式生员,上等送国子监,次等送中都国子监之令。而其所谓上等、次等,只是考试成绩的大致区分,多数被选送南京国子监,少数送入中都国子监。如洪武十九年(1386年),"礼部言天下岁贡生员中式者,计九百五十三人,诏选其优者六百八十三人,升之太学,余并送中都国子监"(《明太祖实录》洪武十九年三月)。第二年全国岁贡人数多达一千二百人,中式选送国子监者为九百七十五人,送中都国子监者仅一百三十二人,另有九十三人未能中式。洪武二十一年(1388年)重申岁贡生员选择标准时定:"必资性淳厚学问有成,年二十以上者,方许充贡。"(《明太祖实录》洪武二十一年九月)从而保证了生员来源的质量。

被选入国子监的贡生们入监后还要经过再考后分堂肄业。国子监共分为六堂:即率性、修道、诚心、正义、崇志、广业六堂。其中以率性堂为最高一等,次为修道、诚心二堂,再次则为正义、崇志、广业三堂。左、右司业

各掌三堂。凡是只通"四书",未通经义者,居正义、崇志、广业三堂肄业,入监一年半以上,文理条畅者,升入修道、诚心二堂,再经过一年半,经史兼通、文理俱优者,乃升率性堂。升入率性堂后始行积分之法。所谓积分法,即通过考试给予分数并积累分数,以区分及格与不及格。一年之内积至八分者即为及格,可以授官,未及八分者为不及格,仍须坐堂读书。

洪武中对于监生的使用极为重视,《明史·选举志》称:"初以北方丧乱之余,人鲜知学,遣国子生林伯云等三百六十六人分教各郡。后乃推及他省,择其壮岁能文者为教谕等官。太祖虽间行科举,而监生与荐举人才参用者居多,故其时布列中外者,太学生最盛。"当时监生出身而授官要职者甚多。是书又记:"洪武二十六年,尽擢监生刘政、龙镡等六十四人为行省布政、按察两使,及参政、参议、副使、佥事等官。其一旦而重用之,至于如此。其为四方大吏者,盖无算也。李扩等自文华、武英擢御史,扩寻改给事中兼齐相府录事,盖台谏之选亦出于太学。其常调者乃为府、州、县六品以下官。"大批的太学生出任官吏,相当程度上解决了明初官员缺乏的局面。太学生既然是日后即用的后备官员,因此对于在太学读书的学生,朝廷也便给予极优厚的待遇:

> 学旁以宿诸生,谓之号房。厚给廪饩,岁时赐布帛文绮、袭衣巾靴。正旦元宵诸令节,俱赏节钱。孝慈皇后积粮监中,置红仓二十余舍,养诸生之妻子。历事生未娶者,赐钱婚聘,及女衣二袭,月米二石。诸生在京师岁久,父母存,或父母亡而大父母、伯叔父母存,皆遣归省,人赐衣一袭,钞五锭,为道里费。其优恤之如此。(《明史·选举志》)

其事出于一次太祖幸太学回宫后。马皇后问及"生徒几何?"太祖答:"数千。"马皇后道:"人才众矣。诸生有廪食,妻子将何所仰给?"于是立红板仓,积粮赐其家。太学生家粮自此始。(《明史·太祖孝慈高皇后马氏传》)

太学生待遇的优越固然是有马皇后的作用,但其根本原因还是由于当时对于太学所培养的人才的亟需。也正是出于这种需要,当时对于太学的管理也便极为严格。尤其是在洪武十五年(1382年)国子监新舍落成,其制度也基本确立以后。这时候的国子监与其说是一所高级儒学,不如说更像一所管理制度严明的官吏培训中心。因此对于教官的选用,也就不仅限于宿儒,而且需要酷吏了。当时的国子监祭酒宋讷便是最具代表性的一个。

> 宋讷,字仲敏,滑人。父寿卿,元侍御史。讷性持重,学问该博。至正中,举进士,任盐山尹,弃官归。洪武二年,征儒士十八人编礼乐诸书,讷与焉。事竣,不仕归。久之,用四辅官杜敩荐,授国子助教,以说经为学者所宗。十五年,超迁翰林学士……未几,迁祭酒。时功臣子弟皆就学,及岁贡士尝数千人。讷为严立学规,终日端坐讲解无虚晷,夜恒止学舍。十八年,复开进士科,取士四百七十有奇,由太学者三之二。再策士,亦如之,帝大悦,制词褒美。(《明史·宋讷传》)

据记一次有学生因趋跄碰碎茶器,宋讷为之而发怒甚久,以致画工为之所画之像都带有怒容。在这样的管理之下,师生们都要小心翼翼地行事,这不仅使学生们颇感不堪,也使一些任教的文人感到不满,"助教金文徵等疾讷,构之吏部尚书余熂,牒令致仕。讷陛辞。帝惊问,大怒,诛熂、文徵等,留讷如故"。至宋讷死后,太祖思之,复官其子宋复祖为司业。宋复祖确有复祖之风,"戒诸生守讷学规,违者罪至死"(同上)。简直是一种带有恐怖色彩的管理了。

《明史·许存仁等传》中说:"明开国时即重师儒官,许存仁、魏观为祭酒,老成端谨。讷稍晚进,最蒙遇。与讷定学规者,司业王嘉会、龚敩。三人年俱高,须发皓白,终日危坐,堂上肃然。"

明代国子监的学规先后更定了四次,洪武十五年(1382年)两次,十六年(1383年)一次,二十年(1387年)一次,尽载于《明会典》。宋讷死于

洪武二十三年（1390年），这四次监规的更定他都直接参与了。

十五年的监规比较简单，共九条，针对监内不同职官及监生分别做了一些规定，对于监生的规定只有一条，也只是要求监生们明礼适用，遵守学规。此外便是对于课程的具体安排：

> 每月背讲书日期：初一日假，初二日、初三日会讲，初四日背书，初五日、初六日复讲，初七日背书，初八日会讲，初九日、初十日背书，十一日复讲，十二日、十三日背书，十四日会讲，十五日假，十六日、十七日背书，十八日复讲，十九日、二十日背书，二十一日会讲，二十二日、二十三日背书，二十四日复讲，二十五日会讲，二十六日背书，二十七日、二十八日复讲，二十九日背书，三十日复讲。（《明会典》卷二二〇《国子监·监规》）

除去背书，就是复讲、会讲，月月复始，这种学习生活实在是够令人乏味的。但是在这样的情况下，监生们在监读书一般至少四年时间，如果到率性堂后一年，积分达不到要求的八分，就还要继续在监读书，有长达十余年者。

同年再定的监规共十二条，其中主要条款便都是针对监生的了，例如其中第一条规定："学校之所，礼义为先，各堂生员，每日诵授书史，并在师前立听讲解，其有疑问，必须跪听，毋得傲慢，有乖礼法。"第二条规定："在学生员……敢有毁辱师长及生事告讦者，即系干名犯义，有伤风化，定将犯人杖一百，发云南地面充军。"再如第三条规定："今后诸生，止许本堂讲明肄业，专于为己，日就月将，毋得到于别堂，往来相引，议论他人长短，因而交结为非。违者从绳愆厅究察，严加治罪。"（同上）

十六年的监规主要是一些具体的学习制度，如率性堂积分之法等等。这三次监规的更定，对于国子监师生有了比较全面的要求，但其中亦有重复，又分为三规，不够统一，于是二十年再重定监规二十七条，内容具体而详明，成为明代国子监遵承的规制：

一、各堂教官,所以表仪诸生,必当躬修礼节,正其衣冠,率先勤谨,使其有所观瞻,庶几模范后学。今后故妆阘茸怠惰,有失威仪者,许监丞纠举,以凭区处……

一、诸生衣巾,务要遵依朝廷制度,不许穿戴常人巾服,与众混淆,违者痛决。

一、三日一次背书,每次须读《大诰》一百字,本经一百字,四书一百字,不但熟记文词,务要通晓义理,若背诵讲解全不通者,痛决十下。

一、每月务要作课六道,本经义二道,四书义二道,诏诰表章策论判语内科二道,不许不及道数,仍要逐月作完送改,以凭类进,违者痛决。

一、每日写仿一幅,每幅务要十六行,行十六字,不拘家格或羲、献、智永、欧、虞、颜、柳,点、画、撇、捺,必须端楷有体,合于书法。本日写完,就于本班先生处呈改,以圈改字少为最,逐月通考,违者痛决。

一、朔望行释菜礼,各班生员,务要一名名赴庙随班行礼,敢有怠惰失仪,及点闸不到者痛决。

一、生员凡遇师长出入,必当端拱立俟其过,有问即答,毋得倨然轻慢,有乖礼体,违者痛决。

一、生员讲解,如有疑难,即当再三从容请问,毋得轻慢师长,置之不问,蓄疑于心,违者痛决。

一、各班生员,凡有一应事务,先于本堂教官处禀知,令堂长率领赴堂禀覆,毋得径行烦紊,违者痛决。

一、每班给与出恭入敬牌一面,责令各班值日生员掌管,凡遇出入,务要有牌,若无牌擅离本班,及敢有藏匿牌面者,痛决。

一、生员果有病患,无家小者,许于养病房安养,不许号房内四散宿歇。有家小者,只就本家,若无病而称病,出外游荡者,验闸得实,痛决,即令到班。

一、生员于各衙门办事者,每晚必须回监,不许于外宿歇,因而生事。若画酉不到及点闸不在者,痛决。

一、凡会食,务要礼仪整肃,敬恭饮食,不许喧哗起坐,仍不许私自逼令膳夫打饭出外,冒费廪膳,违者痛决。

一、凡早晚升堂,务要各人亲自放牌点闸,及要衣冠严肃,步趋中节,不许搀越班次,喧哗失礼,违者及点闸不到者,痛决。

一、凡坐堂生员,务要礼貌端严,恭勤诵读,隆师亲友,讲明道义,互相劝勉为善,不许燕安怠惰,脱巾解衣,喧哗嬉笑,往来别班,谈论是非,违者痛决。

一、凡赴堂背书,务要各照班次序立,以凭抽签背诵,若前后搀越,喧哄杂乱者,痛决。

一、生员每夜务要在号宿歇,不许酣歌夜饮,因而乘醉高声喧哄,违者及点闸不在者,各加决责。

一、朔望假日,毋得在外醉饮,倒街卧巷,及因而生事互相斗殴,有伤风化,违者痛决。

一、内外号房,务要常川洁净,如是点闸各生号房前,但有作秽者,痛决。

一、内外号房各生,毋得将引家人,在内宿歇,因而生事,引惹是非,违者痛决。

一、生员拨住号房,俱已编定号数,不许私下挪借他人住坐,违者痛决。

一、凡选人除授,及差使办事等项,敢有畏避躲闪,不行赴堂听选者,奏闻区处。

一、凡生员于各衙门办事完结,务要随即回监肄业,不许在外,因而生事,违者痛决。

一、凡生员省亲搬取已有定例,敢有不行遵守,辄自奏启者治罪。

一、丁忧成婚,人伦大节,假托诈冒,非惟明有定律,其人不堪教养可知。今后生员,如有丁忧成婚等事,许于本监告知,具呈礼部。除丁忧已有定制外,其成婚者,定立限期,给引回还,随即移文照勘,如有诈冒,就便依律施行。

一、生员所有一切事务,合先于本监告知,本监具呈礼部定夺,奏闻区处。所告是实,本监不准,方许赴礼部陈告,毋得隔越。

一、生员但有违犯前项学规,决毕,即送绳愆厅记过。若累犯不悛者,奏闻区处。(《明会典》卷二二〇《国子监·监规》)

这是一套相当完整的学校校规,从这一最终确定的校规中可以看到,这时候的国子监管理基本上都是针对生员而制定,其他如像洪武十五年(1382年)初规中所定的那些学校礼仪等项,都已经约定成制,无须再行申明了。这是明代学校管理趋于成熟的表现。

洪武、永乐两朝是国子监的极盛时期,在校人数经常可达千人以上,永乐中最多时几近万人。洪、永以后便逐渐衰替下来。

明代国子监监生除去岁贡以外,还有举监、选贡、恩贡、纳贡、例监、荫监等名目。

举监即举人坐监之制,始于永乐中。当时会试下第的举人,由翰林院录其优者,送入国子监学习,以待下科会试,并给教谕之俸。

选贡始于弘治中,南京祭酒章懋上言:"洪、永间,国子生以数千计,今在监科贡共止六百余人,岁贡挨次而升,衰迟不振者十常八九。举人坐监,又每后时。差拨不敷,教养罕效。近年有增贡之举,而所拔亦挨次之人,资格所拘,英才多滞。乞于常贡外令提学行选贡之法,不分廪膳、增广生员,通行考选,务求学行兼优、年富力强、累试优等者,乃以充贡。通计天下之广,约取五六百人。以后三五年一行,则人材可渐及往年矣。"(《明史·选举一》)乃下部议而行。选贡施行后对于岁贡冲击甚大,选贡多英才,入监后即为上等,拨发诸司历事时亦显才干。相比之下,岁贡生员颇显颓老势绌,多不愿再入监读书,朝廷只得尽使落第举人入监,于是举人、选贡、岁贡相迭盛衰,国子监便出现了监生时多时少的情况。

恩贡是指国家有庆典或新皇帝登极,以特恩令当贡者即时充贡,因为亦属特别的选充,其地位往往高于岁贡。

纳贡是指纳粟之例,始于景泰四年(1453年),凡纳粟之家得以入监。且不限出身资格,即使庶民,亦可与生员同样入监,时称之为民生,亦称俊秀。

例监始于景泰元年(1450年),时值"土木之变"后,边事颇急,令天下纳粟马者入监读书,限以千人为止,行四年而罢。其后虽儒臣屡谏,但或遇边方有警,或遇大荒,或有大工程时,往往开例行之而不能止。例监名在纳监之下,其实相仿佛。

荫监为官员之子以荫恩入监者。明初定文官一至七品,皆得荫一子,后渐限于三品京职方可请荫,其得入监读书者称官生,以别于民生。亦有不限于官品而特恩入监者,称之恩生。一般死节官员之子得为恩生。

明代国子生除在堂读书外,尚有历事的规定。这实际上是监生们的实习安排。其制始于洪武五年(1372年)。建文中定考核法,将监生考定为上、中、下三等,上等选用,中、下等则历一年再考。上等依上等任用,中等随才而用,下等仍回监读书。

一般历事监生便不再愿意回监读书,仁宗时各衙门官员多奏历事监生不愿回监,请留以任职,仁宗未准,到宣宗以后,有历事于都察院各道者,期以三月,选择任职,称试御史。其后渐成为定制,凡监生历事,各衙门均有定额,历事时间自三月、半年至一年不等。这种历事实习,对于监生将来为官任职是有一定好处的。但是随着科举制度的发展,监生任官一途渐轻,各地儒学地位渐重,生员以乡、会试而得官,成为入仕的正途。

四、书院教育

书院教育是中国历史上儒家学者们所进行的一种私人教育。其源于宋代新儒家的兴起。钱穆曾经给予宋、明两朝的书院以极高的评价。他在谈到宋代新儒学崛起的时候说道:

与这一派儒学相随并盛的,则有"书院制度与讲学风气"。汉、唐两代,国家的公立学校,规制颇为详备,学员亦极盛。只有魏晋南北朝时代,公立学校有名无实,严肃的讲学风气,掌握在佛教的寺院里。宋、元、明、清四代的书院制度,则是一种私立学校而代替着佛寺严肃讲学之风的。书院的开始,多在名山胜地,由社会私人捐资修筑,最重要的是藏书堂,其次是学员之宿舍,每一书院,常供奉着某几个前代名儒的神位与画像,为之年时举行祀典。可见书院规模,本来是颇仿佛寺而产生的。稍后则几于通都大邑均有书院。有的亦由政府大吏提倡成立,或由政府拨款维持。但书院教育的超政治而独立的自由讲学之风格,是始终保持的。在那时期里,政府仍有公立学校,国立大学与地方州县学均有。尤其如宋、明两代,常常采取私家书院规制,模仿改进。但从大体来说,一般教育权始终在书院方面。始终在私家讲学的手里。我们可以说,自宋以下一千年的中国,是平民学者私家讲学的中国,教育权既不属之政府官吏,亦不属之宗教僧侣了。①

钱穆在这里所讲的教育权,应该是与唐以前的教育情况相比较,而且不仅包括那些在名山胜地或者通都大邑均设的书院,还应当包括那些遍布全国城乡的私人学堂。因为书院教育绝非那种普及的文化教育,一般来说,书院教育应当属于高层次的教育,或者说是一种带有一定学术性的儒家教育。因此它才能够成为时代学术的主流。

书院没有固定的师生,可以有全国各地慕名而至的人士。书院的主持人习惯被称为山长,一般均由具有相当名望的学者出任。书院教学也不像正式学校那样严格,实际上往往只是学者们的学术讲座,甚至是一种学者间的学术研讨。当然,到明朝的末年,书院逐渐发展成为政治舆论中

---

① 钱穆:《中国文化史导论》第九章《宗教再澄清民族再融和与社会文化之再普及与再深入》,商务印书馆1994年版,第189页。

心。书院从学术走向政治,固然有新儒家们的推动力量作用,同时也是当时政治发展的结果。

明代的书院继承了宋代的基础并有所发展,其数量虽不及宋元之多,但讲学发展之普及,与书院影响之巨大,均较宋元有过之而无不及。兹将有明一代重建及创建之书院略述于下:

北直隶

首善书院,在京城宣武门内东城墙下。天启二年(1622年)邹元标、冯从吾倡建。后为魏忠贤所毁。

明道书院,在青州府开州治内,宋时建,明万历三年(1575年)圻州知州事重建。

独石书院,在开平卫治东南隅,明朝始建。

云州书院,在云州堡东南,明朝于旧院址重建。

南直隶

独山书院,在凤阳府治东南独山山麓,明嘉靖初御史张维恕建。

文正书院,在苏州府治范仲淹宅东,元至正间建,后毁,明宣德间重建。

和靖书院,在苏州府治东南,明朝嘉靖五年(1526年)重建于城内龙兴寺。

鹤山书院,在苏州府城西南隅宋魏了翁第旧址,明朝宣德间重建。

金乡书院,在苏州府治澹台坊内(宋赠澹台之子羽为金乡侯,故名),明朝嘉靖五年(1526年)胡缵宗建。

练川书院,在嘉定县南,明正德间提学张鳌山改南寺而建。

东坡书院,在常州府东南,弘治间为祀苏轼而建。

濂溪书院,在镇江府丹徒县东南,初建于黄鹤山,正统中移至此处,北宋周敦颐曾居此。

包公书院,在庐州府城南香花墩上,明弘治间建。

采石书院,在太平府芜湖县升仙桥西状元坊内,明正德间建。

宛陵书院,在宁国府治西,明正统间建。

凤山书院,在宁国县儒学旁,明正德间知县王时建。

甘泉书院,在池州府化成寺东,明嘉靖中湛若水为祀陈献章(白沙)而建。

阳明书院,在池州府化成寺西,明嘉靖中王守仁建。

东山书院,在徽州府祁门县东南,明正德中知府留志淑废东岳庙而建,祀环谷先生汪克宽。

龙山书院,在安庆府桐城县治西,嘉靖中改太霞宫故址而建,祀周、程、张、朱、黄勉斋、游广平。

皖山书院,在潜山县,明知府胡缵宗于天宁寺故址建。

南谯书院,在滁州全椒县东,明嘉靖间阳明弟子戚南玄建。

复初书院,在广德州城内,明嘉靖中,州判邹东廓改道院建。

安定书院,在泰州,明嘉靖中,王瑶湖建。

阳明书院,在九华山,明嘉靖中建。

维扬书院,在扬州,明嘉靖间,御史徐芝南建。

再云津书院,明嘉靖中刘晴川重葺。

嘉义书院,在溧阳,明嘉靖中史际建。

水西书院,在泾县,明嘉靖间知府刘起宗等建。

吴陵书院,在扬州,明嘉靖间,耿定向建。

崇正书院,在南京,明嘉靖中耿定向建。

江西

正学书院,在南昌府治东,明嘉靖中提学副使王宗沐建。

马融书院,在南康府建昌县,明正德间知县周广建。

钓台书院,在严州府城东五十里旧严光隐钓处,明正统初知府万观于宋书院故址重建。

惜阴书院,在临江府新淦县治东旧陶侃读书台下,明成化初建。

金川书院,在新淦县,明正德七年(1512年)李梦阳建,以祀建文遗臣练子宁。

一峰书院,在吉安府永丰县儒学西,明弘治间建,祀本朝名儒罗伦

(一峰)。

云兴书院,在万安县治西,明隆庆元年(1567年)于宋书院故址重修。

阳明书院,在赣州府濂溪书院后,因王阳明曾讲道于此,当地士人建。

复古书院、连山书院、复真书院等,明嘉靖间邹守益、程松溪等建。

龙冈书院,在江西永丰县,嘉靖间阳明弟子邹梦祺建。

白鹭洲书院,在江西吉安,嘉靖中知府何其高重建。

义泉书院、正蒙书院、富安书院、镇宁书院、龙池书院,在江西南昌,王阳明所建,嘉靖间沈谧重建。阳明所建名为书院,实社学也。

怀玉书院,在广信府玉山县怀玉山。宋时建草堂书院,后废,明成化、正德再建再废,嘉靖中王敬所请建,更名怀玉。

正学书院,在南昌府,嘉靖中王敬所等建。

太极书院,在永丰县,嘉靖中郭汝霖倡建。

复礼书院,在安福县西,明隆庆间刘元卿建。

识仁书院,在安福县西乡,明万历中建。

道东书院,在安福县东乡,明万历中刘养冲建。

鳌溪书院,在乐安之鳌溪,明万历中汪心村等为罗近溪讲学而建。

仁文书院,在吉水,原文江书院,万历八年(1580年)废毁,十一年重建,更名仁文。①

山东

尼山书院,在兖州府,明永乐十五年(1417年)重建。

东莱书院,在莱州府,明景泰五年(1454年)重修。

愿学书院,在东昌,明万历间邹颖泉建。

见泰书院,在东昌,明万历间罗近溪建。

河南

应天书院,在归德府城西北隅,明嘉靖间改原社学而建。

锦囊书院,在睢州骆驼冈,明嘉靖初改旧寺而建。

---

① 参见吴震:《明代知识界讲学活动》正篇,引小野和子:《明季党社考》。

志学书院,在南阳府城外西关,明成化八年(1472年)知府段坚建。

豫山书院,在南阳府豫山之麓,明成化八年知府段坚建。

汝南书院,在汝宁府城南五里,明成化十一年(1475年)建。

涑水书院,在光山县西,明正统九年(1444年)于旧址重修,祀宋司马光。

青云书院,在汝州郏县城内,明成化五年(1469年)建。

程子书院,在宝丰县,明成化十六年(1480年)建。

紫云书院,在襄城县紫云山山麓,明成化十五年兵部右侍郎李敏奏建。

湖广

濂溪书院,在武昌府学前,明嘉靖四十三年(1564年)当地巡抚改原射圃而建。

凤山书院,在汉阳府学后,明赵蕃、蔡镒读书之处。

郢门书院,在承天府(今湖北钟祥)阳春台左,明洪武中曹国公李文忠建。

昭明书院,在襄阳府学西,明嘉靖中汪道昆建。

凤栖书院,在襄阳府治东,明正德中于庞统故宅建。

五贤书院,在郧阳府治北,明正德间建。

二程书院,在黄州府黄陂县鲁台山,明景泰中蔡受建。

龙峰书院,在岳州府华容县圆觉寺旁,明黎淳、刘大夏读书处。

东山书院,在宝庆府城东,明嘉靖中建。

阳明书院,在辰州府东,王守仁谪贵州时曾讲学于此。

衡湘书院,在衡州府治南,明嘉靖间蔡白石门生弟子所建。

阳明书院,在蕲州,明嘉靖间刑部尚书冯天驭所建。

崇正书院,在蕲州,明嘉靖间福建副使顾阙建。

福建

石井书院,在泉州府晋江县西南石井镇,祀朱文公父子,明于旧址重建。

鳌峰书院，在建宁府建阳县西崇泰里，明正统中重修。

考亭书院，在建阳县西三桂里，明宣德中重修。

武夷书院，在武夷山，明正统中重修。

同文书院，在建阳县崇化里，明正统中重修。

屏山书院，在崇安县东南屏山下，明洪武中重修。

湛卢书院，在松溪县西，明景泰中重修。

谏议书院，在延平府沙县治西，明永乐中重修。

龟山书院，在封山山麓杨时故宅，明洪武七年（1374年）建。

延平书院，在剑津之阳，明永乐初重建，祀李侗。

南溪书院，在尤溪县治南，朱熹出生地，明永乐间重修。

芗江书院，在漳州府城东北二十里，明洪武初知府钱古训建。

鸿江书院，在漳浦县东十七都，明洪武中乡人陈则彝建，并于此授徒讲学。

泰亨书院，在长泰县南登科山，明洪武末，教谕章参建，以教乡里士子。

状元书院，在登科山之西，明正德六年（1511年）副使杨子器建，内塑有状元林震像。

东瀛书院，在玄钟所（今诏安县内），明嘉靖五年（1526年）参政蔡潮改旧寺而建。

养正书院，在福州，明嘉靖中按察副使朱镇山重建。

广东

濂泉书院，在广州府城内，祀周敦颐，明正统中重建。

崧台书院，在肇庆府治东二里石头庵，明正统间改建为书院。

广西

宣城书院，在桂林府治北，明洪武初废，改为县学，正统初复建于县学之西。

清湘书院，在全州北二里，明永乐间重修。

三元书院，在梧州府藤县治西宋冯京读书处，明建。

纯心书院,明嘉靖三十一年(1552年)以楚王朱英佥请,赐名纯心。

浙江

万松书院,在杭州南门外,明弘治初因废寺而建,嘉靖间增修。

再稽山书院,在绍兴府城内,宋时建,后堙废。明正德、嘉靖间知县张焕、知府南大吉重建。

再文湖书院,在浙江秀水县北,明嘉靖间沈谧建。

再浑元书院,在青田县城内,嘉靖中阳明门人范引年建,后由提学副使阮鹗增建为心极书院。

再瀛山书院,在遂安县,明隆庆间周恪建。

四川

莲洞书院、朱明书院、大科书院,均在峨眉山,明嘉靖间湛若水建。

陕西

关中书院,明万历间冯从吾建。

上列书院,均明代肇建或复建者。其自宋代以来历代不衰者不录。如江西之白鹿洞书院,湖广之岳麓书院,自宋乃至于明,始终不失天下书院之首的位置。据今人的研究,明代书院共约创建356所,增建14所,再建22所,改建39所,移建17所,重建45所,重修114所,分布于北直隶、南直隶、河南、陕西、甘肃、江西、湖广、浙江、福建、广东、广西、四川、云南、贵州等地。有的学者统计要多些,并依时间顺序为:洪武至天顺96年间,年均1所;成化、弘治40年间,年均3所;正德16年间,年均6所;嘉靖45年间,年均8所;隆庆7年间,年均10所;万历48年间,年均4.7所;天启7年间,年均1.6所;崇祯17年间,年均3.5所。就有明一代情况看,书院的建设,正统中为第一次高潮,成化中再为一高潮,正(德)、嘉(靖)、隆(庆)间为第三次高潮,万历间虽有废毁书院及其后的重建,终未能及之。①

---

① 参见吴震:《明代知识界讲学活动系年1522~1602》附表一,学林出版社2003年版。

书院的分布与文化的发展情况有甚大的关系,凡书院集中之处,即在有明一代必曾有过文化的辉煌。而书院的几次高潮,又与这几个时期的政治文化背景有直接的关系。正统与成化的两次书院发展,大多出于当时社会文化与学术的发展。如正统中的薛瑄,史书中说他:为山东提学佥事时,"首揭白鹿洞学规,开示学者。延见诸生,亲为讲授。才者乐其宽,而不才者惮其严,皆呼为薛夫子"(《明史·薛瑄传》)。这大概便是钱穆先生所说的采取私家书院的规制去改造官办的儒学。但是,这时候书院与官办学校还没有矛盾,都只是一种学校教育。这种情况一直持续到成化的第二次书院高潮。成化中书院的发展,虽然较之正统以前带有了一点政治学术的味道,但那只是一种附带的影响,还没有成为超政治的或者预政的核心。例如成化十五年(1479年)兵部右侍郎李敏奏建襄城紫云书院一事,史称:"成化十五年,兵部右侍郎李敏奏襄城县紫云山之麓,臣市地三十亩有奇,建屋若干楹,积书数千卷,日与学者讲读其中,愿藉之于官,以为社学。赐额为紫云书院。"(《续文献通考》卷六一《学校考·书院》)当时书院竟与社学无异,足见其作为学校文化教育的性质尚是十分突出的。再如当时名儒胡居仁,受聘入主白鹿书院,"其学以主忠信为先,以求放心为要,……端庄凝重,对妻子如严宾。手置一册,详书得失,用自程考。……四方来学者甚众,皆告之曰:'学以为己,勿求人知。'语治世,则曰:'惟王道能使万物各得其所。'"(《明史·胡居仁传》)乃是个典型的道学家。然而待到正德、嘉靖以后,书院再次勃兴,则已不复当初。如像王阳明及泰州学派的诸人,或者湛若水那样,便已不再停留于一般的文化教育内容之上。于是书院开始成为学术与思想的抒发地,也因此而引起了统治者们的注意,终于导致了嘉靖和万历时对于书院的禁毁。此后的书院更成为了政治斗争的焦点,并由此形成了党社运动,到明朝末年,首善书院、东林书院便完全以一种政治面目出现于人们的社会生活之中。

第二节　考试制度

明代的考试制度包括两方面的内容:学校考试制度和官吏选任的考试制度。

学校考试制度主要是指官办学校从入学到结业期间所规定的各级考试;官吏选任的考试主要是指科举考试。这两种考试形式与结果虽然并不尽同,但是实际上都是为官吏尤其是文官选任服务的,所以我们称之为"考试文化"。

在明代,无论是学校中的考试还是科举考试,都是由官方安排的考试。这种由官方统一安排的考试充斥了读书人的大部分甚至全部的生活,乃至他们从接受文化教育的第一天起,便是在为以后无休止的考试而做准备。许多读书人的一生都葬送到这里面。因此多年来,人们对于明代的考试制度多持批评态度,认为中国科举制度至明代而走向没落,尤其是八股文出现后,更成为禁锢人们思想的枷锁。这固然有其道理,但是却带有一定程度的片面性,人们倘若从另一个角度来看待明代的考试制度,似乎也可以得出并不尽相同甚至相反的结论。文官考试制度在明代得到了较为明显的发展,这应该被看作是一种文化和政治上的进步,而且明代在这方面较前走向了进一步的成熟。八股文考试的规定,实际上正是考试规范化的表现,实行规范化考试,使考试标准本身减少了人为的主观因素,一定程度上增大了考试标准的客观性,这对于以后的考试制度是颇有借鉴意义的。

显然,明朝人的问题并不完全在于他们所实行的考试制度本身,而更在于他们对考试本身的理解,考试本来是对于教育的总结,但却往往被人们当作了教育的目的,为考试而进行的教育,必然会限制人们的全面发展,使考试结果与人们的实际能力脱节。这种对于考试的理解,导致了后来发生的许多问题,使人们对于考试制度本身产生了怀疑,结果是事与愿违。

明代的考试制度是中国传统考试制度发展的顶峰,也是传统考试制

度的末世。

一、岁试与科试

在明代考试制度中,读书人首先遇到的是府、州、县儒学的入学考试。但由于这并不属于学校考试范围之内,所以各种政书中都没有详明的记述。《明史·选举志》中只说:"生员入学,初由巡按御史,布、按两司及府州县官。正统元年始特置提学官,专使提督学政,南北直隶俱御史,各省参用副使、佥事。"又说:"士子未入学者,通谓之童生。当大比之年,间收一二异敏、三场并通者,俾与诸生一体入场,谓之充场儒士。中式即为举人,不中式仍候提学官岁试,合格乃准入学。"这里所说的岁试,便指提学官对于儒学生员和童生入学进行的常规考试。

岁试也称岁考,包括两项内容,一是对于在学生员的考试,一是对于准备入学的童生的考试。《儒林外史》中曾经写到一位名叫周进的提学官在广州任上主持岁考的情形:"这周学道……到广州上了任。次日,行香挂牌。先考了两场生员。第三场是南海、番禺两县童生。"这种入学考试,也有发卷、归号、封门,考试完毕后,也有放牌、阅卷、排名等等,应该说也是一次正式的考试。而该书中所写的童生范进,则从二十岁起应考,至五十四岁,先后考过二十余次。

岁考虽然是常规考试,但也有固定的制度,按照制度规定:"提学官在任三岁,两试诸生。"(《明史·选举一》)这两次考试,先进行的便是岁考。因为是生员在校学习期间的初次考试,或者是童生进学的考试,所以并不要求像正式科举考试那样规范,一般情况下,提学官都是请一些文人帮助阅卷。

对于童生们来说,岁考是其进学的必要考试。如果想要取得功名的话,首先必须要取得生员的身份,也就是通称的秀才,所以童生们非常重视岁考。明初对于在校生员的考试相对比较频繁,地方守令按照规定应当每月一试,巡按御史、按察使一年一试。地方官员根据生员的考试情况分列三等簿。每次考试后都要按照考试结果对教官给予不同处理。洪武以后,这种严格要求在儒学中渐不再行,其后实行提学官制度,规定提学官在任期间三年两试,作为生员们的基本考试,但是为了保证在校生员数额,有时也会根据情况增加岁考的次数。如万历十一年(1583年),由于张居正当政时裁抑生员数额太过,诏令增补,当年题准:

> 各提学每岁考校一次入学,务要不失原额。间有他故,巡历不周,次年即行如数补足,虽系科举之年,亦宜照岁考例,总计三年之内,大府务足六十人,大州县务足四十五人。(《明会典》卷七八《学校·风宪官提督》)

由此看来,朝廷对于提学官员的要求,主要是保证生员和参加科举的人数,其在任三年间的岁试关键不在次数而在于取录的人数。这样才能保证科举取士的基础。

童生通过岁考进入儒学成为生员以后,并不意味着岁考的结束。在学的生员还必须再次通过岁考。这时候的童生虽然已经入学,但其所参加的岁考仍然是一种生员资格考试。明代的学校开办未久,便在原有的生员名额之外扩大收取了生员,称之为"增广生员",其后又有"附学生员"。于是凡是进入儒学的生员,最初统为附学生员,然后再经过岁试和科试的成绩递补为廪膳生员及增广生员。

明代的岁考制度规定,诸生员通过考试后按照成绩分为六等:

> 一等前列者,视廪膳生有缺,依次充补,其次补增广生。一二等皆给赏,三等如常,四等挞责,五等则廪、增递降一等,附生降为青衣,六等黜革。(《明史·选举志》)

这种岁考是对于生员们学业的考察和督促。初入儒学的附生可以通过岁考成为廪膳或者增广生员,同时也有极少数受到挞黜。

除去岁考外,生员们在学校期间还要进行科考,《明史·选举志》

中记:

> 继取一二等为科举生员,俾应乡试,谓之科考。其充补廪、增给赏,悉如岁试。其等第仍分为六,而大抵多置三等。三等不得应乡试,挞黜者仅百一,亦可绝无也。

科考的分等也有一定比例,与岁考所不同者,岁考是以廪膳、增广定额取补,而科考则是按照乡试取录举人数额比例,选取参加乡试的科举生员。大致中举人数占参加乡试的科举生员的三十分之一。

科考是在校生员参加乡试的资格考试,因此,科考合格的生员人数多,能够中举的人数也就容易更多一些,同样,取录举人多,科考合格人数也就可以更多一些。所以《明史·选举志》中说:"举人屡广额,科举之数亦日增。及求举者益众,又往往于定额之外加取,以收士心。凡督学者类然。"

随着明代吏治的颓坏,儒学考试制度也每况愈下。明朝人说:

> 明初重督学之选,……其后,督学官稍轻,柄其任者,非必有卓行实学,厌士心如异时。高者虚谈沽誉,劣者安禄养交,下者至开幸门,听请托不忌。又巡历或二三岁乃一至,至不过浃旬月,独品所为校试一日文而止,不复关行能,考察他道艺。即甄考德行,亦独案郡县学官所报三等簿奖汰之,不复有案质。甚乃惮巡行劳苦,独高坐,引日月,至大比,独委府、州、县类考而合试之,故士习顽而人骛于奔趋。

又说:

> 明初重学官之选,往往取耆儒宿学以充。……后久顽弊,师儒之职益轻,副榜举人不屑就,而贡生年稍迈、若贫困甚者乃甘心焉。因取充位,精力倦于鼓舞,而学术纰谬,无能为诸生先,奔走有司,结富

豪以苟得,而于月考课及上下三等簿,率以赀,不复问行能,盖冗蠹甚矣。(孙承泽:《春明梦余录》)

明代学校考试的另一变化,是考试内容的变化。明代儒学生员的考试文字通谓之举业。包括有四书义一道,限制在二百字以上。经义一道,限制在三百字以上。文章只要求论述明晰,不要求文字华丽。但是随着整个社会文风的变化,生员们的考试文字也发生了较大的变化。万历十五年(1587年)二月,礼部上奏言及举业文字中"好用佛经道藏"一事,请以"朱卷犯者参处"(《国榷》卷七四)。据《明史·选举志》引礼部言:

唐文初尚靡丽而士趋浮薄,宋文初尚钩棘而人习险谲。国初举业有用六经语者,其后引《左传》《国语》矣,又引《史记》《汉书》矣。《史记》穷而用六子,六子穷而用百家,甚至佛经道藏摘而用之,流弊安穷。弘治、正德、嘉靖初年,中式文字纯正典雅。宜选其尤者,刊布学官,俾知趋向。

当时选取了历朝中式文字110篇,作为府、州、县儒学中生员们的考试范文。但结果却并无丝毫的作用。"时方崇尚新奇,厌薄先民矩矱,以士子所好为趋,不遵上指也。启、祯之间,文体益变,以出入经史百氏为高,而恣轶者亦多矣。虽数申诡异险僻之禁,势重难返,卒不能从。论者以明举业文字比唐人之诗,国初比之初唐,成、弘、正、嘉比盛唐,隆、万比中唐,启、祯比晚唐云。"(《明史·选举一》)这里虽然讲的主要是乡试文字,但礼部官员们显然认为问题出于平时在校考试的要求,因此才奏请选择范文,刊布于学宫,以为学校中岁试和科试的准则。

礼部所坚持的旧的考试标准,虽然由于晚明文风的变化而未能奏效,但是礼部所提出这一问题的同时也反映出了当时对于旧有考试制度的维护。尽管随着文风的变化,生员们考试时所作文章内容已经逐渐脱离了明初所规定的文字限制,然而这只是十分有限的变化,还不足以影响到明

代学校考试制度的本身。

二、乡试、会试、殿试

与明代生员的在校考试相比,乡试、会试、殿试是更为重要的考试。人们一般习惯于将这三次考试称之为科举考试,而不称生员在校时为取得乡试资格进行的科考为科举考试。

《明史·选举志》中说:

> 三年大比,以诸生试之直省,曰乡试。中式者为举人。次年,以举人试之京师,曰会试。中式者,天子亲策于廷,曰廷试,亦曰殿试。分一、二、三甲以为名第之次。一甲止三人,曰状元、榜眼、探花,赐进士及第。二甲若干人,赐进士出身。三甲若干人,赐同进士出身。状元、榜眼、探花之名,制所定也。而士大夫又通以乡试第一为解元,会试第一为会元,二、三甲第一为传胪云。子、午、卯、酉年乡试,辰、戌、丑、未年会试。乡试以八月,会试以二月,皆初九日为第一场,又三日为第二场,又三日为第三场。

这是对于有明一代科举考试的最基本的概括叙述。

明代科举初行于洪武三年(1370年),当时所下初设科举条格诏,见于王世贞《弇山堂别集·科试考》:

> 洪武三年五月初一日,奉天承运皇帝诏曰:朕闻成周之制,取材于贡士。故贤者在职,而其民有士君子之行,是以风俗淳美,国易为治,而教化彰显也。汉、唐及宋,科举取士,各有定制,然但贵词章之学,而未求六艺之全。至于前元,依古设科,待士甚优。而权豪势要之官,每纳奔竞之人,辛勤岁月,辄窃仕禄,所得资品,或居士人之上。怀材抱德之贤,耻于并进,甘隐山林而不起。风俗之弊,一至于此。今朕统一中国,外抚四夷,与斯民共享升平之治。所虑官非其人,有

伤吾民,愿得君子而用之。自洪武三年八月为始,特设科举,以取怀材抱德之士,务在经明行修,博古通今,文质得中,名实相称。其中选者,朕将亲策于廷,观其学识,品其高下,而任之以官,果有材学出众者,待以显擢。使中行文武,皆由科举而选,非科举,毋得与官。敢有游食奔竞之徒,坐以重罪,以称朕责实求贤之意。所有合行事宜,条列于后:

一、乡试会试文字程式

第一场试五经经义,各试本经一道,不拘旧格,惟务经旨通畅,限五百字以上。《易》程朱氏注、古注疏,《书》蔡氏传、古注疏,《诗》朱氏传、古注疏,《春秋》左氏、公羊、穀梁、胡氏、张洽传,《礼记》古注疏。四书义一道,限三百字以上。

第二场试礼乐论,限三百字以上,诏诰表笺。

第三场试经史时务策一道,惟务直述,不尚文藻,限一千字以上。

第三场毕后十日面试,骑观其驰骤便捷,射观其中数多寡,书观其笔画端楷,律观其讲解详审。

殿试时务策一道,惟务直述,限一千字以上。

一、出身

第一甲第一名从六品,第二、第三名正七品,赐进士及第。

第二甲一十七名,正七品,赐进士出身。

第三甲八十名,正八品,赐同进士出身。

一、乡试

各省并直隶府州等处,通选五百名为率,人材众多去处,不拘额数,若人材未备不及数者,从实充贡。

河南省四十名,山东省四十名,山西省四十名,陕西省四十名,北平省四十名,福建省四十名,江西省四十名,浙江省四十名,湖广省四十名,广西省二十五名。在京乡试直隶府州一百名。

一、会试额取一百名。

一、高丽国,安南、占城等国,如有经明行修之士,各就本国乡试,贡赴京师会试,不拘额数选取。

一、开试日期

乡试,八月初九日第一场,十二日第二场,十五日第三场。

会试,次年二月初九日第一场,十二日第二场,十五日第三场。

殿试,三月初三日。

一、三年一次开试。

一、于洪武三年乡试,洪武四年会试。

一、各省自行乡试,其直隶府州赴京乡试。凡举,各具籍贯、年甲、三代本姓,乡里举保,州县申行省,印卷乡试,中者,行省咨解,中书省判送礼部,印卷会试。

一、仕宦已入流品及曾于前元登科并曾仕宦者,不许应试。其余各色人民并流寓各处者,一体应试。

一、有过罢闲人吏、娼优之人,并不得应试。

一、应举不第之人,不许喧闹撼拾考官及擅击登闻鼓,违者究治。

一、凡试官不得将弟男子侄亲属徇私取中,违者许赴省台指实陈告。

一、科举取士,务得全材,但恐开设之初,骑射书算未能遍习,除今科免试外,候二年之后,须要兼全方许中选。于戏,设科取士,期必得乎全材,任官惟能,庶可成于治道。咨尔有众,体朕至怀,故兹诏示,想宜知悉。

这是明代最早关于科举考试的明文规定。虽然早在太祖建国前一年的吴元年(1367年),即已有设文武二科取士之令,但当时主要是"使有司劝谕民间秀士及智勇之人,以时勉学,俟开举之岁,充贡京师"(《明史·选举志》)。还只是行科举的准备,尚未正式开科。洪武三年的诏书才将考试时间、内容、取录标准及范围等做出了比较明确的规定,并从此成为有明一代科举取士的基础。

但就上引诏文及当时科举情况来看,由于制度初行,尚未完备,且仅为是年科举而诏,与其后渐趋成熟的科举取士尚有一定差距。所以宋濂在当时所作的《庚戌京畿乡闱纪序》中说:"兵后废学,不敢求备于人,其来试者一百三十有三,在选者过半焉。"(《宋文宪公全集》卷一《庚戌京畿乡闱纪事》)这次乡试中式者72人,确实超过了参试者的一半。虽然洪武三年只是举行了乡试,但京畿的乡试主试为御史中丞刘基、治书侍御史秦裕伯,同考则翰林侍读学士詹同、弘文馆学士睢稼、起居注乐韶凤、尚宝丞吴潜和国史编修宋濂,可谓是名臣荟萃。这次京畿乡试的中式举人,均未再参加次年的会试,全部都授予了官职。

从洪武三年的诏书来看,虽然分为乡试和会试两级考试,但其所考的内容规定则是相同的。

按照明朝人的记述,洪武三年,除去京畿的乡试外,各地也大都举行了乡试,所取录的举人全部到京授予了官职:"洪武四年辛亥,始开科取士。……此世所知也。不知先一年庚戌。以明经荐至京师者,上俱亲策问之,赐徐大全等出身有差。……则庚戌实开天第一科。"(《万历野获编》卷一五《洪武开科》)

事实上,洪武三年各地乡试后,举人赴京听选,虽然也进行了策问,但是并不是正式的会试。正式的会试则始于洪武四年(1371年),即明人所谓的辛亥开科。《明史·选举志》中说:"明年(即四年)会试,取中一百二十名。帝亲制策问,试于奉天殿,擢吴伯宗第一。午门外张挂黄榜,奉天殿宣谕,赐宴中书省。授伯宗为礼部员外郎,余以次授官有差。"同时又说,"时以天下初定,令各行省连试三年,且以官多缺员,举人俱免会试,赴京听选。"由此可知,当时会试者并非前乡试的举人,因为举人们未参加会试,便均已授官了。而参加会试的举人,则显然是各省所另选,而且也并非当年乡试的中式举人。这是明初典制未定情况下的特例。明人沈德符曾记:

> 洪武四年辛亥,始开科取士。时自畿辅外加行中书省,凡十有一列,中式者一百二十名。而吾浙得三十一人,盖居四分之一,而会元

俞友仁,复为浙西之仁和人。首藩首科,盛事如此。(《万历野获编》卷一五《开国第一科》)

这取中的一百二十人经过廷试后,吴伯宗、郭翀、吴公达被取为一甲前三名,伯宗授员外郎,其余二甲以上授主事,三甲授县丞。

从洪武三年至五年,连续三年乡试,其间四年又举行了会试,而且乡试与会试又各有不同的参加者,这对于战乱后重振读书风气,无疑起到了相当大的推动作用。

不过这次开科取士仅行三年便诏令停止了。洪武六年(1373年),太祖谕中书省臣:

有司所取多后生少年,观其文词,若可有为,及试用之,能以所学措诸行事者甚寡。朕以实心求贤,而天下以虚应朕,非朕责实求贤之意也。今各处科举宜暂停罢,别令有司察举贤才,必以德行为本,而文艺次之。(王世贞:《弇山堂别集》卷八一《科试考一》)

从当年各地已经送到的举人情况看,确实都是一批年轻人。其中河南解额内选中的四名,第一名张唯二十七岁;其次王辉二十八岁,李端二十一岁,张翀二十七岁。山东五名,第一名王琏二十三岁;其次张凤二十八岁,任敬二十六岁,陈敏二十三岁,马亮二十五岁,没有一个年高老成者。

这次暂停罢科举后,直到十五年(1382年)复设,其间停罢达九年。

"洪武十五年八月丁丑朔,诏复科举,期三年,著为令。"(《国榷》卷七)然十五年并未见科试之行。十七年(1384年)始定科举之式,命礼部颁行于各省,此后遂有科举定制。是年乡试,诏令不拘额数,从实充贡。这一年,应天府中式举人多达二百二十九人,其中大部分是国子监生员。这很使太祖为之兴奋,他认为这是他兴办学校的成绩。这当然与国子监育才有一定的关系,但是多年来积压人才,也是十七年乡试兴盛的原因。

随后便是十八年的会试和廷试,这次会试取录黄子澄、练子宁、花纶等人,但廷试后太祖因为做梦的缘故,改以丁显为状元,练子宁第二,花纶第三,黄子澄取为三甲。这便是著名的洪武乙丑科。这一科取录的进士中确实出了不少的名人。有明一代的科举制度,也从十七年以后开始确定了下来。

十七年三月戊戌朔,命礼部颁行科举程式:凡三年大比,子午卯酉年乡试,辰戌丑未年会试。举人不拘额数,从实充贡。乡试八月初九日第一场,试四书义三道,每道二百字以上,经义四道,每道三百字以上。未能者许各减一道。四书义主朱子集注,经义,《诗》主朱子集传,《易》主程、朱传义,《书》蔡氏传及古注疏,《春秋》主左氏、公羊、穀梁、胡氏、张洽传,《礼记》主古注疏。十二日第二场,试论一道,三百字以上,判语五条,诏诰章表内科一道。十五日第三场,试经史策五道,未能者许减其二,俱三百字以上。次年礼部会试,以二月初九日、十二日、十五日为三场,所考文字与乡试同。乡试,直隶府州县则于应天府,在外府县州则于各布政司。其举人,则国子学生及府州县学生员之学成者、儒士之未仕者、官之未入流者,皆由有司申举性资敦厚、文行可称者应之。其学校训导专教徒及罢闲官吏、倡优之家与居父母丧者,并不许入试。其中式者,官给廪,传送礼部会试。考试官皆访经明公正之士,官出币帛,先期敦聘。主文考试官二人,文币各二表里,同考试官乡试四人,会试八人,文币各一表里。提调官,在内,乡试应天府官一人,会试礼部官一人,在外,布政司官一人。监视官,在内,监察御史二人,在外,按察司官二人。供给官,在内,应天府官一人,在外,府官一人。收掌试卷官一人,弥封官一人,誊录官一人,对读官四人,受卷官二人,皆择居官之清慎者充之。巡绰监门,搜检怀挟官四人,在内,从都督府委官,在外,从守御官委官。凡供用笔札饮食之属,皆官给之。举人试卷自备,每场草卷正卷各用纸十二幅,首书三代姓名及其籍贯、年甲、所习经书。在内赴应天府,在外赴

布政司印卷,会试、殿试赴礼部印卷。试之日,黎明,举人入场,每人用军一人守之,禁讲问代冒,至晚纳卷,未毕者给烛三枝。文字回避御名庙讳,及不许自叙门地。弥封者编号作三合字,誊录者用朱,考试官用墨,以防欺伪。其会试中式者,三月朔日赴殿试。(《弇山堂别集》卷八一《科试考一》)

这基本上成为后来所遵循的制度,只是永乐间,因颁行了四书、五经大全,于是废去注疏不用。其后《春秋》亦不再用张洽传,《礼记》皆用陈澔集说,二场试论一道,判五道,诏诰表内科一道。三场试经史时务策五道。与洪武十七年的科举程式略有变动。

成化二年(1466年)丙戌科,定考试等官俱于当月初七日入院,也就是提前两天进入考场,以保证考试有事先较充分的准备,同时还可以防止考官徇私。考试官入院后,就要封锁内外门户。在外的提调、监视等官称外帘官,在内的主考、同考官称内帘官。内帘的同考官最初八名,其中三名翰林、五名教职。景泰五年(1454年)改用翰林及部曹。从此后考官渐增,至正德六年(1511年)增至十七人,分为《诗经》五房,《易经》《书经》各四房,《春秋》《礼记》各二房,共十七房。万历十一年(1583年)癸未科,因《易经》卷多,乃减《书经》一房,增《易经》一房。十四年丙戌科《书经》卷多,增《书经》一房,而共为一十八房。四十四年丙辰科,《诗经》《易经》复各增一房,共为二十房,用翰林官十二人、六科官四人、六部官四人,共二十人充职,终明之世未再有变化。

廷试又叫作殿试,是在会试取录以后对取录的士子们进行的重新排名的考试。

洪武三年初行科举诏时便对殿试做了考试内容的规定:试时务策一道,要求在千字以上。按照规定,殿试须由皇帝亲自策问,一应考试官员各有其职。洪武三年公布的殿试时间定在会试同年的三月初三日,但次年正式举行会试后,却未按照这一规定的时间举行。《明会典·殿试》中记道:"四年,定恩荣次第。二月十九日,御奉天殿策试贡士,二十日午门外唱名,张挂黄榜,奉天殿钦听宣谕,同除授职名,于奉天门谢恩。二十二日赐宴于中书省,二十三日,国子学谒先圣,行释菜礼。"洪武初仅举行了这一次会试,到洪武六年(1373年)应该再行会试的时候,却又诏令停止了。直到十七年(1384年)重开科举,始于次年会试后再行廷试。其后廷试时间渐定于会试同年三月初一日。

殿试的定制始于永乐二年(1404年),《明会典·殿试》记:

> 永乐二年定,前期,礼部奏请读卷并执事等官。其读卷,以内阁官,六部、都察院、通政司、大理寺正官,詹事府、翰林院堂上官;提调以礼部尚书、侍郎;监试,以监察御史二员;受卷、弥封、掌卷,俱以翰林院,春坊、司经局,光禄寺、鸿胪寺、尚宝司,六科及制敕房官;巡绰以锦衣等卫官;印卷,以礼部仪制司官;供给,以光禄寺、礼部精膳司官。至日,上御奉天殿,亲赐策问。诸举人对策毕,诣东角门纳卷,出。受卷官以试卷送弥封官,弥封讫,送掌卷官,转送东阁读卷官处,详定高下。明日,读卷官俱诣文华殿读卷。御笔亲定三名次第。赐读卷官宴。宴毕,仍赐钞,退于东阁拆第二甲、三甲试卷,逐旋封送内阁填写黄榜。明日,读卷官俱诣华盖殿,内阁官拆上所定三卷。填榜讫,上御奉天殿传制。毕,张挂黄榜于长安左门外。顺天府官用伞盖仪从,送状元归第。明日,赐状元及进士宴于礼部,命大臣一员待宴,读卷执事等官皆预。进士并各官皆簪花一枝。教坊司承应。宴毕,状元及进士赴鸿胪寺习仪,又明日,赐状元冠带朝服一袭。诸进士宝钞,人五锭。后三日,状元率诸进士上表谢恩。明日,状元率诸进士诣国子监,谒先师庙,行释菜礼。礼毕,易冠服。礼部奏请命工部于国子监立石题名。

永乐以后,基本上依照这一定制,未再有大的变化。

中式的第二甲、第三甲进士中还有一种考选庶吉士的制度。所谓庶吉士,是一种尚未正式评级授官前的储备官员,取《书经》中"庶常吉士"

之义。太祖初时置有六科庶吉士。洪武十八年(1385年)以后,改以进士在翰林院、承敕监等近侍者称庶吉士,永乐二年(1404年)正式定置翰林院庶吉士,"选进士文学优等及善书者为之"(《明史·职官志》)。从此成为一种制度,但是并非历科皆行。弘治中大学士徐溥在谈到考选庶吉士的制度时曾经说道:"自永乐二年以来,或间科一选,或连科屡选,或数科不选,或合三科同选,初无定限。或内阁自选,或礼部选送,或会礼部同选,或限年岁,或拘地方,或采誉望,或就廷试卷中查取,或别出题考试,亦无定制。……请自今以后,立为定制,一次开科,一次选用。令新进士录平日所作论、策、诗、赋、序、记等文字,限十五篇以上,呈之礼部,送翰林考订。少年有新作五篇,亦许投试翰林院。择其词藻文理可取者,按号行取。礼部以糊名试卷,偕阁臣出题考试于东阁,试卷与所投之文相称,即收预选。每科所选不过二十人,每选所留不过三五辈,将来成就必有足赖者。"(《明史·选举志》)从此翰林院庶吉士的考选成为常制。这应该算是明代最高级别的考试了。与选者称为馆选,入翰林院学习三年,以品高资深的翰林及詹士府官员一人专课其事,称教习。庶吉士三年学成后,优者留翰林院为编修或检讨,次者出为给事中或者御史,谓之散馆。这一制度一直沿袭至明末。

三、"八股文"与分卷制度

《明史·选举志》在谈到科举制度时曾说:

> 科目者,沿唐、宋之旧,而稍变其试士之法,专取四子书及《易》《书》《诗》《春秋》《礼记》五经命题试士。盖太祖与刘基所定。其文略仿宋经义,然代古人语气为之,体用排偶,谓之八股,通谓之制义。

这里所说的八股文,便是明代科举考试的试卷文字。关于八股文取士的定制,过去人多据上文,而以为系太祖与刘基所定,即始于明初。但其实前文中只说"专取四子书及……五经命题试士",乃太祖与刘基所定。后面所谓作文之法,可以是泛指有明一代的试文,未必说太祖时即以八股取士。因为清修《明史》时,与修诸人对八股取士说已有不同看法,不必断言其始于太祖与刘基所定。

清人胡鸣玉曾考订此事:

> 今之八股文,或谓始于王荆公,或谓始于明太祖,皆非也。案《宋史》,熙宁四年,罢诗赋及明经诸科,以经义论策试进士,命中书撰大义式颁行。所谓经大义,即今时文之祖,然初未定八股格,即明初百余年,亦未有八股之名,故今日所见先辈八股文,成化以前,若天顺、景泰、正统、宣德、洪熙、永乐、建文、洪武百年中,无一篇传也。(胡鸣玉:《订讹杂录》卷七,转引自黄云眉《明史考证》第500页)

这应该算是一个颇为有力的明证。鸣玉,字廷佩,号吟鸥,青浦人,乾隆中荐举博学鸿词,对考订文字等颇见功力,他既能断言明成化前未见八股文字,必然看到过不少当年的经义试卷。明清之际顾炎武,也曾谈到八股始于成化间的情况:

> 经义之文,流俗谓之八股,盖始于成化以后。股者,对偶之名也。天顺以前,经义之文不过敷演传注,或对或散,初无定式,其单句题亦甚少。成化二十三年,会试"乐天者保天下"文,起讲先提三句,即讲"乐天"四股,中间过接四句,复讲"保天下"四股,复收四句,再作大结。弘治九年,会试"责难于君谓之恭"文,起讲先提三句,即讲"责难于君"四股,中间过接二句,复讲"谓之恭"四股,复收二句,再作大结。每四股之中,一正一反,一虚一实,一浅一深。其两扇立格,则每扇之中各有四股,其次第之法,亦复如之。故今人相传,谓之八股。

又说:

发端二句或三四句,谓之破题,大抵对句为多,此宋人相传之格(本之唐人赋格)。下申其意,作四五句,谓之承题。然后提出夫子为何而发此言,谓之原起。至万历中,破止二句,承止三句,不用原起,篇末敷演圣人言毕,自撼所见,或数十字,或百余字,谓之大结。国初之制,可及本朝时事,以后功令益密,恐有藉以自炫者,但许言前代,不及本朝。至万历中,大结止三四句,于是国家之事,罔始罔终,在位之臣,畏首畏尾,其象已见于应举之文矣。(《日知录》卷一六《试文格式》)

这里不仅谈到了八股文,而且谈到了八股文对于文风的负面影响。于是后来人们一般都批评八股文,认为八股文不仅束缚人们的思想,而且导致了文风日下。清人阮葵生《茶余客话》更将明代科举试文做了前后对比,他认为,明初科举,诏令举子经义不超过三百字,亦不得浮词异说。篇末大节,可以各抒己见,陈论国家时事。试文具有相当的实际能力的考验。而后因功令加严,忌讳日深,便不再许言本朝之事,至百余年后,即至成化年间,试文渐为冗长,凡千百余言,庸陋支离,无恶不备,并据杨慎所言:"破题谓之马笼头,处处可用也;又舞单枪鬼,一跃而上也;又八寸三分帽子,无不可套也;起语数十百言为寿星头,长而虚空也。"(阮葵生:《茶余客话》卷一六,转引自黄云眉《明史考证》第501页)

这段话十分形象地勾画出了明代八股文之弊,但这同时也给人们提出了一个颇为费解的问题,八股文作为明代士子考试的试文究竟应当如何评价。如明清两代学者们的所言,明初本是不用八股的,至成化末始行,然而恰恰是并未以八股文取士的成化以前,却也正是文化的禁锢时期。明代的文化自从洪武"文字之祸"以后,在专制控制之下,出现了文坛寂寞的局面。永乐以后,文坛盛行"台阁体",粉饰太平,歌功颂德而又空洞无物的文风成为当时的主流。成化以后,社会风气为之一变,文风也随之而出现了变化。如《明史》中所说,论者常以明代举业文字比唐人之诗,国初比初唐,成、弘、正、嘉比盛唐,隆、万比中唐,启、祯比晚唐。这种比拟是否恰当姑且不论,但其所反映出的明代科举试文风气变化的几个阶段则颇为清楚。而这与有明一代文化发展变化的情况也是颇相符合的。也就是说,成化以后八股文取士的结果,并未影响到当时文化的发展。而且再到后来,科举试文也都进一步崇尚新奇,"厌薄先民矩矱,以士子所好为趋,不遵上指也"(《明史·选举一》)。八股文依然,而举业文字毕竟变化了,整个社会的文风也毕竟变化了。将文运的不振归咎于八股文,看来也未必就那么恰当。

如果我们能够从八股文的出现重新考虑一下对它的评价的话,应该说,它的主要作用还是使科举考试更加规范化。也就是说,八股文是一种格式化的答卷形式。在传统文化考试的情况下,考官需要一种格式化的答卷,使他们能够有相对固定的评卷参照,以八股取士实际便是由此而形成的。

事实上有明一代的考生中,尽管有些人将八股文作为生平文章的写作方式,然而更多的人是将其作为入仕的敲门砖的。弘、正间的著名才子唐寅起初便是"不事诸生业"的,后以祝允明的规劝,"乃闭户浃岁",举弘治十一年(1498年)乡试第一名。座主梁储奇其文,还朝示学士程敏政,敏政亦奇之。(《明史·唐寅传》)虽称是一篇奇文,但必定是按照八股的格式去作的。如果唐寅不是后来被牵到江阴徐经科场案中的话,必定还能够考中进士。作八股文字,并没有影响唐寅在诗文与绘画上的发展,他显然是将八股文作为入仕的敲门砖了。

考试规范化是考试制度发展的必然结果,是一种进步。在中国传统科举考试中,基本上是采取了作文考试的形式,以八股文为考试规定,就要求应试人必须去作政论文字,而不能随意去作任何其他形式的文字,如诗词歌赋等等。而一般来说,政论文字对于考生写作能力和逻辑思维能力等方面的考察较之其他文章形式要更加有利,由此而论,八股文虽然有其束缚人们思想的一个方面,但其仅仅作为试卷的要求则是有其道理的。清人赵翼在考察八股文字时,曾经谈到八股文的破题,他说:"今八股起二句曰破题,然破题不始于八股也。"其下所举诸例包括了经义文字和诗

词歌赋各种文体,都有破题的写作方式:"范蜀公赋《长啸却敌骑》,破题云:'制动以静,善胜不争。'宋景文破题云:'月满边塞,人登戍楼。'是皆赋之破题也。诗亦有破题。……骆宾王《灵隐寺》诗唯破题'鹫岭郁龙宫隐寂寥'是宋之问所作,下皆宾王作。此又诗之破题也。"(《陔余丛考·破题》)破题只是一种文章格式的要求,有了同样的要求,才能有相对接近的标准。

对于荐举来说,科举是一个进步;就科举考试自身来说,八股文考试比其以前的经义考试又是一个进步。

随着明代社会与文化发展变化,到明朝末年,在取士标准上也发生了一些变化:

> (崇祯)七年甲戌,知贡举礼部侍郎林釬言,举人颜茂猷文兼五经,作二十三义。帝念其该洽,许送内帘。茂猷中副榜,特赐进士,以其名另一行,刻于试录第一名之前。五经中式者,自此接迹矣。(《明史·选举二》)

崇祯十年(1637年)有揭重熙,十六年(1643年)又有谭贞良、冯元飙,均以"五经"中式。这也许意味着科试形式上将要发生一些变革。但是历史却没有给予明朝人以这个机会,一年以后,明朝便在李自成农民军的打击下灭亡了。

明代将中国传统考试制度推向成熟的另一个标志是会试的分卷制度。洪武三十年(1397年)丁丑科发生了"南北榜"事件,这成了明代有南卷与北卷之分的开始,但这还不是分卷制度,而只是太祖为加强对科试控制的手段。明代真正实行分卷制度始于洪熙元年(1425年),仁宗命杨士奇等定取士之额,南人十之六,北人十之四。到宣德、正统间,又分为南、北、中三卷,南卷占55%,北卷占35%,中卷占10%。景泰二年(1451年)辛未科曾一度废止分卷,但立即引起廷臣们的争论,到五年(1454年)甲戌科,便又恢复了分卷取录的制度。

南卷:应天及苏、松诸府,浙江,江西,福建,湖广,广东。

北卷:顺天诸府,山东,山西,河南,陕西。

中卷:四川,广西,云南,贵州,凤阳、庐州二府,滁、徐、和三州。

其后因为当国权臣南人北人不同,又发生各为其地方之利而增减分卷比例之事。如成化二十二年(1486年)丙午科,因大学士万安与礼部尚书周洪谟均为四川人,乃借布政使潘稹之请,南、北各减二名,以给中卷。正德三年(1508年)戊辰科,给事中赵铎按照当权太监刘瑾旨意请增河南、陕西、山东、山西乡试名额,于是增陕西乡试额为百名,河南95名,山东、山西俱90名,以刘瑾陕西人也。又以会试南、北、中卷为不均,于是再增中卷的四川额10名,并入南卷,其余中卷均并入北卷,南、北各取150名。但是这些人为的变化,都没有能够改变分卷制度,有明一代始终采取了分卷取录的考试制度。

分卷制是针对全国文化发展的不平衡状况而制定的,对于全国文化的发展与协调有相当重要的作用。尤其是在实行单纯文化考试取用官员的情况下,分卷制起到了补充文化考试局限性的作用。

四、科场事例

明代之行科举考试,自洪武三年(1370年)庚戌科开科起,至崇祯十六年(1643年)癸未科止,前后270余年,其中除洪武六年(1373年)至十七年(1384年)暂停四科外,每三年一大比,其间凡有特殊情况而延误者,即于其后补试,计共开科会试87次,乡试90次。

明代科举虽有定制,然历科亦或有所不同,或以取录者众而称科试之盛世,或因科场案发而罪及考官、士子,或以故而未能循制开科,或当权者肆行而弊窦难除,故后人对于明代的科试述论颇多,许多科场事例,成为后世所依据的故事,也有一些则成为后世教训与借鉴。

太祖罢而复开科举,即洪武十八年(1385年)乙丑科会试,取中472人,初以黄子澄第一、练子宁第二、花纶第三,廷试后花纶第一、练子宁第二、黄子澄第三。但启封后,据称太祖以梦故,改擢丁显为第一、练子宁第

二、花纶第三,而抑黄子澄为三甲。太祖究竟做了何梦,史记不详。但有见丁显应试策刻本者,"仅三百字,称上为上位,余多不成语"(《弇山堂别集》卷八一《科试考一》)。不知以何故而得状元。太祖复开科举后,科举与荐举并行。时已停罢四科,十余年间,学校颇盛,新培养的士子渐众而前朝遗逸渐少,非考试不足以从中拔擢人才,故被迫行科举之法,然心中不无疑虑,再四科之后,便有洪武三十年(1397年)丁丑科会试的"南北榜"案。

《明史·选举志》中说:"自太祖重罪刘三吾等,永、宣间大抵帖服。"所谓帖服者,士子考官循例而行也,但科场并非无事。如建文二年(1400年)庚辰科会试,原以王艮为第一名,只因其貌不及胡广,而胡广策文中又多指斥亲藩,于是改以胡广为第一名,王艮为第二名。建文帝的这次廷试改取结果,后来被证明并不识人。胡广虽然指斥亲藩,后来却迎附了成祖,王艮则不肯迎附而死,成为建文遗臣中的代表。

按照明代科试的规制,永乐元年(1403年)癸未,为会试年份,但其前一年,即建文四年(1402年),因成祖夺位而未及乡试,故无法如期举行会试,遂以元年举行乡试,而次年甲申会试,取录472人,被视为有明一代稀有之盛。明人称之为:"盖补癸未会试,且仿洪武乙丑科例也。"(《弇山堂别集》卷八一《科试考一》)其实这次会试与洪武乙丑科根本不同。洪武乙丑科是在停罢科举十五年之后复行,积压人才甚多,故一次取录472人。永乐此科,目的只为笼络士大夫,以证明其夺位有名。廷试后选二甲中文学优长及善书者61人,为翰林庶吉士。次年再选28人于文渊阁肄业,人称二十八宿。时翰林缺官是为其一,而以此制造文治盛世,也是成祖开科的目的。

永乐四年(1406年)丙戌,再依制开科会试,即发生科场事件。《明太宗实录》卷五二记:

壬寅,上御奉天殿试礼部举人朱缙等二百一十九人。

又记:

乙巳,上御奉天殿阅举人对策,擢林环为第一,赐环等二百一十九人进士及第出身有差。

再记:

上虑礼部下第举人中或有遗才,复亲试之,得文学优等二十一人,各赐冠带。简周翰、蓝勖进学于翰林院,李弼为汉府伴读,王乐孟等十八人肄业于国子监,以俟后科。(《解文毅公集》卷一三《翰林蓝君勖墓志铭》)

所谓"上虑礼部下第举人中或有遗才",即因会试后发生举子不平之事。解缙后为蓝勖作墓志铭称:"永乐四年春,天下会试南宫。状出,嚣然称屈,圣天子临轩复试副榜三百三十又一人,余友蓝君勖中第二名,特赐冠带,同进士及第,入翰林为庶吉士。"(同上)是此科会试中已发生问题,而解缙本人其后又以此科廷试读卷不公获罪,其中虽有汉王等人的谗陷,但廷试中似乎也发生了一些问题。只是永乐初的政治形势下成祖欲掩其事,自然也就无人敢于言及了。

科试是当时文人们入仕为官的必经之途,因此科试中各种人为的问题必然难于避免。成祖其人颇有太祖之风,科试中考官唯唯行事,所谓科试不公,恐非考官有意而为,或与洪武丁丑科事相类,亦未可知。如永乐十三年(1415年)会试,考官梁潜、王洪初拆卷得第一名为陈循,因为其乡人,避嫌改置第二。可见考官处事之谨慎。而取录之中,随成祖之意而定则有永乐十六年(1418年)取状元李马,成祖以其名不雅,改马为骐,至唱名时无人出应。永乐二十二年(1424年)会试,原取第一名孙曰恭,成祖嫌其曰恭二字连写类暴字,改取邢宽为第一,颇有政治笑话的味道了。

宣德七年(1432年)秋闱,顺天府乡试即发生科场作弊的事件:

是岁九月，顺天府尹李庸检举科场诈冒事，御史杨怀，给事中虞祥等劾奏庸及监试等官御史梁广成等罪，上命姑宥之。已而顾侍臣曰："科举求贤，国家重事，于此而不用心，他事可知已。御史、给事中所劾，本不宜宥，但念斯事因庸觉察，不然奸弊不克露矣。"（《弇山堂别集·科试考一》）

宣宗所言很有些意思，若无人检举，则奸弊无人能知，这种情况恐怕不仅仅于一次顺天府乡试了。

在明代的科试中，因分籍贯而应不同省份或南北两京乡试，于是发生了一些人冒籍的情况。景泰四年（1453年）癸酉科顺天府乡试中便发现了冒籍中举的士子。这件事引起了朝廷的重视，"命锦衣卫俱执送刑部问，未发露者，许出首逮问，同学知而不首者同罪"。并且申明了今后考官的职责："今后科场知贡举、监试、提调等官，务在防范严切，不许容情。冒名、换卷、截卷、传递文字并说话作弊，监门、搜检、巡绰、监试官军，敢有如前容隐不举作弊者，俱治以重罪。帘外执事官，临期于吏部听选文学出身者充之。"（《弇山堂别集·科试考二》）

顺天府乡试于明代最为人所重，也最常见科场之事件。至景泰七年（1456年）丙子乡闱，顺天府又发生科场之争。当年内阁大学士王文之子王伦、陈循之子陈瑛应顺天府乡试未中，于是王文、陈循上言考中译字官送试不中为失旧制，又言其子不中为考官忽略之故，及出题偏驳，犯宣宗御讳。诏礼部与大学士高谷等复验取中举人试卷，结果有优于二人者，有同于二人者，亦有不及二人者，而其中第六名林挺朱卷上无批语。事发后，六科请治王文、陈循之罪，高谷上书请求致仕，科道与阁臣间矛盾公开。宣宗不愿事情闹大，除将林挺送锦衣卫鞫问之外，余皆不纠。世间阿附者"有钦赐举人之称"（《弇山堂别集·科试考二》）。

科举考试虽称公正严明，但其实权臣子弟在取录上与一般士子是绝难一视同仁的，天顺元年（1457年）丁丑科会试，市间传民谣道："薛瑄性理难包括,钱溥春秋没主张,问仁既已无颜子,告祭如何有太王。"据说是指考试题目之误。谣中还有"总兵令侄独轩昂"(《弇山堂别集·科试考二》)一句,即指权臣石亨从子石后中式之事。此前虽亦常有尚书、侍郎之弟子中式,但尚无当朝的权臣,故王世贞称成化前无大臣子弟登第者。也正因此,石亨侄中式才颇引起民间舆论的反应。然至成化以后,此类事情日见其多,人皆见惯,反不以为然了。不过自成化以后,科场事端日多,每逢乡会试官员之间寻衅攻讦异己,渐成风气,而吏治日颓,科场舞弊为司空见惯之事。

成化二年(1466年)丙戌科,大学士商辂子良臣,李贤婿程敏政中式,物议颇多而无之如何。三十三年后(弘治十二年,1499年)己未科会试,程敏政为考试官,给事中华升、林廷玉劾程敏政鬻题,著名才子唐寅即被牵于此案之中。

> 先是,敏政问策秘,人罕知者,其故所昵门生徐经居平日窥得之,为其同年解元唐寅说,由是各举答无遗。寅,疏人也,见则矜且得上第。为升及廷玉所论,并敏政下狱按问,经自诬服购敏政家人得之。又寅曾以一金币乞敏政文,送洗马梁储。狱成,敏政致仕,经、寅俱充吏。(《弇山堂别集·科试考二》)

这种科场案子如若是在太祖的时候,恐怕不知会有多少个人头落地了,但成、弘以后情况就全然不同,才会有这样的处理结果,而这一处理结果,却也造就出了唐寅那样的一代才子。

成化十九年(1483年)癸卯科南京乡试亦有试题漏泄之嫌:

> 南京癸卯科,颇有漏泄,方鹿鸣宴,有一老优负净猪一口而至,群优曰:"此猪何为?"老优曰:"要卖。"又问曰:"价几何?"曰:"要银四百一两。"众扑之,老优曰:"不须打,且听我分豁。猪的身重半百,时价一两。"因缩口不言。群优复击曰:"余将何卖?"老优忍疼低说曰:

"那四个蹄儿要卖四百两。"遂哄而去,主司皆愕然。(王锜:《寓圃杂记》卷九《优语》)

事出于老优之口,又于鹿鸣宴上,真是有十足的讽刺意味了。

至于正德中刘瑾专权之下,"以片纸书五十人姓名欲登第,主司不敢拒,唯唯而已"(《弇山堂别集·科试考二》)。而杨廷和之子杨慎于正德六年(1511年)取中状元时,亦有御史言其得制策题及学士贵家人鬻题通贿,结果朝廷并未处理。

嘉靖中,严嵩当国,借科场之事以除异己而取宠于世宗。十六年(1537年)严嵩连摘应天、广东乡试录之语,告以讥讪,应天主考与广东巡按御史俱被逮问。二十二年(1543年)又有山东试录语讥讪之案,御史叶经被杖而死,布政使以下皆远谪。至嘉靖四十年(1561年)以后,南京翰林不得典应天乡试,以当年主考取同乡十三名,被论,与副考俱谪于外。

万历以后党争日激,科试亦成为党争之端。万历四年(1576年)顺天府乡试,取中张居正之子嗣修、懋修,居正死后,御史追论此事,由此而发以攻讦科试得超迁之先。明人沈德符记:

> 自壬午应天,夷陵王少宰子之鼎、之衡败后,并追论江张二子冒滥鼎甲。弹事者俱得志,且超迁。于是乙酉顺天冒籍事起,指出官掖,钟给事以风闻劾之,主试张宫谕调南去,中式者至荷校,蔡侍御请从宽被重贬,而北京兆主试一差,皆目为苦海。

但也有攻讦未果反受弹治者。如万历十九年(1591年)辛卯科乡试,南为陆可教,北为冯琦,出榜后,礼科都给事中胡汝宁出疏纠之,结果未得其逞,反而见黜。因此沈德符评论说:"向来所居为奇货者,一旦丧气失志,无所措手矣。"(《万历野获编》卷一六《指摘科场》)

天启间,宦官魏忠贤当权,科试由其意所为,至民间有传所谓连升三级之故事。天启元年(1621年)辛酉乡试,钱谦益典试浙江事涉关节,当时事未深追,至崇祯间党争再起,温体仁即以此科事攻钱谦益,至其罢官,终明世而不复获用。天启四年(1624年)山东、江西、湖广、福建考官并被罪,皆以策问讥刺,触怒魏忠贤的缘故。此时明朝的科场,已经弊端百出,无法深究了。所以《明史·选举志》中说:

> 其他指摘科场事者,前后非一,往往北闱为甚,他省次之。其贿买钻营、怀挟倩代、割卷传递、顶名冒籍,弊端百出,不可穷究,而关节为甚。事属暧昧,或快恩仇报复,盖亦有之。其他小小得失,无足道也。

这样的评价可以说是一点也不过分的。

第五章　学术流派与宗教

对于明代的学术，历来有着截然不同的看法。清人修《明史》，于明代学术颇多微辞：

> 原夫明初诸儒，皆朱子门人之支流余裔，师承有自，矩矱秩然。曹端、胡居仁笃践履，谨绳墨，守儒先之正传，无敢改错。学术之分，则自陈献章、王守仁始。宗献章者曰江门之学，孤行独诣，其传不远。宗守仁者曰姚江之学，别立宗旨，显与朱子背驰，门徒遍天下，流传逾百年，其教大行，其弊滋甚。嘉、隆而后，笃信程、朱，不迁异说者，无复几人矣。要之，有明诸儒，衍伊、雒之绪言，探性命之奥旨，锱铢或爽，遂启歧趋，袭谬承伪，指归弥远。至专门经训授受源流，则二百七十余年间，未闻以此名家者。经学非汉、唐之精专，性理袭宋、元之糟粕，论者谓科举盛而儒术微，殆其然乎。(《明史·儒林传》)

其于明代学术之褒贬姑且不论，而所概括的有明一代学术流派的发展阶段与脉络，则称中的。

明代的学术确然可以分为明初、明前期、明中叶、明后期四个发展阶段，其脉络则由明初的事功转为前期的一本程、朱，至中叶后，则为理学发展之时期，其后有平民儒学之兴起，至晚明则实学渐兴，学术与政治相兼，学派与党派相合，学术公开成为政治的工具。

明清之际著名学者黄宗羲曾给予明代学术相当的肯定：

> 尝谓有明文章事功，皆不及前代，独于理学，前代之所不及也，牛毛茧丝，无不辨晰，真能发先儒之所未发。程、朱之辟释氏，其说虽繁，总是只在迹上，其弥近理而乱真者，终是指他不出。明儒于毫厘

之际,使无遁影。陶石篑亦曰:"若以见解论,当代诸公尽有高过者。"与羲言不期而合。(《明儒学案》发凡)

黄宗羲在这里讲到了儒、释之争,这也就涉及了明代的宗教与学术的关系。中国的社会到唐以后贵族社会逐渐瓦解,新儒学兴起,社会宗教需要也就发生重大变化,新儒家通过对宗教的吸收与批评,重新成为整个社会的主导思想。明初继续了这种自宋以来的儒、释之争,但是在这种哲学与宗教思想的对立之间,也更表现出了一种相融的趋势。如近世学者钱穆先生所说:"既没有不可泯灭的民族界线,同时亦没有不相容忍的宗教战争。"(《中国文化史导论》第151页)在明朝初年,一些理学家对于佛家学说的精通程度已不亚于高僧,而同时也出现了一些颇通儒学的高僧,以其儒学的精湛而为理学家们所叹服。这种情形到了明代的中叶以后更得到了发展,而终于产生了"三一教",儒、释、道三家不仅于学术交融,而且从形式上出现了合一,这样的一个发展趋势在有明一代是相当明显的。

明代的中国开始从传统社会向近代社会发展,明代的学术也同样表现出了传统学术的后期特征。尤其是明中叶以后学术思想的发展。那时候不仅是中国传统学术发展的繁荣时期,同时也是非常关键的时期,这是清代的经学家们所不能理解的,而且迄今为止我们对于明代学术的价值也许尚未真正的理解。

第一节 从明初到明前期的理学

明太祖起于农家,凭着自己的努力和机遇,在群雄中崛起而有天下,虽然投军之前做过几天和尚,但是无论是对佛学还是儒学,他从来便是一无所知的。然而正是这样一个对学术一无所知的人,却取得了天下的主宰权力,而且同时也就取得了对官方学术的选择权力。历史有时就是这样的微妙,历史的必然往往便在这令人无奈的偶然中充分体现出来。

于是太祖的选择只能是这样的:一是选择对他统治最有利的;一是选择对他影响最深的,那便是宋、元以来的理学。

一、明初的理学

《明史·儒林传》中说:"明太祖起布衣,定天下,当干戈抢攘之时,所至征召耆儒,讲论道德,修明治术,兴起教化,焕乎成一代之宏规。虽天亶英姿,而诸儒之功不为无助也。制科取士,一以经义为先,网罗硕学。嗣世承平,文教特盛,大臣以文学登用者,林立朝右。"这一段文字中所讲到的儒臣,包括了两种人,一种是元末追随太祖起兵取天下的诸儒,如宋濂、刘基等;另一种是明朝建国后因荐举或科举入朝为官的诸儒,如方孝孺、解缙等。他们虽如清人所说皆朱子门人之支流余裔,但于事功却都有不同程度的作为,而且他们的学术都与政治的漩涡搅在了一起,成了成功的或者失败的政治家,而他们所处的特殊时代,也就决定了明初学术的状况。

宋濂,字景濂,其先为金华人,至濂迁于浦江,幼年时就学于闻人梦吉,通"五经"之学,后从吴莱学,又学于柳贯、黄溍。元末荐授翰林编修,辞不就,著书龙门山十余年。太祖取婺州,召见,后命开郡学,以宋濂及叶仪为"五经"师。至正二十年(1360年)三月,与刘基、章溢、叶琛同召至应天(今南京),除江南儒学提举,授太子经,后改官起居注。入明后,官翰林学士,进侍讲学士,知制诰,同修国史,兼赞善大夫,复进学士承旨,致仕。晚年以孙宋慎坐胡惟庸党,免死戍茂州,病故于安置途中之夔州。

宋濂虽然早年投于太祖幕下,但终未跻身功臣之列,这与他始终以儒者自命有直接的关系。他的弟子方孝孺在为他所作的像赞中说:"道术可以化天下,而遇合则安乎命也。该博可以贯万世,而是非不违乎圣也。无求于利达,故金门玉堂而不以为荣;无取于患难,故遐陬绝域而中心未尝病也。卓然间气之挺出,粹然穷理而尽性也。事功、言语传于世者,乃其绪余。而其所存之深,所守之正,挠之而不倚,抱之而不罄也。"(方孝孺:《逊志斋集》卷一九《潜溪先生像赞》)方孝孺作为明初理学的代表人物,更强调其师承的理学家身份并不奇怪。但是他所谓的"绪余",在元末明初之际乃是一种学风。谢国桢在谈到元、明之际的儒生们的时候曾经说道:"至于杨维桢、吴莱等的后一代,若刘基、宋濂、孙作、宋克等,他们比较年轻,少壮有为……他们无不摩拳擦掌,各抒自己胸中韬略,以发挥足智多谋的思想,所以他们所著的书籍,无不是诸子百家之言。刘基著有《郁离子》,宋濂著有《龙门子》,孙作著有《东家子》……形成了元末明初的学风。"(《明末清初的学风》第94页)这是时代使然。

尽管宋濂更为追求儒者的身份,他却无法不去适应当时新旧朝交替的现实。在这一点上,他与那些投身于社会变革的儒者具有同样的心理:用儒家思想去为当政者服务。所以当太祖问他"何书为要"时,他则举《大学衍义》为对。无独有偶,与之同一时代的另一位儒士范祖幹,也曾有过同样的举动:"太祖下婺州,与叶仪并召。祖幹持《大学》以进,太祖问治道何先,对曰:'不出是书。'"(《明史·范祖幹传》)这与那些以放浪形骸,陶情丝竹的玩世不恭掩饰不安的元末文人是截然不同的。

就宋濂的学术而论,他主要是承袭宋儒朱学,他在所作的《萝山杂言》序中说道:"濂自居青萝山,山深无来者,辄日玩天人之理,久之,似觉粗有所得,作《萝山杂言》。"(《宋文宪公全集》卷三八《萝山杂言》)《萝山杂言》共二十首,述其对天人之理的认识,如:

> 人有奔走而求首者,或告之曰:尔首不亡也。指以示之,泠然而悟。学者之于道亦然。
> 世求圣人于人,求圣人之道于经。斯远已。我可圣人也,我言可经也。弗之思耳。

他在《六经论》中也说:

> 六经者,皆心学也。心中之理无不具,故六经之言无不该。六经所以笔吾心之理者也。(《宋文宪公全集》卷三六《六经论》)

这很有些陆学的味道。所以著名的哲学史家容肇祖将其归入明初朱

学中的博学或致知派,是后来心学一派的先声。(《明代思想史》第二章)

在明初朱学确立的过程中,宋濂等人起到了重要的作用。但是宋濂本人却是个调和朱、陆的学者。而且他在学术思想上明显受到佛家思想的影响,这在当时便是人所共知的事情。太祖曾经戏称他为"宋和尚",而称当时的另一位著名高僧宗泐为"泐秀才"。在侯外庐等主编的《宋明理学史》中,特别指出了他与刘基在学术上的异同:

> 与宋濂同时的刘基,也是承"儒先理学之统","为明一代宗师",与宋濂同是明初开国时期的理学家。比较起来,宋濂佞佛,刘基近于道,他们的理学思想不尽相同。(《宋明理学史》下卷第三章)

刘基字伯温,青田人。元末中进士,任官江浙儒学副提举。史书中说:"基博通经史,于书无不窥,尤精象纬之学。"(《明史·刘基传》)是一位诸葛孔明式的人物。太祖下金华,与宋濂等同受聘至应天(今南京),陈时务十八策,设计败陈友谅于龙江,再败之于鄱阳湖,为太祖剪灭群雄功最著。在学术上,他博通经史,读书甚广,是明初理学的代表人物。但正如人们所评论的那样,他于宋儒的学问之外,广读杂览,尤近于道家之说,早年甚至"欲作道未遂"(刘基:《诚意伯文集》卷八《送龙门子入仙华山辞》),始受理学。在他的身上,表现出了一些宋代浙东事功派学者的遗传。

> 基虬髯,貌修伟,慷慨有大节,论天下安危,义形于色。帝察其至诚,任以心膂。每召基,辄屏人密语移时。基亦自谓不世遇,知无不言。遇急难,勇气奋发,计画立定,人莫能测。暇则敷陈王道。帝每恭己以听,常呼为老先生而不名,曰:"吾子房也。"又曰:"数以孔子之言导予。"顾帷幄语秘莫能详,而世所传为神奇。(《明史·刘基传》)

刘基的理学思想,主要集中于他投身太祖幕下以前的作品中,其中最具代表性的是他所著的《郁离子》,也可以算是元末明初学风的代表作,此外《天说》《春秋明经》等,也都集中体现了他的理学思想。例如天道观,他认为:"天之质茫茫气也,而理为其心。"他同时也讲格物致知。尤其是他的"以经明义"的做法,更是与朱熹借经发义有着全然相同的目的。但是由于刘基较之元末明初的其他理学家更明显地追求事功,而且在他的学说中夹杂了许多百家之说的成分,人们往往不将他看作是明初典型的理学儒臣。这其实只是一种误解。从根本学术思想流派来看,刘基无疑属于理学的范畴。《明史·选举志》中说:"科目者,沿唐、宋之旧,而稍变其试士之法,专取四子书及《易》《书》《诗》《春秋》《礼记》五经命题试士。盖太祖与刘基所定。"不仅如此,当时所定乡、会试第一场"五经"义的考试限定必须用程、朱等注传。这也许更能够直接表现出刘基的学术主张。所以侯外庐等主编的《宋明理学史》中,明确地将宋濂、刘基作为明朝开国初理学的代表。

在明初的理学人物中,除去宋、刘之外,还有一些。如建国前死难的王祎,即以通经史而名。洪武五年(1372年)死于出使云南梁王之命的王祎,曾师从于柳贯、黄溍,是元末理学的传人。在其出使劝谕梁王时,恰逢北元脱脱征饷云南,遂遇害。时有劝脱脱者道:"王公素负重名,不可害。"脱脱攘臂曰:"今虽孔圣,义不得存。"(《明史·王祎传》)从脱脱的话中可知,其称"王公素负重名"者,当指理学之名。容肇祖先生认为他是应当属于博学致知的一派的。而他本人也自认为朱学的追随者,他说:"尧、舜、禹、汤、文、武、周公相传之道,至孔子乃集其大成;宋周、程氏者作,复续斯道之统而道南之学由杨时氏,一再传为罗从彦氏、李侗氏,至朱熹氏,又集其大成者也。""大抵儒者之功,莫大于为经,经者,斯道之所载焉者也。有功于经,即其所以有功于斯道也。"(《王文忠公集》卷一一《元儒林传》)这都是典型的理学家之言。

在入明的儒林人物中,以理学知名的还颇有人在,如陈遇、孔克仁、陶安、詹同、朱升、刘仲质、曾鲁、刘三吾、鲍恂、吴沈、桂彦良、陈南宾、宋讷、

许存仁、贝琼、范祖幹、叶仪、谢应芳、汪克宽、梁寅、陈谟等，无论是入朝为官，还是归隐山林，都是致力于学术著作的儒者。

但是明朝开国时期的理学家，在理学思想上一般只是继承朱、陆等人的学说，当时的社会现实条件使他们无法专心于学术的研讨，他们在理学上的著作，大都完成于元明之际的变革之前，而当时那些避乱不仕的儒士，却又大都在颓废放浪表象的掩饰下，谨慎行事，更不可能在学术上有丝毫的发展。明初理学的发展，只有等待下一代人去完成了。

这个在当时有可能完成这一使命的学者，便是著名的逊国名臣方孝孺。

方孝孺，字希直，一字希古。宁海人。二十岁时至应天，从师宋濂。待宋濂于至正二十五年（1365年）返金华探亲守制时，孝孺复相从，"先后凡六年，尽传其学"（《明史·方孝孺传》）。但是实际上由于所处时代和条件的不同，方孝孺不仅"尽传其学"，而且在理学上已经显然有青出于蓝的味道了。方孝孺的先辈们如刘基、宋濂等人，出于时代的种种限制，他们不仅致力于理学，而且旁及文章事功，至称："所为文章，气昌而奇，与宋濂并为一代之宗。"（《明史·方孝孺传》）孝孺则不然，《明史》中说："孝孺顾末视文艺，恒以明王道、致太平为己任。"（同上）黄宗羲在《明儒学案》中则更给予了极高的评价：

> 先生直以圣贤自任，一切世俗之事，皆不关怀。朋友以文辞相问者，必告之以道，谓文不足为也。入道之路，莫切于公私义利之辨，念虑之兴，当静以察之。舍此不治，是犹纵盗于家，其余无可为力矣。其言周子之主静，主于仁义、中正，则未有不静，非强制其本心如木石然，而不能应物也，故圣人未尝不动。谓圣功始于小学，作《幼仪》二十首；谓化民必自正家始，作《宗仪》九篇；谓王治尚德而缓刑，作《深虑论》十篇；谓道体事而无不在，列《杂戒》以自警。持守之严，刚大之气，与紫阳真相伯仲，固为有明之学祖也。（《明儒学案》卷四三《诸儒学案上一》）

方孝孺的这种地位,在他生前便已经具有的了,所以当燕王率军南下的时候,谋臣道衍和尚(姚广孝)曾嘱燕王:"城下之日,彼必不降,幸勿杀之。杀孝孺,天下读书种子绝矣。"(《明史·方孝孺传》)道衍的所谓读书种子,或是指其对于其后学术发展的关键所在,而明代著名思想家李卓吾则以为,所谓读书种子,盖指读书人之种气,即所谓忠义人才也。"一杀孝孺,则后来读书者遂无种也。"(《续藏书》卷五《逊国名臣方公》)李卓吾的看法对于有明一代政治与读书人的关系也许说得更有道理些。

然而方孝孺毕竟还是被成祖杀掉了,于是明初的理学又遭受了一次挫折。成祖的夺位,将明朝的开国延长了将近三十年。而开国的政治形势显然并不适宜于学术的发展。方孝孺之后,已无法再造一个像他那样的学者了。

然而当时毕竟还有极个别的理学精英出现,学者们称之为月川先生的曹端便是其中最著名的一个。他虽然没有方孝孺那样的名声地位,但在理学上却更能够守先儒之正传,为后来的明代理学家们开创了复续先儒之例。

曹端,字正夫,号月川,河南渑池人。据说他"自幼不妄言动",是个天生纯儒的性格。十七岁以前便已"读五经皆遍",但这时他的所学,还当属于"操举子业"的范围。他对于理学的最初接触是在读得谢应芳《辨惑编》后,史称其"笃好之,一切浮屠、巫觋、风水、时日之说屏不用。上书邑宰,毁淫祠百余,为设里社、里谷坛,使民祈报。年荒劝振,存活甚众"(《明史·曹端传》)。永乐六年(1408年),曹端考中乡试,次年会试,又中乙榜第一名。明初颇重师儒,当时朝廷以乙榜充教职,得授山西霍州学正。自任教职后,才真正开始了对于理学的探究。

清人认为曹端是开明初醇儒之先的人物。曹端虽然在理学观点上也有与朱学不尽相同之处,但其基本上是循宋儒的学说,并无更多的"发明"。他对于明初理学的贡献在于"倡明绝学",成为明朝前期追复理学的先驱。清修《明史》中特别强调了他对于宋儒的相承:

初，伊、洛诸儒，自明道、伊川后，刘绚、李吁辈身及二程之门，至河南许衡、洛阳姚枢讲道苏门，北方之学者翕然宗之。洎明兴三十余载，而端起崤、渑间，倡明绝学，论者推为明初理学之冠。（《明史·曹端传》）

在明初诸儒中，曹端也是理学著述最多的一个，所著有《孝经述解》《四书详说》《周易乾坤二卦解义》《太极图说通书西铭释文》《性理文集》《儒学宗统谱》《存疑录》等。

当时著名才子解缙，也是崇尚理学的，他在给太祖的万言书《大庖西封事》中，曾经直言太祖读书之误："陛下好观《说苑》《韵府》杂书，与所谓《道德心经》者，臣窃谓甚非所宜也。《说苑》出于刘向，向之学不纯，溺于妄诞，所取不经，且多战国纵横之论，坏人心术，莫此为甚。《韵府》出于元之阴氏，鄙猥细儒，学孤识陋，蝇集一时，兔园寒士，抄缉秽芜，略无可采。陛下若喜其便于考阅，则愿集一二志士儒英，臣请得执笔而随其后，上溯唐虞夏商周孔之华奥，下及关闽濂洛之佳葩。根实精明，随事类别，以备劝戒，删其无益，焚其谬妄，勒成一经，上接经史，岂非太平制作之一端也钦。今又六经残阙，而《礼记》出于汉时，蠢驳尤甚，宜及时删改，日御经筵，访求审乐之儒，大备百王之典，作《乐书》一经，以惠万世，以承唐虞。"（《明经世文编》卷一一）他本人在读书上虽称渊博，却有着明显的界限，即所谓"虽然书不可不读，有不必读者，有不可读者。方外异端之书不可读，妄诞迂怪之书不必读，驳杂之书不必读，淫佚之书不可读，刻薄之书不可读。"（《解文毅公集》卷九《溪山读书处》）解缙这一读书原则的具体体现，除去给太祖的万言书之外，便是永乐二年（1404年）的朱季友上书案，在这一事件中，解缙充当了理学的卫道士。但是作为一代才子的解缙在学术上却并无可以称道的成就，因而也就无法同方孝孺那样的理臣相比。明初的理学在方孝孺以后确是相当的衰微了，明代理学的重振，则是仁、宣以后的事情。

二、明前期理学的重兴

明朝到了仁、宣以后,出现了所谓的"仁宣之治"的局面。社会的稳定和政治的宽松为学术的发展创造了条件,于是寂寞了一段时间的理学又重新兴起,涌现出了一些颇有成就的理学家。其主要代表人物便是薛瑄、吴与弼、曹端、胡居仁等。

薛瑄,字德温,号敬轩,山西河津人。其父薛贞是元末的宿儒,颇重理学之教,对于薛瑄的影响很大。《明史·薛瑄传》中说:

> 薛瑄,字德温,河津人。父贞,洪武初领乡荐,为元氏(今属河北)教谕。母齐,梦一紫衣人谒见,已而生瑄。性颖敏,甫就塾,授之《诗》《书》,辄成诵,日记千百言。及贞改任荥阳,瑄侍行。时年十二,以所作诗赋呈监司,监司奇之。既而闻高密魏希文(纯)、海宁范汝舟深于理学,贞乃并礼为瑄师。由是尽焚所作诗赋,究心洛、闽渊源,至忘寝食。后贞复改官鄢陵。瑄补鄢陵学生,遂举河南乡试第一,时永乐十有八年也。明年成进士。以省亲归,居父丧,悉遵古礼。宣德中服除,擢授御史。三杨当国,欲见之,谢不往。出监湖广银场,日探性理诸书,学益进。

这段文字记述了薛瑄致学于理学的过程。他在湖广时,手录《性理大全》,至通宵不寐。遇有所得,即便札记(黄宗羲:《明儒学案》卷七《河东学案上》)。"味而乐之,不知手舞足蹈也。"(焦竑:《国朝献征录》卷一三《薛公瑄神道碑》)已经完全投入了。至正统初年,他从湖广还朝时,已经颇有理臣之名了。不久由尚书郭琎荐为山东提学佥事。这更使其得到了理学方面进一步发展的机会,并且开始了讲学活动:"首揭白鹿洞学规,开示学者。延见诸生,亲为讲授。"因此而得"薛夫子"之名。(《明史·薛瑄传》)

后入朝为大理寺左少卿,景泰中起为大理寺丞,又改南京大理寺卿。

英宗复辟,拜礼部右侍郎兼翰林院学士,入内阁参预机务。但因为与权臣石亨等人不相合,在阁数月即告老致仕,居家八年而卒。

薛瑄在学术上秉承程、朱,史书中说他:"学一本程、朱,其修己教人,以复性为主,充养邃密,言动咸可法。尝曰:'自考亭以还,斯道已大明,无烦著作,直须躬行耳。'有《读书录》二十卷,平易简切,皆自言其所得,学者宗之。"(同上)正因为如此,所以后来的学者有人称之为"朱学中的涵养或躬行派"。

薛瑄的躬行主张之所以能够发扬,与其所处的时代有关。明朝从仁、宣以后,实现了文官治国,政治体制也就从开国转到了治国上面。这时候正是明代科举取士的前期,理学成为科试的主要内容,儒学中对于理学的重视使其真正占据了学术思想的统治地位。于是理学权威成了一种社会的需要。从朝廷来说,树立理学的权威,对于其所强调的文治与稳定有利。所以薛瑄在朝中的种种固执举动,都能够得到当政的认可。如其为王振所陷论死,王振家仆至为之泣,因而感动王振而得免。而其以英宗衣冠未整,即立于殿外不入,英宗为之改衣冠。如其种种,说来还都在于他当时的名声,作为理学的代表,也同时便成为了朝内外儒者的代表,而人们对于权威往往比对于一般人更能够给予理解。

不过薛瑄躬行的主张使他没有留下更多的著作。他的代表作只有那部《读书录》,黄宗羲在《明儒学案》中曾对此有所评价:"所著《读书录》,大概为《太极图说》《西铭正蒙》之义疏,然多重复杂出,未经删削,盖惟体验身心,非欲成书也。"(《明儒学案》卷七《河东学案上》)但是当初既然作成札记二十卷,未必没有著述的打算,只是他在理学上,完全遵照程朱的学说,并无一点的逾越,因此著述也便不再必要了。而后来的名声之著,也使得他不再有著述的必要。事实上薛瑄并不仅限于自身的躬行,他还是要将自己的感受教给别人的,只是他没有重视著述,而更重视讲学,以致他居乡八年,"从学者甚众"(同上)。并从而形成了在明代学术史上颇有影响的"河东学派",及其后来的学传"关中之学"。一般学者们认为,"河东学派"应当包括薛瑄及其一传弟子们,从其再传弟子周蕙至四传弟子吕柟则称"关中之学"。

薛瑄的弟子名列儒林的有阎禹锡、段坚，再传有人称小泉先生的周蕙，周的门人有薛敬之、李锦、王爵、夏尚朴等，薛敬之的门人中著名者有吕柟。吕柟是"关中之学"的代表人物，高陵人，字仲木，别号泾野，学者称"泾野先生"。他们都承袭薛瑄的学说，强调理气"不断隔"，性气"不相离"，吕柟更在其基础上改变了薛瑄的"气载乎性，犹舟之载乎人"的说法，提出了"性从气发"的观点，从而发扬了这一学派的理气无缝隙、性在气中的学说。(侯外庐等：《宋明理学史》第五章《薛瑄、吴与弼的理学思想》)

然而"关中之学"的学者所处的时期、条件均与薛瑄那时候已经不同了，不同学派的理学家们的学说已经盛行于儒林，因此，这一派的学者也都改变了当初薛瑄"无烦著述"的做法，都有较多的著述传世。不过从"河东学派"到"关中之学"，其基本学说都是"一本程朱"的，他们"尽管重功夫、贵践履，但无论就这个学派本身和后来这个学派的思想分化来说，却始终没有把理学思想向前推进一步"(同上)。"河东学派"和"关中之学"在明代学术史上为朱学的发扬起到了推动作用，在明初学术相对混杂的情形下，重新寻回了朱学的正统。这种寻复，对于明代理学的发展确实有着相当重要的作用，不过，一旦理学开始其新的发展，这种学术的寻复也就完成了历史的使命，失去了生命力，失去了往日的辉煌。这也正是"关中之学"后来"奄然息响，了无生气"的原因所在。

与薛瑄同时期的另一位朱学代表人物是吴与弼。吴与弼，字子傅，号康斋，江西抚州崇仁人。其父吴溥为国子司业，故自幼得于家教。十九岁时入南京觐亲，得机会从师洗马杨溥。杨溥是明初"三杨"当国时的"南杨"，虽然不以理学知名，但在理学上的修养造诣应当是较深的。吴与弼在其指导下读《伊洛渊源录》后，"慨然有志于道"，"遂弃去举子业，谢人事，独处小楼，玩四书、五经、诸儒语录，体贴于身心，不下楼者二年"(《明儒学案》卷一《崇仁学案》)。与弼原本是个气质偏于刚忿的人，通过这番学习，始有所觉，于是下克己之功，性格发生了根本的变化，从而成为名噪

一时的学者。

吴与弼没有像薛瑄那样通过科举入朝为官,而只是居乡致力于学术。史称其"居乡,躬耕食力,弟子从游者甚众。……雨中被蓑笠,负耒耜,与诸生并耕,谈乾坤及坎离艮震兑异于所耕之耒耜可见。归则解犁,饭粝蔬豆共食。"(《明儒学案》卷一《崇仁学案》)与弼尝叹笺注之繁,无益有害,故不轻著述。因此有些学者也将其列为躬行派的理学家。但他的躬行显然与薛瑄又不尽相同,他不是在政治生活中躬行理学的准则,而是在秉耜躬耕中去领悟理学的真谛。每日晨光才辨,与弼便已起床簸谷,弟子陈献章未起,与弼大声道:"秀才,若为懒惰,即他日何从到伊川门下?又何从到孟子门下?"一日刈禾,镰伤其指,与弼忍疼道:"何可为物所胜!"竟刈如初。(《明儒学案》卷一《崇仁学案》)这样的躬行克己,显然是理学家的行为,而决非一般耕者的所为了。

尽管是躬耕力学,但是当时不少人认为吴与弼志在谋职,因此他六十八岁那年还会应征赴阙,后因朝廷给予的职位太低,只是个左春坊左谕德,他才固辞而归。又因其为石亨族谱书跋,自称门下士,深为士大夫们所攻訾。不过也有人不同意这些说法,如明末顾允成便称:"此好事者为之也。"(《明史·吴与弼传》)但吴与弼终未能从祀,或许与此有一定的关系。

吴与弼自认其理学思想得自朱学。他很讲修身养心,强调存天理去人欲:

圣贤教人,必先格物致知以明其心,诚意正心以修其身,修身以及其家,而国,而天下,不难矣。故君子之心,必兢兢于日用常行之间,何者为天理而当存,何者为人欲而当去。(《康斋集》卷一○《励志斋集》)

但是他又非常强调读书的目的是反求吾心,这同朱熹的读书论是有所区别的,而更接近于陆学的涵养本心。大概因为他为生活的缘故而不

得不将许多对于身心的修养留到晚间,留到枕上,乃至梦中。在其所著的《康斋集》中,可以看到很多这方面的内容:

> 枕上思,近来心中闲思甚少,亦一进也。
>
> 枕上默诵《中庸》,至大德必受命,惕然而思:舜有大德,既受命矣;夫子之德,虽未受命,却为万世帝王师,是亦同矣。嗟乎!知有德者之应,则宜知无德者之应矣。何修而可厚吾德哉。
>
> 枕上熟思,出处进退,惟学圣贤为无弊,若夫穷通得丧,付之天命可也。然此心必半毫无愧,自处必尽其分,方可归之于天。欲大书"何者谓圣贤?何者谓小人?"以自警。
>
> 倦卧梦寐中,时时警恐,为过时不能学也。
>
> 早枕思,处世不活,须以天地之量为量,圣人之德为德,方得恰好。
>
> 近日多四五更梦醒,痛省身心,精察物理。
>
> 夜卧阁中,思朱子云"闲散不是真乐",因悟程子云"人于天地间,并无窒碍处,大小咸快活,乃真乐也"。勉旃,勉旃!
>
> 梦孔子、文王二圣人,在南京崇礼街旧居官舍之东厢。二圣人在中间,与弼在西间。见孔圣容貌为详。欲问二圣人生知安行之心如何,又仿佛将文王书一册在案披习,似文王世系。
>
> 新居栽竹夜归,吾妻语予曰:"昨夜梦一老人携二从者相过,止于门,令一从者入问:'与弼在家否?'答云:'不在家。'从者曰:'孔夫子到此相访,教进学也。'"
>
> 五月二十五夜,梦孔子孙相访,云承孔子命来,两相感泣而觉,至今犹记其形容。
>
> 梦侍晦庵先生侧,先生颜色蔼然,而礼甚恭肃焉,起敬起仰也。
>
> 食后倦寝,梦朱子父子来枉顾。

如此之多的夜思和梦境,足见吴与弼静观夜思的为学与修道功夫。

侯外庐等主编的《宋明理学史》中,更进一步指出了与弼的学术实质:

> 由于吴与弼强调向内径求,主张在"思处"格物,因此在谈到为学修道的功夫时,他特别重视"平旦之气"的"静观"和"枕上"的"夜思"冥悟,故刘宗周称吴与弼之学,"多从五更枕上汗流泪下得来"。正是这种"静观""夜思"的为学修道的功夫,成为其理学思想的最大特色。其后,他的门人陈献章、胡居仁,正是从这里衍变而为王守仁心学的"发端"。

三、"江门之学"与"余干之学"

明前期的理学经过薛瑄和吴与弼的发扬,出现了明代理学的一次高潮,但是薛瑄的"河东学派"与吴与弼的"崇仁学派"在以后的情形却大有不同。"河东学派"发展到了"关中之学"后,便呈衰微之势,同其所墨守的朱学一样,不再有任何生气,只能是学术舞台上的木偶。然而吴与弼的"崇仁学派"却是另一个样子。这一派的学者,通过兼采宋儒朱、陆之长,开创了新的学术流派,为明代学术的发展起到了至关重要的作用。这其中最重要的代表人物便是陈献章与胡居仁。

陈献章,字公甫,别号石斋,广东新会之白沙里人,故人又称白沙先生。白沙里地处西江入海之江门,后世学者遂称其学为"江门之学"。陈献章起初亦曾应试科举,并考中正统十二年(1447年)乡试,但其后会试不第,二十七岁时始从学吴与弼,但自己感到所得甚微,未知入处,故半载而归。从此自读诸儒之书,日夜不辍。又筑阳春台,静坐其中,数年间足迹不至户外。其后复入太学,祭酒邢让试其和杨时《此日不再得》诗一篇,诗成,惊曰:"龟山不如也。"(《明史·陈献章传》)言于朝中,以为真儒复出。从此陈献章名噪京师。其归乡里后,四方求学者日众。因广东布政使彭韶、总督朱英交荐,召至京师,令试吏部,屡辞不赴,乃授官翰林院检讨而归,从此屡荐而不出,居乡讲学终生,至弘治十三年(1500年)病逝,年七十三。万历初,从祀孔庙,称先儒陈子,追谥文恭。

陈献章"江门之学"形成的时代,正是程、朱之学以独尊的官学地位主宰明朝学术近百年之后。从明初的宋濂、刘基,到陈献章之前的大儒薛瑄,他们都坚守着一个信条:儒家的道理已被朱熹等人说尽了,后世的学者只能追随程、朱的学说,而不能有所逾越。然而随着时代的发展,明代的社会到成化以后便发生了明显的变化,社会思想也已经产生了一些混乱。一方面是人们对于新出现的种种社会现象的需求,另一方面则带有对于这些现象的疑虑,于是改造旧有的占统治地位的理论,去找寻新的理论依据,也便成为当时亟切的社会需求。在这样的历史条件之下,陈献章的"江门之学"应运而生了。

当代的思想史学者称陈献章的学术为"江门心学"。这更能够体现出陈献章的学术特点。对于陈献章的"天地我立,万化我出"的心学世界观,侯外庐等主编的《宋明理学史》一书中叙述得甚为明了,指出其思想发展过程中的三个环节乃是"元气塞天地""道为天地之本"和"心具万物、万理"。他的心学观虽然出自宋儒陆九渊,但与陆的心学亦有所不同。他"强调心的知觉作用是决定万事万物的枢纽"。即所谓"身居万物中,心在万物上"(《白沙子》卷五《随笔》)。

陈献章在明代学术史上的地位是极其重要的,如《明史·儒林传》所说,明代的学术之分,则自陈献章、王守仁始。黄宗羲在《明儒学案》中也说:"有明学术,至白沙始入精微。"(卷五《白沙学案上》)陈献章"江门心学"的出现,意味着明初以来的朱学一统局面的结束,开始了明中期心学盛行的转化。

与陈献章同时同门的另一个理学人物,是被称作明前期"朱学之秀"的胡居仁。

胡居仁,字叔心,学者称为敬斋先生。江西余干人,并曾与同门娄谅、罗伦等为会于弋阳之圭峰、余干之应天寺,因此他们的学术被称作"余干之学"。与陈献章比较起来,胡居仁等人更接近于其师吴与弼,甚至那种生活的清苦情形也与乃师相同。胡居仁生平没有做过一天官,他自从往投吴与弼后便绝意仕进,筑室于梅溪山中,"事亲讲学之外,不干人事"。

只是后来为了在学术上广闻见,赴闽、浙及南京、江西等地访求学问之士,归乡后则与娄、罗等会于余干,遂以"余干之学"而闻名。被聘白鹿书院山长,又讲学于溪桐源书院。

《明史·胡居仁传》中记述说:"是时吴与弼以学名于世,受知朝廷,然学者或有间言。居仁暗修自守,布衣终其身,人以为薛瑄之后,粹然一出于正,居仁一人而已。"但这里说的只是治学的精神,至于说到其理学本身,则与其师无二,都是十分强调以治心养性为本的,也就是强调静中的涵养。他虽然也反对陆九渊的空虚近禅,并曾经讥其同门陈献章"学近禅悟",而他自己的所学,其实也是颇近禅悟的。用他自己的话说:"与吾道相似莫如禅学。后之学者,误认存心多流于禅,或欲屏绝思虑以求静。不知圣贤惟戒慎恐惧,自无邪思,不求静未尝不静也。故卑者溺于功利,高者骛于空虚,其患有二:一在所见不真,一在功夫间断。"(《明史·胡居仁传》)其关键还是向内求心。至胡居仁的私淑弟子魏校便更进一步公开称颂陆学,其学术的分野也就更为鲜明了。

但是胡居仁弟子中最为著名的还是余祐。他不仅是胡居仁的弟子,而且还是胡居仁的女婿,他在学术上也更为接近胡居仁,他们在坚持向内求心的同时,却又谨慎地表明自己与陆学及禅学的不同,而且竭力去赞扬程、朱,以从形式上表示出对于明初以来朱学的承继。但其学术的本质,其实已经与陆学相同了。

同属于"余干之学"的娄谅在学术上则较之胡居仁更为明显地接近于陆学。"其学以收放心为居敬之门,以何思何虑、勿忘勿助为居敬要旨。"(《明史·娄谅传》)这是对于吴与弼涵养此心的发展,是典型的心学。因此而遭到胡居仁的批评,史称:"然其时胡居仁颇讥其近陆子,后罗钦顺亦谓其似禅学云。"(《明史·娄谅传》

王守仁是曾向娄谅问学的,而且是问朱学。对于王学来说,吴与弼及其弟子们的理学还不是彻底的心学,而只是从朱学向陆学转化并且带有禅学化的理学。其后王守仁的心学,才真正称得上是明代心学的发展。

第二节 明中期的心学

明朝的社会,从成化的前后便开始发生了较为明显的变化,其中最为突出的两点便是社会生活的丰富与旧权威时代的结束。虽然后来弘治朝的一场"中兴"在一定程度上阻延了这一变化,但是那种变化的趋势却是没有谁能够阻挡的。时代社会思潮的变化使以后的所有文化现象都随之而改变。当明朝人从建国之初的那种乏味的生活中逐渐摆脱出来的时候,学者们开始感到了原有的那些被奉若神明的程、朱之说有些不大对头了。他们自觉或者不自觉地开始与陆象山的心学更加接近,这种适应当时社会思潮发展变化的哲学观很快便为当时儒林中的一些人所接受,一批倡导心学的新儒家从程、朱的旧学中破门而出,掀起了中国历史上又一次平民学术的高潮,开创了一个新的学术时代。

明代的心学从吴与弼发展到陈献章的"江门之学"与胡居仁的"余干之学"的时候,崇尚心学的一派学者虽然在学术上的影响愈来愈大,但是他们都并不具备显赫的政治身份,因此他们的学术思想在当时也就缺乏社会权威性。这与明初宋濂、刘基、方孝孺以至薛瑄的情况颇有所不同。那些人都是当时政治地位显赫的人物。在中国传统社会中,学术地位与政治地位有着相当紧密的关系。也就是说,明代的心学若要得到较大的突破性的发展,需要在心学学者当中出现一些具有较高政治地位的人物。面对着这种学术发展的历史需求,明中期两个学术与政治的代表人物应运而生。他们便是"江门学派"的传人湛若水与"王学"的创始人王守仁。

一、湛若水与"江门学派"的发展

湛若水,初名露,字民泽,因避祖讳,改名雨,再改若水,字元明,号甘泉,广东增城人。弘治五年(1492年)举于乡,次年会试落第,此后便师从陈献章,成为"江门之学"的传人。他本无意于仕进,因从母命而入南京国子监读书。十八年(1505年)考中进士。而此前陈献章已于十三年(1500年)去世,若水成为了献章"江门之学"的代表人物。据记十八年

会试时考官张元祯、杨廷和抚其卷曰："此非白沙之徒不能为。"（李贽：《续藏书》卷二二《尚书湛公》）开卷封，始知是若水。

湛若水进入仕途后，仍执"江门之学"，初选庶吉士，授翰林编修。正德初年，他与一批资历未深的儒臣相与倡导学术，在京师造成了一定的影响。史书中说：

> 时王守仁在吏部讲学，若水与相应和。（《明史·湛若水传》）

又说：

> 时阳明王公在吏部，相与倡道京师。场屋所取士，修撰吕柟、主事王崇辈和之。道价日著，学者称甘泉先生。（李贽：《续藏书》卷二二《尚书湛公》）

此时若水已年逾四十，又有其师传之名，追随的士子自然是不少的。乃至其因母丧归乡守制，尚多有士子前往求学，于是"卜西樵为讲舍，士子来学者，先令习礼，然后听讲，兴起者甚众"（《明儒学案》卷三七《甘泉学案一》）。

嘉靖初再入朝，屡上经筵讲学疏，主张以"穷理讲学"隆天下之治。次年进官翰林侍读，迁南京国子监祭酒，作《心性图说》以教士子。又升礼部侍郎，仿邱浚《大学衍义补》作《格物通》，上于朝。历官南京礼、吏、兵三部尚书。嘉靖十九年（1540年）七十五岁时，以年老致仕。晚年致力于著述讲学，直至嘉靖三十九年（1560年）逝世，年九十五岁。

湛若水生平所至之处，必建书院以祀陈献章。他对其在学术上与陈献章的师承十分看重，并对陈献章的心学有所发展。其学术与同时期的王守仁的心学有所不同，"若水初与守仁同讲学，后各立宗旨，守仁以致良知为宗，若水以随处体验天理为宗。守仁言若水之学为求之于外，若水亦谓守仁格物之说不可信者四。又曰：'阳明与吾言心不同。阳明所谓心,指方寸而言。吾之所谓心者,体万物而不遗者也,故以吾之说为外。'一时学者遂分王、湛之学"(《明史·湛若水传》)。

湛若水心学的主旨被他的弟子总结为三点,即:立志、煎销习心、体认天理。而他自己则更为强调"体认天理",对于他所领悟的"随处体认天理",其师陈献章是颇为赞扬的,并曾经在给他的书信中说道:"发来书甚好,日用间随处体认天理,着此一鞭,何患不到古人佳处也。"(《白沙子全集》卷二《与湛民泽书》)

湛若水较之陈献章等人更为明确地提出了心学的定义,他说:"何谓心学?万事万物莫非心也。"(《甘泉先生文集》卷二〇《泗州西学讲章》)所谓万事万物莫非心,也就是说心便是一切,所以他强调说:"心也,性也、天也,一体而无二者也。"(《甘泉先生文集》卷二〇《天泉书堂讲章》)既然万事万物莫非心,关键也就在于如何为学或者修养自身了。因此就要有立志,有煎销习心,有体认天理。湛若水认为自己生平学术主旨所在就是"体认天理"四个字,后他又进一步强调了要"随处体认天理"。

有的学者认为:"湛若水的思想,在陈献章、王守仁之间,而无陈献章、王守仁偏于心的本能的极端的见解。他注重于事,注重于用,注重于学,而思想在调和朱、陆一派。"(《甘泉先生文集》)如果追寻到对于宋儒的继承,他的思想实际上还是更多接近于陆九渊的心学,尽管他自己并未承认这一点。对于朱、陆二家,他都有过非议之辞,然而对于周、程则表示了极度的尊崇。他自认为"随处体认天理"与周、程的"无欲主一",即以伦礼道德约束作为自己行为的唯一规范是一致的。这就是湛若水在"随处体认天理"方法中的"敬"。而他在"随处体认天理"方法中的"勿忘勿助"也正是二程的"明觉自然"。当然,事实上湛若水与周、程在自身修养的主张上也并非完全一致的,只是他自己更承认这种一致罢了。

湛若水虽然师承于陈献章的心学,但是在具体的为学及修养方法上也有一定的区别。例如陈献章的心学修养方法是主静的,所谓"静坐中养出端倪",湛若水则对此表示怀疑,而主张动静、心事合一,他批评一味追求静,实际上是受到禅学的影响:"古之论学未有以静为言者,以静为

言者皆禅也。"(《甘泉先生文集》卷七《答余督学》)他同时还将陈献章主张的修养的目的即"浩然自得",演变为认识天理的方法,即所谓"勿忘勿助"。当今的学者们从湛若水与陈献章不同的社会生活经历中找寻了造成他们在学术主张上差异的原因:

> 陈、湛二人在修养或为学方法上的差异,是因为他们具有不同的生活经历,因而具有不同的修养经验和理论需要所造成的。陈献章生平仕路蹇塞,乃一蛰居学者,故多追求个人的精神超脱,而湛若水则宦海半生,为一代学官,当然每思索贯彻封建伦理道德。(《宋明理学史》第七章)

这一结论无疑是正确的。陈、湛二人生活环境的不同,还由于他们所处的时代的不同。陈献章所处的成(化)、弘(治)时期与湛若水所处的正(德)、嘉(靖)时期,明朝的社会风气发生了较为明显的变化,面对着不同的社会条件,学者们的思想也必然有所变化。从个人的精神超脱转而进一步去约束社会,是当时的必然结果。

但是湛若水的行为在当时也引起了一些不同的反响。他对于秦始皇的焚书,每每乐道,颇致儒林的疑惑。他官南京时对于民间奢靡风气的禁约,也是非不一,除岁时禁民焚楮祀天,结果一时民间大扰。嘉靖十六年(1537年),御史游居敬上疏,请"正人心、端士习",对湛若水给予严厉的抨击:"王、湛皆祖宋儒陆九渊,然守仁谋国之忠,济变之才,自不可泯。若水迂腐之儒,其言近是,其行大非,乞戒谕,以正人心、端士习。"(查继佐:《罪惟录·湛若水传》)是年四月,即有罢各处私创书院之令。这与其后湛若水的以老致仕也有直接的关系。

与湛若水同为陈献章"江门之学"传人的还有张诩。张诩,字廷实,号东所,南海人。中成化二十年(1484年)进士,虽曾任官户部主事及南京通政司左参议,但实际上他在职的时间甚少,经常以养病、丁忧而屡荐不起。他在学术上继承了陈献章的心学,但是与湛若水不同之处在于他对"江门之学"的发展不是向周、程等宋儒靠拢,而是更近于佛老。湛、张二人对于江门之学的不同的发展倾向本为学术发展的正常现象,只是从湛、张以后,江门学派门人中的吕怀、何迁与唐枢等便不再固守师说,"大约出入王、湛两家之间,而别为一义"。而门人洪垣"则主于调停两家,而互救其失。皆不尽守师说也"(《明史·湛若水传》)。这些江门弟子中最为著名者已不再尽守师说,其说也就很难再形成传布的规模了。

但是我们若究其门人不守师说的原因,似乎还是由于王学影响的日益扩大。陈献章的"江门之学"与王守仁的"姚江之学"都是从宋儒陆学发展而成的,虽然形成了两种不同学派,本身仍具有一定的共通性。而相比之下,从陈献章到湛若水等人,他们在学术观点上比较起王守仁来说,都缺乏那种大胆过执的精神,而使人感到有些软弱无力,所以《明史·儒林传》中说陈献章的江门之学"孤行独诣,其传不远"。而王守仁的姚江之学,则"别立宗旨,显与朱子背驰,门徒遍天下,流传逾百年"。从某种意义上看,王守仁的心学不仅较之陈献章的心学更有所发展,而且更公开表示了对于陆象山心学的关系,所以黄宗羲说:"有明之学,至白沙始入精微。……至阳明而后大。"(《明儒学案》卷三七《甘泉学案一》)他们之间虽然有学术的分歧,却并非学术的对立,所以到正德十四年(1519年)上疏请以陈白沙从祀孔庙的正是王守仁的高第弟子薛中离。

二、王守仁与"姚江之学"

明代的学术在经历了从明初到前期的变化以后,开始逐渐从朱学的一统天下走向了对于陆学的继承与发展。就学术本身来说,这种变化为其后的发展提供了条件,但是这数代的学者,除去明初那些事功卓著的人物之外,大都走上了不问仕进,一味追求修养身心的道路。其结果虽然有利于学术思想的发展,但是却使学术停留在学者的圈子之内,无法形成带动社会思潮的作用。这种情形到明中叶以后开始有所变化。明中叶以后种种社会问题的日趋严重,对学者们提出了新的要求,于是一批学者打破了单纯修养自身的限制,开始注重以其学术思想去实现对社会的改造。

而要想实现对社会的改造,学者们就必须改变过去那种回避仕途的做法,在这样的形势需求下,一批地位显赫的学者应运而生了。王守仁便是其中最为突出的一个。

王守仁,初名云,后改名守仁,字伯安,因曾筑室阳明洞,人称"阳明先生"。浙江余姚人。其父王华,官至南京吏部尚书。优越的家庭条件培养了王守仁豪迈不羁的性格。据说他十五岁时便前往北国,纵观塞外,经月始返,"顾益好言兵,且善射"(《明史·王守仁传》)。这与当时学者的性格是颇相背离的。但是三年以后,他经过广信时,前去谒见了著名学者娄谅,又"慨然以圣人可学而至"(《明儒学案》卷一〇《姚江学案》)。还家后,日端坐,讲读"五经",不苟言笑,从此对理学产生了兴趣。

弘治十二年(1499年)王守仁考中进士,历官刑部、兵部主事。正德元年(1506年)冬,当权宦官刘瑾矫旨逮南京给事中、御史二十余人,王守仁抗章相救,触怒刘瑾,被廷杖四十,谪为贵州龙场驿丞。而这次仕途的挫折,却给王守仁以后的学术发展提供了有利条件。他在龙场数年,无书可读,只能日绎旧闻,修身悟道。结果却由此而悟出"格物致知,自求于心"的道理,学术上发生了重大的变化,所以可以说在龙场驿的数年,是他一生学术发展的关键。这同时也是他用道德规范去因俗化导的一次尝试。史书中说:"龙场万山丛薄,苗、僚杂居。守仁因俗化导,夷人喜,相率伐木为屋,以栖守仁。"(《续藏书》卷二二《尚书王公》)

刘瑾被杀后,守仁改官庐陵(今江西吉安)知县,迁南京刑部主事,又改官吏部,这时守仁已经以学者而闻名,并在吏部讲学,与湛若水相应和。此后数年间,守仁历官吏部考功郎中、南京太仆寺少卿、鸿胪寺卿,在仕途上颇为顺利了。

正德十一年(1516年),由兵部尚书王琼荐,授右佥都御史,巡抚南、赣,这成了王守仁生平的又一个关键时期。南、赣地区包括南安(治今江西大余)、赣州、南雄、韶州(治今广东韶关)、汀州(治今福建长汀)及郴州等地,是江西、广东、福建、湖南四省交界的地区。数十年来,这一带农民起义不断,皆据地称王,攻打府县,是明政府最为头痛的繁剧难治之地。

以王守仁巡抚其地,并加提督军务之职,目的也正是为了镇压当地的农民起义。对于王守仁来说,这较之龙场的因俗化导又大有不同,这也正好成为他发挥才能的机会。所谓"破山中贼"与"破心中贼"相辅的治世之道,也便由此而产生出来。王守仁在南、赣的成功,改变了以往人们对于学者的习惯看法,明朝的学术与事功开始重新结合了起来。《明史·王守仁传》中说:"初,朝议贼势强,发广东、湖广兵合剿。守仁上疏止之,不及。桶冈既灭,湖广兵始至。及平浰头,广东尚未承檄。守仁所将皆文吏及偏裨小校,平数十年巨寇,远近惊为神。进右副都御史,予世袭锦衣卫百户,再进副千户。"此时的王守仁在事功与讲学上都已名播海内了。

正德十四年(1519年)六月,王守仁受命往戡福建叛军,行至江西丰城时正好获悉宁王宸濠的反讯,王守仁表现了卓越的应变才能。他在接到知县报告后,急趋吉安,征调兵食,治器械舟楫,传檄暴宸濠罪,俾守令各率吏士勤王,一时间地方文官及在当地的朝中官员纷纷奔赴守仁军中。他又一次利用文吏及偏裨小校平定了宁王宸濠的叛乱。不久武宗去世,世宗即位,世宗深知守仁于东南事变中的作用,即位后拜守仁为南京兵部尚书,论功封新建伯,世袭。但是嘉靖间政争日激,守仁于政治漩涡之中,颇受阻抑,晚年受命出师思恩、田州。嘉靖八年(1529年)以病请归乡里,未得成命即归,行至南安病卒,终年五十七岁。

王守仁生平事功卓著,又不废讲学著述,成为姚江心学的创始人,对明朝中后期学术影响甚大。

后来的学者根据王守仁一生的活动与其学术的变化,总结为前后的三变:

> 先生之学,始泛滥于词章,继而遍读考亭之书,循序格物,顾物理吾心终判为二,无所得入。于是出入于佛、老者久之。及至居夷处困,动心忍性,因念圣人处此更有何道?忽悟格物致知之旨,圣人之道,吾性自足,不假外求。其学凡三变而始得其门。自此以后,尽去枝叶,一意本原,以默坐澄心为学的,有未发之中,始能有发而中节之

和。视听言动,大率以收敛为主,发散是不得已。江右以后,专提"致良知"三字,默不假坐,心不待澄,不习不虑,出之自有天则。盖良知即是未发之中,此知之前更无未发。良知即是中节之和,此知之后更无已发。此知自能收敛,不须更主于收敛。此知自能发散,不须更期于发散。收敛者,感之体,静而动也;发散者,寂之用,动而静也。知之真切笃实处即是行,行之明觉精察处即是知,无有二也。居越以后,所操益熟,所得益化,时时知是知非,时时无是无非,开口即得本心,更无假借凑泊,如赤日当空而万象毕照。是学成之后又有此三变也。(《明儒学案》卷一〇《姚江学案》)

被谪龙场驿之前,从"泛滥词章"到"循序格物",再到"出入于佛老"三变,而尚未能成其说。自龙场驿悟道之后,又有三变,即龙场驿一变,江右一变,居越再一变。后三变乃学成后之变,与前三变不同。自龙场驿悟格物致知之旨,便已经形成了他的心学的主旨,巡抚南、赣后的致良知,平定宸濠之叛后,于军旅之暇与聚于余姚的王门弟子对于心学的探讨,都是对于他心学主旨的补充,本质上并未有所变化。所以说,王学的前三变确实是其学术发展中的变化,后三变则只能说是其学术思想的发展补充。

王守仁的心学在其形成及发展中,主要包括了这样一些内容:

1. 格物说。王守仁的思想与朱学的相背驰始于他的格物致知之旨。朱学的格物,"在即物而穷其理也。是就事事物物上求其所谓定理者也。是以吾心而求理于事事物物之中,析心与理而为二矣"。而王守仁的格物则主张心理合一,心即理。他说:"若鄙人所谓致知格物者,致吾心之良知于事事物物也。吾心之良知,即所谓天理也。致吾心良知之天理于事事物物,则事事物物皆得其理矣。致吾心之良知者,致知也。事事物物皆得其理者,格物也,是合心与理而为一者也。"(《明儒学案》卷一〇《姚江学案·传习录》)

2. 致良知。王守仁主张良知是先天即有而非后天的说法。"然在常人,不能无私意障碍,所以须用致知格物之功,胜私复理,即心之良知更无障碍,得以充塞流行,便是致其知,知致则意诚。"(同上)良知是人人都有的,"良知良能,愚夫愚妇与圣人同。但惟圣人能致其良知,而愚夫愚妇不能致,此圣愚之所由分也"(同上)。

3. 知行合一说。王守仁不同意宋儒知在行先的说法,认为:"知者行之始,行者知之成。圣学只是一个功夫,知行不可分作两事。"(同上)

王守仁针对其所处时代的种种问题,提出了世之不治在于学之不明的看法,因此他一生致力于讲学化俗。而他的教法则主要是上述的那些心学的主旨。晚明大儒刘宗周在《阳明传信录》中说:"先生教人,吃紧在去人欲而存天理,进之以知行合一之说,其要归于致良知。虽累千百言,不出此三言为转注。"王守仁创立的"姚江之学"其主要特点也正在于与时代社会的紧密结合,他的种种主张,都是为了改造时代而提出,有着明确的目的和针对性,因此也就能够得到时代的认可。人们确实将王守仁的学说当作了救时的良剂,于是也就将王守仁的学说推到了一个前所未有的高度。明朝中叶以后,王学也就必然占据了学术的主流地位。

三、王学的各派

随着王学的传播发展,王学在各地形成了一些不同的支派。这些王学的不同支派在学术上虽然都以王学为宗,但是在对于王学的继承和发展方面也各具其特色。

当时王学的支派主要有浙中王学、江右王学、南中王学、楚中王学、北方王学和粤闽王学六支。这六个支派中,以江右王学为最,浙中次之,其余各支不能与之相比。

1. 浙中王学。黄宗羲在谈到王学传播时曾经说:"姚江之教,自近而远,其最初学者,不过郡邑之士耳。龙场而后,四方弟子始益进焉。"(《明儒学案》卷一一《浙中王门学案序》)浙中作为王守仁的故乡,是最初的承教之地,理所当然成为王学继承的主干。从其后发展的情况来看,浙中王学虽然不及江右之盛,在王学诸支派中也是影响较大的一支。

黄宗羲在《明儒学案》中记述的浙中王学的代表人物共计十九人,即

徐爱、蔡宗兖、朱节、钱德洪、王畿、季本、黄绾、董澐及其子董榖、陆澄、顾应祥、黄宗明、张元冲、程文德、徐用检、万表、王宗沐、张元忭和胡瀚。这十九人中,以钱德洪与王畿最为著称。

钱德洪,字洪甫,号绪山,浙江余姚人。王守仁以尚书归里后,德洪与数十人一起从学于守仁,并且成为守仁门下最主要的弟子。"四方士踵至,德洪与王畿先为疏通其大旨,而后卒业于守仁。"(《明史·钱德洪传》)

钱德洪对于王守仁的学说是颇为循守的,后人评论他对于王学的发展时,将其比作把缆放船,"虽无大得,亦无大失"(《明儒学案》卷一一《浙中王门学案一》)。但其实钱德洪对于王学还是力图有所裨补的,他尽力改变其学流于空疏的趋向,并且首先提出了"着衣吃饭,即是尽心至命之功"的格物说,这也就为在王学之后而终于形成的反理学思想起到了一定的作用。

王畿,字汝中,别号龙溪,山阴人。王守仁出征思、田时,王畿与钱德洪受命留守书院,是守仁最主要的弟子。曾官南京兵部郎中,以大学士夏言斥为伪学而谢病归。史书中称:"畿既废,益务讲学,足迹遍东南,吴、楚、闽、越皆有讲舍,年八十余不肯已。善谈说,能动人,所至听者云集。每讲,杂以禅机,亦不自讳也。学者称龙溪先生。其后,士之浮诞不逞者,率自名龙溪弟子。"(《明史·王畿传》)王畿的学说确实更接近于禅学,这也可以说是对于王学的发展。他由此提出了将"致良知"改造而成为"良知致"。这后来便被泰州学派发展而成为了"百姓日用之学"。

2. 江右王学。在《明儒学案》中,名列江右王门学案的学者多达三十三人,是王学支派中人数最多的一支。主要有:邹守益及其子邹善、孙邹德涵、邹德溥、邹德泳以及欧阳德、聂豹、罗洪先、刘文敏、刘邦采、刘阳、刘印山、王柳川、刘晓、刘魁、黄宏纲、何廷仁、陈九川、魏良弼、魏良政、魏良器、王时槐、邓以赞、陈嘉谟、刘元卿、万廷言、胡直、邹元标、罗大纮、宋仪望、邓元锡、章潢、冯应京。

黄宗羲在《江右王门学案序》中说:

姚江之学,惟江右为得其传,东廓(邹守益)、念庵(罗洪先)、两峰(刘文敏)、双江(聂豹)其选也。再传而为塘南(王时槐)、思默(万廷言),皆能推原阳明未尽之旨。是时越中流弊错出,挟师说以杜学者之口,而江右独能破之,阳明之道赖以不坠。盖阳明一生精神,俱在江右,亦其感应之理宜也。

对于江右王学在当时的影响和作用,仅从其学者之众、名声之大即可得知,自是其他支派所无法比拟的。但是江右王学的学者们,在继承王学思想方面却并不像黄宗羲说的那样,只是推先师未尽之旨,守师道以使之不坠。其实在江右王学继承者当中,有循守师说的,也有标新立异而有离师说之嫌者。既有被后人称作王学正传的邹守益、欧阳德,也有偏离师说的聂豹、罗洪先,以及具有独到见解的刘邦采、王时槐和胡直等人。

邹守益,字谦之,号东廓,学者称东廓先生,江西安福人。守益在科试上是颇为顺利的,考中正德六年(1511年)会试第一名会元,廷试后又被取中第三名探花,授官翰林院编修。但是他本人对于仕途却并不看重,"逾年告归,谒守仁,讲学于赣州"(《明史·邹守益传》)。十四年(1519年)守益赴赣州问学于王守仁。这大约也正是宁王朱宸濠叛乱之时,在赣的官员和有志的士大夫纷纷入王守仁军中投效,守益参与守仁军中事,也是投效者之一。这同时也成了他问学于王守仁的机会,从此遂以弟子称。王守仁对于守益的学行是深为称许的。刘文敏的门人王时槐在为邹守益作的传中记道:

嘉靖改元,录旧臣,先生始出。复谒王公于越,请益月余。既别,王公怅望不已。门人问曰:"何念谦之(守益)之深也?"公曰:"曾子所谓:以能问于不能,云云。若谦之,良近之矣。"(《国朝献征录》卷七四)

曾子的原话见于《论语·泰伯》："以能问于不能,以多问于寡。有若无,实若虚,犯而不校。昔者吾友尝从事于斯矣。"所谓"昔者吾友"盖指颜渊。这大概是对于邹守益的最高评价了。

但是不久守益便又在世宗议礼中疏谏忤旨谪为广德州判官。他在广德建复初书院,与学者们讲授其间。后来改任南京礼部郎中,又日与吕柟、湛若水、钱德洪、王畿、薛侃等人论学,在学术上的名声日著。只是他那种学者的性格颇不为当政者所喜欢,被出掌南京翰林院,改南京国子监祭酒。嘉靖二十年(1541年),守益再次上疏忤旨,落职而归,从此家居二十余年,"日事讲学,四方从游者踵至,学者称东廓先生"(《国朝献征录》卷七四)。

邹守益的学术特点是"弘师旨之传",所以被人称作王学正传。与之同时堪称王学正传的还有欧阳德。他们在扩大王学的影响方面都起到了十分重要的作用。

欧阳德,字崇一,号南野,江西泰和人,也曾是一位为求学术而屡不应试的王学门人。他在当时学行上的影响很大,后来的官位也很高,一直做到了礼部尚书兼翰林院学士。史书中说:"当是时,德与徐阶、聂豹、程文德并以宿学都显位。于是集四方名士于灵济宫,与论良知之学。赴者五千人。都城讲学之会,于斯为盛。"(《明史·欧阳德传》)

在江右王门的学者当中,聂豹与罗洪先两人由于提出了"良知本寂"和"良知本静"的"寂静"说,被王门的其他学者视作偏离师说的代表。

聂豹,字文蔚,江西永丰人,号双江。正德十二年(1517年)进士,累官至兵部尚书太子太保,颇议军事而本乏应变之才,嘉靖中东南倭乱时陈事忤旨罢职归。

当初聂豹以御史巡按应天(今南京)时,曾经前往拜谒王守仁,闻其良知之说,以后便以书问学,以弟子自处。后任官陕西副使,因与大学士夏言等相恶而入狱,在狱中作《困辨录》,"于王守仁说颇有异同云"(《明史·聂豹传》)。也就是说他的学说与王守仁并不尽同,时人王时槐曾说:

先生患当时学者率以知之发用为良知,落支节而遗本原,特揭未发之中。学者乍闻疑骇,辨诘纷起。先生贻书与欧阳文庄公,其略曰:良知本寂感于物而后有知,知其发也,不可遂以知发为良知,而忘其发之所自也。故学问之功,自其主乎内之寂然者求之,使之寂而常定也,则感无不通,外无不该,动无不制,而天下之能事毕矣。(《国朝献征录》卷三九《双江聂先生传》)

此即其所谓的"寂静"之说,其说类于禅悟,而且将王守仁"知是心之本体",知即良知的说法加以改变,提出"不可遂以知发为良知"。因此王门的学者如王畿、邹守益、刘文敏、陈九川、黄宏纲等人先后与之相辩,只有罗洪先与之深相契合,"谓双江所言,真是霹雳手段,许多英雄瞒昧,被他一口道着,如康庄大道,更无可疑"(《明儒学案》卷一七《江右王门学案二》)。刘文敏晚年也相信了聂豹的说法,称:"双江之言是也。"(同上)

罗洪先,字达夫,号念庵,江西吉水人,嘉靖八年(1529年)状元,授官翰林院修撰。但是他在朝时间不长,先后因父丧、母丧守制六年。到十九年(1540年)又因上疏忤旨除名而归。他十五岁那年,读到了王守仁的《传习录》,便曾欲往求业,因其父未允而止。被罢归后,益寻求守仁学,自称王守仁后学。但是实际上他求学不名一师,所学也非常的广泛:"甘淡泊,炼寒暑,跃马挽强,考图观史,自天文、地志、礼乐、典章、河渠、边塞、战阵攻守,下逮阴阳、算数,靡不精究。至人才、吏事、国计、民情,悉加意咨访。曰:'苟当其任,皆吾事也。'"(《明史·罗洪先传》)

罗洪先在学术上基本继承了王学而有所发展。他反对"现成良知"的说法,不仅也主张静,而且主张戒惧:

良知犹言良心,主静者求以致之,收摄敛聚,自戒惧以入精微。(《念庵罗先生集》卷四《读〈困辨录〉抄序》)

他自己也确实是很有静功的,辟山中石洞名石莲洞,"谢客,默坐一榻,三年不出户"(《明史·罗洪先传》)。

罗洪先虽然从未及门王守仁,但是他不仅自称为王门后学,而且确实对于王守仁的良知说有所发展,所以他不仅被后人认可为王学的传人,而且认作江右王门的代表。

3. 南中王学。在王学支派中,除去浙中、江右之外,还有一支较为有影响的支派是南中王门。南中即指南京一带,所谓南畿之地,是与北京并立的南都,官员与士大夫汇聚之地。王守仁曾官南京,又避祸于九华山,在这一带也有相当的影响。黄宗羲《明儒学案》中对于南中王门在王学中的地位给予了颇高的评价:

> 南中之名王氏学者,阳明在时,王心斋(王艮)、黄五岳(黄省曾)、朱得之、戚南玄(戚贤)、周道通(周冲)、冯南江(冯恩),其著也。阳明殁后,绪山(钱德洪)、龙溪(王畿)所在讲学,于是泾县有水西会,宁国有同善会,江阴有君山会,贵池有光岳会,太平有九龙会,广德有复初会,江北有南谯精舍,新安有程氏世庙会,泰州复有心斋讲堂,几乎比户可封矣。而又东廓(邹守益)、南野(欧阳德)、善山(何廷仁)先后官留都,兴起者甚众。(卷二五《南中王门学案一》)

收入《明儒学案》的南中王门学者共十人:黄省曾、周冲、朱得之、周怡、薛应旂、薛甲、唐顺之、唐鹤征、徐阶、杨豫孙,还有一些无语录可考者,如戚贤、冯恩、贡安国、查铎、沈宠、萧彦、萧良幹、戚衮、张荣、章时鸾、程大宾、程默、郑烛、姚汝循、殷迈、姜宝等。

南中王门在王门支派中之所以影响不及浙中和江右,一个主要原因是缺乏特别出名的学者,他们虽然人数众多,却没有浙中和江右王门那样的声色。他们的学说往往也没有浙中、江右学者们那样鲜明,以致人们一般往往认为他们中一些较有影响的人物是调和于朱、王之间。近年来,学术界开始注意到南中王门中薛应旂、唐鹤征等人的思想特点,指出他们力图纠正王学末流的弊端的积极意义，以及他们的学说对于其后东林党人的影响。

南中王门学者之外的楚中王门、北方王门和粤闽王门虽然也都名列于黄宗羲《明儒学案》，但对于王学的发扬及其后发展的作用都无法同前述的三大支派相比。

第三节 明后期的实学与反理学思潮

王守仁的心学，在以批判传统和追求自我的精神而取得了数十年辉煌之后，随着王学末流们将王学的批判精神丢弃殆尽，而日益流于空谈的同时，王学开始走向了没落。一些王学的传人和进步的学者于是以更加求实的精神去找寻学术发展的新途径。他们以崇实黜虚的学术风气，对王学末流所代表的空洞无物的理学思想进行了无情的批判，从而开创了明后期以实学与反理学为主体的一代学风。

一、泰州学派

黄宗羲在《明儒学案》中谈到泰州学派时是这样说的：

> 阳明先生之学，有泰州、龙溪而风行天下，亦因泰州、龙溪而渐失其传。泰州、龙溪时时不满其师说，益启瞿昙之秘而归之师，盖跻阳明而为禅矣。然龙溪之后，力量无过于龙溪者，又得江右为之救正，故不至十分决裂。泰州之后，其人多能以赤手搏龙蛇，传至颜山农、何心隐一派，遂复非名教之所能羁络矣。（卷三二《泰州学案一》）

这里所说的龙溪即王畿，泰州即王艮。

王艮，初名银，后改艮，字汝止，号心斋，泰州安丰场（今江苏东台北）人。家素贫，为盐场灶户。王艮七岁时读书于乡塾，因家贫而未能竟学。后随其父行商于山东，身边常带《孝经》《论语》《大学》，"逢人质难，久而信口谈解，如或启之"（同上）。很表现出了学术上的天分。但是由于家

庭情况的限制，他一直都只能一边谋生，一边自学。二十岁以后，他开始经理财用，往来齐鲁间经商，又究心医道，自是家日裕，终于也可以在家乡讲说《论语》了。但是在这种家庭和环境中成长起来的王艮，对于儒家经典的自学必然产生他自己的理解。正如黄宗羲所说："先生虽不得专功于学，然默默参究，以经证悟，以悟释经，历有年所，人莫能窥其际也。一夕梦天堕压身，万人奔号求救，先生举臂起之，视其日月星辰失次，复手整之。觉而汗溢如雨，心体洞彻。记曰：'正德六年间，居仁三月半。'自此行住语默，皆在觉中。"（同上）

正德十五年（1520年），王守仁在江西为巡按，讲良知之学，大江南北，学者翕然信从。而王艮居处乡里，对此似尚未有闻。吉州人黄文刚寓居泰州，听到了王艮的讲论，吃惊道："何类王中丞语？"（《明史·王艮传》）王艮闻知后即日起程，往江西拜见了王守仁。据说当时王艮"以古服进见"。所谓古服，就是他按照《礼经》记载而自制的五常冠、深衣大带、笏板。这样奇怪的衣着，使他一进入南昌城，就引来了环绕街市的观者，待见到王守仁时，王守仁起初也将他当作了道士，特别降阶相迎。王艮毫不客气地自己坐到了上座，与王守仁辩难久之，稍心折，便移坐于侧，再辩。待到论毕，始叹不及，下拜自称弟子。但退而绎其所闻，间有不合，其时又悔认师之轻易，次日复踞上座，再次辩难，终于大服，遂为王守仁弟子。

在这场入门的辩难中，王艮与王守仁政治思想上的差别就已经明显表现了出来。在谈到学者于国事时，王守仁认为："君子思不出其位。"王艮却说："某，草莽匹夫，而尧、舜君民之心，未能一日而忘。"（《王心斋先生遗集》卷四）不同的政治观念，反映出了他们两人之间不同的阶级需求。王守仁此时最重要的政治发明是"破心中贼"，而王艮则主张"草莽匹夫"也要心中时刻有国家大事。一个出于统治者对于民众的要求，一个则出于民众对于国家的关切。王艮之所以能够在与王守仁的辩难之后，甘为弟子，主要基于对王守仁哲学思想的折服。

正因为这种政治思想上的差异，所以就在王艮拜师的两三年以后，他们的分歧便在讲学活动中表现了出来。

嘉靖元年(1522年)(一说二年),王艮向王守仁表示了周游天下讲学的想法,并向他请教孔子周游天下时的车制,王守仁笑而未答。王艮于是回去制一蒲轮,标题其上:"天下一个,万物一体。入山林求会隐逸,过市井启发愚蒙。遵圣道天地弗违,致良知鬼神莫测。欲同天下人为善,无此招摇做不通。知我者其惟此行乎,罪我者其惟此行乎!"(《王心斋全集》卷二《年谱》)

仿孔子周游天下,又作此招摇,王艮的"狂者"风格于此行表现得淋漓尽致了。在北上讲学途中,他沿途聚讲,围观者常千百人。他所讲的内容,与王守仁的学说也并不尽同,史书中说:

> 时阳明公论学与朱文公异,诵习文公者,颇抵牾之。而先生复讲论勤恳,冠服车轮,悉古制度,人情大异。(同上)

又说:

> 然艮本狂士,往往驾师说上之,持论益高远,出入于二氏。(《明史·王艮传》)

王艮此行直到京师。他的做法引起了王学同门的骇异,匿其车,劝其返。此时王守仁也致函王艮的父亲,令其南还。王艮回到浙中,王守仁三日不与相见,据说是"公以先生意气太高,行事太奇,欲稍抑之"(《王心斋全集》卷二《年谱》)。后经王艮表示谢过乃已。

王艮从师守仁前后八年,直到嘉靖七年(1528年)王守仁去世。次年,王艮"大会同志,聚讲于书院,订盟以归"(同上)。从此开始了自立门户的讲学,开创了泰州学派。

王艮的学术思想虽然受到了王学的深刻影响,但是却与王学有着明显的不同。它最突出的特征便是主张重学行实,他主张"百姓日用即

道"。这与王守仁用统治者的道德规范去启发人的良知,约束人的行为有着根本的不同。

> 一友持功太严,先生觉之,曰:"是学为子累矣。"因指斫木者示之曰:"彼却不曾用功,然亦何尝废学。"(《明儒学案》卷三二《泰州学案一》)

王艮发挥了王守仁"吾心即理"的学说,将自我看作是天地万物、国家天下一切关系的中心,他主张"以天地万物依于己,不以己依于天地万物"(容肇祖:《明代思想史·王门的派分》第155页)。正因为如此,他提出了"淮南格物"说:

> 先生以格物,即物有本末之物。身与天下国家一物也,格知身之为本,而家国天下之为末,行有不得者,皆反求诸己,反己,是格物底功夫,故欲齐治平在于安身。《易》曰:"身安而天下国家可保也。"身未安,本不立也。知身安者,则必爱身、敬身。爱身、敬身者,必不敢不爱人、不敬人。能爱人、敬人,则人必爱我、敬我,而我身安矣。一家爱我敬我,则家齐,一国爱我敬我,则国治。天下爱我敬我,则天下平。故人不爱我,非特人之不仁,己之不仁可知矣。人不敬我,非特人之不敬,己之不敬可知矣。此所谓淮南格物也。(《明儒学案》卷三二《泰州学案一》)

这种平等兼爱的思想,突破了传统等级观,是王艮所代表的平民思想的体现。带着这样的思想主旨,王艮所提倡并且躬行的平民教育,也就成为理所当然之举。

王守仁的学说在其身后真正得到发展的,是王畿的良知说与王艮的格物说。人称:"越中良知,淮南格物,如车之两轮,实贯一毂。"(《王心斋全集》卷五《王艮墓志》)王畿的发展没有能够脱离王学的轨道,所以他被当作了浙中王门的代表,王艮则脱离开了王学的轨道,形成了自立的泰州学派。

列名于《明儒学案》的泰州学派学者共二十一人,除王艮之外,尚有王襞、樵夫朱恕、陶匠韩乐吾、田夫夏叟、徐樾、王栋、林春、赵贞吉、罗汝芳、杨起元、耿定向、耿定理、焦竑、潘士藻、方学渐、何祥、祝世禄、周汝登、陶望龄、刘塙,此外尚有未列入者如颜钧、梁汝元、邓豁渠、方与时、程学颜、钱同文、管志道等。虽然未单列于学案,其中如颜钧、梁汝元,在泰州学派的后学当中,堪称影响最著者。

颜钧,字山农,江西吉安人。从师王艮弟子徐樾,得泰州之传。"其学以人心妙万物而不测者也""颇欲有为于世,以寄民胞物与之志。"(《明儒学案》卷三二《泰州学案一》)

梁汝元,字夫山,其后改名为何心隐,江西吉州永丰人。初事科举,曾考中江西乡试第一名,后从师于颜山农,遂弃科举而求学术。"心隐之学,不堕影响,有是理则实有是事,无声无臭,事藏于理,有象有形,理显于事。"是主张实学的。而他本人则又是一位可贵的实践家。"谓《大学》先齐家,乃构萃和堂以合族,身理一族之政。冠婚丧祭赋役,一切通其有无,行之有成。"(同上)今天的学者认为他的这种做法"是他的乌托邦社会思想的一个试验"(《宋明理学史》第一七章)。

何心隐后来到北京,辟谷门会馆讲学,招徕四方之士,方技杂流,无不从之。当时严嵩当政,何心隐设计用道士蓝道行借乩仙之言,除掉了严嵩,因此而遭严党的忌恨,为避祸而四处游离,后至湖北孝感聚徒讲学。万历初年,内阁大学士张居正当国,禁止讲学,毁天下书院,令官府缉捕何心隐,并将其杀害。何心隐被害前曾对楚抚王之垣说:"公安敢杀我,亦安能杀我?杀我者张居正也。"(《明儒学案》卷三二《泰州学案一》)诚然如其所言,当其被杀之时,武昌上下几万人,无不知其为冤。

在泰州学派再传门人当中,罗汝芳也是名声响亮的一个。罗汝芳,字惟德,号近溪,江西南城人。嘉靖三十二年(1553年)进士,历官太湖知县、刑部主事、宁国知府、云南副使、参政等职。万历五年(1577年),进表

至京师,讲学于广慧寺,朝士多从之者,为大学士张居正所忌恶,遂勒致仕。"归与门下走安成,下剑江,趋两浙、金陵,往来闽、广,益张皇此学。所至弟子满座,而未尝以师席自居。"(《明儒学案》卷三四《泰州学案三》)

罗汝芳一生受学于多人,但以成年时师从颜钧,受其影响最深,黄宗羲曾记述说:"先生十有五而定志于张洵水,二十六而正学于山农,三十四而悟《易》于胡生,四十六而证道于泰山丈人,七十而问心于武夷先生。"(同上)他一生致力于讲学,"论者谓:龙溪笔胜舌,近溪舌胜笔"(同上)。与泰州学派的其他学者一样,罗汝芳也具有救世之心,而且较之其他人更具对世人的同情心,因此他的讲学深受世人的欢迎。人们评论他的讲学时说:"所触若春行雷动,虽素不识学之人,俄顷之间,能令其心地开明,道在现前。"(同上)他的老师颜山农为人所害入狱论死,他为之营救,不赴廷对者六年。他离开宁国府任后"耿天台(定向)行部至宁国,问耆老以前官之贤否。至先生,耆老曰:'此当别论,其贤加于人数等。'曰:'吾闻其守时亦要金钱。'曰:'然。'曰:'如此恶得贤?'曰:'他何曾见得金钱是可爱的?但遇朋友亲戚,所识穷乏,便随手散去。'"(同上)在百姓的心里,这是更具悯世之心的举动。

王艮虽然师承王守仁,但是在王守仁的哲学思想上,并未有所发扬和突破,他创立的泰州学派的最主要的特点是平民化。王艮本人是平民,他的门人也大都是平民,或者具有极浓厚的平民思想,在袁承业所集《明儒王心斋先生师承弟子表》中,在"搜罗未广,遗漏颇多"的情况下,还是收录了泰州学派从王艮以下五传弟子共487人,其中以进士为官的18人,以贡士为官的23人,其余皆"士庶樵陶农吏",几乎是无所不有。他们的讲学等活动,也具有十分突出的平民教育特点。泰州学派还是一个具有强烈反叛传统意识的学派,王艮本人便以"驾师说之上"的学术观点开创了自己的学术天地,泰州学派的传人,也大都继承了这一学派的精神,敢于向传统及权势挑战,怀着无限的救世之心,去进行不懈的追求,将学术与民众结合到了一起。

二、反理学的学术思潮

在王守仁的心学以批判继承的精神取得了显学地位的同时,一些从理学阵营中逐渐分化出来的学者,则开始对理学的核心理气之说产生不同的理解,他们从另一个门径走上了与王学不同的道路。

"明确提出唯物论的理气观,而和朱熹理气观相对峙,这是明代中叶才有的。罗钦顺、王廷相就是这方面的思想代表。罗钦顺吸取了张载宇宙观中的唯物论观点,加以发展,构成了理依于气的论点,同时又摒弃了张载以'性'与'气'并提,以'性'为万物本原的唯心观点。"(《宋明理学史》第一八章)这使理学盛行的明中叶的学术界闪现了一点火花。

罗钦顺,字允升,号整庵,江西泰和人。弘治六年(1493年)进士第三名,授翰林编修,历官南京国子监司业、太常少卿、吏部右侍郎,入朝为吏部左侍郎,嘉靖初摄尚书事,因大礼议中上疏忤世宗意,出任南京吏部、礼部尚书,再辞不赴任,许致仕。自后"里居二十余年,足不入城市,潜心格物致知之学"(《明史·罗钦顺传》)。罗钦顺的代表作品是《困知记》。

《明史·罗钦顺传》中说:

> 钦顺为学,专力于穷理、存心、知性。初由释氏入,既悟其非,乃力排之,谓:"释氏之明心见性,与吾儒之尽心知性相似,而实不同。释氏之学,大抵有见于心,无见于性。今人明心之说,混于禅学,而不知有千里毫厘之谬。道之不明,将由于此,钦顺有忧焉。"

《明儒学案》中说:

> 先生之言理气,不同于朱子,而言心性则于朱子同,故不能自一其说耳。先生以释氏有见于明觉自然,谓之知心,不识所谓天地万物之理,谓之不知性。(卷四七《诸儒学案中一》

这也就是说，罗钦顺的学术观点既不同于佛家，也不同于程、朱，而且实际上他的心性说也与朱熹不同，他虽然受到历史条件的限制，无法完全脱离开理学观念的约束，但是他在谈到"道心即性"，"人心即情"的时候，对于这一同样的命题却有着不同的解释：

> 人心、人欲，道心、天理，程子此言本之《乐记》，自是分明。后来诸公，往往将"人欲"两字看得过了，故议论间有未归一处。夫性必有欲，非人也，天也。既曰天矣，其可去乎？欲之有节、无节，非天也，人也。既曰人矣，其可纵乎？（《困知记》三续第一章）

反对理学家们的"存天理，灭人欲"，而将人欲也看作是天理，承认人的欲望的合理，这在当时理学盛行的情况下，不能不说是一个了不起的观点。

与罗钦顺同时代的王廷相，在反理学的思想上，比起罗钦顺来，具有更加鲜明的特征。

王廷相，字子衡，号浚川，祖籍潞州（今山西长治），后徙居河南仪封。考中弘治十五年（1502年）进士，历官给事中、御史、佥事、副使、布政使、兵部左、右侍郎、尚书、左都御史等职，是嘉靖中的重臣。史书中说："廷相博学好议论，以经术称。于星历、舆图、乐律、《河图》、《洛书》及周、邵、程、张之书，皆有所论驳，然其说颇乖僻。"（《明史·王廷相传》）其学术风格，一是博学，二是于理学诸书皆有所论驳，学术思想上的反理学倾向是颇为明显的。他曾经说："近世好高迂腐之儒，不知国家养贤育才将以辅治，乃倡为讲求良知、体认天理之说，使后生小子澄心白坐，聚首虚谈，终岁嚣嚣于心性之玄幽。求之兴道致治之术，达权应变之机，则黯然而不知。"（《述雅》下篇）他所说的"讲求良知"，即是指王学，"体认天理"即是讲的朱学，也就是对宋明理学的全面的否定。

当代理学研究名著《宋明理学史》第十九章中，给予了王廷相极高的评价：

王廷相不以古人之是非为是非,在吸取王充、刘禹锡、柳宗元、张载以及当代人黄绾等人思想资料的基础上,提出自己的见解,驳正宋儒、"世儒"(按:指宋代理学的追随者,亦贬称之为"俗儒""腐儒""迂儒""鄙儒""暗儒"等)的牵合附会之论,即使对门生(如薛蕙等)、故旧(如何塘等)中的歧见,亦欲与之诘辩周旋,决不退让妥协。……表现出鲜明的学术立场。他终于成为宋、元、明时期反理学最有成就的思想家。

与王廷相交往甚多的黄绾是王守仁浙中王门的传人,但是在王守仁死后,他对王畿等人的学说进行了批评,其间也涉及了王守仁的学说。黄绾的思想对王廷相有所影响。但是黄绾的思想还没有脱离王学的主体,仍属理学的范畴。在明后期反理学的思潮中,另一位突出的人物是比王廷相晚些时候的吕坤。

吕坤,字叔简,号新吾,河南宁陵人。隆庆五年(1571年)进士,历官知县、主事、郎中、参政、按察使、布政使、佥都御史、刑部侍郎等职。万历二十五年(1597年)称病辞官,居乡十年,专事学术,成为明后期反理学的先驱者之一。

吕坤在自己的著作中公开宣称"我不是道学",他说:"人问:君是道学否?曰:我不是道学。是仙学否?曰:我不是仙学。是释学否?曰:我不是释学。是老、庄、申、韩学否?曰:我不是老庄、申、韩学。毕竟是谁家门户?曰:我只是我。"(《呻吟语》卷一)他对于理学的批评虽然没有王廷相那样深刻,但是在理学盛行的时代,他那种反潮流的搏击,应当说是难能可贵的。

在明后期比王廷相、黄绾、吕坤等人更加坚定而突出的反理学思想家,是继承了泰州学派反叛思想的李贽。

李贽,号卓吾,福建泉州晋江人。初名林载贽,后改名李载贽,避穆宗讳,去"载"字,遂名李贽。嘉靖三十一年(1552年)考中乡试举人,其后

因家境困乏未再应会试。曾任官教谕、国子监博士、刑部员外郎、云南姚安知府。万历八年(1580年)自行解官而去,往湖北依于耿定理。定理死后,移居麻城,著述讲学。二十九年再移居北通州(今北京通州区),次年以"敢倡乱道,惑世诬民"罪名入狱,于狱中自尽。

李贽的主要学术思想都写入他的著作《焚书》和《续焚书》中。他继承并且发展了泰州学派的精神,比前人更加明确地举起了反理学的旗帜。他曾经说自己:"自幼倔强难化,不信学,不信道,不信仙、释。故见道人则恶,见僧则恶,见道学先生则尤恶。"(《明清实学思潮史》第十四章)这种自幼形成的思想性格到他成年后更加鲜明而且坚定,最终使之成为了传统的最大叛逆者。

他虽然曾经为官,但是长期处于下层社会生活之中,对于民间百姓的需求有着深刻的理解。他在《焚书》中写道:

> 穿衣吃饭即是人伦物理。除却穿衣吃饭,无伦物矣。世间种种,皆衣与饭类耳。故举衣与饭,而世间种种自然在其中。非衣饭之外,更有所谓种种,绝与百姓不相同者也。(卷一《答邓石阳》)

在这一思想基础之上,他进而提出了"人必有私"和顺应"民情之所欲"的主张,认为最理想的社会便是随人所欲,对于统治者来说"好恶从民之欲,而不以己之欲,是之谓礼"(《李氏文集》卷一八《明灯道古录》)。

这些观点都是明显的对于传统的反叛,是无法被容于那个时代的。所以李贽在一生的拼搏中,感到十分孤立。他时常需要用佛老思想来平衡自己,以求在艰难中的坚持。他最终以自杀对强大的旧势力做出了最后的抗争。

三、东林书院与明末的理学

明代学术发展的过程中,从明初的朱学发展到明中期王守仁的心学,明中后期,王学渐入末流,走入坐而论道的空玄之谈,于是实学与反理学的思潮有所发展,成为当时进步学术思想的代表。从泰州学派的何心隐到李贽,他们的所为,是时代的叛逆,是翘翘易折的孤立。他们虽然得到了民众的同情与支持,却无法形成与当政抗衡的力量,而总是处于恶势力的追杀之中。而与他们前后同时代的另一些学者,在看到了王学末流的时弊之后,将程朱的理学思想与对现实的改造结合起来,将讲学活动与政治行为结合起来,开创了中国历史上一个十分特殊的学术与政治的结合体:东林党。

东林党的形成始于顾宪成之复东林书院。而在东林书院未复之前,学术与政治相结合的党派分野形势已现于朝廷政争之中。与政治主张相结合的学术派别构成了晚明学术和政治的一大特色。

万历二十二年(1594年),吏部文选郎中顾宪成因为讨论三王并封和会推阁臣与神宗相忤,被削职回到无锡,在弓溪旁的东林书院旧址与几个志同道合的好友高攀龙、钱一本及其弟顾允成开始讲学。

顾宪成,字叔时,别号泾阳,学者称泾阳先生。万历八年进士,历官户部、吏部主事,考功员外郎,文选郎中。

《明史·顾宪成传》中说:

> 宪成姿性绝人,幼即有志圣学。暨削籍里居,益覃精研究,力辟王守仁"无善无恶心之体"之说。邑故有东林书院,宋杨时讲道处也。宪成与弟允成倡修之。常州知府欧阳东凤与无锡知县林宰为之营构。落成,偕同志高攀龙、钱一本、薛敷教、史孟麟、于孔兼辈讲学其中,学者称泾阳先生。当是时,士大夫抱道忤时者,率退处林野,闻风响附,学舍至不能容。宪成尝曰:"官辇毂,志不在君父,官封疆,志不在民生,居水边林下,志不在世道,君子无取焉。"故其习讲之余,往往讽议朝政,裁量人物。朝士慕其风者,多遥相应和。由是东林名大著,而忌者亦多。

东林书院于万历三十二年(1604年)重建竣工,其后四方风闻而起

者,毗陵有经正堂,金沙有志矩堂,荆溪有明道书院,虞山有文学书院,"皆捧珠盘,请先生莅焉"(《明儒学案·东林学案一》),一时间造成了极大的影响。但是这时的书院与王守仁讲学的时候已大不相同,先师谢国桢先生在谈到顾宪成的学术时曾说:

> 他的心目中有所主宰,他的学问是彻内彻外的。在哲学上他的本体论是一元的,所以他反对阳明四无之教为中上人说法,四有之教为中下人说法的主张。他认人性根本是一致的,决无分歧的道理。他的实验的方法是在致用,所以泾阳的学问,与其说是一个哲学家,无宁说是一个政治家。(《明清之际党社运动考》三)

这是对顾宪成的一个恰当的评价,也是对晚明学术的一个恰当的评价。因为要批评王学,所以他们的学问又回归到了程、朱,他们是要通过重兴朱学,去矫正王学之弊,也就是去矫正那种无实际内容的空谈。他们以政治家的眼光看待学术的发展,顾宪成说:"当士人桎梏于训诂辞章间,骤而闻良知之说,一时心目俱醒,恍若拨云雾而见白日,岂不大快?"但是后来发展到了王学末流,一批学者以宣扬"无善无恶"去追求空无之论,成为当时腐败政治的理论工具。所以东林学者们又指出:"迩来反复体勘世道,人心愈趋愈下,只被'无善无恶'四字作祟。君子有所淬励,却以'无'字埋藏,小人有所贪求,却以'无'字出脱。"他们所提倡的读书风气是:风声、雨声、读书声,声声入耳;家事、国事、天下事,事事关心。

高攀龙,初字云从,后改字存之,别号景逸,无锡人。万历十七年(1589年)进士,初授官行人,以直言谪为广东揭阳典史,即归家居不仕近三十年。与顾宪成共建东林书院,并于顾宪成去世后,继续主持书院之事。

他在学术上反对王守仁的"格物致知"说,为此专作《阳明说辨》。他十分提倡治国平天下的有用之学,力反王学末流的空论之风。

长期的文官制度,养成了中国文人关心政治的传统,学术为政治观点服务也就成为必然,于是东林成为了这种学术风格的代表。黄宗羲在《明儒学案》中,特立《东林学案》四卷,即以明其学术政治之特点:

> 今天下之言东林者,以其党祸与国运终始,小人既资为口实,以为亡国由于东林,称之为两党,即有知之者,亦言东林非不为君子,然不无过激,且依附者之不纯为君子也,终是东汉党锢中人物。嗟乎!此寐语也。东林讲学者,不过数人耳,其为讲院,亦不过一郡之内耳。昔绪山、二溪,鼓动流俗,江浙南畿,所在设教,可谓之标榜矣,东林无是也。京师首善之会,主之为南皋、少墟,于东林无与。乃言国本者谓之东林,争科场者谓之东林,攻逆阉者谓之东林,以至言夺情奸相讨贼,凡一议之正,一人之不随流俗者,无不谓之东林,若似乎东林标榜,遍于域中,延于数世,东林何不幸而有是也?东林何幸而有是也?然则东林岂真有名目哉?亦小人者加之名目而已矣。论者以东林为清议所宗,祸之招也。……熹宗之时,龟鼎将移,其以血肉撑拒,没虞渊而取坠日者,东林也。毅宗之变,攀龙髯而蓐蝼蚁者,属之东林乎?属之攻东林者乎?数十年来,勇者燔妻子,弱者埋土室,忠义之盛,度越前代,犹是东林之流风余韵也。

在黄宗羲《明儒学案》中列入《东林学案》的人物共17人,即顾宪成、高攀龙、钱一本、孙慎行、顾允成、史孟麟、刘永澄、薛敷教、叶茂才、许世卿、耿桔、刘元珍、黄尊素、吴桂森、吴钟峦、华允诚、陈龙正等。他在这里强调了东林的学术流派,而世称的东林党人,则多是清议学风的响应者;其所谓"流风余韵",当系指后来的复社、几社等政治学术组织。天启五年(1625年),以魏忠贤为首的阉党以汪文言之狱,开始了对东林党人的围杀,凡朝中的正人君子,都被加以东林名目,东林始有党人之称。但是这时候的所谓东林党,已经不再是当年东林书院那种追求学术的一批学者,而完全成了一个政治派别。

东林以后,在学术上最有成就的人物,是被称作蕺山先生的刘宗周和

被称作石斋先生的黄道周。

刘宗周,初名宪章,字起东,号念台,浙江山阴(今绍兴)人。因讲学于山阴北蕺山,学者称蕺山先生。万历二十九年(1601年)进士。历官行人、主事、尚宝司少卿、右通政,天启间被革职为民。崇祯初再起为顺天府尹,历工部左侍郎、吏部左侍郎、左都御史等职。为人正直敢言,故多次忤旨而被罢官。清军入关后,再任南明弘光朝臣,南京城破后绝食而死。

刘宗周在学术上曾经宗守仁之学,晚年改奉程、朱,而批评王学,尤其批评王学的禅化。当时从师于刘宗周的学者40余人,"皆喜辟佛",但是由于没有学术的根基,无法领会刘宗周的学术主旨,因此蕺山之学后学乏人。刘宗周还提倡"慎独",黄宗羲说:"先生之学,以慎独为宗,儒者人人言慎独,唯先生始得其真。"(《明儒学案·蕺山学案》)慎独就是自身的修养,提倡正当的自身修养,目的也是为了改变王学在这方面的禅化趋势。

黄道周,字幼平(一作幼玄),号石斋,福建漳浦人。天启二年(1622年)进士,选庶吉士,授编修,历官右中允、右谕德、少詹事,以杨嗣昌所陷谪戍。崇祯末复职。南明时任礼部尚书、武英殿大学士,兵败被害。

《明史·黄道周传》中说:"道周学贯古今,所至学者云集。铜山在孤岛中,有石室,道周自幼坐卧其中,故学者称为石斋先生。精天文历数皇极诸书。所著《易象正》《三易洞玑》及《太函经》,学者穷年不能通其说,而道周用以推验治乱。"这虽然没有能够说清黄道周的全部学术思想,但是也反映出了他在学识上的广博。当代学者对于黄道周有更为科学的评价:

> 作为明末儒学大师之一的黄道周,他的思想体系是复杂的。一方面,他在自然观、认识论上,均提出了与理学相背离的观点。特别是他的《易》学思想,强调治《易》要"推明天地,本于自然",要摆正理、象、数三者的关系,提出要贯彻"实测"精神的新观点。另一方面,他的《易》学却又被神秘主义色彩极为浓厚的象数学所桎梏。他的"修己以敬"的道德修养论和天性皆"善"的人性论,与许多理学家的观点基本是一致的,这一矛盾现象反映了晚明理学走向衰颓的情

况。(《宋明理学史》第二十四章)

第四节　明代的宗教

明代的宗教主要包括佛教、道教、民间宗教、伊斯兰教与其他少数民族宗教等。

明代是宗教发展的一个较为特殊的时期,随着宋、明理学显学地位的确立,作为中国自身的宗教道教和较早传入中国的佛教,都逐渐走向了衰微。宗教学术无法与新儒家们那种平民化的学术思想相对抗,所谓三教合一的趋势的主流,实际还是宗教的儒化。这主要是由于随着专制主义中央集权统治的不断强化,宗教作为统治工具的作用,已经最大程度地减弱。明代的宗教更突出地表现出了对少数民族地区(尤其是蒙、藏地区)的统治作用。

与官方宗教的情况相反,明代的民间宗教却经久不衰地发展,成为秘密社会乃至民众的精神武器,因此对宗教的控制也就成为明代专制的一个组成部分。

伊斯兰教在明代西北地区得到了发展并且完善成形。其他的少数民族地区的宗教,如藏传佛教、小乘佛教、萨满教、东巴教等也都有不同程度的发展。

宗教文化是社会文化的一个特殊部分,它既对整个社会文化产生影响,同时也受制于社会文化大环境之中。明代的宗教也正是这样伴随着明代的文化而发展变化的。

一、佛教

元至正二十五年(1352年)闰三月,一个年轻和尚脱下袈裟,投身到了农民起义的大潮之中。十六年后,这个当年的年轻和尚登上了皇帝的宝座,这就是明太祖朱元璋。从和尚到皇帝,这样一个特殊的变化,也就必然给明初的佛教带来一些特殊的影响,这也就决定了明初佛教的微妙地位。《明史·李仕鲁传》中说:

> 帝自践阼后,颇好释氏教,诏征东南戒德僧,数建法会于蒋山,应对称旨者辄赐金襕袈裟衣,召入禁中,赐坐与讲论。吴印、华克勤之属,皆拔擢至大官,时时寄以耳目。由是其徒横甚,谗毁大臣。举朝莫敢言。……诸僧怙宠者,遂请为释氏创立职官。于是以先所置善世院为僧录司,设左右善世、左右阐教、左右讲经觉义等官,皆高其品秩。道教亦然。度僧尼道士至逾数万。

但这只是笼统的记述,明初太祖的佛教政策实际上还是以控制为主。自洪武元年(1368年)设立善世(佛教)、玄教(道教)二院,到四年(1371年)即行革罢。五年(1372年)起,诏给僧道度牒,而此后十年间并未再设立僧道官署。直到十五年(1382年),始置僧录司、道录司。

僧录司是明代佛教最高管理机构,设官左、右善世各一人,正六品;左、右阐教各一人,从六品;左、右讲经各一人,正八品;左、右觉义各一人,从八品。各府县则设有僧纲司,选精通经典、戒行端洁者掌之。并定全国僧人为三等:曰禅、曰讲、曰教。

这大概就是李仕鲁等儒臣上疏反对太祖"舍圣学而崇异端"之时。

> 仕鲁性刚介,由儒术起,方欲推明朱氏学,以辟佛自任。及言不见用,遽请于帝前曰:"陛下深溺其教,无惑乎臣言之不入也。还陛下笏,乞赐骸骨,归田里。"遂置笏于地。帝大怒,命武士摔搏之,立死阶下。(《明史·李仕鲁传》)

这是儒、释之争在明初的反映。在李仕鲁之类的儒臣看来,对于佛教,应该是实行厉禁的。其实在此前,太祖已有对僧道的限令:

> 洪武六年十二月戊戌,上以僧道日多,蠹财耗民,莫此为甚。乃诏天下府州县止存大观、寺一,僧道并处之。非有戒行通经典者,不

得请给度牒。又禁女子年四十以下为尼者。并著为令。(《明会要》卷三九《职官一一》)

这个限令的下发,是因为洪武五年给度牒令后,取得度牒的僧道一时多达九万六千人,不得不加以限制。然而到十五年设立僧录司后,不到三年时间,新度牒的僧尼又达二万九百五十四人。

元代的崇佛,到明初在民间还有较大的影响,而这与太祖对佛教的推崇是完全不同的,用当时官员的话说:"其实假此以避差役。"(同上)所以从洪武十七年(1384年)起限令三年一次出给度牒,而且要严加考试。二十四年(1391年)更明确规定:

凡僧道,府不得过四十人,州三十人,县二十人。民年非四十以上,女非五十以上者,不得出家。(《明史·职官三》)

这一方面为防止劳动力流入僧道,一方面防止青年妇女出家,影响人口生育。次年,再令僧录司造周知册颁行天下,天下僧人皆为在册者。到洪武二十八年(1395年)十月,令天下僧道赴京考试给牒,不通经典者黜之。至此,明初的佛教管理遂成定制,并且完成了官方化的过程。其实早在洪武二十五年(1392年),就曾有过大规模的给牒考试,而且"就试三千余人,悉不习内典"(《罪惟录》列传卷二六《永隆传》)。太祖为此欲尽付之法。这种强调佛学的做法,使得明初的佛教带有浓厚的学术风气,佛教开始成为与朱学并存的学术派别。

明初的洪武、永乐时期,带有建国初的种种政治色彩,朱学虽然开始成为显学,并占据了统治地位,但是人们对事功的追求,给予了各种不同思想以一点活动的余地。当时的名臣宋濂便精通佛学,这或多或少对太祖会有所影响。当时的僧录司左善世宗泐与僧来复齐名,都是兼通儒学的高僧,太祖称之为"泐秀才"。洪武四年(1371年)十二月的蒋山太平兴国寺广荐法会,共征召了高僧十八人,宗泐是其中最著名的一个。后来

还俗为官的吴印也是其中之一。至于来复,前面则已说到,系因上诗谢恩而死于文字之祸。

面对明初佛教的这种变化,当时的佛教界似乎并无自我选择发展的余地。在极端君主专制的条件下,明初的佛教其实并没有因为吴印等人的为官而有所兴旺,与元代相比,明显是每况愈下的。

这种情形到永乐中稍有所变化,其原因是僧人道衍(姚广孝)帮助成祖夺位而成为一代功臣。道衍虽然兼通儒、释、道三家之说,但是他在自身的学术上坚持佛家的宗旨,因此曾著《道馀录》,从佛家学说出发,对于宋儒攘斥佛、老给予反驳。他在序中写道:"三先生(二程、朱)因不多探佛书……一意以私意出邪诐之辞,枉抑太过,世之人心,亦多不平,况宗其学者哉。"他因此择《二程遗书》二十八条、《朱子语录》二十一条"极为谬诞者","乃为逐条据理一一剖析"(《道馀录》序)。这部"专攻程、朱"的著作在当时能够问世,一方面固然由于朱学的一统地位还没有像后来那样绝对,同时也由于道衍的特殊身份。待到道衍死后,他的这部著作就遭到了儒士的焚毁。其友张洪称:"少师于我厚,今无以报,但见《道馀录》即焚之,不使人恶之也。"(郎瑛:《七修类稿》卷四三《姚广孝》)目的是要使这部专攻程、朱的著作不再传世。《道馀录》的出现应该说是一个特例,道衍死后,这种情况便不大会发生了。仅仅十二年以后,宣德五年(1403年)修成的《明太宗实录》中已经写道:"广孝尝著《道馀录》,诋讪先儒,为君子所鄙。"(《明太宗实录》卷一九八)而且永乐初上书"诋讪先儒"的朱季友,便曾因此罹祸。

佛教在明初即被定为经典之学,在朱学统治地位日益确立的情况下自然是难得发展的。

永乐中佛教得到一定程度发展的另一个原因,是朝廷对藏传佛教的重视。不过那只是为了加强对西南乌斯藏地区的控制,而并非真的要发展藏传佛教。

永乐以后还有一个较为特殊的情况,便是宦官与佛教的关系。宦官因其特殊的身份和心态,颇重佛教的修来世之说,因此支持建寺度僧。景泰二年(1451年)正月,太监兴安以皇后旨度僧道五万余人,于谦进言不纳。从此以后,建寺度僧之事便一发而不可止。弘治中,尚书马文升的奏疏中谈到成化末年寺院僧人的情况:

> 定制:僧道,府不过四十名,州不过三十名,县不过二十名。今天下一百四十七府,二百七十七州,一千一百四十五县,共额设僧三万七千九十余名。成化十二年,度僧一十万,二十二年,度僧二十万,以前各年所度僧道不下二十余万,共该五十余万。……其军民壮丁私自披剃而隐于寺观者,又不知几何。(《明会要》卷三九)

马文升用"创修寺观遍于天下,妄造经典多于儒书"概括了当时佛教的情况,这与明初相比显然有了相当大的发展。

从现存的材料看,明代佛教的发展主要还是在正德以后,这与有明一代思想文化发展的情况是同步的。本来也可能在成化时就发展起来,但是追寻祖制的"弘治中兴"将其推后了二十余年。正德以后心学的兴起,对于禅学的发展有所刺激,到晚明王学末流更走向禅化,禅学也随之而得到了发展。明代佛教各宗的名僧,以及明代的四大高僧均出现于正(德)、嘉(靖)以后。

(一)禅宗

明代禅宗主要有临济宗和曹洞宗两个支系。

临济宗的发展主要在嘉靖到万历以后,从笑岩德宝(1512—1581)以禅学与诸儒学者相交而知名,其后有门人幻有正传(1549—1614),正传门人中又有圆悟最为著称。圆悟号密云,宜兴人,原姓蒋。三十岁以后出家龙池山禹门寺,天启三年(1623年)于天台山通玄寺开堂说法,始有名声。先后主持嘉兴金粟寺、福州万福寺、宁波天童寺等,因其弘扬临济宗风,故有"临济中兴"之称。

曹洞宗在明代的著名高僧有慧经及门人元来、元贤和高僧圆澄等。慧经(1548—1618)晚年长期主持江西黎川寿昌寺。他主张农禅并作,是

一位将躬耕田野与讲禅说法结合起来的高僧。他的门人元来(1575—1630)以提倡"禅、净无二"而闻名。

元贤(1578—1657)幼年致力于儒家的程、朱理学,由儒而入释的经历,对于他后来的发展影响颇大,他因此重于著述,主张兼容并纳。曾经明确提出:"禅、教、律三宗,本是一源……如鼎三足,缺一不可。"并且强调儒、释、道三教一理。① 他的思想代表了明后期佛教发展的趋势。

(二)净土宗

明代净土宗的发展也是在嘉靖以后,其主要代表人物是被称为"莲宗八祖"的袾宏。袾宏(1535—1615)是明代四大高僧之一。他先后著有《答净土四十八问》《净土疑辩》等净土宗的重要著作。但是他同时也积极主张"禅净一致",而且重视华严宗的教义,代表了明朝后期佛教各宗渐趋融合的发展趋势。

(三)天台宗

明代天台宗于万历年间始有"天台中兴"之说,其中兴高僧为传灯。传灯(1553—1627)于万历十五年(1587年)入天台山,习天台之学,兼习禅宗和净土宗的教义,也是博通诸宗的高僧。其后有称明代四大高僧之一的智旭(1599—1655),在弘扬天台教义的同时,进一步主张各宗融合,三教合一,成为明末三教合一的推动者之一。

除去佛教的上述三个宗支外,其余各宗,如律宗、华严宗等,在明代一直处于衰微之中,没有突出的人物与学说出现。

明代的四大高僧,除去净土宗的袾宏大师、天台宗的智旭大师外,还有紫柏真可和憨山德清。袾宏与智旭虽然各有宗派,但都是主张各宗融合的,而且主张儒、释、道的相合。而紫柏与憨山则不仅主张三教的合一,而且自身也从无明显的宗派。他们之所以成为名声响亮的高僧,其原因也正在于此。紫柏(1543—1603)后在万历"妖书案"中被牵入狱而死,憨山(1546—1623)亦于万历间以私造寺院罪入狱论戍,而其于戍所讲佛,

---

① 王友三:《中国宗教史》第五编第二章《明清佛教》,第749页。

居然使戍卒们闻之若痴。

不固执于佛家之说,而与儒、道相合,就使得佛教得到了士大夫们的接受,这同晚明士大夫们近禅的趋势是一致的。三教合一是晚明儒、释、道三家发展的共同趋势,林兆恩(1517—1598)的"三一教"更是这种三教合一的具体实践。

二、道教

道教是中国自己的宗教而非外来,因此道教历来有着较为广泛的社会基础。明太祖起自民间,对于道教有特殊的感情,在他打天下时,身边的周颠和铁冠道人张中就都是道士。而他本人也经常阅读道教的经典《道德经》。明初最为著名的功臣刘基,也是颇信道教的,传说中他曾师从九江道士黄楚望,得其天文地理术数之法。在明初的功臣当中,刘基近道,而宋濂近佛。历朝的统治者都要宣传自己是有天命的,因此就要神化自己,道教在推算占卜方面的传统于是成为统治者神化自己的工具。

太祖建国后道教与佛教一样,成为朝廷确定的官方宗教。洪武元年(1368年),江西龙虎山第四十二代天师张正常被召入朝,太祖命去其天师之号,封为真人,世袭,称龙虎山正一真人,秩正三品。另设法官、赞教、掌书各二人。阁山、三茅山各设灵官一人,正八品。另设太和山提点一人。这完全是一种特殊的恩封,与当时全国道教的管理并没有直接关系。掌管全国道教事务的机构还是与佛教的善世院同时成立的玄教院。洪武四年(1371年),玄教院与善世院同时革罢。次年开始由朝廷发给道士度牒。十五年(1382年),始置道录司,设左、右正一各一人,正六品,左、右演法各一人,从六品,左、右至灵各一人,正八品,左、右玄义各一人,从八品,基本与佛教的管理一样。但是道教与佛教不同之处在于它还要承担郊祀活动,所以从洪武十一年(1378年)起,又专门设立了神乐观,掌乐舞,以备祭祀。设提点一人,正六品;知观一人,从八品。神乐观隶属于太常寺,与道录司没有统属关系。对于地方道教的管理,则于府、州、县分设道纪司,以掌其事。

新朝的建立给了各种势力表现自己的机会,而成祖的起兵夺位,在某种程度上也可以说是一次新的权力更替。在帮助成祖起兵的谋臣当中,就有一些以占卜为长的方士,成祖最主要的谋臣姚广孝虽然是僧人,但是也曾于苏州灵应宫从道士席应真习方术。也许是出于这种情况,所以永乐初年,曾有人给成祖进献《道经》,希望以此获用,但是这时候成祖更需要标榜的是以儒道治天下,进献《道经》的人因此遭到了成祖的斥责,他说:"朕所用治天下者,五经耳,《道经》何用?"(娄性:《皇明政要》卷四)

但是到了永乐十五年(1417年),却有了一次对道人徐知证、徐知谔的敕封。徐知证被敕封为九天金阙明道达德大仙显灵溥济德微洞元冲虚妙感慈惠护国庇民崇福洪恩真君,徐知谔被敕封为九天玉阙宣化扶教上仙昭灵溥济高明宏静冲湛妙应仁惠护国佑民隆福洪恩真君。当时还在北京兴建了洪恩灵济宫。这是明初对于道教的一次盛典。据说原因是一个名叫曾辰孙的道士在为成祖医病时祷于二徐真君,而且梦见二徐真君授以灵药,才治好了成祖的病。这件事在当时造成了一些社会影响,同年八月,便有人献金丹方书给成祖,称其可以长生不老。成祖没有听信这些话,令其人自食金丹,烧毁方书,不许再以此惑人。但是由曾辰孙进药引起的二徐真君的封敕之事,反映了从明初开始,道士的丹药便与宫廷生活有着紧密的联系。明朝的皇帝从成祖开始,几乎没有不服用道士丹药和用房中术的。这也就使得明代的道教与佛教完全走上了两条不同的道路。与佛教的学术化不同,明代的道教走的是一条修炼斋醮的道路。

在明成化以前,一些知名的道士还较为追求戒行,如历洪、永、熙、宣四朝的道士刘渊然,史称其"在道术,为人清静自守,故为累朝所礼"(《明史·刘渊然传》)。其徒邵以正及道士沈道宁,均以道术知名。再如:"玄妙观道士张宗茂,自幼传其师李雷谷之法,祈祷必应,戒行亦端。后举为道纪,非其所好,常托病不视事。"(王锜:《寓圃杂记》卷四《张宗茂尸解》)但是成化以后,方术便成了人们谋官的捷径。

明宪宗时方士李孜省以方术得幸,内阁大学士万安,也借进献房中术而固宠。所以成化朝僧道多以符箓烧炼得官,到孝宗即位后,裁汰以僧道

得幸的在朝官员,数目已经相当惊人了:

> 孝宗初,诏礼官议汰。礼官言诸寺法王至禅师四百三十七人,喇嘛诸僧七百八十九人。华人为禅师及善世、觉义诸僧官一百二十人,道士自真人、高士及正一演法诸道官一百二十三人,请俱贬黜。(《明史·继晓传》)

孝宗虽然对僧道进行了整顿,但是他本人也是信奉道家的,宦官李广便以道家修炼之术获幸。

有明一代道教最为显贵的时候是在嘉靖朝,世宗因为过度崇信道教而与宋徽宗一样得到了"道君皇帝"之名。而且他自己也确实有道号。嘉靖三十五年(1556年),他为其父上道号为三天金阙无上玉堂都仙法主玄元道德哲慧圣尊开真仁化大帝,其母为三天金阙无上玉堂总仙法主玄元道德哲慧圣母天后掌仙妙化元君,自号灵霄上清统雷元阳妙一飞玄真君后加号为九天弘教普济生灵掌阴阳功过大道思仁紫极仙翁一阳真人元虚圆应开化伏魔忠孝帝君,再号为太上大罗天仙紫极长生圣智昭灵统元证应玉虚总掌五雷大真人玄都境万寿帝君。

嘉靖朝最受宠幸的是道士邵元节和方士陶仲文。邵元节为龙虎山上清宫道士。世宗即位后,"惑内侍崔文等言,好鬼神事,日事斋醮"。邵元节于是被召入朝,大加宠幸。为建真人府于城西,以其孙为太常丞,邵本人后来官至礼部尚书,赐一品服,其徒陈善道等俱进秩,其师李伯芳、黄太初封为真人。邵死后得赠少师,陶仲文更得以封恭诚伯。道教的获宠,与皇帝追求长生有直接关系。《明史·陶仲文传》中说:

> 帝益求长生,日夜祷祠,简文武大臣及词臣入直西苑,供奉青词。四方奸人段朝用、龚可佩、蓝道行、王金、胡大顺、蓝田玉之属,咸以烧炼符咒荧惑天子,然不久皆败,独仲文恩宠日隆,久而不替,士大夫或缘以进。

陶仲文的被宠,主要是他进献的丹药对世宗"有验"。

> 嘉靖中叶,上饵丹药有验。至壬子冬,命京师内外选女八至十四岁者三百人入宫。乙卯九月,又选十岁以下一百六十人。盖从陶仲文言,供炼药用也。(《万历野获编补遗》卷一《宫词》)

据一些史家分析,嘉靖间著名的"宫婢之变"很可能便与这种用少女炼制丹药有关,世宗本人险些在那场宫变中丧命,但是他却终生笃信道教不已。

内阁大学士严嵩便是以作青词而得到世宗的信用,而大学士夏言则因不冠世宗所赐香叶冠而遭疏远,终至被祸。在这种情形下,士大夫们也纷纷成为道教的崇信者。当然,明朝士大夫们对道教的信奉还有一个原因,是他们对道教方术的兴趣。随着明代朝政的日趋腐败,从皇帝到官员,都成为了修炼方术的信奉者,而且这种上行下效的风气,一直影响到了民间。

明代的道教就是在这样一种极特殊的条件下发展的。所以它的特点一方面是烧炼,另一方面是世俗化。在这样条件之下发展的道教,很难在教义和组织上有所提高,因此也就不可能凭借从上层社会到民间对于烧炼的兴趣而得以发展。

从第四十六代天师张元吉到第五十一代天师张显祖的情况很能反映道教在明代的处境。张元吉于天顺、成化间屡进封号,而成化五年(1469年)其杀人事发,论死系狱,后改杖一百戍甘肃卫,以母老还家,死于家中。其子张玄庆得嗣为真人,传至张永绪,"荒淫不检,死无嫡子"。为吏部奏不当复袭,江西守臣亦言:"张无功于世,有害于民,宜永裁革。"遂以礼部所定,革封号,以裔孙张国祥为上清观提点,后复其真人号。至万历间,"其人时时入朝京师,频留主斋醮。与其子为狎邪之游。各买乐妇为姬妾,至今邀游诸贵戚间,饮博谐谑之外,他无所解"(《万历野获编补遗》

卷四《真人张元吉》)。《明史·张正常传》中说：

> 张氏自正常以来，无他神异，专恃符箓，祈雨驱鬼，间有小验。顾代相传袭，阅世既久，卒莫废去云。

明代的道教经典不盛，组织混乱，日趋衰微，而且道教在民间的传播过程中，逐渐发生变化，成为民间宗教组织，脱离了道教原有的宗旨。

在《明史·艺文志》中收录的明代道家类著作共计56部。其中最为主要的有《道藏目录》四卷、《道经》五百十二函，以及焦竑的一系列有关道教的著作《老子翼》《老子翼考异》《庄子翼》《南华经余事杂录》《南华经余事杂录拾遗》等。此外《艺文志》中未著录的还有道士白云霁所著《道藏目录详注》四卷，见于《四库全书总目》。

《艺文志》中所记的《道经》，即后来世称的《道藏》，始修于永乐间，由第四十三代天师张宇初主持纂校，终永乐之世而未竣，至正统间再行纂校，十年(1445年)刊行，颁赐天下宫观，计四百八十函，五千三百零五卷。万历三十五年(1601年)，第五十代天师张国祥奉敕续补《道藏》三十二函，前后合计五百十二函，五千四百八十五卷。

《道藏》按照传统的道家"三洞""四辅"、十二类的分类法：

> 三洞者，一、洞真部，元始天尊所流演，是为大乘上法；二、洞元部，太上老君所流演，是为中乘中法；三、洞神部，亦出太上老君，是为小乘初法。四辅者，其一、太元部，洞真之辅也；二、太平部，洞元之辅也；三、太清部，洞神之辅也；四、正一部，三洞三辅所会归也。……其七部子目，则各分本文、神符、玉诀、灵图、谱录、戒律、威仪、方法、众术、记传、赞颂、表奏十二类。(《四库全书总目》卷一四六)

《道藏》所包括的内容十分广泛，除去道教的经典之外，还收集了先秦至宋的诸子百家之作，以及关于医药、养生和炼丹术方面的著作。

明《道藏》的纂修,是对道教文献的一次规模甚大的总结,对于道教的发展应当具有重大的意义,但是由于明代道教后来发展的状况所限,有明一代道教文献还是相当贫乏的。

明代的道教支派主要有正一派、全真派、武当派和丹法派(东派)。正一派即明代敕封的张天师一派,由于得到了朝廷的有意扶持,这一派于明代最盛。武当派的创始人张三丰,生活于元末明初,太祖、成祖都曾专门派人找寻其踪迹,他因此而名声甚大。成祖即位后,声称曾受真武大帝的护佑,于是大兴土木,修建武当山宫观,武当派由此而成为明代道教的一个主要支派。丹法派创于明嘉(靖)、隆(庆)、万(历)间的道士陆西星(1520—1606)。这一派原是以烧炼丹药为主的,到陆氏以后,进一步发展了男女同修的阴阳丹法,以炼就内丹。这种修炼方法投合了晚明士大夫们的纵欲思潮。关于道教炼内丹的著作,在明初修纂《道藏》的时候,便小心地加以删除了,所以陆氏的著作,是在这方面保留下来的比较有代表性的文献。

三、民间宗教

明代的民间宗教中最主要的是白莲教。明太祖投身元末明教为主体的农民起义而取天下建立了明朝。但是当时的明教实际上已经不是由摩尼教发展而成的明教,而是"已合于佛,已混于道,又与出自佛教之大乘教、三阶教合","又与出自佛教净土宗之白莲社合,与出自佛教净土宗之弥勒教合。至元末遂有红巾军之全面起义"。(吴晗:《读史札记·明教与大明帝国》)所以从许多材料中可以看到当时的起义教众所宣传的还是白莲教的教义。但这时的白莲教所宣扬的弥勒下生及明王出世的说法,实际上是融合了弥勒教和明教的教义,成为一种混合型的民间宗教。

民间宗教一般是由佛、道两教分化而成,它的一个主要特征是教义的简明,并且由于其在民间传布,极易发生各种民间宗教的互融,而且在传布过程中往往产生许多的分支,所以有时候不大容易加以区别,而习惯于统称之为白莲教。

明朝建立后,明政府对于明教、白莲教等民间宗教采取了严禁政策。这主要是为了防止白莲教之类的民间宗教在组织民众反抗政府方面的潜在作用。但是白莲教的活动却始终没有停止。在明朝初年,白莲教在全国的活动相当活跃,如洪武初年陕西的王金刚奴起义,继承元末韩林儿龙凤年号,前后坚持四十余年:

> 陕西妖贼王金刚奴,于洪武初聚众于沔县西黑山等处,以佛法惑众。后又与沔县邵福等作乱。其党田九成者,自号汉明皇帝,改元龙凤。高福兴称弥勒佛,金刚奴称四天王。(《万历野获编》卷二九《再僭龙凤年号》)

王金刚奴直到永乐七年(1409年)才被官府捕杀。而同年湖广湘潭又爆发了李法良领导的弥勒教起义。永乐十六年(1418年),北直隶附近有刘化自称弥勒佛下世,在新城、真定、容城和山西洪洞等地传教,受戒者甚众,相约起事,事泄被捕杀。两年后便又有山东唐赛儿起义,成为明初最具影响的白莲教起义。

> 唐赛儿者,蒲台民林三妻也。儿时能刻纸为人马使战斗。自号佛母,预言成败事颇验,往来益都、安丘、即墨、寿光诸县,相煽诱。(毛奇龄:《后鉴录》卷一)

> 永乐中,山东民妇唐赛儿夫死,唐墓祭回,经山麓,见石罅露出石匣角,唐发视之,中藏宝剑妖书,唐取书究习,遂通晓诸术。……因削发为尼,以其教施于村里,悉验,民翕然从之。……初亦无大志,画冗浩阔,妖徒转盛至数万,官捕之,唐遂称反,官军不能支。(祝允明:《野记》卷二)

当时山东是白莲教活跃的地区,所以唐赛儿能够一呼百应,至起义被

镇压失败后,官府仍无法得到唐赛儿的踪迹。

这些史料中记述的唐赛儿所得的"妖书",便是白莲教所称的宝卷,也就是教义的经典。白莲教教义在明代还在不断发展,到正德以后,白莲教吸收了罗教教义中的"真空家乡,无生父母"的说法,奉"无生老母"为创世主,而弥勒下世,则是由"无生老母"派来领导教众前往"真空家乡"的。这对于当时处于水深火热中的百姓们无疑是最富吸引力的。

到明朝后期,随着政治的腐败,社会矛盾激化,白莲教等民间宗教的传播也更加活跃,并且以白莲教众为主体的农民起义不断发生。主要有:

嘉靖二十五年(1546年)汶上连氏与白莲僧惠金、杨惠通起义;

嘉靖三十六年(1557年)乌镇道人李松起义;

嘉靖中重庆大足蔡伯贯起义;

万历二十七年(1599年)徐州赵一平、孟化鲸起义;

万历三十二年(1604年)福建瓯宁吴建、吴昌起义;

万历三十四年(1606年)临淮刘天绪起义;

万历四十二年(1614年)王森起义;

天启二年(1622年)王森弟子徐鸿儒起义。

明代的白莲教在发展过程中产生出许多的分支,明末著名的白莲教经卷《古佛天真考证华宝经》中确认为白莲教支派的就有:红阳、净空、无为、西大乘、黄天、龙天、南无、悟明、金山、顿悟、金禅、还源、圆顿、收圆等等。而当时的涅槃教、三一教、长生教、老子教、龙华会、忠勇会等,也都是白莲教的分支,应州的罗廷玺、湖州的马师祖、单县的唐云峰、重庆的蔡伯贯等都是当时较为著名的白莲教首领。可以说终明之世,白莲教始终活跃于全国各地的民间,贯穿于整个的下层社会,甚至宫中宦官也多有信奉白莲教者,因此民间宗教的传播成为明朝统治者深感不安之事。(《中国宗教史》第五章,第1188页)

明代的民间宗教虽然大多属于白莲教的支派,但是其中也有较为特殊的情况,如罗清创立的无为教,高阳、韩太湖创立的弘阳教,即曾有不同于白莲教的特点,只是在其发展过程中逐渐与白莲教融合了。

无为教即罗教,创始人为明朝成化年间的山东人罗清,他初奉佛教禅宗,在其基础上吸收道教及各种民间宗教的教义,创立无为教。后为得到正德时当权太监张永等人支持,写成《罗祖五部经》(《苦功悟道卷》《叹世无为卷》《破邪显正钥匙卷》《正信除疑无修证自在卷》《巍巍不动泰山深根结果宝卷》),因其崇奉无为,诋毁白莲教,所以得到了正德皇帝的支持,罗清被封为"无为经师",其《罗祖五部经》由官方刊行,成为明代官方支持的唯一的一个民间宗教。但是因为无为教提出了"真空家乡,无生父母"的劫变及改造现实的观点,其后逐渐与白莲教相接近,到万历四十四年(1616年)遂为明朝政府所查禁。

弘阳教的创始人为万历间山西洪洞高阳,他主要活动于当时的京城北京,并且在宫中宦官们的支持下刊印弘阳教的经卷,宣传"红阳劫尽,白阳当生"的劫变口号,认为世界分青阳、红阳、白阳三个阶段,每一劫变时便生大乱,到白阳的阶段,即成为最光明的世界。

高阳死后,道士韩太湖继续传播弘阳教,但是他奉罗教创始人罗清为祖师,吸收罗教的教义,而且仿罗清撰写了《混元弘阳飘高祖临凡经》《弘阳苦功悟道经》《弘阳叹世经》《混元弘阳显性结果经》《弘阳显性结果深根宝卷》,也称五部经,后又将经咒等编成五部经,称小五部经。韩太湖也长期在北京传教,多与宫中宦官交结,但是他与高阳不同之处在于高阳时的弘阳教入教者多为中上层人士,韩太湖时的教众则多为下层社会的劳苦大众。

明代的民间宗教名目虽多,但多数是由白莲教、罗教发展而成的,其后各支派互相融合,教义也互相渗透,其创立之初在教义等方面的区别到后来也就愈加的不明显了。

第六章 文学艺术

任何时代的文化中最突出的三个内容应该是教育、学术和文学艺术，而在这三项文化构成中，文学艺术往往更为突出，因为文学艺术与人们的日常生活最为接近，最为直观。不分男女老少，无论受教育者还是未受教育者，在具备了起码的物质生活的同时，首先追求的精神生活，便是文学艺术的享受。正因为如此，文学艺术往往也便成为一个时代社会最生动的写照，是各种文化内容中最活跃、最具影响力也最体现时代文化特征的形式。明代是中国社会由传统向近代发展的关键时期，明代的文学艺术首先突出地反映了这种发展变化。

第一节 文学

一、诗文与流派

有明一代的文学发展可以分作四个阶段：明初、明前期、明后期和晚明。在这些不同的发展阶段中，相应产生了一些不同的诗文流派，而其中一些主要的流派又往往成为当时的文坛主流，对明代文学的发展起到了举足轻重的作用。

《明史·文苑传》说："明初，文学之士承元季虞、柳、黄、吴之后，师友讲贯，学有本原。"也就是说，明初的文学主要是继承了虞集、柳贯等人的风格。虽然也有"宋濂、王祎、方孝孺以文雄，高（启）、杨（基）、张（羽）、徐（贲）、刘基、袁凯以诗著"，但是并没有形成自己的流派。明初推行的文化专制限制了以后的文学发展，永（乐）、宣（德）以后，这种不良后果开始有所表现，即出现了所谓"气体渐弱"的局面。"气体渐弱"就是文学的呆滞萎缩。

这时候也还有继承元末文风的人物，例如解缙、胡俨，就都是《明史·文苑传》中所称"学有本原"者。胡俨"自言得作文法于乡先生熊钊,钊得之虞道园(集),故其学有原本"(钱谦益:《列朝诗集小传》乙集《胡宾客俨》)。但是他们都只是元末明初文风的尾声,已经不能成为当时文风的主流,而只能是"气体渐弱"。值得回味的是,在这种"气体渐弱"的文学状况之下却比之明初不同地形成了一个文学流派——台阁体派。

台阁体派

台阁体派的代表人物是永、宣时期的"三杨",即杨士奇、杨荣、杨溥。"以居第目士奇曰西杨,荣曰东杨,而溥尝自署郡望曰南郡,因号为南杨。"(《明史·杨溥传》)三人均官居内阁,历事四朝,所以他们所代表的文学流派被称作台阁体派。

台阁体是明初文化专制条件下的产物,从太祖到成祖所推行的极端专制统治,不允许人们在文学创作上的自由发展,而将文学作品限定在固定的格式之内。太祖时著名的"文字之祸""贺表案"发生之后,向全国颁发的贺表格式,便是这种限制的具体体现。成祖以藩王夺位登极,又具有好大喜功的个性,他所要求的文字就必须做到既平稳无奇,又雍容华贵。杨士奇、杨荣等作为成祖身边的近臣,平时所作文字多应制之作,大都是些歌功颂德的文字。又由于"三杨"当政时间甚久,这种文风对于明前期文坛影响也就甚大,数十年间官僚士大夫们竞相模仿,逐渐形成了一种固定的文字格式和套路化的辞句堆砌,限制了当时文学创作的发展。因此后人对于台阁体批评甚多。钱谦益在《列朝诗集小传》乙集中谈到杨士奇时曾评论道:"国初相业称'三杨',公为之首。其诗文号台阁体。今所传《东里诗集》大都词气安闲,首尾停稳,不尚藻辞,不矜丽句,太平宰相之风度,可以想见,以词章取之则末矣。"

但是,就杨士奇等人来说,似乎还不能笼统给予指责,其文风初成之时,在文禁甚严的情况之下,也曾给人以新鲜可读的感觉,因此方得以流行于士大夫之中。对此后人有评价:

明初三杨并称,而士奇文章特优,制诰碑版,多出其手。仁宗雅

好欧阳修文,士奇文亦平正纡余,得其仿佛,故郑瑗《井观琐言》称其文典则,无浮泛之病,杂录叙事,极平稳不费力。后来馆阁著作,沿为流派,遂为"七子"之口实。然李梦阳诗云:宣德文体多浑沦,伟哉东里廊庙珍。亦不尽没其所长。盖其文虽乏新裁,而不失古格,前辈典型,遂主持数十年之风气,非偶然也。(《四库全书总目》卷一七〇)

在评论到杨荣时也说:

历事四朝,恩礼始终无间,儒生遭遇,可谓至荣。故发为文章,具有富贵福泽之气。应制诸作,沨沨雅音,其他诗文,亦皆雍容平易,肖其为人。虽无深湛幽渺之思,纵横驰骤之才,足以震耀一世。而逶迤有度,醇实无疵,台阁之文所由,与山林枯槁者异也。与杨士奇同主一代之文柄,亦有由矣。柄国既久,晚进者递相摹拟,城中高髻,四方一尺,余波所衍,渐流为肤廓冗长,千篇一律。(同上)

应该说这些评论还是比较公允的,"三杨"初作虽未必如其所论那样完美,但是后人的效仿则确是流弊的所在。"三杨"的文字,本是无才之作,而这种无才的作品竟能主文坛数十年之风气,则是文化专制的结果而绝非正常的现象。这种现象直至成化后,因"茶陵诗派"出现而始有所变化。

茶陵诗派

"茶陵诗派"的代表人物是历官成化、弘治、正德三朝的内阁大学士李东阳。李东阳,字宾之,号西涯,湖南茶陵人,以戍籍居京师(北京)。天顺八年(1464年)进士,历官翰林编修、侍讲学士、礼部侍郎、尚书等,弘治八年(1495年)入内阁参预机务,历事成、弘、正三朝,史称其"立朝五十年,清节不渝"(《明史·李东阳传》)。李东阳的仕途情况虽然不及"三杨"之盛,却有相似之处,均"以台阁耆宿主持文柄"者(《四库全书总目》卷二九六)。

李东阳在诗文上主张强调法度音调,而极论剽窃摹拟之非,被时人奉为宗师。李东阳不仅自己作诗文甚多,而且有《怀麓堂诗话》一卷专作诗评。茶陵派在诗文写作上对于台阁体的文风有所改变。钱谦益曾说"西涯之诗,原本少陵、随州、香山,以迨宋之眉山、元之道园,兼综而互出之。其诗有少陵,有随州、香山,有眉山、道园,而其为西涯者自在。"(《列朝诗集小传·李少师东阳》)这成为"茶陵诗派"的特点,但是后人多见其中之学前人者,而不见其自己的风格。这于是也就成为了后来李梦阳等人攻击李东阳的把柄。

公平而论,李东阳与明初"三杨"地位虽然相似,但茶陵派与台阁体则有着本质的区别。台阁体是在君主专制政治下的产物,因此它带给文坛的影响是消极的,茶陵派与之不同,它是在政治状况相对宽松条件下的产物,它虽然没有能够完全摆脱模仿之弊,但是在诗文创作上找寻优秀的继承点,对于打破文坛长期以来的沉闷还是有一定作用的。

复古派

正(德)、嘉(靖)以后,文坛上前、后"七子"崛起,他们曾经以抨击茶陵派为立论基础,所以"茶陵诗派"成为后来一些人心目中的文风枯萎现象的代表,至今仍有人附会此说,这显然不符其实。事实上到明朝末年,文坛上,包括曾经抨击茶陵派的"后七子"中的王世贞等,对于茶陵派的看法便已有所改变。王世贞《书西涯古乐府后》中写道:

> 余向者于李宾之先生拟古乐府,病其太涉议论,过尔剪抑,以为十不得一。自今观之,奇旨创造,名语叠出;纵未可被之管弦,自是天地间一种文字。若使字字求谐于房中铙吹之调,取其字句断烂者而模仿之,以为乐府如是,则岂非西子之颦、邯郸之步哉!余作《艺苑卮言》时,年未四十,方与于鳞辈是古非今、此长彼短,未为定论。至于戏学世说,比拟形似,既不切当,又伤俭薄,行世已久,不能复秘,姑随事改正,勿令多误后人而已。(《列朝诗集小传·李少师东阳》)

我们从中可以看到一个情况，就是在前、后"七子"抨击茶陵派以后多年，文坛对于茶陵派的看法又有所改变。清初纪晓岚在评论其家藏的李东阳《怀麓堂集》百卷本时说："其文章则究为明一代大宗。自李梦阳、何景明崛起弘、正之间，倡复古学，于是文必秦、汉，诗必盛唐。其才学足以笼罩一世，天下亦响然从之。茶陵之光焰几尽。迨北地信阳之派，转相摹拟，流弊渐深，论者乃稍稍复理东阳之传，以相撑拄。盖明洪、永以后，文以平正典雅为宗，其究渐流于庸肤，庸肤之极，不得不变而求新。正、嘉以后，文以沉博伟丽为宗，其究渐流于虚骄，虚骄之极，不得不返而务实。二百余年，两派互相胜负，盖皆理势之必然。平心而论，何、李如齐桓、晋文，功烈震天下，而霸气终存；东阳如衰周、弱鲁，力不足御强横，而典章文物尚有先王之遗风，殚后来雄伟奇杰之才，终不能挤而废之，亦有由矣。"（《四库全书总目》卷一七〇）

茶陵派之后，在明代文坛上占据主流地位的文学流派是以前、后"七子"为代表的复古派。茶陵派虽然不同于明初的台阁体派，但是对于正、嘉以后求新立异的社会思潮来说，则仍然没有脱离开旧的窠臼，于是一批才华横溢的年轻士大夫开始通过文化复兴的形式，在最为辉煌的文化历史阶段去找寻为新文化服务的东西，他们与学术领域的新儒家们互相呼应，形成了新文人集团。

前"七子"即李梦阳、何景明、徐祯卿、边贡、王九思、王廷相、康海。他们以复古为旗号，提出"文自西京，诗自中唐而下，一切吐弃"（《明史·文苑传》），相互呼应，成为一时争相效仿的文坛主流。

李梦阳（1473—1529），字献吉，陕西庆阳人，因其父官周王府，遂居开封。弘治七年（1494年）进士，历官户部主事、郎中、江西提学副使等，因与总督、布政使不合互劾，以挟制上官，冠带闲住。"梦阳既家居，益跅弛负气，治园池，招宾客，日纵侠少射猎繁台、晋丘间，自号'空同子'，名震海内。"（《明史·李梦阳传》）

我们从这里已经可以看到一个明显的变化，作为文坛领袖的人物已不再是太平宰相，三朝元老，而是放荡不羁的文人才子。

何景明(1484—1522),字仲默,河南信阳人。弘治十五年(1502年)进士,授官中书舍人。"与李梦阳辈倡诗古文,梦阳最雄骏,景明稍后出,相与颉颃。"(《明史·何景明传》)何景明少年成才,死时年仅三十九岁。史书中说他"志操耿介,尚节义,鄙荣利,与梦阳并有国士风"(同上)。他与李梦阳不同之处在于他主张创造,反对模仿。因此后人评价说其才本逊于梦阳,而其诗文秀逸稳称,反超梦阳而过之。

徐祯卿(1479—1511),字昌谷,吴县(今属江苏)人。工诗歌,与唐寅、沈周、杨循吉等相友,未入仕而已知名。中弘治十八年(1505年)进士,官大理寺左寺副,贬官国子博士。卒年三十三岁。少时为诗喜白居易、刘禹锡,与祝允明、唐寅、文徵明号"吴中四才子"。入仕后与李梦阳、何景明等相交,改少年时所作,而趋汉、魏、盛唐,然其少年之习不能尽改。

边贡(1476—1532),字廷实,山东历城人。弘治九年(1496年)进士,历官太常博士、给事中、太常寺丞,出为知府、提学副使,嘉靖初任南京太常寺少卿、太常寺卿、刑部右侍郎、户部尚书,始终官于南京。史书中说他"久官留都,优闲无事,游览江山,挥毫浮白,夜以继日。都御史劾其纵酒废职,遂罢归"(《明史·边贡传》)。

王九思(1468—1551),字敬夫,陕西鄠县(今户县)人。弘治九年(1496年)进士,历官翰林检讨、主事、郎中。受刘瑾案牵连,被谪贬致仕。后与康海纵情于诗酒声妓,又擅制乐作歌,除诗文外,作有杂剧散曲多种。

康海(1475—1540),字德涵,号对山,陕西武功人。弘治十五年(1502年)状元,与李梦阳等相唱和。正德初,为营救李梦阳而交刘瑾,刘瑾败后被牵落职,与九思相交友,颇用力于杂剧器乐。

王廷相(1474—1544年),字子衡,号浚川,山西潞州(今长治)人。弘治十五年(1502年)进士,官至兵部尚书兼左都御史,提督京师团营。政治上主张改革弊政,反对宦官权臣当政。他不仅与李梦阳等倡复古诗文,而且坚持反理学的思想,是当时著名的学者。晚年因受朝中矛盾所累,被夺官。

前"七子"的文学复古主张,是针对明朝长期以来由政界领袖人物主

柄文坛局面而提出的,目的在于打破文坛的单调,是一场带有文学变革性的运动。到嘉(靖)、隆(庆)年间,又有后"七子",继承并发扬了李梦阳等人的文学主张,成为其后主导文坛的流派。

后"七子"与前"七子"同样坚持复古的主张,"其持论,文必西汉,诗必盛唐,大历以后书勿读"(《明史·王世贞传》)。他们与前不同之处,是有自己的诗文组织——诗社。史书中说:

> (李)攀龙之始官刑曹也,与濮州李先芳、临清谢榛、孝丰吴维岳辈倡诗社。王世贞初释褐,先芳引入社,遂与攀龙定交。明年,先芳出为外吏。又二年,宗臣、梁有誉入,是为五子。未几,徐中行、吴国伦亦至,乃改称七子。诸人多少年,才高气锐,互相标榜,视当世无人,七才子之名播天下。摈先芳、维岳不与,已而榛亦被摈,攀龙遂为之魁。其持论谓文自西京,诗自天宝而下,俱无足观,于本朝独推李梦阳。诸子翕然和之,非是,则诋为宋学。(《明史·李攀龙传》)

虽然后来七人中出现不合,但是后"七子"在文学上的主张则是一致的。他们中间影响较大的主要是李攀龙、王世贞和谢榛。李先芳、吴维岳未入"七子"之列,宗臣、梁有誉、徐中行、吴国伦则名声未及三人。

李攀龙(1514—1570),字于鳞,号沧溟,山东历城人。嘉靖二十三年(1544年)进士,历官刑部主事、员外郎、郎中,出任知府,升陕西提学副使,以病告归。隆庆中再起任浙江副使、参政,河南按察使。他初官刑部官时,即与谢榛等倡诗社,声名已著。至告归乡里,建白雪楼,名声益高。率谢宾客,高官来访,亦不予见,因此得简傲之名。史书中说他:"才思劲鸷,名最高,独心重世贞,天下亦并称王、李。又与李梦阳、何景明并称何、李、王、李"(同上),为前、后"七子"的代表人物。他虽然与王世贞等同倡复古,但是他自己的诗文却追求声调及古字句,以致所作的文章"聱牙戟口,读者至不能终篇"(同上)。

王世贞(1526—1590),字元美,号凤洲、弇州山人。太仓(今属江苏)

人。嘉靖二十六年(1547年)进士,历官刑部主事、青州兵备副使。因父都御史王忬为严嵩所害,守丧家居。隆庆初复官,再历参政、按察使、布政使、太仆寺卿,万历中官至南京兵部尚书。世贞出自世宦之家,自幼即有才名,与李攀龙等相交结为诗社,名声更著,而傲视当世,被奉为文坛盟主:

> 世贞始与攀龙狎主文盟,攀龙殁,独操柄二十年。才最高,地望最显,声华意气笼盖海内。一时士大夫及山人、词客、衲子、羽流,莫不奔走门下。片言褒赏,声价骤起。其持论,文必西汉,诗必盛唐,大历以后书勿读,而藻饰太甚。(《明史·王世贞传》)

如果说前"七子"是明代复古文学的发端,那么后"七子"则是对于复古文学运动的集成与总结。他们提倡复古的目的在于破旧,但是他们在创新上面却并不十分的成功,他们所提倡的那种"伟丽虚骄"的文风,最终也没有能够摆脱对于汉、唐的模仿。所以如前所说,到了王世贞的晚年,在文风的倡导上又有所变化。这时候明代的文风开始向两个方面发展,一种是回过头来,再去找寻以前那种平实无奇的文风,另一种则是继续发展创新,由是而形成了晚明诸家诗文流派。其中最为著称的是"公安派"与"竟陵派"。

公安派

"公安派"的代表人物是万历间的袁宏道与其兄宗道、弟中道,即时人所称"三袁"。因袁氏兄弟系湖广公安(今湖北公安)人,故称"公安派"。

袁宏道字中郎。未仕前,在乡里与诸生结社城南,自为之长,平日作诗为文唱和,颇有名声。中万历二十年(1592年)进士,历官吴县知县、顺天府教授、国子监助教、礼部主事、吏部员外郎、郎中。其间无论在职或解官家居,常与士大夫们谈说时文,以风雅自命。

其兄宗道,字伯修,万历十四年(1586年)进士,卒官右庶子。

弟中道，字小修。万历末进士，官至南京吏部郎中。

"公安派"的可贵之处在于能够力反复古派末流因袭之风。袁宏道在谈论诗文风气时，对于复古的实质给予了批评："夫古有古之时，今有今之时，袭古人语言之迹而冒以为古，是处严冬而袭夏之葛者也。"(《袁中郎随笔·雪涛阁集序》)他还曾经批评"诗必盛唐"之说："以为唐自有诗，不必选体也。初、盛、中、晚皆有诗，不必初、盛也。欧、苏、陈、黄各有诗，不必唐也。唐人之诗，无论工不工，第取读之，其色鲜妍，如旦晚脱笔研者。今人之诗虽工，拾人饤饾，才离笔研，已成陈言死句矣。唐人千岁而新，今人脱手而旧，岂非流自性灵与出自剽拟者所从来异乎！"袁宏道的议论颇中复古派的时弊，所以后人称"中郎之论出，王、李之云雾一扫，天下之文人才士始知疏瀹心灵，搜剔慧性，以荡涤摹拟涂泽之病，其功伟矣"(《列朝诗集小传·袁稽勋宏道》)。袁宏道自己在诗文创作上则追求清新轻俊，戏谑嘲笑，间杂俚语，摆脱了单纯复古的局限，开创了一种更为贴近生活的清新的文风，成为晚明小品文的代表。

竟陵派

"竟陵派"的代表人物是钟惺与谭元春。因为二人均为湖北竟陵(今沔阳)人，故名。

钟惺(1574—1625)，字伯敬，号退谷。万历三十八年(1559年)进士，历官行人、主事、南京礼部郎中、福建提学佥事，晚年逃禅。

谭元春(1586—1637)，字友夏，与钟惺同里。名辈晚于钟惺，因与钟合作《诗归》而闻名。至钟惺死后，始中天启七年(1627年)乡试第一名。

《明史·钟惺传》中说：

> 自宏道矫王、李诗之弊，倡以清真，惺复矫其弊，变而为幽深孤峭。与同里谭元春评选唐人之诗为《唐诗归》，又评选隋以前诗为《古诗归》。钟、谭之名满天下，谓之竟陵体。

"竟陵派"的特点在于诗文上刻意创新的追求，而又不受名人世势的局限。他们既反对诗文的千篇一律,也反对"文字一篇中,佳事佳语,必欲一一使尽"的文风,认为这"亦是文之一病"(钟惺:《与谭友夏书》)。钟惺自己曾说:

> 古诗人曰风人。风之为言,无意也。性情所至,作者不自知其工,其诗已传于后,而姓氏或不著焉。今诗人皆文人也,文人为诗,则欲有诗之名,欲有诗之名,则其诗不得不求工者,势也。……愚以为名无损益于诗,而盛名之下能使不喜处名者心为之不虚,而力为之不实,见诗出而名随之,是则诗而已矣。(《董崇相诗序》)

这很给人一种超凡脱俗的感觉,钟、谭因此而名声大噪,也因此而遭人所忌,待其《诗归》出,其中难免识解有误之处,世人遂有讥其学不甚富者。

钟惺曾说,国朝工诗者自多,而文不过数家,因此而知文难于诗。他的目的在于要说明不成文章大家的难处,其实明朝人的诗实在是提不起的,反倒是文章,往往自有其独到之处,尤其是晚明诸家的小品文,在创作形式和创作思想上均有所突破,在当时给人以一种耳目一新的感觉,所以受到欢迎并且成为当时文坛的主流,对于以后的文学发展产生了相当大的影响。

这里还有一点要说及的,就是晚明诗歌的另一发展趋向,即晚明的宫词与时调。

明代士大夫们过于务实的生活状况,限制了他们在诗歌艺术上的发展。但是到晚明时代,一些士大夫将诗歌写作转向了记述宫廷生活的类似于史诗的宫词。这很适合于明朝人那种缺乏想象力的情况和文人圈子当中传播野史逸闻的兴趣。因此晚明那些并无艺术价值的宫词,却保存下了一些颇有历史价值的史事。其中著名的《天启宫词》,在《熹宗实录》被人为销毁后,更成为后世修史必用的依据。

晚明另一些思想解放的文人士大夫,鉴于明代诗歌的没落,开始从民

间时调中去寻找营养,将诗歌带入了另一个境界之中。其中最有代表性的作品是冯梦龙辑集的时调集《挂枝儿》和《山歌》。所谓时调,就是流行的歌谣词曲的歌词。这些歌词大都产生于民间,再经过文人的加工整理,成为正式的作品。

在当时一些思想解放的士大夫们看来,这些民间的产品正是他们创作的营养。袁宏道就曾经在写给友人的信中说:"近来诗学大进,诗集大饶,诗肠大宽,诗眼大阔。世人以诗为诗,未免为诗苦。弟以《打枣竿》《劈破玉》为诗,故足乐也。"(《袁中郎随笔·伯修》)在袁宏道的心目中,这些民间的时调词,才是真正的好诗,才给了当时诗人们以一条全新的出路。

二、话本与小说

宋、元话本的出现是城市商业发展的结果,它与六朝志怪和唐人传奇均有所不同,因为话本的服务对象,不再限制在文人士大夫的小圈子里,而是开始面向整个社会,于是诱发了"小说史上的一大变迁"。但是,这时候的小说还存在两种不同的发展形式,一种是文人士大夫们的借古说教的文言小说,另一种则是民间流行的下层文人创作的话本小说,这种情况直到元末明初的时候才开始发生变化。

元末明初的时候出现了一个小说创作的高潮。这应该归功于话本的流行,正是因为话本在民间的广泛流行,激发了一些文人的创作兴趣,于是一些颇有集话本之大成味道的长篇历史小说先后问世。其中最有代表性的作品便是施耐庵的《水浒》和罗贯中的《三国演义》。

《水浒》

施耐庵,名子安,一说原名耳,名彦端,字耐庵,兴化白驹场(今属江苏大丰县)人。[①] 生平事迹不详。只知曾中元末进士,因与权贵不合弃官归里。据传曾入张士诚幕下,其作《水浒》时张士诚曾前往看望。从这些

---

① 参看王春瑜:《施让地券及〈云卿诗稿〉考索》。

传说看,施耐庵可能确曾与张士诚有些关系。张士诚据苏州,礼遇文士,幕下聚集了不少文才之士。待到明太祖建国后,凡与张士诚有关的文士,多因此致祸。施耐庵事迹的不传,或与此有一定的关系。

《水浒》是一部以北宋末年宋江为首的农民起义为题材的白话长篇小说。今天可知的版本有三种,即百回本、百二十回本和七十回本,均为明万历以后刊本,其中以万历时的天都外臣序的百回本为最早的刊本。万历末杨定见序的百二十回本次之。百回本与百二十回本内容所差,只是少征田虎、王庆之故事,其余文字略同。七十回本,即明末金圣叹删节本,只保留到梁山一百零八人排座次,将原书七十一回以后部分删去,将第一回改为楔子,结尾补写"惊噩梦"一回,而成七十回。

在《水浒》成书之前,已有宋、元间流行的《大宋宣和遗事》《癸辛杂识》和《瓮天脞语》等书,记述宋江起义故事。元代民间的说唱故事及杂剧中,也有不少的《水浒》戏。施耐庵的《水浒》便是在这些故事片段基础之上完成的。

《水浒》成书于一个很特殊的时期,元末社会生活的丰富,尤其是"天高皇帝远,民少相公多"的江南一带文人士大夫们纵情诗酒的生活,为一些文人再创造这种历史长篇小说提供了条件。因此我们可以估计,施耐庵的《水浒》创作必然始于元末。在明初严厉的文禁之下,不仅不可能创作出这样的长篇小说,而且事实证明,已经成书的《水浒》在明初也没有能够刊刻流行。直到弘治间,民间对于宋江等人的故事,还只限于话本的描述,而士大夫们也仅知其故事见于《宣和遗事》等书,并不知道《水浒》。所以成(化)、弘(治)间人陆容见到民间斗叶子游戏中,叶子上附以宋江水浒英雄人物,但其诨号、名字均不同于《水浒》,他也只称:"盖宋江等皆大盗,详见《宣和遗事》及《癸辛杂识》。"(陆容:《菽园杂记》卷一四)《水浒》成为流传于世的小说,还是明朝万历以后的事情。

《水浒》是中国历史上一部划时代的小说,它第一次用生动细致的白描手法和穿插错综的情节表现了一部完整的历史故事,为其后长篇小说的创作确立了一个极高的起点。在它以后,再没有人能够在长篇历史小

说上达到这样的高度了。它因此被后人称为明代"四大奇书"中的一部。

过去在评价《水浒》的时候,人们经常讨论到它的思想性问题,认为它是一部描述农民起义的成功的历史小说,或者说它突出了农民起义者们只反贪官,不反皇帝和接受招安的局限性,是一部宣扬地主阶级说教的小说。可以说《水浒》所反映的创作思想是比较复杂的,这与作者的社会地位、经历和所处时代有关,在元末社会矛盾日趋激化的情况下,像梁山好汉那样劫富济贫的行为,很容易为人们所向往。但是在文人士大夫们的心目中,这些本为"盗匪"的人物,只有接受招安、效力朝廷,才是最好的归宿,此外他们恐怕也设计不出其他更好的结果了。地主阶级文人的双重性在这里得到了充分体现,他们既欣赏农民起义反贪官的一面,又不能容忍农民起义离经叛道的一面,《水浒》便是按照他们的这种思想去再创作的。既要写出民众的反叛,又要这些反叛的民众按照传统的道德标准(带有相当浓厚的宋、元理学思想)去做事,因此后人从来就不认为这是一部带有革命性的小说,而只承认它的一些改良色彩,而且其中在无法解释作者自己的情节安排时,甚至将一切归结为天意。这些看法虽然有其道理,但却是脱离了历史的评价。在元末明初的时代,本来并不具备社会形态的变革,明太祖的革命,只不过是一次新旧朝代的更替,我们不能将其想象为晚明时代的产物。晚明时代的产物,便是金圣叹腰斩后的那七十回本的《水浒》。

《三国演义》

与《水浒》几乎同一时代的另一部"奇书"是《三国演义》。关于这部书的作者罗贯中的情况,人们所知甚少。明嘉靖间人郎瑛记:

> 《三国》《宋江》二书,乃杭人罗本贯中所编。予意旧必有本,故曰编。《宋江》又曰钱塘施耐庵的本。昨于旧书肆中得抄本《录鬼簿》,乃元大梁钟继先作,载元、宋传记之名,而于二书之事尤多。据此尤见原亦有迹,因而增益编成之耳。(郎瑛:《七修类稿》卷二三《三国宋江演义》)

其后至嘉靖末王圻又称《水浒》出自罗贯中之手：

《水浒传》罗贯中著。贯，字本中，杭州人。编撰小说数十种，而《水浒传》叙宋江事，奸盗脱骗机械甚详。然变诈百端，坏人心术。说者谓子孙三代皆哑。天道好还之报如此。（《续文献通考》卷一七七《经籍考》）

后得见明初人贾仲名《录鬼簿续编》：

罗贯中，太原人，号湖海散人。与人寡合。乐府隐语，极为清新。与余为忘年交，遭时多故，天各一方。至正甲辰复会，别后又六十余年，竟不知其所终。

这段记述，后来被当作有关罗贯中简单情况的最为可靠的依据。元至正甲辰，即二十四年（1364年）。贾仲名《录鬼簿续编》作于明永乐二十年（1422年），故称"别后又六十余年"。后人据此推知罗贯中的活动时间大约在元天历（1328—1330）到明永乐（1402—1424）之间。这种分析应该说是有一定道理的。但是后人据此称《三国演义》为中国历史上第一部著名长篇小说，而习惯列之于《水浒》之前，则尚难定论。

据郎瑛所说，罗贯中除编《三国》之外，并编有《宋江》（即《水浒》）一书，乃据"施耐庵的本"。是其作书时已有施耐庵之书。且《水浒》以白话写成，显然是为民间阅读之便，而从元末战乱到明初经济恢复的过程中，民间并无阅读这类小说的条件。况且《水浒》写作上更接近民间说书的形式，因此很可能作于元末战乱之前。《三国演义》用文言写成，主要读者应当是文人士大夫。从文言小说的发展情况来看，文言小说在元代是相当的衰微的，不大可能出现像《三国演义》这样优秀的长篇文言小说，而明初则是文言小说的一个新的发展阶段，也具备了像《三国演义》这样

的文言小说创作的可能。因此,《三国演义》很可能晚于《水浒》,成书于明初洪、永之际。

关于三国的故事,早在唐、宋时已有流传。到元代更出现了《全相三国志平话》之类的话本。这些材料便成为了罗贯中创作《三国演义》的基础。但是《三国演义》与《水浒》不同,它所叙述的主要内容不是出自民间传说的故事,而是依据了《三国志》正史,因此可以说它是一部最为规范的历史演义小说。

现在可知的《三国演义》最早的刊本是明弘治七年(1494年)金华蒋大器(庸愚子)作序的版本,但该本今已不传。今天可见到的最早刊本为嘉靖元年(1522年)本。全书二十四卷,每卷十目,每目有题,共二百四十目。题晋平阳侯陈寿史传,后学罗贯中编次。嘉靖后该书该版本日多,至明末李卓吾将二百四十节合编成为一百二十回本,名《李卓吾先生批评三国志》。现在通行的版本为清人毛纶、毛宗岗的删改评定本。从这一情况来看,《三国演义》与《水浒》一样,都是在成书后没有立刻广泛流传,而是到明中叶后才流传开来的。与《水浒》不同的是,《三国演义》在明朝一些文人中并未得到好评,其主要原因是叙事太实:

> 小说野俚诸书,稗官所不载者,虽极幻妄无当,然亦有至理存焉。如《水浒传》无论已,《西游记》曼衍虚诞,而其纵横变化,以猿为心之神,以猪为意之驰。其始之放纵,上天下地,莫能禁制,而归于紧箍一咒,能使心猿驯伏,至死靡他,盖亦求放心之喻,非浪作也。……其他诸传记之寓言者,亦皆有可采。惟《三国演义》与《钱塘记》《宣和遗事》《杨六郎》等书,俚而无味矣。何者? 事太实则近腐。可以悦里巷小儿,而不足为士君子道也。(谢肇淛:《五杂俎》卷一五《事部》)

在一些文人士大夫看来,叙事太实不如读史,因而对《三国演义》提出非议,这很反映了当时士大夫们的思想。从写作的想象力来说,《三国演义》确实不如《水浒》和《西游记》,但是其特点也正在于此,它以通俗的笔法记写了三国的历史,而且抛开了史家的公正,带入了文学家的感情,是对于三国历史的一次再创作。这对于那些不读正史的民间百姓来说,影响力实在是无与伦比的。因此《三国演义》虽然是以文言写给文人士大夫的作品,但是它的真正影响力却在民间,而不是士大夫中间。

其实《三国演义》在写作方法上与通常的历史演义有着很大的区别,它并非排叙历史事件,而是十分注重历史人物的形象刻画,具有较高的艺术成就。三国时代的许多人物,除去曹操、刘备、孙权之外,如诸葛亮、关羽、张飞、赵云、周瑜、鲁肃、黄忠等都是通过《三国演义》而广为人所知的。《三国演义》一书中,还十分注重对于政治、军事活动的描写,从大到小,从千军万马到一人一事,充分体现出了作者驾驭历史题材的能力。清人章学诚曾批评《三国演义》对于上层人物过于民间化的处理,与《水浒传》中群雄啸聚的情节相似。但其实这正是《三国演义》的成功之处。《三国演义》真正的缺点所在是书中对于正统思想的宣扬,尊刘抑曹成为书中的主线,但是由于过分强调和褒贬,却有适得其反的效果,所以鲁迅先生在《中国小说史略》中说:"欲显刘备之长厚而似伪,状诸葛之多智而近妖。"这恐怕是作者当时所未料及的。

除去《三国演义》之外,据传罗贯中还作有《十七史通俗演义》,现存的作品还有《隋唐志传》《残唐五代史演义》《三遂平妖传》等。只是这些作品经后人多次删改增补,已失其原貌了。

明朝初年,文言小说的创作曾经有所发展,除去《三国演义》这样的优秀长篇作品外,还有一些传奇小说先后问世,其中较为著名的是瞿佑的《剪灯新话》和李昌祺的《剪灯余话》。这些传记小说与唐人传奇已不能相提并论,而且还颇受士大夫们指斥,所谓"白璧微瑕"之说,即指此。《剪灯新话》《剪灯余话》之类虽不能与《三国演义》等相比,但对于明后期拟话本的创作有一定的影响。

明朝从永乐以后,小说创作进入低谷,正统以后虽有坊刻的"小说杂书"流行,但是并无真正优秀的作品问世,真正的优秀作品是明朝中叶以后出现的《西游记》。

《西游记》

《西游记》是以唐代僧人玄奘赴天竺（今印度）各国取经故事为题材的长篇神话小说，一百回，作者吴承恩。

吴承恩（约 1500—1582），字汝忠，号射阳山人，山阳（今江苏淮安）人。少年时即有文名，但屡试不第。嘉靖二十三年（1544 年）举贡，后迁居南京，以卖文为生。三十九年（1560 年）任长兴县丞，仕途颇蹇。隆庆初归乡，放浪诗酒，贫老以卒。史称其著有"杂记"数种，名震一时。《西游记》即其所著杂记之一，其余均无考。

关于玄奘西天取经的故事，早在唐代便已有所流传，宋代的话本《大唐三藏取经诗话》中开始出现了神话的情节。与《大唐三藏取经诗话》同时，在宋、金、元人的戏曲中也出现了不少关于唐僧取经的故事，其后又有《西游记平话》的宋元话本流行，其中部分内容与吴承恩的《西游记》基本相似。因此后世的学者们断定，吴承恩的《西游记》主要取材于《永乐大典》中所收的宋元话本，而不是《大唐三藏取经诗话》。

《西游记》成书于吴承恩晚年，成书后不久即开始刊刻流行，今所见较早的刊本有万历二十年（1592 年）世德堂刻本，及其后的李卓吾评本。

《西游记》虽然与《水浒》《三国演义》《金瓶梅》并立明代的"四大奇书"之列，且同样出于落拓文人之手，但是由于产生的时代不同，因此在写作手法和思想内容上都有着相当大的区别。

《西游记》在写作上突出了浪漫主义的手法，虽然所写的完全是超出了人间生活的天庭、地狱，神、佛、鬼、怪，但是却都活灵活现，具有超人的能力和活生生的人的行为特征。作者通过自己多彩的想象，勾画出了一个仿佛就在身边的幻境，反映了当时人们对思想突破的渴望。在作者勾画的人间生活之外的境界中，却又都有着与人间社会相同的种种弊端，晚明社会中的种种腐败现象都被写到了神怪的生活当中。作者的敢说、敢骂、诙谐的揶揄和痛快淋漓的抒情，都是以前的小说中所没有的。神话小说本身的特点，给作者提供了更为便利的思想表现的条件。对于唐僧的那种带有嘲弄性的刻画本身便体现了作者鲜明的感情标准，而作者的感情更集中体现到了书中成功刻画的主人公孙悟空的身上。这个以猴子为原形的神通广大的人物,除去猴子的机灵好动之外,集中了人类的正义、勇敢、力量和自信。从某种意义上说,这是晚明知识分子的一种自我价值的表露。尽管这部小说还受到了时代的各种局限,不可能真正明确提出思想解放的要求,而且书中对于佛教以及三教合一的宣扬,也在一定程度上反映了作者所受理学思想的影响。但是,应该看到,这部小说在思想和艺术成就上都超过了以前的任何一部。而且迄今为止,再也没有一部神话小说能够与之相媲美。

在《西游记》产生的前后,曾经出现了一个神魔小说的创作高潮。除去《西游记》之外,当时流行的神魔小说还有《封神演义》《西游补》《三宝太监下西洋》《四游记》等。其中只有《封神演义》有较大的影响,其余多为粗糙平庸之作。

《金瓶梅》

晚明时代是思想突破的时代,也是人们放纵和追求自我的时代,各种思想都希望能够得到自我表现的机会,这在小说的创作上得到了充分体现。晚明小说创作上于是出现了两种截然不同的倾向,一种是以《西游记》为代表的浪漫主义倾向,另一种则是《金瓶梅》所代表的现实主义倾向。

《金瓶梅》也是明代四大奇书之一。而它的奇特更在于其中那些毫无掩饰的性描写,因此它也成了中国古代色情小说的代表。

关于《金瓶梅》的作者,历来有着各种不同的说法。万历时人沈德符《万历野获编》中说:"闻此为嘉靖间大名士手笔。"(卷二五《金瓶梅》)明人因此臆断此即指当时著名的文坛领袖王世贞,并由此而衍生出"苦孝说"的复仇故事。说王世贞父王忬进《清明上河图》赝品于严嵩,为唐顺之识破,致陷王忬于死,世贞图报父仇,乃作《金瓶梅》,于书中设毒,献于唐顺之,将其毒死。其后又有人将此故事略作改动,将《清明上河图》改作辋川真迹,将识出赝品者改为汤裱褙。这些附会之说早已被后来的研究者所否定。近人据万历四十五年(1617年)刻本《金瓶梅》中署名欣欣

子的序中的一段话:"窃谓兰陵笑笑生作《金瓶梅传》,寄意于时俗,盖有谓也。"断定作者应当是兰陵(今山东枣庄峄城区)人,而且书中确实使用了不少山东方言,更使人由此而确认作者是山东人无疑。至于作者究竟为谁,目前尚未能有定论。

著名明史学家吴晗根据书中一些具体的记述,推断出该书的成书年代大约在隆庆至万历三十年以前。他说:"《金瓶梅》是一部现实主义小说,它所写的是万历中年的社会情形。它抓住社会的一角,以批判的笔法,暴露当时新兴的结合官僚势力的商人阶级的丑恶生活。透过西门庆的个人生活,由一个破落户而土豪、乡绅而官僚的逐步发展,通过西门庆的社会联系,告诉了我们当时封建统治阶级的丑恶面貌和这个阶级的必然没落。"(《读史札记·金瓶梅的著作时代及其背景》)

《金瓶梅》的创作方法是非常有特色的,它利用了《水浒》中武松为兄报仇杀西门庆的故事,说武松当时误杀他人,被刺配孟州。西门庆从此为所欲为,霸占潘金莲,又勾引结义兄弟花子虚的老婆李瓶儿,将花子虚活活气死,强娶富孀孟玉楼,还奸占丫环春梅、仆妇王六儿等,欺男霸女,谋财害命。只因花钱行贿,结交官府,甚至攀附太师蔡京为靠山,威福一方。鲁迅在《中国小说史略》中曾说:

> 至谓此书之作,专以写市井间淫夫荡妇,则与本文殊不符,缘西门庆故称世家,为缙绅,不惟交通权贵,即士类亦与周旋,著此一家,即骂尽诸色,盖非独描摹下流言行,加以笔伐而已。

作者虽然预见了这样的社会的必然覆灭,却无从去找寻任何出路,前途一团漆黑,只能寄之于因果报应之类带有宗教性的说教。

从此我们可以看出,《金瓶梅》作为一部现实主义的作品,生动地描述了晚明社会的一个侧面,对于当时政治的腐败,官僚士绅们的生活糜烂等社会问题有所暴露。但是它却并未具有鲜明的现实批判的精神。书中大量关于生活中过分突出的性描写,流露出作者对于那种放纵生活的欣赏,从而反映出晚明士大夫们自身的局限,以及他们在那种奢靡纵欲的社会思潮中所扮演的角色。

《金瓶梅》是中国历史上第一部脱离开历史故事或者传说而以社会日常生活为题材创作的小说,开了写作世情小说的先河。它的出现,说明了中国小说发展日趋成熟,为以后像《红楼梦》那样伟大的现实主义作品的创作提供了先例。

但是在明代,《金瓶梅》的直接影响却是诱发了一批以写世情为名,而实际上热衷于专写风流猥亵情事的小说出现。如《续金瓶梅》《隔帘花影》《玉娇李》之类,都是续写《金瓶梅》的情节,强调因果报应,名为警世,实则铺张秽黩的描写,无论从艺术性还是思想性上来看,又远不及《金瓶梅》了。此外又有《绣榻野史》《浪史》《肉蒲团》等,更专力于色情描写,而且很突出表现晚明人在"房中术"方面的兴趣,充分反映了晚明士大夫的低级趣味和畸形的性心理。这些作品中,有相当一些是出自当时的"名士"之手。《肉蒲团》出自李笠翁,《绣榻野史》出自吕天成,并有李贽为之评点,冯梦龙为之校订。《玉娇李》一书据称亦出于写《金瓶梅》的名士之手。这些小说虽然都并未注重于对人情世态的描写,但其本身的出现,则正是晚明社会那种萎靡、纵欲与茫然心态的鲜明写照。

"三言""二拍"

文化的需求是与社会经济发展相适应的。随着明代商品经济的发展,文化的商品化趋向日益明显,这也就必然促使原来为少数人服务的"雅"文化向"俗"文化发展,于是明代盛行一时的白话短篇小说也就相应而生了。

明代的白话短篇小说缘于宋、元的话本,也就是当时民间"说话人"的文字本,经过加工整理后,成为话本集,或者短篇小说集。明代的这类话本集最早的是嘉靖二十至三十年间(1541—1551)由洪楩辑刊的《清平山堂话本》。其中所辑的主要是宋元的话本,也有少量明代的话本。从现存的《清平山堂话本》篇目来看,二十七篇中共有十篇后来被选用于"三言""二拍"等白话短篇小说集之中。因此可知,《清平山堂话本》以

及稍后的《京本通俗小说》《话本小说四种》等,不仅是对于宋、元话本的整理保存,而且更为其后的明代文人们改写与创作"拟话本"起到了推动作用。

明代民间文化的发展,使得士大夫们那种所谓的高雅文化受到了极大的冲击,于是一批文人士大夫开始从民间文化中汲取营养,创作出了雅俗共赏的作品。为了适应当时大多数人对于民间流行的说书故事的兴趣,他们在创作时有意模拟原来话本的结构形式,甚至有意突出取材于"书会先生"或者"老郎",以示其来源有据,这于是也便形成了明代特有的短篇小说——拟话本的创作高潮。其中最有代表性的作品即是"三言"二拍"。

"三言"是冯梦龙编写的三部短篇小说集:《喻世明言》(原名《古今小说》)、《警世通言》和《醒世恒言》。

冯梦龙(1574—约1646),字犹龙、耳犹、子犹,号龙子犹,又号顾曲散人、茂苑外史、詹詹外史、姑苏词奴、平平阁主人、墨憨斋主人等。苏州长洲(今苏州)人。崇祯三年(1630年)举贡,后任官寿宁知县。除去收集撰写白话短篇小说外,还擅长词曲,注意民间文化作品,曾收集时调编成《挂枝儿》《山歌》等时调集。其代表作即三部白话短篇小说集"三言"。

"三言"虽然以话本的形式写成,但是在内容上却有了很大的变化,即从传统以讲述历史故事为主,发展为以世情故事为主,增加了创作的活力。这些故事中的主人公,已不再限于那种千篇一律的才子佳人,而变成了发迹的商人、市井的女儿、刚烈的妓女,种种过去最普通的人开始成为文学中的典型形象。例如《卖油郎独占花魁》中的勤劳善良的卖油郎和追求爱情的花魁娘子,以及《杜十娘怒沉百宝箱》中以死向社会抗争的美丽善良的妓女杜十娘,都成了家喻户晓的人物。

"三言"中每集包括四十篇,共一百二十篇。每篇都是一个有始有终的完整的故事。其中刊行最早的《喻世明言》(《古今小说》)中保存的宋、元话本故事最多,《醒世恒言》中最少。总体来看,还是明人创作的内容占了大多数,其中许多便是冯梦龙自己的创作。

"三言"创作于明末,时代的许多特色被写入了作品当中。因此有些人一直认为"三言"属于市民文学作品的代表。从"三言"的故事中,我们确实可以看到当时市民生活的反映,这是晚明时代对文学作品的必然影响。但是从冯梦龙本人的情况来看,他还应该算作是典型的官僚士大夫,不过他"酷爱李氏(贽)之学,奉为蓍蔡"(《樗斋漫录》卷六),思想上属于反理学的进步的一派,因此他能够接受脱离传统的东西。但是他本人并不属于市民阶层,他也从来没有成为市民或者市民思想的代表,因此他也不可能创作出市民文学的作品来。他对市民生活的描写,主要是由于当时社会发展变化的影响。事实上,商品生产的本身并不意味着社会形态的变化,只有通过商品生产去真正改变旧有的生产关系之后,才有可能发生社会形态的改变,也才有可能出现新的阶级。冯梦龙显然并没有代表这种变化。如果清楚了这一点,我们也就明白"三言"中那些维护传统道德观念的说教是十分正常的。

与冯梦龙的"三言"相比,凌濛初的白话小说集"二拍",就完全站到了维护传统的立场上,成了典型的说教文学。

凌濛初(约1580—1644),又名凌波,字玄居,号初成、稚成,别号即空观主人。乌程(治今浙江吴兴南)人。曾任上海县丞、徐州通判等职。他在思想上属于保守之列,他编写白话小说,主要目的是为了思想说教。

"二拍"即《初刻拍案惊奇》和《二刻拍案惊奇》两部白话小说。其中《初刻拍案惊奇》刊行于崇祯元年(1628年),《二刻拍案惊奇》刊行于崇祯五年(1632年),各四十卷,每卷一篇,两书共有八十篇拟话本的故事,但两书中第二十三卷相重复,《二刻拍案惊奇》卷四十为杂剧《宋公明闹元宵》,因此实际收入拟话本故事七十八篇。"二拍"中的故事虽然也有采自宋元话本者,但经过了作者的重新创作,也大都被注入了宣传因果宿命和忠孝纲常的内容。与冯梦龙的反理学倾向相反,凌濛初则是摆出一副道学家的面孔。因此"二拍"中真正能够反映当时社会的作品相对较少。而在这种道学面孔之下,书中却又充斥大量的色情描写。表现出了当时统治阶级中那种没落腐朽的人生观。

在明末白话小说创作的高潮中,出现像"三言"和"二拍"这种创作思想差距甚大的作品,也反映了当时文人士大夫中不同的思想倾向。

晚明确实是白话小说的创作高潮时期,当时刊行的白话小说集,除去"三言""二拍"之外,还有《醉醒石》《欢喜冤家》(又名《贪欢报》)、《石点头》等,多达十余种。但是这些小说,从艺术性和思想性上都没有更大的突破,也都没有"三言""二拍"那样大的影响。

第二节　戏曲

在中国文学艺术史上,戏曲应该是一个独立的门类。它是一个包含了文学、音乐、舞蹈与表演等多项内容的综合文艺形式。所以近代学者王国维在给戏曲下定义时说:"戏曲者,谓以歌舞演故事也。"这与"诗既变为词曲,遂以传奇小说谱而演之,是为乐府杂剧"的说法颇为相近。只是王国维于乐曲之外,加一舞字而已。① 但是,戏曲又不同于一般的歌舞或者说唱,它必须通过角色表演去表现故事的情节内容。因此它就必须具备两个部分:表演者和戏曲文学创作者。

在中国戏曲发展史上,元代的杂剧具有相当重要的地位,戏曲研究者们几乎一致认为元代杂剧的出现反映了中国戏曲开始进入了成熟阶段。在找寻元代杂剧繁荣的原因时,许多研究者又指出,这是因为在元代,由于在蒙古族统治条件下,相当多的汉族文人士大夫无法通过科举进入仕途,因此而致力于戏曲创作的结果。这种说法当然是有其道理的,但是那些无法进入仕途的士大夫为什么会去致力于戏曲创作,则与当时社会经济生活的发展变化有关。换句话说,戏曲发展的根本原因则是社会对于这种文化形式的需求。戏曲比任何其他的文艺形式都更能够生动地表现引人入胜的故事,而且由于它以表演的形式出现,可以适应各种文化程度的人的需要,所以一旦出现,立刻受到了社会的普遍欢迎。在宋、元的时代,民间文化与民间经济都得到了较快的发展,从而促进了人们对于文化

---

① 参见许金榜:《中国戏曲文学史》,唐文标:《中国古代戏剧史》。

生活的需求,这些便都为戏曲的发展提供了条件。因此,实际上在元代杂剧繁荣的同时,南方民间形成的戏曲——南戏,也发展并繁荣了起来。可惜的是这种戏曲的繁荣却因为明朝的建立而遭到了破坏。

在明初所推行的文化专制政策中,杂剧之禁不仅作为明文榜示,而且是被写入到《大明律》中去的。永乐九年(1411年)七月初一日,刑科都给事中曹润的奏疏中专门提到杂剧之禁:"乞敕下法司,今后人民倡优装扮杂剧,除依律神仙道扮、义夫节妇、孝子顺孙、劝人为善,及欢乐太平者不禁外,但有亵渎帝王圣贤之词曲、驾头、杂剧,非律所该载者,敢有收藏传诵印卖,一时拿送法司究治。"这一禁令立即得到了成祖圣旨的批准:"但这等词曲,出榜后,限他五日,都要干净将赴官烧毁了,敢有收藏的,全家杀了。"(《客座赘语》卷一〇《国初榜文》)这也便决定了明初戏曲的必定衰落。于是明代成了中国戏曲发展的又一个关键时期。

与有明一代政治、经济和文化的发展相应,明代的戏曲发展也明显地分为前、后两个阶段:从洪武建国到正(德)、嘉(靖)以前为一个阶段,正、嘉以后为一个阶段。总的来说,正、嘉前是杂剧走向衰落的时期,而正、嘉后则是传奇戏发展的时期。

一、杂剧

元末明初人陶宗仪《南村辍耕录》中说道:"唐有传奇,宋有戏曲、唱诨、词说,金有院本、杂剧、诸宫调,院本、杂剧,其实一也。国朝院本、杂剧实厘而二之。"(卷二五《院本名目》)他在这里所说的国朝系指元朝。也就是说,元代继承了金院本和杂剧而发展成为了元代的杂剧。金院本是一种固定的戏曲表演形式,由五种固定的角色扮演,故又谓之五花爨弄。但是院本的唱法到了元末便逐渐失传,无人能按谱唱演了。由院本发展而形成的元代杂剧继承了院本的基本形式,并且在表演中逐渐形成了每剧四折一楔子的固定程式。杂剧到元末虽然有所衰落,但是仍然是当时的主要戏曲表演形式,所以到明初又继承了元杂剧的基本形式,并且逐渐发展形成了明代的杂剧。

明初的杂剧不仅继承了元代杂剧的基本形式,而且同元代杂剧一样,以民间的演出为主,并伴随着明初社会经济的恢复和发展,重新成为城乡民间文化生活中的一项主要内容。大约到永乐中,杂剧的演出便引起了朝廷的重视,前述永乐九年(1411年)正式公布的关于杂剧的禁令,便是这种情况下的产物。这种官方干预也就决定了明初杂剧的发展方向,必然是在当时政治允许范围之下进行:

> 凡乐人搬作杂剧戏文,不许妆扮历代帝王、后妃、忠臣、节烈、先圣、先贤、神像,违者杖一百,官民之家容扮者与同罪。其神仙、道扮及义夫、节妇、孝子、贤孙,劝人为善者不在禁限。(《大明律》卷二六《搬作杂剧》)

在这样的限制之下,明初的杂剧几乎只能是以正统的忠孝节义的教化戏、正统的历史戏以及空洞无物的神仙戏为主,而与元代杂剧那种大胆揭露社会黑暗,表露人民心声的民众精神完全是背道而驰的了。

明初最有代表性的杂剧作家是周宪王朱有燉,史称其"博学善书"(《明史·周宪王朱有燉传》)。朱有燉尤精北曲,作杂剧三十余种,大多为宣扬正统思想教化和神仙吉庆之类的作品。所以万历间文人沈德符说:"本朝能杂剧者不数人,自周宪王以至关中康王诸公,稍称当行,其后则山东冯、李亦近之。"而且明杂剧的作品也逐渐成为皇室权贵活动中的排场,或简单供其笑谑的闹剧,虽然也有一些相对优秀的作品,但总体水平却是每况愈下的,所以沈德符又说:

> 然如《小尼下山》《园林午梦》《皮匠参禅》等剧,俱太单薄,仅可供笑谑,亦教坊耍乐院本之类耳。

> 杂剧如《王粲登楼》《韩信胯下》《关大王单刀会》《赵太祖风云会》之属,不特命词之高秀,而意象悲壮,自足笼盖一时。至若《㑇梅香》《倩女离魂》《墙头马上》等曲,非不轻俊,然不出房帏窸窣,以

《西厢》例之可也。他如《千里送荆娘》《元夜闹东京》之属，则近粗莽。《华光显圣》《目连入冥》《大圣收魔》之属，则太妖诞。以至《三星下界》《天官赐福》，种种吉庆传奇，皆系供奉御前，呼嵩献寿，但宜教坊及钟鼓司肄习之，并勋戚贵珰辈赞赏之耳。(《万历野获编》卷二五《杂剧院本》)

这虽然是他的个人之见，实际上也反映了当时文人士大夫们较为普遍的看法。

这种情况一直维持到正德时期，甚至到嘉、隆年间。当时人曾记南京地区民间戏剧演出的情况：

南都万历以前，公侯与缙绅及富家，凡有宴会，小集多用散乐，或三四人，或多人，唱大套北曲，乐器用筝、纂、琵琶、三弦子、拍板。若大席，则用教坊打院本，乃北曲大四套者，中间错以撮垫圈、舞观音，或百丈旗，或跳队子。(《客座赘语》卷九《戏剧》)

南京地区权势之家流行北曲，显然并不是因为出于对北曲的欣赏，而是因为这时候的北曲还是代表了官方的正统戏曲。不过这时候已经是明代戏曲的转变时刻，由南方发展起来的南曲，无论从内容还是表演形式上都超过了北方的杂剧，而且已经开始进入宫廷之中。

然而在当时的文人士大夫们和整个上层社会当中，他们心目中杂剧仍然是一种官方艺术，是具有传统的高雅艺术，他们不甘心于这种曾经辉煌的艺术形式的衰亡，因此一些人不仅提倡而且开始着手创作新的杂剧，以求达到挽救杂剧的目的。于是随着杂剧逐渐失去了原来的观众而被南戏所取代，明代的杂剧开始退出了民间表演的舞台，走进了文人圈子之中，成为明中叶以后文人士大夫的案头之物。这便是被称之为明代戏曲"雅化"的变化。须知明代的杂剧已经不同于元代的杂剧的地位，在明朝，杂剧早已不是俗文化而应属于雅文化的行列了。

明中叶以后的文人士大夫们不满于那种千篇一律的教化戏和神仙戏，在文禁已弛的情况下，他们开始创作一些历史题材和世情题材的杂剧。这种文人戏的创作风气，使明杂剧发生了鲜明的变化，也由此而真正形成了明杂剧的特点。明末西湖福次居主人沈泰所辑的《盛明杂剧》收集的六十种明人杂剧，可以算作是明代文人杂剧的代表作，其中大多数是嘉靖以后的作品。

中国的文人士大夫们从来都有求"雅"的传统。他们对于文化的社会效益往往考虑得并不多，而更多地去考虑对于传统的保留。传统的民间俗文化往往可以被看作是当代的雅文化，而当代的新的通俗文化，则一般都被作为俗文化。明代的文人士大夫与以往不同之处在于他们既尽力去弘扬传统，以示其雅，又追求新的文化享受，以满足其日益膨胀的欲望。南戏流行以后，逐渐成为民间喜闻乐见的戏曲表演形式，代表了新的艺术潮流，原有的杂剧则成为传统的东西，而被社会认定为雅戏的范围，也因此而得到了一批文人士大夫的欣赏。到万历间，江南地区南曲流行，北曲几乎尽废的情况下，只有南京还保留着北调，这显然与南京的留都地位有关：

自吴人重南曲，皆祖昆山魏良辅，而北调几废，今惟金陵存此调。然北派亦不同，有金陵、有汴梁、有云中，而吴中以北曲擅场者，仅见张野塘一人，故寿州产也，亦与金陵小有异同处。顷甲辰年（按即万历三十二年，1604年）马四娘以生平不识金阊为恨，因挈其家女郎十五六人来吴中，唱北《西厢》全本。其中有巧孙者，故马氏粗婢，貌奇丑而声遏云，于北词关捩窍妙处，备得真传，为一时独步。他姬曾不得其十一也。四娘还曲中即病亡，诸妓星散，巧孙亦去为市妪，不理歌谱矣。今南教坊有傅寿者，字灵修，工北曲，其亲生父家传，誓不教一人。寿亦豪爽，谈笑倾坐。若寿复嫁以去，北曲真同《广陵散》矣。（《万历野获编》卷二五《北词传授》）

比之为《广陵散》,即视为失传之雅乐,足见当时文人对于北曲的看法,他们为此而尽量去保存并且亲手创作用北曲演唱的杂剧,也就不足为怪了。

明代的著名杂剧作家除去周宪王朱有燉等人之外,还有不少正、嘉以后的文坛名流,如像康海、王九思、徐渭、汪道昆、梁辰鱼、叶宪祖、陈与郊、沈自徵、孟称舜、吕天成等。据目前学者们的统计,明代杂剧作家有姓名可考者约一百余人,作品约五百二十余种。不包括内廷的教坊杂剧,现存的剧本约有一百八十本左右。作家与作品数量均与元代所差无几。(参见《中国戏曲文学史》第五章第一节)

其代表作品有康海的《中山狼》,王九思的《中山狼》《游春记》,徐渭的《渔阳弄》《玉禅师》《雌木兰》《女状元》(合称《四声猿》),汪道昆的《南唐梦》《远山戏》《洛水悲》,梁辰鱼的《红线女》,叶宪祖的《四艳记》,陈与郊的《昭君出塞》,沈自徵的《霸秋亭》《鞭歌妓》《簪花髻》(合称《渔阳三弄》),孟称舜的《桃花人面》,吕天成的《齐东绝倒》等。

而此时的文人杂剧与原来的杂剧也已经有所不同,首先是突破了元代杂剧四折一楔子固定格式的限制,可以多至七八折,乃至十几折,也可以只有一折;其次是突破了杂剧只用北曲演唱的限制,在演唱曲调上,既可以用北曲,也可以南、北兼用,成为一种全新的杂剧,我们似可称之为新杂剧。但是这种杂剧的改革也没有能够挽救杂剧衰落的命运,其结果只能使明人杂剧离开了舞台演出,成为文人案头戏曲文学的作品。在明代的演出舞台上,杂剧终于为传奇戏所取代。

二、传奇戏

明朝中叶以后,在杂剧走向没落的同时,来自民间的传奇戏却得到了较快的发展。

明代的传奇戏是由宋、元时的南戏发展而成的。南戏产生于民间,唱腔采用南方民间流行的曲调,本无宫调,亦罕节奏,但是由于是人们熟悉的曲调,所以很受民间欢迎。明太祖起于民间,对于南戏也是颇为熟悉的,如当时流行的南戏《琵琶记》。传说高明(则诚)因其友王四入赘相府而弃妻,故据旧南戏《赵贞女蔡二郎》重新创作而成。"高皇帝微时尝奇此戏,及登极召则诚,以疾辞。使者以记上进,上览之曰:'"五经""四书"在民间譬诸五谷,不可无。此记乃珍羞之属,俎豆之间,亦不可少也。'"(田艺蘅:《留青日札》卷一九《琵琶记》)南曲一般配以箫管,谓之唱调,不入弦索。明初北曲流行,太祖亦以《琵琶记》不可入弦索为憾,令教坊设法改变,经重改唱腔,可配以筝琶,但终为南音,而少北曲蒜酪之风。这时候南曲用索弦官腔,说明北曲的主导地位,与明中叶以后杂剧兼用南曲恰成鲜明对照。

明初的南戏除去《琵琶记》之外,较有影响的还有《荆刘拜杀》,即《荆钗记》《刘知远还乡白兔记》《拜月记》《杀狗记》四戏。曲调主要有海盐腔、余姚腔、弋阳腔和昆山腔等,各用地方腔调演唱,形成了不同的风格。这种地方戏曲完全适应于民间的演出,内容大多属于对传统剧目的改编,加之明初对戏曲的种种限禁,很难有新的成熟作品产生,所以到后来也就随着这些地方戏种的变化而失传了。

明朝中叶以后,传奇戏开始有所发展,著名戏曲家李开先和梁辰鱼的作品为这一时期传奇戏的代表。

李开先(1502—1568),字伯华,号中麓。山东章丘人。嘉靖八年(1529年)进士,官至太常寺少卿。嘉靖二十年(1541年)因上书弹劾内阁首辅夏言而罢官家居,专心致力于戏曲创作。其代表作有传奇《宝剑记》《断发记》,另有杂剧《园林午梦》《打哑禅》二种。

梁辰鱼(约1519—1591),字伯龙,号少白、仇池外吏。昆山(今属江苏)人。终身不仕,专心于戏曲创作。其作品今存传奇《浣纱记》和杂剧《红线女》。梁辰鱼对于明代戏曲的贡献不仅在于戏曲创作,而且对于嘉靖以后昆腔的发展起到重要作用。

明朝嘉靖间,南曲曾发生了一次重大的改革,即魏良辅等人对于昆山腔的加工整理。

魏良辅,字尚泉,江西豫章(今南昌)人,后寓居太仓或昆山(今均属江苏)。初习北曲,后改南曲,在张野塘、过云适等人协助之下,并在吸收海盐腔、余姚腔、弋阳腔及江南民歌小调基础之上,对昆山腔进行了改造,创造出一种宛转舒缓的唱腔,当时被称作"水磨腔",也即后来的昆腔。

张野塘本是河北人,以罪发戍苏州太仓卫,因素工于弦索,时为当地人歌北曲。魏良辅与之相交,并将女儿许配于野塘,共同研究更定弦索音节,以适于南曲。魏良辅又自谓不如户侯过云适,每有所得,必往咨访,须得过云适称善乃行,否则反复数次不厌,终于开创了南曲的新路径。

魏良辅的努力,将本来流行于民间的南曲推上了文人化的轨道,这也就为南曲登上大雅之堂准备了条件。但是经魏良辅改革的昆腔在起初还只是作为一种流行的曲调传唱,并没有用到戏曲中去。将昆腔运用到戏曲中去的,则是随其而后的梁辰鱼。当时人记述说:

> 魏良辅,别号尚泉,居太仓之南关。能谐声律,转音若丝……而良辅自谓勿如户侯过云适,每有得必往咨焉。过称善乃行,不即反复数交勿厌。时吾乡有陆九畴者,亦善转音,顾与良辅角。既登坛,即愿出良辅下。梁伯龙闻,起而效之,考订元剧,自翻新调,作《江东白苎》《浣纱》诸曲。又与郑思笠精研音理,唐小虞、陈梅泉五七辈杂转之,金石铿然。谱传藩邸戚畹金熠熷之家,而取声必宗伯龙氏,谓之昆腔。(张大复:《梅花草堂笔谈》卷一二《昆腔》)

这里讲述了昆腔最初形成的过程和昆腔用于戏曲中的过程。其后魏良辅弟子张小泉与其侄进士张新不满于梁氏曲谱,又与赵瞻云、雷敷民等往来唱和,以魏良辅之校本为据,但"其实禀律于梁,而自以其意稍为均节。昆腔之用,勿能易也"(同上)。昆腔由此而成为戏曲的主调,海盐腔、余姚腔等从此逐渐不再流行,江南的地方唱腔中,只有弋阳腔依然保留于民间戏曲之中。

魏良辅等人扩大南曲的音乐范围,改革音调,开创昆腔,使得用南曲表演的传奇戏的音乐不再像以前那样单调而变得丰富起来,再加上传奇

戏本身的生动充实的内容，明代的传奇戏于是以崭新的面貌出现在戏曲舞台上。

明万历间，大约是明代戏曲最为纷繁的时期。这时候杂剧还在流行，传奇戏也已经进入了宫廷之中。除去昆腔之外，其他地方戏种也都在舞台上争妍斗艳。万历间人沈德符曾记述当时宫廷演戏的情形：

> 内廷诸戏剧俱隶钟鼓司，皆习相传院本，沿金、元之旧，以故其事多与教坊相通。至今上（神宗）始设诸剧于玉熙宫，以习外戏。如弋阳、海盐、昆山诸家俱有之。其人员以三百为率，不复属钟鼓司，颇采听外间风闻，以供科诨。（《万历野获编补遗》卷一《禁中演戏》）

这也就是说，到万历间，在昆腔尚未成为传奇戏的主流的时候，传奇戏已经有了相当大的影响，其演出范围也居然进入了宫廷之中。待到昆腔流行，文人士大夫们争相涉足于传奇戏的创作，传奇戏更进一步进入了黄金时期。昆腔成为戏曲的主调而渐被列为官腔。万历前那种大席用北曲大四套的情形已经荡然无存，"大会则用南戏。其始止二腔，一为弋阳，一为海盐。弋阳则错用乡语，四方士客喜阅之；海盐多用官语，两京人用之。后则又有四平，乃稍变弋阳而令人可通者。今又有昆山，较海盐又为清柔而婉折，一字之长，延至数息，士大夫禀心房之精，靡然从好，见海盐等腔已白日欲睡，至院本北曲，不啻吹箎击缶，甚且厌而唾之矣"（《客座赘语》卷九《戏剧》）。从此海盐、余姚诸腔，日渐败落，万历后期便形成了以昆腔为正统戏曲和以弋阳腔为民间戏曲的基本格局。而以昆腔演唱的传奇戏的创作也逐渐进入了高峰。如像沈宠绥《度曲须知》中所说："名人才子，踵《琵琶》《拜月》之后，竞以传奇鸣，曲海词山，于今为烈。"称之曲海词山，足见当时传奇剧本之盛况。而万历间在传奇戏创作中最有成就的代表人物当属沈璟和汤显祖，从而形成了明代传奇戏曲创作的两大流派：临川派和吴江派。

临川派又称玉茗堂派，代表人物汤显祖（1550—1617）。显祖，字义仍，一字若士，号海若、海若士，别号清远道人、茧翁。因系江西临川人，故被称为临川派，玉茗堂则以其书斋得名。万历十一年（1583年）进士，自请为南京太常寺博士，升南京礼部主事。因上疏弹劾内阁首辅申时行失政，被谪为广东徐闻任典史，后迁浙江遂昌知县。二十六年告归，居乡著述。作有戏剧多种，尤以《紫钗记》《牡丹亭》《南柯记》《邯郸记》四种最为著名，合称为《临川四梦》，因其居舍有玉茗堂、清远楼，故又称《玉茗堂四梦》。汤显祖虽然曾经步入仕途，但屡被贬斥，长年居于乡里，生活清贫，使其更加接近于民间百姓的生活。他在思想上接受泰州学派的影响，主张以情反理。后人说他："义仍志意激昂，风骨遒紧，扼腕希风，视天下事数着可了。"很有泰州派那种赤手搏龙蛇的气概。"然有度世之志，胸中魁垒，陶写未尽，则发而为词曲。四梦之书，虽复留连风怀，感激物态，要于洗荡情尘，销归空有，则义仍之所存略可见矣。"《列朝诗集小传·汤遂昌显祖》）

如其所说，汤显祖的《临川四梦》反映了他的重情反理的思想，而四梦之中，又尤以《牡丹亭》为其得意之作。这是一部充满了浪漫主义色彩的戏曲杰作。汤显祖在剧中塑造了一个追求爱情和个性解放的女性主人公杜丽娘，通过杜丽娘与书生柳梦梅生死不渝的爱情故事，体现了汤显祖本人的思想追求。这样的戏曲作品的进步性是不言而喻的。汤显祖也因此而被公认为明代成就最高的戏曲家。

临川派剧作家中影响较大的还有吴炳和孟称舜、阮大铖等。

吴炳（？—1647），字石渠，号粲花主人。宜兴（今属江苏）人。万历四十七年（1619年）进士，历官江西提学副使，并于南明时任官于桂王政府。所作传奇剧有《粲花斋五种曲》，即《西园记》《绿牡丹》《疗妒羹》《情邮记》《画中人》五种。这些作品在风格上追随汤显祖，而又有其自己的特点，描写爱情细腻生动，情节曲折。其中《画中人》更明显地模仿汤显祖的《牡丹亭》，也是一部大胆言情的爱情剧。

孟称舜（约1600—1655），字子若，一字子适、子塞，号卧云子、花屿仙史。会稽（今浙江绍兴）人。明末诸生。著有杂剧六种及传奇五种，并集

成《柳枝集》《酹江集》两种元明杂剧选集。所作传奇《贞文记》和《娇红记》均为爱情悲剧,《二胥记》写春秋时伍子胥和申包胥的故事,虽然是历史故事,却十分注重人物感情描写,至情的主题是十分突出的。

阮大铖(约1587—1646),字集之,号圆海、石巢、百子山樵。怀宁(今属安徽)人。万历四十四年(1616年)进士。天启中附太监魏忠贤,名列阉党。崇祯时被削籍,流寓南京。南明弘光时任兵部尚书,排斥东林党人。后降清。《明史》中列入《奸臣传》。善作传奇,其代表作品有《燕子笺》等。

吴江派的代表人物是沈璟(1533—1610)。沈璟,字伯英,改字聃和,号宁庵,一号词隐先生。因系吴江(今属江苏)人,人称吴江派。万历二年(1574年)进士,历官主事、员外郎、光禄寺丞。后告病还乡。居家三十年,专事词曲创作整理。作《属玉堂传奇》十七种,又据蒋孝《南九宫谱》增为《南九宫十三调曲谱》,考订了六百五十余支曲牌的声律,为现存最完备的南曲谱。此外还著有散曲《词隐新词》《曲海青冰》《情痴呓语》,并辑有《南词韵选》《北词韵选》,对明代词曲的发展贡献很大。

沈璟在戏曲创作上主张讲究声律,语言雕琢,因此他的一些作品属于戏曲文学创作,并不适应于舞台演出。《红蕖记》《埋剑记》《双鱼记》均属此类。他的后期创作在语言上有了很大的变化。从现存的《义侠记》《桃符记》《坠钗记》和《博笑记》中都可以看出他后期作品崇尚本色语言特征。他在戏曲创作中强调传统礼教的宣扬,如《义侠记》中将武松写成接受招安的大团圆的结局,在描述爱情生活的作品《坠钗记》中,则强调命运安排,这表现出了作者思想的保守性。沈璟在创作讽刺剧方面则有其特长,《博笑记》中的十个小故事,对于官场、世情的讽刺十分生动,这恐怕与他长期官场生活和仕途多蹇的经历有一定关系。总之,沈璟作为吴江派的领袖人物,其在戏曲方面的影响虽然很大,但是在创作成就与创作的思想性上,是无法与临川派相比的。(参见《中国戏曲文学史》第六章第三节)

吴江派除去沈璟之外,主要的作家还有冯梦龙、范文若、袁于令、王骥德、沈自晋等人。

汤、沈之后,临川、吴江的传人,在两派的创作技巧上有所融通,如临川派的吴炳、孟称舜、阮大铖等,"以临川之笔,协吴江之律",吴江派的沈自晋等,也能不守门户之见,兼取两家之长,创作出一些较为成功的作品。另外也有一些不属于临川或者吴江派的戏曲家,也创作出了不少优秀作品,如高濂的《玉簪记》、周朝俊的《红梅记》和孙仲龄的《东郭记》等。

明代的传奇发展到临川、吴江派的作品,无论从文学创作还是宫调曲牌上都更加的规范化。在表演角色和演唱方法上,也都达到了一个新的高度,这都反映了明代戏曲的日趋成熟。因此明代戏曲在中国戏曲史上是有着相当重要的地位的,它是继元代杂剧之后,中国戏曲发展的又一个新的阶段。对于其后中国戏曲的发展具有划时代的意义,并且一直影响到今天的传统戏曲。

明代戏曲的发展,造就了不少表演技艺高超的演员。如侯方域为之作传的南京名伶马锦,便是其中的佼佼者。

> 梨园以技鸣者,无论数十辈,而其最著者二:曰"兴化部",曰"华林部"。一日,新安贾合两部为大会,遍征金陵之贵客文人。与夫妖姬静女,莫不毕集。列"兴化"于东肆,"华林"于西肆,两肆皆奏《鸣凤》,所谓椒山先生者。迨半奏,引商刻羽,抗坠疾徐,并称善也。当两相国论河套,而西肆之为严嵩相国者曰李伶,东肆则马伶(**注:此处马伶即指马锦**)。坐客乃西顾而叹,或大呼命酒,或移坐更近之,首不复东。未几更进,则东肆不复能终曲。询其故,盖马伶耻出李伶下,已易衣遁矣……
>
> 去后且三年,而马伶归,遍告其故侣,请于新安贾曰:"今日幸为开宴,招前日宾客,愿与'华林部'更奏《鸣凤》,奉一日欢。"既奏,已而论河套,马伶复为严嵩相国以出。李伶忽失声,匍匐前称弟子。"兴化部"是日遂凌出"华林部"远甚。

当晚,"华林部"有人前去问马伶道:"子,天下之善技也,然无以易李伶。李伶之为严相国至矣。子又安从授之而掩其上哉?"马锦的回答是十分令人吃惊的,"固然,天下无以易李伶,李伶即又不肯授我。我闻今相国某者,严相国俦也。我走京师,求为其门卒三年,日侍相国于朝房,察其举止,聆其语言,久乃得之。此吾之所为师也"(《虞初新志》卷三,侯方域:《马伶传》)。

这些表演艺人对于艺术的追求,实在是令人感到钦佩的。而演当代戏,也是明代戏曲的特点之一。这可能与明代文人士大夫的好议论时事有一定的关系。

第三节 音乐与舞蹈

一、宫廷乐舞

宫廷乐舞是被称之为雅乐的官方歌舞,是明代乐舞的一个重要组成部分。明太祖起于民间,其登极之前又经元朝近百年统治,中国宫廷传统乐舞的许多东西到这时候已经无传。从史书的记述来看,太祖登基前曾经有一段时间用女乐代替了朝贺的雅乐,这对于一个自命为正统的新朝显然是不合适的。因此太祖即位之初便命儒臣厘定雅乐,但是其效果并不理想。《明史·乐志》中说:"明兴,太祖锐志雅乐。是时,儒臣冷谦、陶凯、詹同、宋濂、乐韶凤辈皆知声律,相与究切厘定,而掌故阙略,欲还古音,其道无由。"当时太祖正以严猛治国,对于儒臣们所厘定的雅乐是否合于古律,也就无暇顾及了。但是,自从太祖得天下的规模已定的时候,他便开始设置了掌管官方乐舞的机构,并由此而逐渐完善了明代的宫廷音乐和舞蹈。

太祖初克金陵,即立典乐官。其明年置雅乐,以供郊社之祭。吴元年命自今朝贺,不用女乐。先是命选道童充乐舞生,至是始集。太祖御戟门,召学士朱升、范权引乐舞生入见,阅视之。太祖亲击石磬,命升辨五音。升不能审,以宫音为徵音。太祖哂其误,命乐生登歌一曲而罢。是年置太常司,其属有协律郎等官。……又置教坊司,掌宴会大乐。设大使、副使、和声郎,左、右韶乐,左、右司乐,皆以乐工为之。后改和声郎为奉銮。(《明史·乐志》)

按照《明史·乐志》的记载,明初雅乐的制定出于道士冷谦之手,这可能是因为在道教音乐中,较多地保留了传统东西的缘故。"元末有冷谦者,知音,善鼓瑟,以黄冠隐吴山。召为协律郎,令协乐章声谱,俾乐生习之。取石灵璧以制磬,采桐梓湖州以制琴瑟。乃考正四庙雅乐,命谦较定音律及编钟、编磬等器,遂定乐舞之制。乐生仍用道童,舞生改用军民俊秀子弟。"

冷谦的考订在当时是十分有限的,实际上只能是当时道教音乐的变种罢了。到永乐时,成祖问黄钟之律,臣工中没有一个人能够回答。学者们的理论与乐工们的演奏无法相通,所以明代的雅乐是集历朝之旧,加以民间音乐,所谓雅俗杂出,而这倒使得明代的雅乐成了一次集大成的再创造。《明史·乐志》中说:

殿中韶乐,其词出于教坊俳优,多乖雅道。十二月乐歌,按月律以奏,及进膳、迎膳等曲,皆用乐府、小令、杂剧为娱戏。流俗喧诼,淫哇不逞。太祖所欲屏者,顾反设之殿陛间不为怪也。

明代的宫廷乐舞主要用于各种礼仪活动中,其器乐歌舞均有定制。按照洪武初的定制,宫廷乐舞的全套歌舞包括:"乐工六十二人,编钟、编磬各十六,琴十,瑟四,搏拊四,柷敔各一人,埙四,篪四,箫八,笙八,笛四,应鼓一;歌工十二;协律郎一人执麾以引之。七年复增篪四,凤笙四,埙用六,搏拊用二,共七十二人。舞则武舞生六十二人,引舞二人,各执干戚;文武生六十二人,引舞二人,各执羽籥;舞师二人执节以引之。"除去文武舞生之外,还有"四夷"舞士,与文武舞士配合起舞。

各种不同的场合，歌舞器乐也不尽同，除去上述的器乐之外，还有如戏竹、头管、琵琶、二十弦、方响以及"四夷舞"所用的腰鼓、胡琴、箜篌、羌笛等。

明朝的宫廷乐舞均制成固定的乐曲和舞蹈，各种礼仪活动中分别安排不同的几个乐舞，如洪武十五年（1382年）所定的宴享九奏乐章就包括：一奏《炎精开运之曲》；二奏《皇风之曲》，奏《平定天下之舞》，曲名《清海宇》；三奏《眷皇明之曲》，奏《抚安四夷之舞》，曲名《小将军》《殿前欢》《庆新年》《过门子》；四奏《天道传之曲》，奏《车书会同之舞》，曲名《泰阶平》；五奏《振皇纲之曲》；六奏《金陵之曲》；七奏《长杨之曲》；八奏《芳醴之曲》；九奏《驾六龙之曲》。大祀庆成大宴时跳《万国来朝队舞》《缨鞭得胜队舞》，皇帝生辰大宴跳《九夷进宝队舞》《寿星队舞》，冬至大宴跳《赞圣喜队舞》《百花圣朝队舞》，正旦大宴则跳《百戏莲花盆队舞》和《圣鼓采莲队舞》。命妇朝贺中宫皇后时则用女乐。

按照这种规定的舞蹈也是十分单调的，例如朝贺的舞蹈，由文武两队舞士，各三十二人，分作四行，每行八人。武舞士由舞师二人执旌引导，左手执干，右手执戚，舞作发扬蹈厉坐作击刺之状；文舞士由舞师二人执旌引导，左手持籥，右手持翟，作进退舒徐揖让升降之状；"四夷"舞士十六人，分为四行，每行四人，由舞师二人执幢引导，舞作拜跪朝谒喜跃俯伏之状。这种单调的歌舞，除去礼仪效果之外，实在是没有什么可取之处的。所以到后来，宫中教坊司等机构便多方设法改变旧的歌舞形式，更将一些民间的歌舞引进了宫廷之中。弘治时行耕耤田礼，教坊司以杂剧应承，间出狎语，为都御史马文升所斥。但是到武宗时，这种事情就更加屡见不鲜了。武宗以礼乐不全为由，大量征集乐工，并选各省艺精者赴京供应，结果民间杂艺进入宫中，所谓筋斗百戏之类日盛于禁廷。世宗以外藩即位，一心于更定礼制，再续皇统，对宫中的乐舞也有所考订，他甚至亲制乐章，再由太常寺配以乐曲，对于洪武所定的旧歌章多有改动。但是这些改动并没有改变宫中祭祀乐舞的基本形式。所以明朝的宫廷歌舞就分为了两种形式，一种是专为礼仪而用的歌舞，一种则是供给帝王欣赏的宫廷歌舞。严格地说,后者已经不属于宫廷歌舞的范围,而与民间歌舞无异。

正德时武宗好西域歌舞,其所宠晋府乐户女刘氏、总督马昂女弟皆以善歌舞称。当时宫中专门置有西域歌舞,王世贞为此作《正德宫词》：

> 窄衫盘凤称身裁,玉靶雕弓月样开。
> 红粉别依回鹘队,君王新自虎城来。
>
> 仙韶别院奏新声,不按唐山曲里名。
> 青鹘白翎俱入破,十三弦底似雷鸣。

据说崇祯帝本人也是通晓音乐的,而且擅长鼓琴,曾经自制《访道五曲》,分别为《崆峒引》《敲爻歌》《据桐吟》《参同契》《烂柯游》,并让娴于琴技的田贵妃演奏。他还喜听琵琶,史称："帝喜琵琶,庚午、辛未间,才人于乾清西暖阁赍曲柄琵琶,弹商杂调歌舞太平,帝倾听不倦。"(王誉昌：《崇祯宫词》)但是这些器乐歌舞都已经不是传统的宫廷之物了。

二、民间音乐舞蹈

明代的民间音乐歌舞实际上也包括两个部分：一是民间娱乐型的音乐歌舞,一是表演型的音乐歌舞。

民间娱乐型的歌舞包括的内容很广,例如船夫的号子,挑夫的小调,以及大量的民歌,民间节庆及赛神等活动中的自娱性歌舞,均属此列。人们非常熟悉的凤阳花鼓,应该算是这类民间歌舞的代表。

民间歌舞带有极强的传统性质,一般来说经过长期在民间流传,许多都无法明确究竟属于何时何代了。然而在明代的民间歌舞中,一种被称作时调的民间歌曲,则带有明显的时代特征,成为明代非表演型民间音乐的典型。

民歌本来应当是长久流行于民间的,但是明朝中叶以后,随着社会风气的变化,带有流行歌曲性质的民歌时调突然盛行起来。当时人说：

歌谣词曲,自古有之,惟吾松近年特甚。凡朋辈谐谑,及府县士夫举措稍有乖张,即缀成歌谣之类,传播人口。……而里中恶少,燕居必群唱《银纽丝》《干荷叶》《打枣竿》,竟不知此风从何起也。(范濂:《云间剧目抄》卷二《风俗》)

又说:

自宣、正至成、弘后,中原又行《锁南枝》《傍妆台》《山坡羊》之属。……今所传《泥捏人》及《鞋打卦》《熬鬏髻》三阕,为三牌名之冠,故不虚也。自兹以后,又有《耍孩儿》《驻云飞》《醉太平》诸曲,然不如三曲之盛。嘉、隆间,乃兴《闹五更》《寄生草》《罗江怨》《哭皇天》《干荷叶》《粉红莲》《桐城歌》《银纽丝》之属,自两淮以至江南,渐与词曲相远,不过写淫媟情态,略具抑扬而已。比年以来,又有《打枣竿》《挂枝儿》二曲,其腔调约略相似。则不问南北,不问男女,不问老幼良贱,人人习之,亦人人喜听之。以至刊布成帙,举世传诵,沁入心腑。其谱不知从何来,真可骇叹。(《万历野获编》卷二五《时尚小令》)

这便是万历年间方志中所记的:"酒庐茶肆,异调新声,汩汩浸淫,靡然不振。甚至娇声充溢于乡田,别号下延于乞丐。"(万历《山东博平县志·民风解》)待到明末冯梦龙整理这些民间小曲的时候,收集到的作品多达三百首,真足以同《唐诗三百首》相媲美了。这些民间歌曲为当时的表演者们提供了丰富的营养,很快便成了歌舞艺人们演出的内容:

今京师伎女,惯以此充弦索北调。其语秽亵鄙浅,并桑濮之音,亦离去已远。而羁人游婿,嗜之独深。丙夜开樽,争先招致。而教坊所隶筝纂等色,及九宫十二,则皆不知为何物矣。俗乐中之雅乐,尚

不谐里耳如此,况真雅乐乎。(《万历野获编》卷二五《时尚小令》)

有些所谓的时调小令,后来被用到了传奇戏曲中,也就成为了表演音乐。

明代的民间音乐,除去这些流行歌曲之外,还有民间的器乐表演,也不同于官方教坊中乐师的作品。如嘉、隆间名闻于京师的李近楼琵琶,被称作为京师一绝。当时人记道:

> 京师有瞽者,善弹琵琶,能作百般声音;尝宴,冠裳,匿屏帏后作之,初作如妪唤妓者声,继作妓者称疾不出,往复数四,诨诟勃溪,遂至掷器破钵,大小纷纭,或詈或哭,或劝或助。坐客惊骇欲散,徐撤屏风,则一瞽者,抱一琵琶而已,它无一物也。又有以一人而歌曲,击鼓钹,拍板,钟、铙合五六器者。不但手能击,足亦能击。此亦绝世之技。惜乎但为玩弄之具,非知音者也。(《五杂俎》卷一二《物部》)

这应该算是典型的民间器乐表演了。其传授也以民间方式进行,时人称:"世庙时,李东垣(即李近楼)善琵琶,江对峰传之,名播京师。江死,陈州蒋山人独传其妙。时周藩有女乐数十部,咸习蒋技,冈有善者,王以为恨。"(《虞初新志》卷一,王猷定:《汤琵琶传》)其后又传于汤应曾,故应曾有"汤琵琶"之名。这些民间艺人的演奏,除去一些绝技之外,主要是演奏古曲,他们对于中国传统音乐的承传作用是不可磨灭的。随着这种民间器乐的发展,当时民间也形成了流派,例如鼓琴,当时即分为浙操和闽操两派,在手法和曲调上都各不相同。其中浙操近雅,为士大夫所推崇,闽操则更近于乡音。江浙一带的琴技在当时十分出名,崇祯时田贵妃擅琴技,据说传自其母,即当属于浙操之列。这里所说的女乐,即贵族官员和富豪家中的歌舞班。如沈德符在《万历野获编·舞名》中所说:"今世学舞者,俱作汴梁与金陵,大抵俱软舞。虽有南舞、北舞之异,然皆女妓为之,即不然,亦男子女装以悦客。"但是明代的这种家伎并不十分的发

达。在南、北两京及其他经济发达的城镇，一批与士大夫交往颇多的名妓成为表演音乐舞蹈的主体。余怀《板桥杂记》中说：

> 教坊梨园，单传法部，乃威武南巡所遗也（按盖指武宗南巡之事）。然名妓仙娃，深以登场演剧为耻。若知音密席，推奖再三，强而后可。歌喉扇影，一座尽倾。主之者大增气色，缠头助采，遽加十倍。至顿老琵琶，妥娘词曲，则只应天上，难得人间矣。

记中的名妓，几乎都是鼓琴清歌的好手，但却无一人以擅舞而名，不知是否与明代妇女缠足有关。缠足后的妇女在表演舞蹈上是颇为困难的，所以当时才会流行男子的女装舞。如吴伟业所记著名舞伎王紫稼、《曲中志》所载的舞伎张小娥等，都是男子而作女装舞。这些名妓中许多人在戏曲表演上都有很深的造诣，但是却不大肯登台演出，颇似当时文人士大夫的做法，这也是一种风气，或者以此自高身价。

不过明代表演型的音乐主要在戏曲表演当中。尤其是明中叶以后兴起的传奇戏所采用的南曲，无论是余姚腔、弋阳腔还是昆山腔，都是地方民间流行的曲调，其中的器乐伴奏也带有明显的地方音乐特色，这就是被后人称作的剧乐。待到魏良辅等人改革昆腔，取代其他诸腔，戏剧音乐更提高到了一个新的高度。

明代的戏曲表演中，不仅有音乐，而且有舞蹈，当时戏曲中的舞蹈也是舞蹈表演的主要形式。不过舞蹈与音乐有所不同，戏曲中的音乐随着时调变化而变化，舞蹈则似乎变化要少一些。从明代杂剧、传奇戏剧本中，我们可以看到许多舞蹈的名目，如《跳和合》《跳钟馗》《舞鹤》《跳虎》《跳八戒》等。这里的《跳八戒》显然是明代的舞蹈，其余的就很难说了。其中的《舞鹤》就是一种很古老的舞蹈。一般来说，模拟动物的舞蹈都会相对形成得早一些，只是这些舞蹈也是在不断变化的。而且这些戏曲表演中的舞蹈也很难区分，哪些是专门为戏曲表演而创作的，哪些是将民间舞蹈移植到戏曲中来的。永乐十七年（1419年），一支来自中亚帖木儿帝国的使团在进入明朝边境后,受到了驻边将士和地方官府的接待,席间并有由优童表演歌舞,其中就有鹤舞。由一名优童扮作仙鹤,随着乐曲翩翩起舞,其高超的舞技令使臣们惊叹不已。而这种流传到西北边远地区的舞蹈显然不是明人的创造。出于帖木儿使臣的叙述,我们无法知道这次表演的鹤舞究竟是单纯的舞蹈表演,还是杂剧中的一段。但是有一点是可以肯定的,那就是明代戏曲中的舞蹈许多是可以单独表演的,而且有相应的固定曲调。

三、朱载堉与《乐律全书》

在世界文化史上,朱载堉这个名字与音乐理论中的乐律学有着密不可分的关系。他是人类历史上第一个用数学方法完满地解决了音乐的旋宫转调的问题,对于全世界音乐的发展进程具有非常大的贡献。

朱载堉(1536—1611),字伯勤,号句曲山人,少年时自号狂生、山阳酒狂仙客。明太祖朱元璋第九世孙,郑恭王朱厚烷世子。郑恭王于嘉靖间因上疏世宗谏止斋醮获罪,被削爵禁锢于凤阳高墙。当时朱载堉年仅十五岁。史称:"世子载堉笃学有至性,痛父非罪见系,筑土室宫门外,席藁独处者十九年。"(《明史·世子朱载堉传》)作成《瑟谱》10卷。世宗死后,郑恭王获释复爵,朱载堉从此专心于乐律研究著述,并在其父死后拒绝继承王爵,用数十年功夫,终于完成了《乐律全书》的写作与刊行工作。

《乐律全书》是朱载堉所著14部著作的合集,包括《律历融通》4卷附《音义》一卷,《圣寿万年历》2卷,《万年历备考》3卷,《律学新说》4卷,《算学新说》10卷,《乐学新说》10卷,《律吕精义》内外篇10卷,乐谱、舞谱共7种12卷。这些著作涉及了声律、音乐、舞蹈、历算等多种学科,其中还保存了大量的乐谱和舞谱。

《乐律全书》中最可贵之处是用科学方法解决了十二平均律的数学计算。明朝中叶以后,文人士大夫更多地涉足于戏曲和音乐的创作,他们不安于南曲之类民间音乐的随意性,开始对其进行改造和发展。这些在音乐戏曲上的努力,为朱载堉的音律研究起到了促进作用。明代的音乐

从此开始向近代民间音乐发展。他在《律学新说》中为称之为"新法密律"的十二平均律下了定义：

置一尺为实，以密律除之，凡十二遍。
盖十二律黄钟为始，应钟为终，终而更始，循环无端。

他计算出的密律为 1.059 463 094 359 295 264 561 825，这就是他所说的"新法密律"。用现代数学方式表示即为$\sqrt[12]{2}$。

朱载堉在从事这一研究时，进行了多次实验，而且以具有实践经验的乐工为师。他认为："凡造乐者，学士大夫之说，卒不能胜工师之说。"（《律学新说》卷一）

他首先进行了判断十二平均律的五度和声实验："选精于点笙之人，先择笙与黄钟相似之簧，令彼增减其蜡，务与黄钟律声全协。复择声与林钟相似之簧，亦令增减其蜡，务与林钟律声全协。然后两簧一口噙而吹之，则知黄钟与林钟全协者为是，不协者为非也。"（《律吕精义》内篇卷五《新旧律实验第七》）他还用这种实验的方法发现了要使律管依照十二平均律发音，两根相临律管内径之比为24∶2。

在朱载堉的这一发明三百年以后，比利时布鲁塞尔乐器博物馆的馆长马容，才在《布鲁塞尔皇家音乐年鉴》上谈道："在管径大小这一点上，中国的乐律比我们更进步了。我们在这方面，简直一点还没有讲到。王子载堉……把数字给了我们。……我们已照样制作了律管。实验所得的结果可以证明这学理的精确。"（《明清实学思潮史》第一五章）

朱载堉的《乐律全书》不仅解决了音乐理论中乐律的问题，而且还保存了许多乐谱和舞谱。他在这部著作中，第一次提出了"舞学"的概念，从而将舞蹈的研究作为一门独立的学科分立了出来。《乐律全书》中保留有《人舞谱》《六代小舞谱》《灵星小舞谱》《灵星祠雅乐天下太平字舞缀兆图》《二佾缀兆图》《小舞乡乐谱》等。其舞谱中并附有图，图下有说明。他用上转、下转、外转、内转、未转、转初、转周、转过、转留等标明旋转的幅度,用伏睹、瞻仰、回顾来标明视线方向,用鞋形的不同画法来标明左右脚与全足或足掌、足尖及着力腿与非着力腿的区别位置等,其精确与明晰程度,令今天的舞蹈研究者感到惊叹(《中华文明史》卷八)。

第四节　美术

一、明代的宫廷院体画

中国的传统绘画在宋元曾经出现过繁兴,不过宋代的绘画是以画院为主体,元代则文人画盛极一时。明太祖以一几无文化之布衣而得天下,故其在对待文化与文化人的态度上颇具畸形心理,明初的种种文化专制政策都由此而生。此种政治状况在明初画坛上的具体体现,就是宫廷院体画的发展。

在当时既然有"士不为君用"的法律,那么也就是说所有的文化人,首先必须为皇帝服务。这也便决定了明初必然要改变元代的那种文人画繁兴的局面,而去模仿宋代的办法,实行宫廷画师的制度。于是明代的宫廷院体画也就因此而发展起来。

但是这时候的画家们,都是元末画派的传承人,他们在画法上继承了元代画家的风格,还没有形成固定的院体画派,画风上较为多样,而且其中多有由元入明的画家,如王冕、王蒙、倪瓒等,他们当中虽然也有入仕为官者,但是却并未成为宫廷画师,当时以宫廷画师名义在朝的主要有赵原、周位、王仲玉、陈远、朱芾与盛著等人。

赵原是明初最早被召入宫的画师之一,他的画法是典型的元人画风。

> 赵原,字善长,号丹林,齐东人,寓吴。所画山水,初师董源、巨然及王右丞(蒙)、高彦敬(克恭)法。而得窅深穷邃之意。兼写竹,名为龙角凤尾金错刀,时争重之。洪武初被征,令图昔贤像。应对失旨,坐法。

> 周位,字元素,太仓州人。博学多能,工于山水。洪武初征入画院,凡宫掖画壁,多出其手。(徐沁:《明画录》卷二)

周位在当时的宫廷画师中是十分谨慎的,据说他一次被命画《天下江山图》于便殿,周位请太祖规模大势后方敢润色。太祖于是援笔挥毫,成其大概。周位顿首道:"陛下江山已定,臣无所措手矣。"但是尽管有这般的小心,却也未能逃脱严法之祸,"后因同业相忌,以谗死"(同上)。

与赵周二人同样命运的明初画师还有盛著。

> 盛著,字叔彰,嘉兴魏塘人。其叔懋以画名家。著画山水,高洁秀润,能得其法,兼工人物花鸟,而全补图画,运笔设色,与古无殊。洪武中供事内府,被赏遇。后画天界寺影壁,以水母乘龙背,不称旨,弃市。(同上)

在这样的严刑峻法之下,思想上所受到的限制使明初的画师们无所适从,他们只能墨守成规,而不敢有丝毫的创意。这与中国绘画传统的精神恰恰是相背驰的,因此明初的绘画,在几位由元入明的画师之后,便只能走上思想局限的院体画派的道路。

在同样的政治背景下所造就的文化现象往往是相仿的。到永乐以后,君主专制与政治稳定相辅而成,逐渐形成了"台阁体"文化现象,出现了"台阁体"的文风和书法风格,与之相应的画坛风格便是"院体"画风。

永乐时的宫廷画师范启东曾说:"长公于书独重云间沈度,于画最爱永嘉郭文通。以度书丰腴温润,郭山水布置茂密故也。有言夏珪、马远者,辄斥之曰:'是残山剩水,宋僻安之物也,何取焉!'"(叶盛:《水东日记》卷三《长陵所赏书画家》)启东,一字起东,名暹,号苇斋,人称苇斋先生。昆山人。永乐中被召入画院,善画花竹翎毛,兼工书法。(《国绘宝鉴》卷六)郭文通,成祖赐名纯。画法师承元代画家盛懋,所谓"布置茂密"的风格,并因此而受到好大喜功的成祖的欣赏。成祖的这种好恶对于当时画坛风格的影响是不言而喻的。郭纯的山水，虽然在形式上是对元人绘画的继承，但是在绘画的精神上却同洪武中的宫廷画师们一样的拘守成法，而并无丝毫的创新，所以他只能代表洪、永宫廷绘画风格的尾声。与郭纯同时的还有王绂(1362—1416)。王绂，字孟端，号友石生，一号九龙山人。无锡人。洪武中以博士弟子征入京师，因胡惟庸案所牵谪戍山西朔州(今大同)，建文中隐居无锡九龙山(惠山)，永乐中以荐授文渊阁中书舍人。他在绘画风格上师从王蒙，除山水画外，还擅长竹石，史称其"画不苟作，游览之顷，酒酣握笔，长廊素壁淋漓沾洒"(《明史·王绂传》)。他与稍晚些时候的夏昶(1388—1470)，又都以墨竹闻名。夏昶，字仲昭。永乐十三年(1415年)进士，历官太常寺卿。时有"夏卿一个竹，西凉十锭金"之说(《明画录》卷七)。他与王绂虽然都以画知名，但都并不是专职的宫廷画师。两人都列名于《文苑传》，画风带有浓郁的文人画气息，所以被后人视作吴门画派的先驱。从这些情形来看，当时的宫廷绘画尚未形成固定的风格。

这一时期的宫廷绘画尚处于发展变化的过渡阶段。待到仁、宣以后，来自闽、浙等地的画师给宫廷绘画带来了新的风格，明代的宫廷绘画一改元代的画风，重现宋代画院的传统，从而真正形成了明代的院体画派。

从仁、宣到成、弘的八十余年间，是明代院体宫廷绘画最为兴盛的时代，先后涌现出了一大批技艺精湛的画家。其中著名的有边景昭、赵廉、蒋子成、谢环、商喜、李在、周文靖、顾应文、倪端、孙隆、林良、王谔等人。

边景昭，字文进，福建沙县人，或谓陇西人，宣德中诏授武英殿待诏。以博学能文称。擅长花果翎毛，继承宋院体画之传，所作妍丽生动，工致绝伦。有《竹鹤图》(台湾故宫博物院藏)等。与同时代的宫廷画家蒋子成、赵廉有"禁中三绝"之称。

赵廉，吴兴(今湖州)人，善画虎，人称为赵虎。

蒋子成，宜兴人，善画山水、人物、佛像。

谢环，字廷循，浙江永嘉人。永乐时召入禁中，宣德时授官锦衣卫千

户,进指挥。善绘人物山水。所画《杏园雅集图》写内阁大学士"三杨"即杨士奇、杨荣、杨溥于杨荣私园中雅集情形,画中并有画家本人,故杨荣于该画题跋中有"永嘉谢君廷循旅寓伊迩,亦适来会"之语,可见其在朝中的地位。据说戴进未能入画院,即因其在宣宗面前进谗的缘故。明人郎瑛记:

> 永乐末,钱塘画士戴进,从父景祥征至京师。笔虽不凡,有父而名未显也。继而还乡攻其业,遂名海宇。镇守福太监进画四幅,并荐先生于宣庙,戴尚未引见也。宣庙召画院天台谢廷循评其画。初展春夏,谢曰:"非臣可及。"至秋景,谢遂忌心起而不言。上顾。对曰:"屈原遇昏主而投江,今画原对渔父,似有不逊之意。"上未应,复展冬季景。谢又曰:"七贤过关,乱世事也。"上勃然曰:"福可斩!"(《七修类稿》卷六《戴进传》)

宣宗本人也是略通绘画的,所以谢环不以画技而以所画内容排斥戴进,手法是相当高明的。其目的当然是为了保持自己在宫廷画院的地位,谢环当时显然已经是宫廷的首席画师了。

商喜也是宣德时以人物山水而名的画师,故宫博物院今藏的《宣宗行乐图》是他的代表作品。

再晚些时候的画师为林良(约1436—1487),字以善,广东人。他是天顺、成化时的宫廷画师,擅长花鸟,在当时绘画界的影响颇大,官至锦衣卫指挥。

林良之后又有王谔等。王谔,字廷直,浙江奉化人。擅长山水,有"今之马远"之称。官亦至锦衣卫指挥。

明代的院体画,到宪宗、孝宗父子的时候,可谓是到达顶峰了。宪宗和孝宗本人也都是长于绘事的,但是明代的院体画到这时候也开始走向了衰落。正德以后,吴门画派兴起,逐渐成为时代画风的主流。

二、"浙派"与"江夏派"

本来可以成为院体画主将的戴进,由于受到谢环的谗陷而未能进入画院,这样一个偶然的事件,却造成了一个与明前期院体画派并存的绘画流派——"浙派"。

戴进(1388—1462),字文进,号静庵,又号玉泉山人。浙江钱塘(今杭州)人,故称之为"浙派"。

据说谢环于宣宗前谗陷之时,戴进正与其徒夏芷饮于庆寿寺僧房。夏芷闻讯,将僧人灌醉,窃走度牒,为戴进削发,乘夜而逃,归隐于杭州诸寺中,为画佛像以谋生。其后因谢环派人四出伺察,戴进只得再避往云南黔国公沐府。时值岁末,戴进持所画门神至沐府求售,府中画师石锐见到后道:"此非凡工可为也。"乃留于府中,然终不使之越己。直到谢环死后,戴进才得以归里,而年已垂暮了。

半生不幸的遭遇,并未影响他在绘画上的成就,反而使他的画广为流传。明朝人说:"先生循循愉愉,人乐与友。凡亲友不给者,每作数纸与之,人争货焉。其点染颜色,妙夺造化,铺叙远近,宏深雅淡。人物山水较前人另出一格,其于诸家无不能。王(翱)、杨(士奇)二公,常称其画当与古人相颉颃。"(《七修类稿》卷六《戴进传》)

所谓于诸家无不能者,即指其兼采诸家之长。戴进的画,吸收了宋元各家的画法,在技巧上有极深的造诣。明人评价他的画时说:"其山水源出郭熙、李唐、马远、夏珪,而妙处多自发之,俗所谓行家兼利者也。神像人物杂画无不佳。……死后人始推为绝艺。"(《明画录》卷二)今人评价他的绘画时也说:"正是由于戴进不囿于'专攻一家而出于一家者',故能高出宫廷画家一筹,自创新格。"(《中国古代美术史》第12册,单国强:《时起波澜的明代画法》)在戴进的作品中,除去继承宋、元笔意之外,多有所创新。如《风雨归舟图》中用纵向的刷笔来表现风雨的气势,《钟馗夜游图》则采用粗笔钉头鼠尾的描法,都超出了南宋院派的画法。

戴进卒于天顺六年(1462年),其后虽有子戴泉及门人夏芷、方钺等

承其衣钵，但戴泉资质有限，夏芷、方钺皆早逝，于浙派的绘画均无所发扬。直到成、弘间"江夏派"吴伟再起，才得以重振戴进的画风。

吴伟（1459—1508），字次翁、士英，号小仙、鲁夫，湖广江夏（今湖北武昌）人。所以成名后人称之为"江夏派"。少年流落至常熟（今属江苏），为布政使钱昕收养伴子读书。读书之暇，常窃笔墨涂画山水人物，钱遂助其学画。学成后至南京，成国公延至幕下，以小仙称之，因以为号。后又有平江伯礼聘北渡，声誉日著。成化时召入宫中，授锦衣镇抚，成为宫廷画师。

吴伟少年成名，为人放荡不羁，好酗饮，又傲视权贵，求画多不给，遂为排挤南归。弘治中再次被召，授锦衣百户，赐"画状元"之印，又赐第京城。后称疾再度南归，居于秦淮东涯。武宗即位，第三次召其入京，未就，道饮酒病发而卒。

吴伟在画法上继承戴进，并有所发展，较之戴进更为遒劲奔放。明人李开先在《中麓画品》中评论他的画法时说："小仙其源出于文进，笔法更逸。重峦叠嶂非其所长，片石一树粗简者，在文进之上。"这与他在生平的相对顺利和性格的放荡有一定关系。他在宪宗时酒后应召作画，被时人传作风流才逸之事：

> 伟有时大醉被召，蓬首垢面，曳破皂履踉跄行，中官扶掖以见。上大笑，命作《松风图》。伟诡翻墨汁，信手涂抹，而风云惨惨，生屏障间。左右动色。上叹曰："真仙人笔也。"（《国朝献征录》卷一一五《吴次翁伟传》）

吴伟以才华而得宠，又以得宠而傲视权贵，这种豪放的性格则又决定了他的绘画风格。所以他的山水画，早年作品较为工整，中年以后越发苍劲豪放。他的《江山万里图》《观瀑吟诗图》都属这类作品。他除去山水画外，兼工人物，画法学唐人吴道子，善白描，《铁笛图》是他这方面的代表作。

吴伟是浙派的继起,也是浙派的尾声。近人评论说:"吴伟继戴进为浙派盟主,与北海杜堇、姑苏沈周、江西郭诩齐名。用笔则雄健豪放,用墨则挥洒淋漓。其纵横自如,痛快排傲之趣,固有墨飞笔舞之妙,然以过事驰骋,难免剑拔弩张之弊,只图快意,毫无蕴藉含蓄之致。士气日少,作家气愈多,浸假而为霸悍俗浊之态。习之者更肆为狂怪以骇世惊俗,已为画道之蠹。至钟钦礼、郑颠仙、张路、张复阳、蒋嵩辈,私心妄用,焦笔枯墨,点染粗豪,板重颓放,狂态可掬。异派之讥评蜂起,而浙派自身亦渐以不振矣。"(俞剑华:《中国绘画史》第十三章《明朝的绘画》)

三、"吴门四家"

"吴门四家"指的是明中叶以后定居于苏州的四位蜚声画坛的吴派名家,即沈周、文徵明、唐寅、仇英。

沈周(1427—1509),字启南,号石田,一号白石翁。长洲(今江苏苏州)人。其父沈恒吉、伯父沈贞吉均以画名,故承家传而学画。善诗文而生平不仕,纵情于江南山水之间,长于山水画,写生花鸟亦俱佳。

沈周的绘画特点是兼学并蓄。他除去家传之外,早年曾学画于杜琼等人。杜琼是位博学多才之士,世称东原先生。苏州知府况钟屡荐,而不肯赴官,很有文人气。他在绘画上宗五代北宋董源的风格,这对于沈周有较大的影响。所以沈周成年后十分着意于模仿董源、巨然和吴镇三家,兼学元人的绘画,临摹的作品,几可乱真,人称"尤得心印"(《明画录》卷三)。他的这种画法,影响到当时的绘画,推动了元人画风的复兴和临摹的风气的兴起,摆脱了明代院体画的局限,而在文学上的擅长,也增添了他作画的情趣与意境,逐渐形成了明中叶以后的文人画风格。

沈周的山水画作品,早期学元明之际的王蒙,用笔细缜,被人称之为"细沈",后期改变风格,用笔粗放,人称之为"粗沈"。

沈周之后,继之而为吴门代表的是文徵明和唐寅。

文徵明(1470—1559),初名璧,以字行,更字徵仲,别号衡山。《明史》中说:"徵明幼不慧,稍长,颖异挺发。学文于吴宽,学书于李应祯,学

画于沈周,皆父友也。又与祝允明、唐寅、徐祯卿辈相切劘,名日益著。"他虽然出身于官宦家庭,生活条件优越,但是为人和介,衣着质朴。正德末荐授翰林院待诏。嘉靖中,因不附张璁、杨一清而致仕,从此居乡专力于诗文书画,名声甚著。史称:

> 四方乞诗文书画者,接踵于道,而富贵人不易得片楮,尤不肯与王府及中人,曰:"此法所禁也。"周、徽诸王以宝玩为赠,不启封而还之。外国使者道吴门,望里肃拜,以不获见为恨。文笔遍天下,门下士赝作者颇多,徵明亦不禁。(《明史·文徵明传》)

这比之沈周的风格又更加文人化了。

文徵明在绘画上继承发展了沈周的风格,并师法王维、赵孟頫。他的作品虽有浓重的文人色彩,却不仅于用墨,且重于用色,不止于粗放而且能工致精细,文采儒雅,颇增书卷之气。所以他的作品深受当时文人士大夫们的欢迎,名声与门人都有超越其师沈石田之势。

与文徵明同时代的唐寅,也是"吴门四家"之一。

唐寅(1470—1523),字伯虎,一字子畏,号六如居士、鲁国唐生、逃禅仙吏、梅花庵主人等。吴县(今江苏苏州)人。少年有才,弘治十一年(1498年)乡试第一名,次年会试,因科场泄题案被牵,谪浙江为吏,耻而不赴,遂以卖画为生。工诗擅画,于山水、人物、花鸟等无不通,尤长于人物。

唐寅在绘画风格上兼有文人画与院体画的特点,学者们一般认为这是因他文人的气质和以卖画为生的现实所致。这也更增添了他的作品的自身特点,使之成为雅俗共赏的艺术品。他并且因此而名声甚著。所以后人称:"吴中自祝允明、唐寅辈,才情轻艳,倾动流辈,放诞不羁,每名出教外。"(《廿二史札记》卷三四)唐寅由于仕途的挫折,而将怀才不遇的情感以狂放的形式表现了出来,所以应该说,他虽然接受院体派职业画家的影响,但是更多的还是他的文人本色。不过唐寅所处的时代,明代社会开始发生变化,以王守仁为代表的新儒家兴起后,开始强调个性的追求。这对于唐寅等人在绘画上的突破不无作用。唐寅曾受召于宁王宸濠府中,后因察知宁王有异志而佯狂归,筑室苏州桃花坞,与友人诗文作画其中,终于没有成为皇室的画师。

关于唐寅的绘画还有一点要说及的是他与明代春宫画的关系。荷兰学者高罗佩(R. H. Van Gulik)曾多次提到唐寅的人体画,他说:"例如明代画家唐寅……他以画女人,包括裸体女人而著称。"(《中国古代房内考》第388页)而且他认为唐寅和其后的仇英是中国历史上最早用真人做人体模特而作画的画家。不过我们能够看到的大多为后人假托其名的木刻春宫图。如果真如罗氏所说,那么唐寅在绘画上确实进行了一次创举,或者说正是因为如此,他才会有那样成功的人物作品。

"吴门四家"的最后一位画家是仇英。仇英(约1506—1555),字实父,号十洲。太仓(今属江苏)人。他与文徵明和唐寅等人的不同之处在于,他并非文人出身。他年轻时曾为木工,喜绘画,后移居苏州并以院体派画师周臣为师,又与文徵明等人交往,逐渐形成了自己的画风。在"吴门四家"中,仇英是一位典型的画技派的画家,他曾经长期客居于当时著名收藏家项元汴家中,临摹"天籁阁"的藏画,用力甚勤。所以仇英的画既有文人画的气蕴,又有院派画的传统,以笔墨细腻见长。

吴门派的绘画追求文学与绘画的统一,强调画本身的意境,提倡神似,对于其后中国绘画的发展影响颇大。

四、晚明的绘画

从吴门画派以后,晚明的绘画走上了两种完全不同的道路,一种是以徐渭、陈洪绶为代表的创新派的画家,一种是以董其昌为代表的书斋文人画派的画家,这截然相反的两种风格,构成了晚明画坛的主要特点。

徐渭(1521—1599),字文清,后改文长,号天池山人、青藤山人、田水月等。浙江山阴(今绍兴)人。长于诗文、戏曲、工书画。才华甚著而屡试不中。嘉靖中受知于总督胡宗宪,入其幕下。宗宪入狱后畏祸佯狂避

于富阳。隆庆中又因杀妻被逮,晚年游于宣化(今属河北)、辽东及南北两京,贫困终生。这种坎坷的经历造成了徐渭愤世嫉俗的性格特点,这在他的戏曲作品和绘画作品中得到了充分体现。

他的绘画一反吴派文人画那种恬雅闲适的平稳,处处表现出一种情感的发泄与个性的追求。这与当时社会上泰州学派传人那种反传统的思想特征是十分相合的。他们都代表了当时明朝知识界强烈的思想变革要求。徐渭的绘画因此而带有极强的随意性,不受任何局限,不求模仿。他在吸收宋、元诸家和当时一些画家技法风格的基础上,创造出了自己的特点,开创了中国画大写意的手法。对于后世中国写意画的发展有着极大的影响。因此又有"青藤画派"之称。

晚明绘画史上另一位卓具成就的大师是陈洪绶。陈洪绶(1598—1652),幼名莲子,一名胥岸,字章侯,号老莲,浙江诸暨人。青年时受业于当时的名儒刘宗周、黄道周门下。崇祯时为监生,明亡后忠于明朝,不肯降清,入玉门寺为僧,改号悔迟、悔僧、九品莲台主者。他的许多晚年作品创作于清初,所以也是清初画坛上的一杰。

陈洪绶是中国人物画的大师,在人物画法上具有独特的创新,并且着力于木刻人物画,对于以后版画的发展具有极重大的作用。

晚明画坛上另一位具有创造性风格的画家是"波臣派"代表曾鲸。曾鲸(约1568—1650),字波臣,故有"波臣派"之称。福建莆田人,寓居南京、嘉兴等地。他吸收当时传入中国的西洋画法,在人物肖像画中注重墨骨,用墨色深浅渲染人物面部的凹凸,从而加强了人物面部的质感和立体感。这可以说是中国最早运用西洋画法的中国画。对于后来中国人物画法具有开创之功。

但是晚明时代是一个求变与保守交织的时代,虽然强烈的社会变革要求造就出了一批卓具改革精神的画家,但是作为当时文化主流的则依然是因循保守的士大夫绘画,其代表人物是"松江画派"的董其昌。

董其昌(1555—1636),字元宰,号思白,华亭(今上海松江)人。万历十七年(1589年)进士。官至南京礼部尚书。长寿和高官对于他在书画方面声望固然有所作用,但是更为直接的原因还当是他在文人画方面的成就。今人评论他的书画时曾说:"董其昌的绘画以山水见长,宗王维、董源、巨然、二米和'元四家',以墨韵幽雅、意境深邃取胜,而不求形似。他作画构图严谨却落墨放纵,逸笔草草之中,生趣盎然。……他善于用夸张的笔法,去捕捉流动的大气,描绘多变莫测的云烟雾雨,使得绮丽多姿的山水,更富有浪漫主义的色彩。又往往于村渚沙岸、溪水小桥、渔舟孤庐、峰峦层林的秀润简淡的景色中,寓以抒情的诗意和丰富的暇思。他创作的山水,兼书、诗、画之美,成为文人画的典范。"(任道斌:《董其昌系年》前言)从绘画的技巧来看,董其昌确实堪称当时之典范。《明史·董其昌传》中也说:"其画集宋、元诸家之长,行以己意,潇洒生动,非人力所及也。"但是由于他过于追求笔墨功夫,片面强调形式,逐渐陷入了缺乏自然真趣的书斋化之中,将其后的文人画引入了误区。

董其昌在当时画坛上影响极大,他与李流芳、杨文骢、程嘉燧、张学曾、卞文瑜、邵弥、王时敏、王鉴被后人称作"画中九友",基本上垄断了明末的画坛。

董其昌在绘画上提出了所谓"南、北宗"的理论,强调南、北绘画的区别。但是他提出这一理论的目的并不全在于对绘画的流派总结,而在于要贬低"北宗"抬高"南宗",将"南宗"的文人画推崇到无以复加的程度。并且强调绘画构图的所谓"三段法",即远山、中川、近坡树的三层次入景。这本来是出于透视学对于景物的观察结果,但是过于的强调则导致了程式化的弊病,使山水画离开了真实的山水,变得千篇一律起来。事实上文人画的最大弊病本在于弃形求雅,它虽然可以打破画院的院派气,但却失去了造型艺术的基础。因此明代成功的画家,都必须对于两者兼收并蓄,董其昌过于强调文人画的本身也就必然不利于其后绘画的发展。董其昌本人在书画上虽然卓有成就,但是他对于其后的影响则有消极的一面。

文人画的繁兴造成了晚明绘画流派的众多,除去董其昌的"松江派"之外,还有顾正谊为代表的"华亭派",宋旭、赵左的"苏松派",沈士充的

"云间派",蓝瑛的"武林派",项元汴的"嘉兴派",萧从云的"姑熟派",邹子麟、恽问的"武进派",盛时泰的"江宁派"等等,流派之多,为画史之所罕见。(参见《中国古代美术史》第12册,单国强:《时起波澜的明代画法》)

五、民间美术

明代是中国传统文化向大众化发展的重要时期,因此也是民间美术十分丰富的时期。明代的民间美术主要包括民间风俗画、版画、寺庙壁画、雕塑和工艺美术等。

明代的风俗画今天可以看到的代表作品有《皇都积胜图》《南都繁会图》等。这类风俗画的特点是表现民间生活内容真实生动,场面巨大,刻画细腻。与这类作品相近的还有浙江太平(今温岭)当地画工周世隆所画的《太平抗倭图》,描绘嘉靖三十一年(1552年)浙江太平倭寇之乱的情景。画面上人物众多,形象生动,从城内到城外,场景极大,而每一处场景之下,几个人物之间,又都构成了一幅幅小的、独立的情节画面,再由这些情节相互贯穿,构成整个全境画面,没有丝毫零乱之感。这反映了当时民间风俗画技法已经趋于成熟。这些民间风俗画的价值还在于它所保留下来的关于民间文化与社会生活的直观的描绘,对于今天研究明代社会文化起到了相当大的作用。

除去风俗画之外,民间绘画的主要作品还有版画。版画主要有三类,一类是风俗版画,如年画、孝行图、九九消寒图等;另一类是小说插图;第三类是木刻的画谱。风俗版画与人们日常生活密切相关,如除夕晚贴门神,五月初一起门上挂的吊屏画,十一月张挂的《九九消寒图》等。据明代太监所记,其图专有木版,宫中亦依民间印制:

> 司礼监刷印《九九消寒诗图》,每九诗四句,自"一九初寒才是冬"起,至"日月星辰不住忙"止,皆瞽词俚语之类,非词臣应制所作,又非御制,不知缘何相传,年久遵而不改。近年多以新式诗句之图二

三种,传尚未广。(刘若愚:《明宫史》火集《饮食好尚》)

明代自中叶以后,小说戏曲流行,因此为小说戏曲所作的插图版画也得到了较快的发展,达到了鼎盛。这些插图一般都能紧扣故事主题,描绘故事中人物形象,生动准确。如《忠义水浒传》、"三言二拍"、《金瓶梅词话》等书的插图及明代杂剧传奇《琵琶记》《望江亭》的插图,都是很成功的作品。

明代版画的发展,使一些颇具盛名的画家加入版画创作队伍。如明末著名画家陈洪绶、萧云从等人。这也对明代版画水平的提高起到了一定的作用。今天我们还可以看到陈洪绶的木刻《水浒叶子》和《西厢记》插图,实堪称版画中的精品。

明代的壁画受到建筑风格变化的限制,并未得到很大的发展。但是从今天所存的北京法海寺壁画及山西稷益庙壁画中也反映出了明代壁画的高超技艺。画中人物,无论是平民百姓,还是神怪仙女,都具有鲜明的写实感,人物比例准确,形象逼真。虽然出自一些不出名甚至根本不知名的民间画工之手,却不能不令人为其精湛技艺所倾倒。

明代的寺庙雕塑,包括一些宫廷建筑雕塑也都是出自民间工匠之手。中国历史发展到了明代,宗教在国家政治生活中已经不再能够起到唐以前的那种决定性的作用。宗教作用的淡化也就决定了寺庙艺术的衰落,所以在明代已经不再会出现像晋、唐,甚至宋代那样的大型石窟。但是明代寺庙的建设却并未因宗教的衰落而有所减少,而且因为贵族和宦官们对于宗教,尤其是佛教的热衷,寺庙与寺庙雕塑相对兴盛起来。我们今天所能见到的寺庙中的明代雕塑已经很少了,而且大多经过了后世的改造。从现存的大同上华严寺内大雄宝殿中宣德年间的佛像雕塑来看,明代的佛像雕塑程式化的情况比较突出。几乎所有的雕塑都是一种扁平面孔,神情淡漠。这与明代建筑雕塑的情况颇有相近之处,即强调宗教或者帝王的肃穆之气而缺少生活气息。虽然也有少量精美作品存世,如明人所记《核舟记》之微雕作品,堪称绝世佳作,但是从总的趋势看,明代的雕塑

还是追求大与程式化,并没有明显的创新。

与雕塑相比,明代的工艺美术则进入了一个辉煌时期。工艺美术不仅体现了一个时代的艺术水平,同时也体现了当时的生产与科技的水平。随着社会生产力的发展,明代的官营与民营工艺都较前有很大的发展,以至于明代出现了重近不重古的现象。

> 窑器当重哥、汝,而迩来忽重宣德、成化,以至嘉靖,亦价增十倍。若吴中陆子刚之治玉,鲍天成之治犀,朱碧山之治银,赵良璧之治锡,马勋之治扇,周桂之商嵌及歙,吕爱山之治金,王小溪之治玛瑙,蒋抱虚之治铜,亦比常价数倍。近日嘉禾之黄锡洪漆,云间之王铜顾绣,皆一时之尚也。(徐树丕:《识小录》卷一)

所以明人又说:"玩好之物,以古为贵,惟本朝则不然。永乐之剔红,宣德之铜,成化之窑,其价遂与古敌。"(沈德符:《敝帚斋余谈》)"自宣德至崇祯,官私器用,妙绝等夷者:宣德窑器、铜器,成化窑器,欧罗巴画,云间陈眉公衲布,松江顾氏绣,宜兴时大彬、阴用卿沙壶,湖州陆氏笔、茅氏笔,扬州包壮行灯,京师米家灯,太仓顾梦麟萡菜,龙泉窑,浮梁昊十九磁杯,昆山陆小拙佩刀,苏州濮仲谦水磨竹木器。"(刘銮:《五石瓠》卷五)

明代的绘画与造型美术在这些民间或官营手工业工艺上得到了最好的发挥,如宣德炉的古朴,景泰蓝的精美绚丽,以及青花瓷的典雅,加上高超的工艺技术,使明代的工艺品达到了前所未有的高度。

六、书法

书法在中国属于传统的美术范畴,它与中国绘画是密不可分的。以往研究明代书法的专家在谈到明代书法时,将它分作了早、中、晚三个发展阶段。并且谈到了书法发展与绘画的发展是极为相像的,或者说是完全同步的。这是因为在中国传统美术中,书法和绘画往往是统一的整体,一位著名的画家,往往同时也是一位卓有成就的书法家。然而在明代这种情况却有时会稍有所不同,当明初的以宫廷画师为主体的"院体派"作为绘画主流的时候,他们与士大夫们的书法尚好就存在一定的距离,所以那时候绘画称为"院体",书法则与文学一样,称为"台阁体"。这种情况直到明中叶以后,文人绘画兴起后,才逐渐统一了起来。但是即使是在那时候,明代绘画还是作为士大夫雅兴中的专门技术的,而书法则是他们所有人的必修科目,而且是他们进入仕途的敲门砖。正是因为这样的情况,在明代,书法的发展与其说与绘画的发展同步,倒不如说它与文学的发展更为接近。

明初的书法,首推"三宋",即宋克、宋璲和宋广。实际上"三宋"的书法,尤其是宋克的书法,代表了元末明初的那种学风,是当时时代的产物。

宋克(1327—1387),字仲温,长洲(今江苏苏州)人。《明史·宋克传》中说他:"伟躯干,博涉书史。……性抗直,与人议论期必胜,援古切今,人莫能难也。杜门染翰,日费十纸,遂以善书名天下。时有宋广,字昌裔,亦善草书,称二宋。"宋克那种喜击剑走马的性格,决定了他在元末天下大乱的情况下,才会有"思自树功业,乃谢酒徒,去学兵"的作为(高启:《凫藻集》卷四《南宫生传》)。因此他的书法也必然得于他的这种任侠的性格。从这一点来看,他比刘基等人更带有元末文人士大夫风气。

"三宋"之中,宋濂之子宋璲是与方孝孺同辈的人,同样是属于那种学风的范围,他们与后来的沈度、沈粲兄弟是截然不同的。

> 沈度,字民则。弟粲,字民望。松江华亭(今上海松江)人。兄弟皆善书,度以婉丽胜,粲以遒逸胜。度博涉经史,为文章绝去浮靡。洪武中,举文学,弗就。……成祖初即位,诏简能书者入翰林,给廪禄,度与吴县滕用亨、长乐陈登同与选。是时解缙、胡广、梁潜、王琎皆工书,度最为帝所赏,名出朝士右。日侍便殿,凡金版玉册,用之朝廷,藏秘府,颁属国,必命之书。(《明史·沈度传》)

沈度以丰腴温润的书法而得到成祖的欣赏,并由此而成为"台阁体"

书法的代表。但是"台阁体"本来是人们对当时以内阁大学士"三杨"为代表的文章风气的通称，沈度并非阁臣而以其书法为"台阁体"，原因应当在于他的书法与当时"台阁体"的文章一样，"首尾安闲"，是一种平和稳重的风格，与富贵堂皇的气派，只有这样的东西，在当时才会为帝王所爱，并推成时风。书法上的"台阁体"与文学上的"台阁体"一样，在此后数十年间始终是书法的主流。

一种并不高明的书法竟能够统治书坛如此之久，这与永乐以后科举的确立有着密不可分的联系。在科举考试中，书法是考官取仕的一项重要内容，而"台阁体"的流行，就迫使应试的文人们不得不随波逐流，以求中式。"台阁体"书法也就因此而能够久盛不衰了。

明朝中叶以后，这种情形开始有所变化。随着画坛上文人画的兴起，书法开始逐渐向绘画靠拢，这时候的书法流派没有再出现与文学流派相同的名称，而是出现了与画坛相同的"吴门派"书法。虽然如李东阳及其后的沈周等人，在书法上也同样采取了追寻古体的方式，借以打破"台阁体"的禁锢，但是却不再比于东阳的茶陵派或者前后七子的复古派了。文人画本身就是诗文与绘画的统一。所以"吴门派"的书法家大部分也是"吴门派"的画家，只是在其代表人物上，或有重书重画之别。

"吴门派"书法的代表人物是祝允明、文徵明与王宠。

祝允明（1460—1527），字希哲，因生而枝指，故号枝山，又号枝指生。史称其"五岁作径尺字，九岁能诗。稍长，博览群集，文章有奇气，当筵疾书，思若涌泉。尤工书法，名动海内。"（《明史·祝允明传》）祝允明所擅极广，隶、楷、行、草、章草皆通，在明中叶的书法家当中，他当属首屈一指的。

文徵明是吴门画派的主将，也是吴门书法的代表。他最擅小楷，今传的作品，如《离骚经》《前赤壁赋》《后赤壁赋》等，都是绝妙的精品。其中有的是他晚年所作，并无丝毫衰老之态，相比之下反而较之中年之作更为苍劲有力。

现代学者对于"吴中三家"有极为精辟的论述，强调了时代的作用和书如其人的特点:"祝允明才华横溢,书学广博,但生活不甚检点,经常狎妓酣饮,因而其书也是不拘一篇得失,纵横散乱,而时出病笔。但是只要是他的用心之作,其精彩之处,又常是别人所不能企及的。文徵明和他大相径庭,一生书学严谨,老而弥笃,生活检束,恬于清淡。其书法度有余,遒劲而和雅。而王宠'风仪玉立,举止轩揭,读书石湖上,偃息长林丰草间,含曛赋诗,倚歌而诗,邈然有千载之思。'大有晋人遗风。这些鲜明个性的流露,在'台阁体'中是不可想象的。"(《中国古代美术史》第12册,萧燕翼:《曲折进展的明代书法》)

万历以后,董其昌和邢侗、米万钟、张瑞图并称四家,成为晚明书法的代表。但是如同画坛一样,其他三人是不能同董其昌相较的。而事实上董其昌的书法比他的绘画在中国美术史上有更大的影响。他自己也认为同时代的人无可相比,能够相比的只有元初的赵孟頫,他曾经说:"余书与赵文敏较,各有短长。行间茂密,千字一同,吾不如赵。若临仿历代,赵得其十一,吾得其十七。又赵书因熟得俗态,吾书因生得秀色。吾书往往率意。当吾作意,赵书亦输一筹。第作意者少耳。"(《佩文斋书画谱》卷四四《书家传》二三《董其昌传》)

如果说赵孟頫于苏、黄、米、蔡之后以其秀丽妩媚的"松雪体"书法影响元明两朝近三百年的话,那么董其昌则是继其后而起,以秀逸潇洒的风格影响了明末至清代的三百年书坛。他是中国书法史上开一代风气的宗师,也是中国书坛上最后的一位宗师。

第七章　文化遗产——修书、刻书与藏书

在中国传统文化遗产中，再没有什么能够与书籍相比的了。书籍乃是所有人类文化遗产中最主要的部分。它以文字或者图画等形式保存下了几乎全部人类文明的历史情况，而为以往任何其他形式所难以替代。因此，人们往往将书籍视为体现民族文化的一个重要标志。明代为中国历史上文化发展的关键时期，也是中国历史上书籍修纂、刊行与收藏的高峰时期。所以谈及明代的文化时，不可不专述明代书籍的情况。

第一节　明代的官私书籍

一、明代的官修书籍

明代的书籍，大体可分为官、私两类。明初文禁甚严，诸臣只言片纸即可获杀身之罪，所谓文字之祸，避犹不及，私家著述，寥然可寻。而太祖、成祖以开国建业的心态，追求文治武功的辉煌，于是官修书籍便成为显示太平盛世的手段。

仁、宣以后，文禁渐弛，士大夫终不安于文字的寂寞，开始以诗文：

> 有一家送五块者，十块者，廿块者，各视其官之崇卑，地之散要，以为多寡。诸司大臣，又各以其所得馈送内官之在要津者。京师民家多无历可观，岂但山中无历，寒尽知年而已哉？此风不知始于何年，今殆不可革矣。（《菽园杂记》卷四）

这里所说的只是各布政司上送朝中的部分，其余则下于府县。至于乡里之民，也未必可得。这实在正是明代官修书籍的特点。历书虽为日常生活所必备，但既为官修，则与官修诸书无异。陆容，明成(化)、弘(治)间人,是至成、弘间犹此。

其后至嘉靖中,郑王世子朱载堉进《圣寿万年历》《律历融通》等历书,以礼部尚书范谦奏送钦天监参订验测。待西方传教士带进西洋历法,李之藻、徐光启等乃与其共定新历,至明末始成。崇祯十六年(1643年)八月,定名为《大统历法》,未及颁而明亡。

明代历官皆为世业,私人通历法者不多,除朱载堉外,有唐顺之、周述学、陈壤、袁黄、雷宗数人而已。

《元史》与明实录

明代官修正史包括前朝史和本朝史两类。前朝史即《元史》《续宋元资治通鉴纲目》《历代通鉴纂要》等。而其中可称之为史者,仅《元史》而已。

《元史》212卷,洪武中宋濂等奉敕修。洪武元年(1368年)太祖诏修《元史》,次年二月开局,至三年七月书成,十月刊行。其间因典籍缺乏而暂停数月,专于征集史料,前后用于修纂时间不足一年,参与修纂者共三十余人,而除总裁宋濂、王祎之外,自始至终参加修纂者,仅赵壎一人而已。

在传统之"廿四史"中,《元史》成书最为仓促,中因材料不足而暂辍,加之纂者不通少数民族文字,其中漏误之处颇多。据后人所论,有本纪一事再书;列传一人而二传;纪、传、志互相抵牾或前后颠倒,失于照应;同一专名而多种译音;世祖前诸帝庙号混淆;诸表多有重复、遗漏及错误等等。(参见《廿五史导读辞典·元史》)在诸正史中当属质量不高者之列。

明代官修之本朝史主要有从太祖至熹宗的历朝实录,及洪、永、熙、宣数朝日历、记、表等。明实录计有:《太祖实录》257卷、《太宗实录》130卷、《仁宗实录》10卷、《宣宗实录》115卷、《英宗实录》361卷、《宪宗实录》293卷、《孝宗实录》224卷、《武宗实录》197卷、《世宗实录》566卷、《穆宗实录》70卷、《神宗实录》596卷、《光宗实录》8卷、《熹宗实录》84卷。其中建文朝因为成祖(太宗)夺位而无实录,其事迹附太祖实录后,或太宗实录前,列为9卷,不书建文年号,只写明元、二、三、四年,第10卷

记建文四年(1402年)秋七月成祖夺位后之事,其时尚未改元永乐,又诏革除建文年号,遂称洪武三十五年。景泰朝实录,附于《英宗实录》中,虽未单独成书,却也未废年号。崇祯朝明亡,故无实录。

按照明朝制度,新帝即位,即修前帝实录,设监修、总裁、纂修官,以掌其事。礼部咨中外官署采辑史事,并遣官员及国子生等分赴各地访求前朝事迹,札送史馆。实录成书后,誊录为正、副二本,底稿于正式进呈录本前焚于太液池旁的椒园。实录正本,明嘉靖前藏于内府,嘉靖后改存于皇史宬。副本初存于古今通集库,后改存于内阁。

实录者,乃如实记录之正史,而明人于此最为不实,同一朝的实录,可随心所欲而修改,取其专制帝王或权臣之好恶,从而开臆造历史的恶劣先例。如《太祖实录》凡三修,《明史·艺文志》记:

> 《明太祖实录》二百五十七卷,建文元年,董伦等修。永乐元年,解缙等重修。九年,胡广等复修。起元至正辛卯,讫洪武三十一年戊寅,首尾四十八年。万历时,允科臣杨天民请,附建文帝元、二、三、四年事迹于后。

一书而三修,其目的自然是为了掩饰成祖夺位之举,虽经姚广孝等名臣"访问考稽,从实修纂、补遗、润色,次第成书"(《明经世文编》卷一三,姚广孝:《与夏尚书》),从而保留开国典章颇详,但其所开改史风气,即为后世当政者所乐用。至天启中又有改纂《光宗实录》之事。

> 《光宗实录》八卷,天启三年,叶向高等修成,有熹宗御制序。既而霍维华等改修,未及上,而熹宗崩。至崇祯元年,始进呈向高原本,并贮皇史宬。(《明史·艺文志》)

《光宗实录》的改修,起因于明末的党争:

> 初，天启时，诏修《光宗实录》，礼部侍郎周炳谟载神宗时储位艴觎及"妖书""梃击"诸事，直笔无所阿。其后忠贤盗柄，御史石三畏劾削炳谟职。忠贤使其党重修，是非倒置。(《明史·文震孟传》)

阉党所篡改者，以明末"三案"史事为主，但光宗在位仅一月，其为太子时有"梃击案"，即位后有"红丸案"，死后又有"移宫案"，贯穿了全部活动，是非既明又无法回避，故其后阉党所改者，"不为人采信，明史馆不予传录，故终于湮没无传也"(影印本《明光宗实录》校勘记)。

清初开馆修《明史》，徐乾学于《修史条议》中对明诸朝实录有概括之评价：

> 明之实录，洪、永两朝，最为率略。莫详于弘治，而焦芳之笔，褒贬殊多颠倒。莫疏于万历，而顾秉谦之修纂，叙述一无足采。其叙事精明而详略适中者，嘉靖一朝而已。仁、宣、英、宪胜于文皇，正德、隆庆劣于世庙，此历朝实录之大概也。(王颂蔚:《明史考证捃逸》)

此乃就历朝明实录比较而言者，若就其整体而言，则优劣均有公论。明人王世贞称："国史之失职，未有甚于我朝者也。故事有不讳，始命内阁翰林臣纂修实录，六科取故奏，部院咨陈牍而已。其于左右史记言动，阙如也。是故无所考而不得书，国恤衮阙则有所避而不敢书，而其甚者，当笔之士或有私好恶焉，则有所考、无所避而不欲书，即书，故无当也。"但是他又说："虽然国史人恣而善蔽真，其叙典章、述文献，不可废也。"(《弇山堂别集》卷二〇)明人万斯同也说明实录"暗于大而明于小，详于细而略于巨"(《群书疑辨》卷一二《读太祖实录》)，但是他同时又说："盖实录者，直载其事与言，而无所增饰者也。因其世以考其事，核其言，而平心察之，则其人之本末，十得八九矣。"(钱大昕:《潜研堂文集》卷二八《万先生斯同传》)这应该是明清两代史家对于明实录的公允之评。

明代官修实录的同时，并修有宝训，即皇帝语录之类，内容与实录重

复，但以分类编排，作为垂训子孙的戒条，于实录成书时一同献上。故十三朝实录各有宝训，其中《太祖宝训》15卷（今仅存6卷），《太宗宝训》5卷，《仁宗宝训》2卷，《宣宗宝训》5卷，《英宗宝训》3卷，《宪宗宝训》3卷，《孝宗宝训》3卷，《武宗宝训》2卷，《世宗宝训》9卷，《穆宗宝训》2卷，《神宗宝训》12卷（今存11、12卷共12页），《光宗宝训》1卷（仅存7页），《熹宗宝训》4卷（今仅存53页）。宝训的内容在实录中均可找到，其史料价值不大。

除去实录、宝训之外，明朝的官修正史还有《大明日历》100卷、《洪武圣政记》2卷、《永乐圣政记》3卷、《永乐年表》4卷、《洪熙年表》2卷、《宣德年表》4卷，以及《万历起居注》50册（不分卷）等。其中《大明日历》成书于洪武七年（1374年）五月，"自上起兵临濠，践天位，以至六年冬十二月，凡征伐次第，礼乐沿革，刑政施设，群臣功过，四方朝贡之类，莫不具载"（《明史纪事本末补编》卷一）。《万历起居注》为记录神宗宫中起居及当时诏谕章奏等编年文献。均当时人记当时事，虽或有避讳不实之处，仍不失为重要史料。《大明日历》已逸，《万历起居注》今存残本。

政书

政书也是明代官修书籍中的主要内容。明代的官修政书主要有《大明律》《大明令》《大明律诰》《孝慈录》《大明集礼》《洪武礼制》《礼仪定式》《稽古定式》《皇明祖训》《大诰》《教民榜文》《宪纲》《诸司职掌》《稽制录》《军法定律》《大明会典》等，其中多数修成于洪武朝，即开国定制之时，然而集其大成者，则还属正德《大明会典》与万历《大明会典》。

太祖开国，诸典章未备，乃亟令修各类典章制度之书，于是明初政书纷繁。其后历朝循守之中，亦或有所变化。至成化时，政风为之一变，旧日典制，多不遵行。孝宗即位后，以追复旧制为己任，于是有弘治中会典诸书的修纂。嘉靖中，世宗欲自立宗支，议礼的同时，于前所定典制亦有所改动，乃有"大礼议"之《明伦大典》与嘉靖会典之修，再延至万历，今存万历《大明会典》集有明政书之大成，为大规模官修政书的尾声。

《诸司职掌》10卷，洪武中翟善等奉敕编纂。二十六年（1393年）书成。依府、部、院、寺诸衙门分述其职,为明初主要遵循的制度。

《大明律》《大诰》与《大明律诰》是明代最主要的刑法典章。太祖于建国前吴元年(1367年),即颁《大明律令》与《律令直解》诸书,至洪武六年(1373年)十一月,再令刑部尚书刘惟谦详定律文,至次年二月书成,是为《大明律》。但至十八年(1385年)《御制大诰》颁行,次年又有《大诰续编》《大诰三编》先后颁行,二十年又有《大诰武臣》,原定之明律或有不适之处,故复令重新编定《大明律》,二十二年(1389年)八月颁行。全书凡34卷,460条。其后行之未久又有所改动。皇太孙朱允炆于洪武末,"尝请于太祖,遍考礼经,参之历朝刑法,改定洪武律畸重者七十三条,天下莫不颂德焉"(《明史·恭闵帝纪》)。其后乃有《大明律诰》之修纂。三十年(1397年),颁《大明律诰》于天下,将更定之《大明律》后,收取诸编《大诰》的内容,成为此后依循的刑法典章。

洪武初颁行的典章书籍中,与明律并行的还有《大明集礼》。全书凡50卷。曾鲁、徐一夔、周子谅、董彝、梁寅等奉敕编纂。于洪武三年(1370年)九月颁行。集明初各种礼仪制度,以明礼序,其后亦与明律相辅,成为明代礼法的要典。

然而真正可称为有明一代典章制度之集大成者,还当属《大明会典》。《大明会典》也是中国历代政书中会典体之首创者。记载典章之政书,首创于杜佑之《通典》,但《通典》所记,上起三代,下迄唐中叶,通述历代典章,不专述一代之制。专述一代之制者,始于唐人苏冕《会要》,今所见者有唐人王溥之《唐会要》。然而会要之体,旧作类书,盖为检索方便,述事简明。《唐会要》因其所录史籍多逸而独具价值,至两汉、三国及明《会要》则已俨然工具之书。《大明会典》不同于《通典》或者《会要》,它专述有明一代的典章制度,上自洪武,下迄修纂之当朝,其后凡制度有所改变者,再行补纂,故《大明会典》一修而再修,今所见者,有正德、万历两刊本。

正德《大明会典》180卷,以官署为纲,记述明代典章制度,体例一遵《诸司职掌》:

>本朝旧籍,惟《诸司职掌》,见今各衙门遵照行事,故会典本职掌而作。(《大明会典·弘治间凡例》)

会典之纂,始于弘治。而其源则可上溯于明初:

>会典一书,盖仿唐六典而加详焉。太祖初著《诸司职掌》,至英宗复辟,复命词臣纂修条格,以续职掌之后,盖会典已权舆于此,但未及成帙耳。(《万历野获编》卷一《重修会典》)

国初事简,有《诸司职掌》即可为典章之依据,天顺间事例渐繁,故有条格之纂,作为用据之本。至弘治间诸事例更为繁多,且孝宗欲寻祖制以求治,遂有正式开局修纂会典之举。

弘治十年(1479年)三月,以内阁大学士徐溥、刘健、李东阳、谢迁为总裁官,程敏政、王鏊、杨守阯为副总裁官,正式开局修书。当日孝宗即钦定书名为《大明会典》。历时五年,至十五年(1502年)十二月书成,但未即刊行。会典首刊于正德四年(1509年),武宗为之所作序中称:

>朕嗣位之四年,为正德己巳,检阅前帙,不能无鲁鱼亥豕之误。复命内阁,重加参校,补正遗阙,又数月而成。(正德《大明会典·序》)

此次修订,始于四年五月,成于同年十二月,仅半载有余,即以弘治原本为准,略加修订而已。故后人叙会典之修,或有不记此修者。

至嘉靖八年(1529年),世宗又敕谕内阁:"仍将弘治十五年以后至嘉靖七年续定事例,照前例查出纂集,校勘停当,写成上进,续修附入。"(嘉靖八年四月初六《皇帝敕谕内阁》)其后二十四年(1545年)至二十八年(1549年),又以阁臣严嵩之请,续增新例,先后共增补53卷,进呈后未曾刊行。盖因嘉靖中一切以仪礼为纲,祀典过滥,议论颇多,故书成而不序不刊,亦不足怪。会典再次刊刻于万历间,即今所见万历《大明会典》。

万历《大明会典》228卷,万历四年(1576年)六月,以内阁大学士张居正、吕调阳、张四维合疏请修而择日开局,至十三年完稿,十五年二月上表进书。因会典成书后期,张居正已故,继有抄没之祸,会典总裁列名乃无居正,而以当时阁臣申时行、许国、王锡爵为总裁,沈鲤等为副总裁,应制而已。

此次重修,历时九年,工程浩繁,几可与弘治初修相比。重修中,首先将弘治、嘉靖两朝旧本再行校订补辑,自嘉靖己酉(二十八年)以后事例至稿成之万历乙酉(十三年)间事例补入。原书旧例中据《诸司职掌》为本,列历年事例于后,然而职掌一书成于洪武二十六年(1393年),而洪武事例则有在二十六年以前者,故将职掌所记均改为二十六年,《大明令》所记改为洪武元年(1368年),《大诰》所记则称二十年,其余颁降各书,皆依此例。户口赋税等项则例,首载洪武间数,以记其始,次载弘治间数,以记其中,再次为万历六年(1578年)会计之数,以别登耗。嘉靖间数字,因增减无几,略去。而涉及嘉靖后重大定制,如嘉靖二十九年(1550年)三大营之更定,隆庆三年(1569年)大阅制之创行,其规制仪节,皆备书不省。旧会典事例只以编年排述,不便阅读,改为以事分类,以类分年,分别记述,以便检索。凡旧会典中以旧官署名立目者,改以新名立目。经此次重修,会典之内容、形式、体例均更趋完善。

志书

明代的志书包括一统志、地方志、官署志等。这些志书虽然不尽出于官修,但其中绝大多数为官方组织修纂,或者官方委托私人修纂,基本上还应当属于官修书籍的范围。

"一统志"系指全国性的志书。明洪武三年(1370年),修成《大明志》,是为明代最早之全国性志书,编类天下山川、州郡形势,及各地降附始末。而其时尚有多处未入版图之地,故虽有大明而未有一统。待洪武二十七年(1394年),则云、贵、川等地尽入版图之内,于是再修成《寰宇通

衢》。"时天下道里纵一万九百里,横一万一千七百五十里,四彝不与焉。"(《明史纪事本末补编》卷一《秘书告成》)成祖即位后仍有修志之意,至十六年(1418年)始诏纂《天下郡县志》,命夏原吉、杨荣、金幼孜领其事,但仅有凡例而未曾修书。景泰中再议修志之事,并准依宋《方舆胜览》为式,叶盛乃称:"此赵宋偏安之物,况直为四六设。今欲成盛代一统之书,宜有资军国、益劝戒。如地理户口,类不可缺。必如永乐中志书凡例,充广可也。"遂成《寰宇通志》。(郑晓:《今言》卷一)然书成未刊,至英宗天顺三年(1459年)再令李贤等重修,虽称重修,实在其基础上略作改动而已。书成后,更名《大明一统志》,凡90卷,遂刊布天下。

地方性志书首为各省通志。明代南、北两京及各省均有通志,如嘉靖《南畿志》64卷,成化《山西通志》17卷,正统《辽东志》9卷,嘉靖《全辽志》6卷,嘉靖《浙江通志》72卷,弘治《八闽通志》87卷,嘉靖《江西通志》37卷,嘉靖《山东通志》40卷,嘉靖《河南通志》45卷,嘉靖《陕西通志》40卷,嘉靖《湖广通志》20卷,嘉靖《广东通志》70卷,嘉靖《广西通志》60卷,嘉靖《四川总志》80卷,万历《四川总志》27卷,嘉靖《贵州通志》12卷,正德《云南通志》44卷等。通志载一省疆域、沿革、户口、田赋、风俗、物产、职官、学校、名迹、人物等,为了解地方历史之重要文献。

如嘉靖《浙江通志》72卷,明嘉靖四十年(1561年)胡宗宪、薛应旂纂修,其时胡为总督,未必真正参与修志,具名而已。薛虽主修书事,而真正修志者另有地方儒士多人。该志薛序称:

> 浙江旧无通志。嘉靖乙未、丙申间,今少傅存斋先生徐翁视学于浙,始创为之。越十有六年辛亥,旂承乏浙中学政,至则问翁志稿,而掌故已凡几易,罔有知者,因慨巨典就湮,妄意修辑。乃博访旁搜,于故牍中得翁旧所录史传全文及各志铭,凡十有一册。(《天一阁藏明代方志考录》)

故于其基础上而成此志书。书中1—12卷为《地理志》,13—16卷为《建置志》,17—18卷为《贡赋志》,19—20卷为《祠祀志》,21—35卷为《官师志》,36—49卷为《人物志》,50—52卷为《选举志》,53—56卷为《艺文志》,57—60卷为《经武志》,61—62卷为《都会志》,63—72卷为《杂志》。由此可知通志之大概,其余诸通志,列目不同,而所述基本相近。

各省通志之下,则为府、州、县志,都司、卫所志。终明之世,全国有府140,州193,县1138,羁縻府19,州47,县6,都司16,行都司5,卫493,所2593。如此众多之地方机构,各有其志书,且地方志书,经年久而再修,则多不胜数矣。在目前全国所存8000多种地方志中,明代的方志虽不及清志,仍占相当之比重。仅宁波天一阁一处,即曾藏有明代方志435种,可谓不胜枚举。

府、州、县志与各省之通志体例相同,述事大同小异,以正德《姑苏志》(即苏州府)为例,可见一斑。《姑苏志》正德元年(1506年)王鏊、吴宽纂修。全书凡60卷。1卷《郡邑沿革表》,2—4卷《古今守令表》,5—6卷《科第表》,7卷《沿革》《分野》《疆域》,8—9卷《山》,10卷《水》,11—12卷《水利》,13卷《风俗》,14卷《户口》《土产》,15卷《田赋》,16卷《城池》,17卷《坊巷》,18卷《乡都》,19—20卷《桥梁》,21—23卷《官署》,24卷《学校》,25卷《兵防》,26卷《仓场》《驿递》,27—28卷《坛庙》,29—30卷《寺观》,31卷《第宅》,32卷《园池》,33卷《古迹》,34卷《冢墓》,35卷《吴世家》,36卷《平乱》,37—42卷《宦迹》,43—58卷《人物》,59卷《纪事》,60卷《杂事》。除府、州、县志外,尚有一些特殊方志,如刘效祖《四镇三关志》、詹荣《山海关志》、冯世雍《吕梁洪志》、孙存《岳麓书院图志》、乔世宁《五台山志》等。

除地方志外,明代志书中还有官署志,如《吏部志》《刑部志》《南京锦衣卫志》《南雍志》等。官署志与地方志不同,其所述内容为官府职掌、沿革、设置等。如其中著名之《南雍志》,凡24卷,嘉靖中黄佐等撰。其志初纂于景泰中吴节,成书18卷,嘉靖初祭酒崔铣重修未竣,黄佐以其遗稿补修而成。凡《纪事》4卷、《职官表》2卷、《杂考》12卷、《列传》6卷。其中《杂考》12卷,分礼、乐、经籍等,颇类述史之法,故《四库全书总目》列

于《史部·职官类》，然就其体例而论，实为官署之志书。

史鉴书

明代官修书籍中较为多见者还有史鉴类书籍，这类史鉴书籍多修于明初的洪、永两朝，而且早在太祖建国之前就已经开始了。

《公子书》《务农技艺商贾书》，熊鼎、朱梦炎奉命编纂。书成于至正二十六年（1366年）十一月，距太祖建国尚有一年多时间。这两部书分别为教育公卿子弟与民间子弟的历史读物。太祖自己曾说到这两部书修纂的宗旨："公卿贵人子弟，虽读书，多不能通晓奥义。不若集古之忠良、奸恶事实，以恒辞直解之，使观者易晓。他日纵学无成，亦知古人行事，可以劝戒。"（《明太祖实录》卷二一）是为《公子书》。他又说："其民商工农贾子弟，亦多不知读书，宜以其所当务者，直辞解说，作《务农技艺商贾书》，使之通知大义，可以化民成俗。"（《明太祖实录》卷二一）这是明初史鉴书修纂的开始，待到太祖建国之后，这类史鉴书的修纂，便一发而不可收。

《女诫》，翰林学士朱升等奉敕修纂。书成于洪武元年（1368年）三月。太祖称："观历代宫闱，政由内出，鲜有不为祸乱者也……卿等为我纂述《女诫》，及古贤妃之事可为法者，使后世子孙知所持守。"（《明太祖实录》卷三一）建国之初即以治宫闱为重，太祖以史为鉴，从内宫入手，其以史为治家治国之鉴用意甚明。

其后诫谕太子诸王的有洪武四年（1371年）成书的《存心录》，专用以诫谕诸王的有洪武六年（1373年）成书的《昭鉴录》二卷。前者集历代祭祀礼仪感应祥异可为鉴者成书，后者专辑汉、唐以来藩王善恶可为借鉴者成书，以为子孙之鉴。

六年七月，又有宋濂等奉诏编辑的《辩奸录》刊行，书中搜萃历代奸臣事迹，以作为当朝群臣之鉴。至洪武十三年（1380年）胡惟庸案发生后，又先后令儒臣编辑《臣戒录》与《相鉴》二书。其中《臣戒录》一书专辑历代诸侯王、宗戚、宦官之属悖逆不道者212人，分类书之。《相鉴》则分贤奸二类，分别辑录自汉至宋贤相与奸相事迹，以为今后之戒鉴。

洪武中期以后，史鉴书的编纂更为频繁，先后有刘三吾等于洪武十九年(1386年)完成的《省躬录》,以专辑汉、唐以来灾异之应于臣下者;有同年十月成书的《志戒录》,专记汉、唐、宋诸朝逆臣之事;有二十年(1387年)二月成书的《御制纪非录》,不仅记述了历代藩王为恶事迹,而且列举太祖诸子中秦、周、齐、潭、鲁及侄孙靖江王为恶不法之事,是一部古今结合的教本。太祖以诸子为国之屏藩,故于诸王之训诫尤多,二十六年(1393年)又令翰林院辑成《永鉴录》,列数历代宗室藩王恶迹,分类为编,以给诸王。同时成书的还有《世臣总录》,专辑历代诸臣中善恶事迹可为鉴戒者,以颁赐诸臣。

太祖修纂史鉴的做法,后为成祖所承袭。永乐间修纂的史鉴有永乐元年(1403年)解缙等奉敕编辑的《古今列女传》,二年专为太子修成的《文华宝鉴》,八年成书的《务本之训》也是为太子及皇孙等而修,使知古往今来的兴亡之事,以为借鉴。与太祖时所不同者乃是永乐十七年(1419年)修成的两部教民的史鉴之书:《为善阴骘》与《孝顺事实》,专讲为善获报与古今孝行,成祖均亲为作序,并颁赐群臣及国子监和天下学校,成为两部面向全社会的史鉴书籍。

永乐以后,史鉴的修纂渐趋冷落,但宣德中仍有《外戚事鉴》与《历代臣鉴》二书,景泰中有《君鉴录》,万历中有《帝鉴图说》。好为史鉴之举成为明代尤其是明初修书的一大特点。

《永乐大典》

在有明一代官修书籍中,最称宏大者莫过于《永乐大典》。《永乐大典》虽非当时人的著作,而是辑录古今图书分类编辑的一部巨型类书,但是它在中国文化史上的地位是不可低估的。

《永乐大典》,凡22877卷11095册。成书于永乐五年(1407年)十一月。

《永乐大典》的修纂始于永乐元年(1403年)七月初一日。成祖于太庙祭祖后,对翰林侍读学士解缙等人谈及修书的设想:

天下古今事物,散载诸事(书),篇帙浩穰,不易检阅。朕欲悉采

各书所载事物类聚之,而统之以韵,庶几考察之便,如探囊取物。再尝观韵府、回溪二书,事虽有统,而采摘不广,纪载大略。尔等其如朕意,凡书契以来,经、史、子、集,百家之书,至于天文、地志、阴阳、医、卜、僧、道、技艺之言,备辑为一书,毋厌浩繁。(《明太宗实录》卷二一)

这也就是说要求编成一部既大而全的类书。解缙等147人以先后一年左右时间,于次年十一月编纂成书上呈,成祖赐名为《文献大成》。但其书并未如成祖所要求的进行,这很可能是出于解缙等人的儒家思想所限,对于儒家以外的书籍收录未广。于是成祖乃命太子少师姚广孝、刑部侍郎刘季篪及解缙共总修书之事,重加修纂。总裁官并有翰林学士王景、王达,祭酒胡俨,洗马杨溥,布衣陈济等,参加修书工作者多达2169人。此次书成于永乐五年(1407年)十一月。书中辑录上自先秦,下迄明初的各种书籍七八千种,全书以洪武正韵分部,以正韵中的字为纲,依韵排列。每字之下,抄录原书。虽然将原书支离,但却直录原文,不曾擅减片语。成祖亲为作序,称:"尚惟有大混一之时,必有一统之制作,所以齐政治而同风俗。序百王之传,总历代之典。"(《明太宗实录》卷七三)故赐名《永乐大典》。

书成之时,成祖曾欲将其刊行,以工费浩繁而未果。到嘉靖中始有重录之举。用书手180人,每人每日抄写三纸,每纸三十行,每行二十八字,直抄至隆庆元年(1567年),前后五年时间,方告完竣。

成祖修纂《永乐大典》的目的虽然是为了炫耀其文治武功,但是这一做法的结果,则保存下来了大量典籍。对于中国文化遗产的贡献是功不可没的。可惜的是,这部书的正本毁于清军入关之际,副本至清咸丰间也渐散乱丢失,八国联军入侵北京时,所存副本再遭劫毁。人类文明的瑰宝竟这样被人为毁坏,这不能不说是人类文明的劫难。

二、私人著述

明代的私人著述,主要包括文集、私史、野史笔记与各种专业著述等。

明人文集、别集是明代私人著述数量最大的部分,其中重要的文集主要集中于明初,即元、明之际文人士大夫们的作品,以及明中叶以后,也即明代思想相对开放时期文人士大夫们的作品。明代中叶以后,文人士大夫思想渐趋活跃,不少人开始关注本朝历史,因而也先后出现不少私人修纂的本朝史。这些私人史家,并无史官们的顾忌,而将本人的好恶、社会的传闻与评议,尽书之于史书之中,从而成为明代史学的主流。待到晚明的时代,文人士大夫又多以通晓掌故,辑录杂闻为乐事,于是野史笔记兴盛起来,成为晚明私人著述的一股风气。此外,明中叶以后,随着社会经济的发展,一些专业著作也相应出现,成为明代私人著述的一大特点。这些专业著述包括的内容极为广泛,而其中最突出的当属那些科技著作,其数量虽然不多,却有着不可低估的价值。

明代的私人著述甚为丰富,所涉方面亦广,兹撮其要者,略述于下。

明人文集

《明史·艺文志》分经、史、子、集四部而为四卷,所录皆为明人的著作,其中经部收录书目905种,史部1316种,子部970种,集部1398种,以集部为最多。四部之中,经、史多官修书,且史部又多方志,而集部皆属私著,可知其在有明一代的书籍中,占有极大的比例。集部又分为别集、总集、文史三类。三类之中,尤以别集为最,计有1188部,19896卷。总集类以部而计虽仅162部,但因系总录诗文,故亦有9810卷之数。文史类者,即明人文评诗话之作,志中所录凡48部,260卷而已。

明人文集,主要即指别集,是为集部中的主要部分。据《明史·艺文志》所载,明人文集超过千部,几近二万卷,数量之大,令人惊诧,但其实仍尚有漏而未收者,由此亦可略知明人文集之浩繁。

明朝建国之初,太祖文禁虽严,然而当时承元末的学风,文人士大夫们或敢于面对世事变革的现实,或避世而追求诗文唱和的雅兴,以一批由元入明的文人为先导,继之以一批后学,留下了为数颇多,且质量较高的文集。

据《明史·艺文志》中所载,洪武、建文两朝文集140余种,其中不乏影响较大者。如宋濂《潜溪文集》30卷、《宋学士文集》75卷;刘基《刘文成集》20卷;杨维桢《东维子集》30卷;高启《高太史大全集》;贝琼《清江文集》30卷;方孝孺《逊志斋集》30卷、《拾遗》10卷;练子宁《金川玉屑集》5卷;解缙《解学士集》30卷、《春雨集》10卷、《似罗隐集》2卷。其中解缙虽入永乐朝,但其主要诗文均作于洪武、建文两朝间,况且他的身上依然带着浓厚的元、明之际的文人风气,当属元末明初学风尾声之代表,清修《明史》,目录名家黄虞稷收之于明初,实为卓见。

永乐以后,文风渐趋沉闷,文集成为官僚地位的象征,在通共五十余种文集中,以杨士奇《东里集》为代表的阁部大臣之作,成为当时文集之主流。此外较有影响的文集,也只有太子少师姚广孝的《逃虚子集》10卷,与志中未录的《逃虚类稿》6卷。

洪熙、宣德两朝文集仅二十种,较永乐朝而不及,成为明人文集的低谷。文化思想的禁锢得到了充分体现。

宣德以后情况开始有所变化,这时候的文集中既保持了永、宣以来的身份特征,同时开始有一些名流、才子以及下野官吏的文集先后问世,文集的内容变得丰富了起来。著名的有周忱《双崖集》8卷,后人集佚的于谦《于忠肃集》13卷,李贤《古穰集》30卷、《续集》20卷,倪岳《清溪漫稿》24卷。也有像刘溥、姚绶之类名流才子的文集,如《草窗集》2卷,《云东集》10卷等;有像徐有贞那样罢职官员的文集《武功集》8卷;还有著名学者薛瑄、吴与弼等人的文集《敬轩集》40卷、《康斋文集》12卷。在50余种文集中,能够包罗如此丰富的内涵,明人文集开始摆脱了那种官僚气,成为所有文人士大夫表现自我的一种形式。

这种变化的直接作用是明人文集在数量与范围方面的进一步发展。从成化到正德五十余年间,可考的明人文集已有200种左右,从数量上已同洪、永、熙、宣四朝相埒,而著作者的范围则更远非前所能及。其中主要的文集有:刘定之《呆斋集前稿》16卷、《存稿》24卷、《续稿》5卷,周洪谟《箐斋集》50卷、《南皋集》20卷,陆钎《春雨堂稿》30卷,罗伦《一峰集》10卷,陈献章《白沙集》9卷,胡居仁《敬斋集》3卷,夏时正《留余稿》35卷,陆容《式斋集》38卷,桑悦《桑悦文集》16卷,邱浚《琼台类稿》52卷,李东阳《怀麓堂前后集》90卷,程敏政《篁墩全集》120卷,吴宽《匏翁家藏集》77卷,何乔新《椒丘文集》44卷,沈周《石田诗钞》10卷,祝允明《怀里堂集》30卷、《小集》7卷,文徵明《甫田集》35卷,王鏊《震泽集》36卷,杨廷和《石斋集》8卷,杨一清《石淙集》27卷,章懋《枫山集》4卷,李梦阳《空同集》66卷,康海《对山集》10卷,王九思《陂集》19卷,何景明《大复集》64卷,徐祯卿《迪功集》11卷,王守仁《阳明全集》22卷,黄省曾《五岳山人集》38卷。

除去这些正式的文集之外,宣德以后,以奏议为别集的情况也逐渐多了起来,比较有名的如《轩𬨎奏议》4卷,《姚夔奏议》30卷,《余子俊奏议》6卷,《林聪奏议》8卷,《叶盛奏草》30卷,《王恕奏稿》15卷,《马文升奏议》16卷,《刘大夏奏议》1卷,《杨廷和奏议》1卷,《杨一清奏议》30卷。

明朝到弘治中后期,社会风气的变化愈发的明显了起来,这本来是成化年间即已经开始了的变化,弘治初期因为孝宗与身边一批儒臣发起的整顿而暂时有所收缩,但是到弘治中期以后,这种收缩便不再能够达到预期的效果,孝宗曾经为此而感到苦恼与困惑不解。所谓明朝中叶才士的傲诞之习,便是以此为发端的,这种风气自然也表现到了这一时期的明人文集当中。像祝允明、桑悦、唐寅等人,虽然未曾入仕,但均有文集行世。而另一方面,由于科举取士的日趋成熟,入仕必由科举,一些进士出身的士大夫,将乡会试三场试卷,亦多收入文集之中。两种截然不同的风气,丰富了当时文集的内容,并且为嘉、隆以后的明人文集开创了先例。

嘉靖以后,进入了明人文集的高峰期,《明史》中将其分为嘉、隆和万历以后两个时段,从这两个时段明人文集的数量看,基本上是各占一半左右,均近四百种。这一时期,由于明朝人在文化思想和学术思想上的进一步解放,文集也进一步由官僚化走向了名流化。大多数文集不再是政治地位的炫耀,而是更加的追求文人士大夫的本色。

嘉、隆间的著名文集有罗钦顺《整庵集》33卷,吕柟《泾野集》50卷,杨慎《升庵集》81卷,陆深《俨山集》100卷、《续集》10卷,边贡《华泉集》4

卷,王廷相《家藏集》54卷,湛若水《甘泉集》100卷,毛伯温《东塘集》10卷,王以旂《石冈集》4卷,黄佐《泰泉集》60卷,聂豹《双江集》18卷,黄绾《石龙集》28卷,方献夫《西樵稿》5卷,霍韬《渭集》10卷,欧阳铎《欧阳恭简集》22卷,夏言《桂洲集》20卷,严嵩《钤山堂集》26卷,欧阳德《南野集》30卷,王艮《心斋文集》20卷,王畿《龙溪文集》20卷,徐阶《世经堂全集》50卷,李春芳《诒安堂稿》10卷,范钦《天一阁集》19卷,唐顺之《荆川集》26卷,罗洪先《念庵集》22卷,薛应旂《方山集》68卷,李开先《中麓集》12卷,杨继盛《杨忠愍集》4卷,李攀龙《沧溟集》32卷,王世贞《弇州山人四部稿》174卷、《续稿》218卷,谢榛《四溟山人集》20卷,汪道昆《太函集》120卷,高拱《高文襄公集》44卷,张元忭《不二斋稿》12卷,徐渭《徐文长集》30卷,归有光《震川集》30卷、《外集》10卷。

万历以后的著名文集有张居正《太岳集》46卷,张四维《条麓堂集》34卷,俞大猷《正气堂集》16卷,戚继光《止止堂集》5卷,海瑞《海刚峰集》10卷,申时行《赐闲堂集》40卷,耿定向《耿天台文集》20卷,顾宪成《泾皋藏稿》22卷,高攀龙《高子遗书》13卷,屠隆《由拳集》23卷、《白榆集》20卷、《栖真馆集》30卷,冯时可《元成选集》83卷,汤显祖《玉茗堂文集》15卷,罗汝芳《近溪集》12卷,焦竑《澹园集》49卷、《续集》35卷,袁宏道《袁中郎集》50卷,谭元春《岳归堂集》10卷,钟惺《隐秀堂集》8卷,董其昌《容台集》14卷,张采《知畏堂文存》11卷,张溥《七录斋集》12卷,黄道周《石斋集》12卷,张肯堂《莞尔集》20卷,艾南英《天慵子集》6卷。

这里列举的只是其中一小部分略有代表性的而已,其实晚明的文集内容较前更为随意,霍韬、张居正、戚继光等人文集中所表现的是政治人物与当时军政之关系,王艮等人则反映了泰州学派等学术思潮,顾宪成、张采等是晚明党社运动的中坚分子,他们的文集中带有浓厚的时政色彩,王世贞等人的文集则是明代史学的代表,还有袁宏道的公安派,钟惺、谭元春的竟陵派等文学流派,汤显祖的文集体现了一代传奇戏曲创作与反道学的思想。可以说,明代的文集发展到这时候,达到了它的顶峰。

明人文集虽多,但内容参差不齐。因为明人的文集中,一般都包括了作者大量的诗与为人作的墓志铭文字,加之本人是官员者,一些主要的奏疏,如果不是真正有影响、有思想的作者的话,有时往往都只有些应酬诗文,而绝无实际的内容,不过为作者其人充一充门面罢了。

私人修史

私人修史,从中唐始兴,至明中叶后达到了高峰。当代的史学史学者在谈到明朝私人修史的情况时说:"到了明朝,尤其是正德以后,私人修史数量浩繁、体裁齐备、内容广泛,确是其突出的特点,也是前代无法比拟的。"①就中国史学发展之趋势而论,诚然如此。然而明代的私人修史,亦有其发展的特点,即明初较少,弘治后始有所增多,至嘉靖、万历后而成为数量浩繁、体裁齐备、内容广泛之特点。

私人修史是由于史家们痛感正史的失诬,他们希望通过私人修史以正视听。而这种本来出自正义的做法,由于加入了史家自己的思想倾向,私人修史也就逐渐成为了宣扬个人所持史观的手段。明朝中叶以后,在社会经济发展的冲击之下,人们的思想更加活跃起来,他们寻求各种机会来表现自我,史学于是也成为这种表现的方式之一。而这种现实状况所导致的直接结果是史家们不必更多地在前朝史中去寻求抒发的机会,他们完全可以几乎是无所顾忌地去谈本朝的历史。因此,不仅是私人修史,而且是修本朝史,成了明中叶以后史学的一大特点。

自然,明人也修前朝史,除去官修的《元史》之外,私人所修的前朝史还有薛应旂的《宋元资治通鉴》及陈邦瞻依据冯琦等旧稿撰成、张溥又做较大规模加工的《宋史纪事本末》和《元史纪事本末》等,也都有一定的影响。但是明朝是取代了蒙古族建立的元朝而建立的汉族地主政权,元朝的遗臣当中,尽管有人不肯与新朝合作,但是一般来说,他们却也不会从遗民的角度去追寻元朝的历史。于是修本朝史也就成了士大夫们通史而知典的象征。

较早的明人私修国史有刘辰的《国初事迹》1卷。作者刘辰早年曾从

---

① 尹达主编:《中国史学发展史》第二章,中州古籍出版社1985年版,第218页。

李文忠幕下,建文中累官知府。永乐初以知国初事,与修《太祖实录》,因得私述国初史事。此为明人较早私著国史者,其后即不复多见,直至弘治以后才得以有所发展。其具代表性的著作有顾璘《国宝新编》与徐纮《名臣琬琰录》之类的史传。史传虽然是传统史学的基础,但是明人所作史传,重于记述,失于褒贬,缺乏明确的史家批评之眼光,资料性强,史论性差,虽然有颇高的史料价值,却绝非上乘之作。正德后,私人修史的风气渐浓,一批较有成就的史家也相应而生,如王世贞、薛应旂、焦竑、朱国祯等。

王世贞的《嘉靖以来内阁首辅传》与顾璘的《国宝新编》、徐纮的《名臣琬琰录》等已有明显的不同。王世贞的这部传记不是一般罗列人物生平,而是比较明显地抒发了自己的政治史观。明朝自嘉靖以后,政出内阁,首辅地位尤重,因此首辅位置成为政争的焦点,世贞有感于此而作首辅传,以示嘉靖以来明朝政治之关键及政争之根源。王世贞还不同于以往史家们人云亦云滥用史料的做法,开始对史料进行考辨而作《史乘考误》,这种考证方法与他对明代掌故的探寻,构成了他的治史风格,也使他成为了明代史学最高水平的代表。待到李贽著《藏书》《续藏书》,不仅强调了历史人物的政治作用,而且一改旧日的说法,在人物传中注入了自己独到的见解,从而使明代的史学走向了一个更新的高度。

焦竑是万历间翰林院修撰,并曾应聘与修国史,但未成书而事罢,仅成《国史经籍志》6卷,且书中讹误颇多,不为后人所重。然其因修史而辑成的《国朝献徵录》,则成为有明一代内容最为丰富的人物传集。书中收入建国至嘉靖中各类人物近4000人,分为宗室、戚畹、勋臣、内阁六部等朝廷官员及地方官员、王府官属、武职、义人、儒林、艺苑等。书中的人物传记多用行状、神道碑、墓志铭及旧传,实际上更像是一部资料汇编,但是其中所录人物之多,收集资料之全,均为前所未有者。

明代史家中,朱国祯也属著作甚丰者,曾作《皇明史概》,今虽不传,但有《皇明开国臣传》《皇明逊国臣传》《皇明大政记》等,均为《皇明史概》中的内容,可见该书中人物传记系分类而作,且突出时段的特征,与

《国朝献徵录》不同。其中逊国之臣传,记建文遗臣事迹,是明人修史中较为系统记述"靖难之役"死难诸臣之私修正史。《皇明大政记》,以编年体记述自洪武元年(1368年)至隆庆六年(1572年)间史事,虽为后人批评其失于取舍,但叙事之详,仍多可取之处。

但明人修国史的代表作品还应当是郑晓的《吾学编》。《吾学编》69卷,以纪传体记述明史,自洪武至正德、嘉靖或万历,分记、传、表、述、考诸类。如《大政记》《名臣记》《同姓诸侯表》《同姓诸侯传》《地理述》《百官述》《四夷考》等,收集史料甚丰,也是明代私修的最为完整的一部史书。

尽管后人对明代史学的评价不一,但明代私人所修史书毕竟是明代私人著述中的一个主要部分,除去上述的史籍之外,还有如嘉靖间邓元锡的《明书》、高岱的《鸿猷录》、徐开任的《明名臣言行录》、张朝瑞的《忠节录》、娄性的《皇明政要》、王圻的《续文献通考》、谢蕡的《后鉴录》、薛应旂的《宪章录》、陈建的《皇明从信录》、尹守衡的《史窃》、何乔远的《名山藏》、屠叔方的《建文朝野汇编》、宋端仪的《立斋闲录》、祝允明的《野记》、茅瑞徵的《万历三大徵考》、张萱的《西园闻见录》、张岱的《石匮藏书》等,钱茂伟著有《明代史学编年考》于明代史学著述考订颇详,足资参考,这里就不再一一介绍了。

野史笔记

明人的书籍中,最令人感兴趣的便是野史笔记。野史笔记,旧作四部中的子部小说家类,其内容出于稗官,街谈巷议,道听途说,无所不录。其中,内容博杂丰富,所述史事虽不必信,但反映当时社会生活、政治事件、人物活动、阶级斗争诸方面,均可补正史之不足,其价值早已为史学界所公认。

明代的野史笔记,就其发展变化情况而言,大略可分为四个时期:

第一个时期是元末明初,元朝的典章掌故、太祖建国之事迹,记载纷纭,此为明代野史笔记发展的初期。其主要代表作品有陶宗仪《南村辍耕录》,叶子奇《草木子》。当时的士大夫们对于野史的兴趣远远超过了正史。他们在身历改朝换代的巨变之后,无不想将其所历记述下来。但

是明初的文禁又使得他们不可能随意而作,因此这一时期的野史笔记,也就只能出于一些未曾追随新朝的士大夫之手。这些在后来被称之为"多杂以俚俗戏谑之语,闾里鄙秽之事"(《四库全书总目》卷一四一)的作品,在当时却得到了士大夫们的极高的称许。孙作在为《南村辍耕录》所作序中说道:

> 余友天台陶君九成,避兵三吴间,有田一廛,家于松南。作劳之暇,每以笔墨自随。时时辍耕,休于树阴,抱膝而叹,鼓腹而歌。遇事肯綮,摘叶书之,贮一破盎,去则埋于树根,人莫测焉。如是者十载,遂累盎至十数。一日,尽发其藏,俾门人小子萃而录之,得凡若干条,合三十卷,题曰《南村辍耕录》。上兼六经百氏之旨,下极稗官小史之谈,昔之所未考,今之所未闻。其采摭之博,侈于白帖;研核之精,拟于洪笔。议论抑扬,有伤今慨古之思;铺张盛美,为忠臣孝子之劝。文章制度,不辨而明。疑似根据,可览而悉。盖唐宋以来,专门史学之所未让。

孙作是在明初入仕为官的,而且官至国子监司业,《明史·孙作传》称其"为文醇正典雅,动有依据"。他本人也曾著《东家子》十二篇,属于明初文人士大夫中的主流派人物。他对于《南村辍耕录》的称许,一定程度上反映了当时士大夫中的普遍看法。

第二个时期是洪熙、宣德以后。经历明初文化控制与文人士大夫官僚化的过程,明代文化进入了一个寂寞萧条的时期,这一时期的野史笔记相对较少,其具有代表性的作品是叶盛的《水东日记》。这时的野史笔记与明初的风格已有截然的不同。叶盛以进士出身而官至吏部左侍郎,历仕正统、景泰、天顺、成化,是上层士大夫的代表。因此他的笔记着重于官场中的逸事,及朝廷制度。至于《南村辍耕录》所记述的那些"闾里俚俗"之事,他是决然不述的,所以史称:"叶盛《水东日记》病其所载猥亵。"(《四库全书总目》卷一四一)不去记述"猥亵"之事,是要表现出士大夫的高雅与官僚的身份,这也就难免将自己限制了起来,虽然是在作野史笔记,却总是脱离不了当时那种"台阁体"的影响,缺少了野史笔记的味道。

黄瑜的《双槐岁钞》,也属这一时期野史笔记的代表作品。黄瑜以景泰间举人而任长乐知县,政治地位远不及叶盛,因而笔记中也较少叶盛那种大臣之体。据说他在县官任上多有惠政。手植槐树两棵,因以为称。官府双槐下的作品,毕竟不能同辍耕树阴下的作品相比,《双槐岁钞》虽然较之《水东日记》有所不同,但也仍然未能突破当时的文风,追求于掌故制度,士大夫逸事,加之神怪之说,殊少社会生活的记述。这种情况到陆容的《菽园杂记》时始有所变化,除去朝野掌故之外,旁及了诙谐杂事。内容开始丰富了起来。而陆容的时代也较之叶盛等人稍晚,《菽园杂记》已是弘治间的作品了。与之相埒的笔记还有王锜的《寓圃杂记》,开始涉及当时的社会生活内容,其中《吴中近年之盛》一文,记弘治间苏州的变化,表现出士大夫们对于民间社会生活开始给予注意。但是王锜更不同于黄瑜,他隐居故里终身不仕,这也就使其作品必然不同于那些官场中人了。

第三个时期是从正德、嘉靖直到明末。这一时期社会经济发展较快,而经济繁荣的同时各种社会矛盾也日趋激化,人们的思想十分活跃,野史笔记也处于兴盛时期。《明史·艺文志》中收录了明人笔记127部,其中大约100部是正德以后的作品,还有一些未曾收入,或者改入杂史类目之中。其中著名的有:郎瑛《七修类稿》,李诩《戒庵老人漫笔》,陆粲《庚巳编》,何良俊《四友斋丛说》,朱国祯《涌幢小品》,田艺蘅《留青日札》,焦竑《玉堂丛语》,顾起元《客座赘语》,谢肇淛《五杂俎》,张大复《梅花草堂笔谈》,郑晓《今言》,张瀚《松窗梦语》,沈德符《万历野获编》《补遗》,李乐《见闻杂记》,于慎行《谷山笔麈》。

这一时期的笔记,无论是出自名臣宿儒之手,还是出自府县官吏、布衣的文人,与前相比,均改变了那种单纯追求掌故记述的做法,笔记的内容更多涉及了社会生活的方方面面,真正使人感到了明人笔记的丰富色

彩。郎瑛的《七修类稿》分为《天地类》《国事类》《义理类》《辩证类》《诗文类》《事物类》《奇谑类》七大类，其中只有《国事类》与过去的笔记内容相近，其余六类中则多为《吴楚娶妇》《蒙汗药》《恶俗》等民间细屑之事。李乐的《见闻杂记》也以记述民间习俗风气等为长。其中记述晚明服饰的变化、市镇的典当行业、商界的牙人、地方官府的胥吏等等，都深入了社会的细微之处，而其可贵的价值也正在于此。

至于叙述明代社会风俗的笔记，沈德符的《万历野获编》与谢肇淛的《五杂俎》则是更为典型的作品。沈德符在《万历野获编》自序中说道："余生长京邸，孩时即闻朝家事，家庭间又窃聆父祖绪言，因喜诵说之。比成童，适先人弃养，复从乡邦先达，剽窃一二雅谈，或与垄亩老农，谈说前辈典型，及琐言剩语，娓娓忘倦。"也就是说他的记述，既来自父祖之言，又来自垄间农民，加上他本人的经历所见，使这部野史笔记成为内容最为繁杂的作品。笔记中对于民间下层文化的种种记述，也反映了当时上下层文化的流动。《五杂俎》所述内容与之相近，而取舍则又有过之。谢国桢在《明清笔记谈丛》中曾将此二书做过比较，他说：

> 谈明代社会风俗的书籍，当首推沈德符所著的《万历野获编》和谢肇淛所著《五杂俎》。《野获编》涉及的方面过于广泛，有时但凭传闻，不甚确切，且有近于猥亵的地方。谢肇淛《五杂俎》则记载的比较谨慎，且有识见独到之处。

《五杂俎》分天、地、人、物、事五部记述，内容极为广泛，多有涉及社会风俗之处。但谢曾任朝廷中级官员，叙事时不如沈德符那样无所顾虑，也是情理之中的事情。

张瀚的《松窗梦语》也是万历间的作品，他与沈德符、谢肇淛的情况不同，张瀚曾官至吏部尚书，是当时最高统治层的成员，此外，张瀚生活于江南地区，他的笔记中注意的不是异闻奇事，而是政治经济与社会生活等方面的内容。他虽然曾经作为朝廷要臣，但是作品中却并不追求那种漫述典故的卖弄,在《松窗梦语》中,包括了像《士人纪》《三农纪》《百工纪》《商贾纪》《时序纪》《风俗纪》等十分丰富的内容,其中涉及江南地区手工业与商业的发展情况,更是颇具价值的记述。我们倘若将其与叶盛的《水东日记》相比,就不难看出明人野史笔记的前后变化了。

第四个时期是明末清初的时期。从启、祯间直到清初,这一时期的野史笔记,大多着力于记述明末的社会矛盾与农民起义,或以清初的史事为主,其中有入清遗民的作品,也有清人的作品。但由于时代的变动,加之清初文字之狱的禁锢,野史笔记又走向了衰退,直到清中后期才重又兴盛起来。

专业类书籍

在明代的私人著述中,还有一些属于各种专业类的书籍,如农业、水利、地理、医药及其他自然科技类的著作。这些书籍反映了当时的科学技术水平,并给后人留下了宝贵的文化遗产。

在这类专业书籍中,有关农业方面的著作,如周定王朱橚的《救荒本草》、邝璠的《便民图纂》、俞贞木的《种树书》、黄省曾的《稻品》和《蚕经》、张履祥的《沈氏农书》、徐光启的《农政全书》。

有关水利方面的著作,有吴道南的《国史河渠志》、吴山的《治河通考》、潘季驯的《河防一览图》、王圻的《东吴水利考》、熊三拔的《泰西水法》等。

有关地理方面的著作,有徐弘祖的《徐霞客游记》、陈诚的《西域行程记》、马欢的《瀛涯胜览》、黄省曾的《西洋朝贡典录》、张燮的《东西洋考》、严从简的《殊域周咨录》、茅瑞徵的《皇明象胥录》以及艾儒略的《职方外纪》等。

有关医药方面的著作,除去李时珍的《本草纲目》外,尚有李濂的《医史》、徐凤的《针灸大全》、缪希雍的《方药宜忌考》、汪机的《外科理例》、王銮的《幼科类萃》、薛铠的《保婴撮要》、周子蕃的《小儿推拿秘诀》等。

关于其他科技类的著作,还有利玛窦的《几何原理》、熊三拔的《简平仪说》、茅元仪的《武备志》、宋应星的《天工开物》、李之藻的《天学初

函》、方于鲁的《墨谱》、程君房的《墨苑》等。

在这些专业著作中,最有价值的莫过于徐光启的《农政全书》、徐弘祖的《徐霞客游记》、李时珍的《本草纲目》与宋应星的《天工开物》。

徐光启《农政全书》60卷,辑录了各种农学的文献229种,加以评注。全书分为十二项:《农本》3卷、《田制》2卷、《农事》6卷、《水利》9卷、《农器》4卷、《树艺》6卷、《蚕桑》4卷、《蚕桑广类》2卷、《种植》4卷、《牧养》1卷、《制造》1卷、《荒政》18卷。其中如《农器》等均有图谱。后人评论此书道:"其书本末咸该,常变有备,盖合时令、农圃、水利、荒政数大端,条而贯之,汇归于一。虽采自诸书,而较诸书各举一偏者,特为完备。"(《四库全书总目》卷一〇二)

徐弘祖的《徐霞客游记》10卷,书成于崇祯十四年(1641年)。全书采用日记方式,作者科学地记述了从万历四十一年(1613年)至崇祯十二年(1639年)在各地进行地理考察的实况。其中关于我国西南地区石灰岩地貌的记述,是世界最早关于岩溶地貌的科学文献。

李时珍《本草纲目》52卷。取神农本草以下诸家本草,汇集成书。全书分为16部,62类,1882种,其中旧有者1518种,由李时珍后补者374种。历三十年,采书八百余家,三易其稿而后成。集本草之大成,无过于此书者。自清初刊行后,行医者无不家有一编。

宋应星的《天工开物》3卷。是中国历史上著名的综合科技著作。全书分十八篇,分别记述农作物的种植与收割加工,种桑养蚕技术,织染、制盐、榨糖技术,砖瓦、陶瓷、金属器物制作,车船制造,石灰、硫磺等矿石的烧制技术,采煤、造纸、榨油等技术,以及矿物的开采冶炼、兵器制作等。全书附有123幅插图,为后人留下了操作与机械的直观形象,反映了到明朝崇祯时期的科技水平状况。

明代的科技类书籍在浩如烟海的明人著作当中虽然不多,但是与前相比,仍是前所未有的丰富,而且出现了像《本草纲目》之类集前人大成的著述。因此可以说,明人的科技著作,是中国传统科技的一次全面的总结。明代科技的另一个特征,是西方科技的传入,一批思想解放的士大夫在接受西方科技的同时,发展了中国传统科技,徐光启、李之藻的著作即属此类。因此又可以说,明人的科技著作,也代表了传统科技向近代科技的发展。

第二节 刻书与藏书

一、明版书籍

明代的书籍到今天为止保留下来的还是比较多的。我们今天能够见到的明版书,主要有抄本与刻本两类。抄本、刻本有官抄本、官刻本与民间抄本、民间刻本的区别。

书籍是时代文化的体现。因而在明初文化控制极严的情况下,如同所有的文化现象一样,民间私人抄刻书籍不可能有较大的发展,这一时期的书籍以官方抄本、刻本为主。到正德、嘉靖以后,随着社会经济的发展,民间对于文化生活的需求也日益增长,文化商品化的程度有了很大的提高,于是书商相应而生,抄刻书籍成了一个专门的行当,而且出现了地区性的刻书业的兴起,民间抄、刻书籍逐渐取代了官方抄、刻,成为明版书的主流。

官方抄本与刻本

明初的官抄本书籍中,最有代表性的是《永乐大典》,但是可惜的是这部书的原本已经失毁无存,我们今天能够看到的只是嘉、隆间官抄的副本残卷。而仅从副本的残卷中,我们也可以看出明初抄本的精美。书用红格大字本精抄缮写,十分典雅。而这部皇皇巨帙的抄本,则出自1381名誊写官员之手。

明初的官抄本当然不限于《永乐大典》。据记:"永乐辛丑,翰林吉士高谷写经于海印寺。遇雨徒跣奔归,有见而怜之者,欲为丐免。谷不可,曰:'盍语当路,概行禁写,所全者不更大乎。'谷以乙未科改庶常,至是且七年矣。……则帝师哈立麻辈为之祟也。"(《万历野获编》卷一〇《吉士写佛经》)

这项出于官方需求而进行的抄书工作，书手全都是擅长书写的官员。辛丑是永乐十九年（1421年），而此前永乐朝已有过两次对《太祖实录》的改修。每实录修成，由誊录官抄成正副两本进呈。这些誊录官有朝中的低级官吏，也有尚未授官的庶吉士或者国子监监生。实录的抄写也是极精美的，这些精抄本的问世，对于明代抄本的影响颇大，形成了明代精抄缮写书籍的风气。

精抄本书籍虽然精美，但无法大量发行，所以除去如像大典、实录之类只须官藏的要典之外，一般的书籍还需刊印。

与精抄缮写的情况相同，明初官方刊刻的书籍也非常注意书写字体，如今可见的明初初刻本《元史》的残卷页，天头地脚甚宽，雕刻的字体与书写无异。这种抄刻的风格一直延续到正德以前。

明清版本目录学专家谢国桢曾经总结明朝正德以前的明版书的特点说："正德以前的明代初期，写刻精楷渐变为方整的软体字，刻书的形式主要是墨口本和墨鱼尾，用的是较粗的白棉纸或黄色的麻性的纸张。掌握了这些特征，就可以一望而知为明初的刻本了。"（《明清时代版本目录学概述》）

明朝前期的官方刻本书籍主要有如下几种：

1."南监本"与"北监本"

"南监本"，即明朝南京国子监的刻印本。太祖于南京建国后，建南京国子监以育人材。国子监为监生学习用书，取南宋留存下来的四书、五经及二十一史等书版重新刊行，这些刊行的书籍被称作"南监本"。

"北监本"，即北京国子监的刊本。永乐十九年（1421年）成祖迁都北京后，于北京设立国子监，取南京国子监刊印的经史书籍，重新刊印，称"北监本"。

在明初书籍刊印数量不多的情况下，南、北监本成为当时重要的书籍版本。

2."经厂本"

"经厂本"，即明朝宫中内监经厂刊本书籍。明制：司礼监下设经厂

库,贮存书版及图书。明末内监刘若愚记宫中经厂库情形:

> 凡司礼监经厂库内所藏祖宗累朝传遗秘书典籍,皆提督总其事,而掌司、监工分其细也。自神庙静摄年久,讲幄尘封,右文不终,官如传舍,遂多被匠夫厨役偷出货卖。……或占空地为圃,以致版无晒处,湿损模糊,甚或劈经板以御寒,去其字以改作。(《酌中志》卷一八《内板经书纪略》)

这些被毁的经板,大多即明初"经厂本"的底版。现存的"经厂本"书籍有永乐时编行的《历代名臣奏议》,及正统五年(1440年)内库所印的夹版式折叠装订的佛经"正统藏"。这部佛经自洪武、永乐间即由南、北两京宫中内库印制,南京印制者称"南藏",北京印制者称"北藏",全部经藏至正统间始克完成,故称"正统藏"。

明朝宫中内府保存的书版甚多,即释道经书不计,亦在一百五六十种以上。其中包括了一些儒家经典,如《诗经大全》《书经大全》《春秋传》《礼记》《四书大全》《四书集注》《性理大全》等,也包括了部分明代的官修书籍的书版,如《大明会典》《大明官制》《御制大诰》《大明律》《洪武正韵》《大明一统志》等,甚至还包括了一些通俗小说之类读物,如《三国志通俗演义》,乃至《居家必用》《四时歌曲》《山歌》《百家姓》等。

3."藩府本"

"藩府本",即明朝藩王王府的刊本书籍。明朝自太祖时起订立了封皇帝诸子为亲王并封藩在外的制度。这些藩王各有封地、官属、军队,形成了一个个独立的王国。太祖死后,建文帝削夺藩王的权力,爆发了"靖难之役",成祖以藩王起兵夺得了皇位,并且在夺位后继续了削藩之举。在这种皇室内部的斗争中,一些藩王出于自身的爱好及自保的目的,寄情于书籍的刊印。由于他们的特殊地位及财力等条件,从而形成了一种独特的刊印风格,即所谓的"藩府本"。

"藩府本"的代表有周宪王朱有燉的《东书堂法帖》与《诚斋乐府传

奇》、晋王府刊印的《唐文粹》、郑王府刊印的《乐律全书》、吉王府刊印的《贾谊新书》与书画范本、肃王府刊印的《淳化阁帖》以及其于成化十五年（1479年）刊印的《静修先生集》等，都是传世的精品。（谢国桢：《明清时代版本目录学概述》）

4."书院本"

"书院本"，即指各地书院所刻印的书籍。明代书院颇为盛行，这些书院大都有地方官府的支持，成为一种半官半民的学校。因此"书院本"实际上往往也就是地方官府的刻本，与民间的刻本性质还是不尽相同的。

明代的官方的抄刻书籍虽然到后来逐渐为民间日益发展的抄刻书籍所代替，但是对于民间的抄书与刻书无疑产生了相当大的影响，明中叶以后一些文人士大夫和著名的藏书家的抄刻本，都几可与官方抄刻的精美程度相媲美。

民间的各种抄本与刻本

明代中叶以后，随着社会经济的发展，书籍的双重特征表现得日趋鲜明起来，一方面它体现了文化人的文化追求，另一方面书籍也开始进入了商品流通的市场，成为社会需求日增的文化商品。明朝人记述说：

> 今海内书，凡聚之地有四：燕市（北京）也、金陵（南京）也、阊阖（苏州）也、临安（杭州）也。闽、楚、滇、黔，则余间得其梓，秦、晋、川、洛，则余时友其人，旁谘历阅，大概非四方比矣。两都、吴、越，皆余足迹所历，其贾人世业者，往往识其姓名。
>
> 燕中刻本自希，然海内舟车辐辏，篚篚走趋，巨贾所携，故家之蓄，错出其间，故特盛于他处。第其值至重，诸方所集者，每一当吴中二，道远故也。辇下所雕者，每一当越中三，纸贵故也。（胡应麟：《少室山房笔丛》卷四《经籍会通》）

但这只是明代抄刻书籍最为集中之地，其实明代的抄刻书籍绝非仅此四地。据清人所记：

前明书皆可私刻,刻工极廉。闻前辈何东海云:"刻一部古注十三经,费仅百余金,故刻稿者纷纷矣。尝闻王遵岩、唐荆川两先生相谓曰:'数十年读书人,能中一榜,必有一部刻稿;屠沽小儿,身衣饱暖,殁时必有一篇墓志。此等板籍,幸不久即灭,假使尽存,则虽以大地为架子,亦贮不下矣。'又闻遵岩谓荆川曰:'近时之稿板,以祖龙手段施之,则南山柴炭必贱。'"(叶德辉:《书林清话》卷七)

如此大量地刊刻书籍,一方面出于社会发展的需求,另一方面也由于刻工极廉,据嘉靖甲寅(三十三年,1554年)闽沙谢鸾识、岭南张泰所刻《豫章罗先生文集》目录后,有"刻板捌拾叁片,上下二帙,壹佰陆拾壹叶,绣梓工资贰拾肆两"的字样,以一板两页平均计算,每页合工资壹钱伍分有奇,其价甚廉。直到崇祯末年,江南刻工价尚依然如此。徐康《前尘梦影录》云:"毛氏广招刻工,以十三经、十七史为主,其时银串每两不及七百文,三分银刻一百字,则每字仅二十文矣。"刻工的低廉则是因为从事刻书业者的众多。这里所说的毛氏,即指著名的毛晋汲古阁,堪称明代民间抄刻书籍的代表者。

这种种条件,极大地促进了明代民间抄刻书籍的发展,明代中叶以后,以民间抄刻书籍为代表的明版书也就大量涌现出来。

1. 抄校本

在中国传统的书籍收藏或流传中,抄本始终是与刊本并行的一种版本。明代沿袭了宋、元的抄本的传统,并且有所发展。一般雇用书手抄写的书籍,称之为抄本,而经过一些具有较高水平的下层文人抄写并且校对过的书籍,则称抄校本。

明代的抄本书,大多采用白棉纸或者黄竹纸,印制成蓝丝格或者朱丝格的字框,由书手在框中书写。书手一般采用的抄书体字为"长头矮脚",亦不十分整齐。明朝中叶以后,士大夫在生活条件上发生了较大变化,一批喜好收藏书籍的文人士大夫,开始注重于善本的抄藏,抄校本也

由此而发展起来。

明朝中叶苏州寒士柳大中利用宋本抄校了《水经注》与《乐府古题要解》，他的做法不同于一般书手，他不仅注意抄写字迹的工整精美，而且对原书进行校对，他的抄本成为后人艳称的柳大中抄本。其后有苏州人朱存理，将古人书画的题跋抄录下来，编成《铁网珊瑚》一书，崇祯年间，寒士周砚农重新校订《铁网珊瑚》一书，并应藏书家毛晋的汲古阁之邀，专事精抄善本的工作，形成了精美无比的"毛抄本"。

在刻书与抄书蔚成风气的明中叶以后，以收藏抄本精美而闻名的不仅毛氏一家，当时宁波范氏的天一阁、绍兴祁氏的澹生堂、福建谢肇淛的小草斋、黄虞稷的千顷堂，都有名闻海内的抄本。而像柳大中、周砚农之类下层读书人士，也就将抄校书籍作为自己的终生之业。

2. 私家刻本

抄校本虽然精美，但多用于善本书的抄藏，真正能够作为流传的书籍，还必须是刊本。因此明中叶以后文人士大夫私刻的书籍也得到了较快的发展。

明代士大夫们的私刻书籍，虽流传于世，却不为获利，因此刻工精当。当时著名藏书家谢肇淛曾说："宋时刻本，以杭州为上，蜀本次之，福建最下。今杭刻不足称矣。金陵、新安、吴兴三地，剞劂之精者，不下宋板。楚、蜀之刻，皆寻常耳。"又说："近来闽中稍有学吴刻者，然止于吾郡而已。能书者不过三五人，能梓者亦不过十数人，而板苦薄脆，久而裂缩，字渐失真，此闽书受病之源也。"(《五杂俎》卷一三)这里所说的刻书水平与习俗，主要指的便是士大夫们的私家刻印书籍情况。

明人私刻的书籍，形式与抄本相仿，也都是用白棉纸，用朱色或者蓝色丝格，每卷之后并刻有书牌，即刊印者的斋、阁、堂名。明代私家刻书著名者有顾春的世德堂、吴郡沈辨之野竹斋、袁褧的嘉趣堂、顾起经的奇字斋、松江何良俊的清森阁等等。这些著名的刻本，大都出于吴门名工之手，由于私人刻书之目的在于传世，故重名而不重利，一般均刻印得极为精细，与专门为营利而刻印的书坊本即使同出于一家刻工，质量却大不相同。

3. 书坊本

明朝中叶以后,社会对于书籍的需求日益增长,印书、卖书已经成了一种营利的方式,于是私人的书坊随之兴起。这些书坊针对市场需求刻印书籍,在印制数量上超过了士大夫们的私家刻本,成为明中叶以后明版书中最为常见者。这种书坊的刻本被称作书坊本。

明代书坊刻书最为著称者为福建建阳刘洪的慎独斋。从弘治时起,直到嘉、隆、万一百多年间,刻印了大量的书籍,其中有小至不到两三寸的巾箱本的《资治通鉴纲目》,也有通行于市的《西汉文鉴》之类的书籍。但是总的来说,这些书坊的刻本质量较为低劣:

> 闽建阳有书坊,出书最多,而板纸俱最滥恶,盖徒为射利计,非以传世也。大凡书刻,急于射利者,必不能精,盖不能捐重价故耳。(《五杂俎》卷一三)

但其实也不尽然,有些书坊也同样是为牟利而刻印一些精品书籍,以适应市场上各种不同层次的需求,所以当时人又说:

> 近时书刻,如《冯氏诗纪》《焦氏类林》及新安所刻《庄》《骚》等本,皆极精工,不下宋人,然亦多费校雠,故舛讹绝少。吴兴凌氏诸刻,急于成书射利,又悭于倩人编摩其间,亥豕相望,何怪其然。至于《水浒》《西厢》《琵琶》及《墨谱》《墨苑》等书,反覃精聚神,穷极要眇,以天巧人工,徒为传奇耳目之玩,亦可惜也。(《五杂俎》卷一三)

这也就是说,书坊刻本中,也有不少的精品书,而这些精品书,大都是些民间喜闻乐见的杂剧、传奇、小说以及各类文化作品,这恰恰是当时社会经济发展的趋势与社会需求的反映。

明代书坊较为有名的还有如安正堂、泊如斋、世德堂、富春堂等,所刻

印的书籍则多为一些集注的诗文集、医书、文物鉴赏书谱及杂剧传奇之类，其中不少是带有绘图的刻本。当时北京城内棋盘街汪谅不仅刻印了不少书籍，而且刻有书目，作为广告。（谢国桢：《明清时代版本目录学概述》）

此外更为精致的还有徽州书坊的刻本，徽州虬村黄、项二氏的版画雕刻，代表了当时雕版的最高超的技艺。徽州坊刻书籍的最大特点是商业化的色彩极浓，这与徽商商帮的发达有着密不可分的关系。徽版书籍主要包括了小说戏曲、日常生活用书及儿童启蒙的初级读物等。其中的日常生活书籍有些更是直接为经商服务的，例如《天下水陆路程》《水陆路程宝货辨疑》等，甚至包括了儿童读物，也带有一定的商业培训的色彩，如《全国地理歌诀概要》，这实在是一件极有地方特色的文化现象，也不得不令人对当时徽商的这种商业文化现象感到惊叹。

也许是由于徽州独具的自然优势与经济优势，使徽州的版刻达到了极高的水平，我们今天能够见到徽州黄一凤刻印的汤显祖的《牡丹亭》，项南洲刻印的徐文长的《四声猿》，堪称明代版画的代表作品，深为后世所推崇。

4. 活字本

明版书籍多以刻版为主，按书页刻版，版片可保存以再付印。活字本则以活字拼版，印毕并无刻版保存。这种活字印刷的技术，自宋代毕昇发明以后，一直与刻版沿用。明初即有关于活字印刷的记录，但是因为活字印刷易出现错误，虽然巧便，却一时尚未通行。明人陆深曾说："近时毗陵人用铜铅为活字，视板印尤巧便，而布置间讹谬尤易。夫印已不如录，犹有一定之义，移易分合，又何取焉？兹虽小故，可以观变矣。"（《金台纪闻》下）陆深为明弘治进士，历官正德、嘉靖。所记铜活字之事，即弘治、正德、嘉靖间事。弘、正间著名的活字本出于无锡兰雪堂和会通馆。清人缪荃孙曾记：

锡山雪兰堂活字本，华君珵字汝德，别号梦萱者也。印书有《百川学海》《蔡中郎集》《白氏长庆集》等书,价重士林,殁于正德七年(1512年),年七十七。会通馆活字本,华君珵字文辉印也。印本有《容斋随笔》《锦绣万花谷》《书经》《诗经白文》等书。汝德自号尚古君,文辉自号会通君。(《云自在龛随笔》)

清人叶德辉亦记:

> 明人活字板,以锡山华氏为最有名。活字摆印固不能如刻印之多,而流传至今四五百年,虫鼠之伤残,兵燹之销毁,愈久而愈稀,此藏书家所以比之如宋椠名钞,争相宝尚。固不仅以其源出天水旧椠,可以奴视元明诸刻也。当时印本有曰兰雪堂,有曰会通馆,兰雪堂为华坚、华镜,会通馆为华燧、华煜。(《书林清话》卷八)

这只是明中叶以后用活字版印书的最为著名者,当时利用活字印书的还有无锡安氏,曾以活字铜版印《吴中水利志》。活字印刷较之刻版要便利,但印毕后,其版不存,不像刻版,可存其版而待后用,故活字所印之书往往不及刻印之多,是以后为藏书家所珍。

二、明代的官私藏书

明代官、私藏书的情况与明代书籍的整个发展情况是基本相同的,也是经历了一个由明初的官藏为主,到明中叶以后逐渐发展为以私家的藏书为主。

明太祖出身农民,没有机会读书,因此得天下后,对于子孙的读书学习也就格外重视,建国之初,即于宫中建大本堂,"充古今图籍其中,召四方名儒训导太子、亲王"(《明史·职官二》)。这里所说的大本堂,既是诸皇子的学堂,同时也是宫中的图书收藏之所。但其后渐置詹事府,宫中图书收藏便渐移至秘书监。洪武三年(1370年),太祖沿前制设置了秘书监,设监令、监丞、直长等官,专职掌管内府书籍。到洪武十三年(1380

年)又并其职于翰林院典籍,但已不似当初秘书监之专职。永乐迁都北京后,将南京宫中部分书籍取运北京宫中,贮之于左顺门北廊。正统六年(1441年)再移之于文渊阁、东阁收贮。正统十四年(1449年)"土木之变"发生后,英宗被俘,宫中慌乱,南京宫中所存图书,悉遭大火,凡宋元以来秘本,一朝俱尽,从此,北京文渊阁遂为有明一代宫中书籍最主要的收藏处。

《明史·艺文志》序记:

> 明太祖定元都,大将军收图籍致之南京。复诏求四方遗书,设秘书监丞,寻改翰林典籍以掌之。永乐四年,帝御便殿阅书史,问文渊阁藏书。解缙对以尚多阙略。帝曰:"士庶家稍有余资,尚欲积书,况朝廷乎?"遂命礼部尚书郑赐遣使访购,惟其所欲与之,勿较值。北京既建,诏修撰陈循取文渊阁书一部至百部,各择其一,得百柜,运致北京。宣宗尝临视文渊阁,亲披阅经史,与少傅杨士奇等讨论,因赐士奇等诗。是时,秘阁贮书约二万余部,近百万卷,刻本十三,抄本十七。正统间,士奇等言:"文渊阁所贮书籍,有祖宗御制文集及古今经史子集之书,向贮左顺门北廊,今移于文渊阁、东阁,臣等逐一点勘,编成书目,请用宝钤识,永久藏弆。"制曰:"可。"

这里讲到了正统六年移宫中藏书于文渊阁等处的情况,杨士奇并为之而作文渊阁藏书书目,其中记录了至此文渊阁的全部藏书。这是文渊阁藏书的极盛时期。所以明朝人说:"自后北京所收,虽置高阁,饱蠹鱼,卷帙尚如故也。"(《万历野获编》卷一《访求遗书》)

弘治五年(1492年),内阁大学士邱濬奏请于文渊阁近地别建重楼,不用木制,只用砖石,将重要典籍贮以铁柜,以防火灾,对这些几乎无人阅读的藏书进行了必要的保护。但即使如此,由于常年无人整理,阁内藏书自然受到了损坏。

这种情况一直延续到正德年间。正德十年(1515年),大学士梁储等请检内阁藏书的残阙,杨廷和请令中书胡熙、典籍刘伟、主事李继先等人查校,由是盗出甚多。藏书反倒受到了人为的破坏。(孙承泽:《春明梦余录》卷一二《文渊阁》)至嘉靖中,御史徐九皋上言请查对历代艺文志,凡阁中不藏者,借民间书籍抄补,但因其奏疏中涉及劝世宗临朝之事,结果一并被驳回。此后七八十年,再至万历间,"其腐败者十二,盗窃者十五。杨文贞正统间所存文渊阁书目,徒存其名耳"(《万历野获编》卷一《访求遗书》)。

文渊阁藏书的命运,意味着官藏书籍的败落,与此同时,明代的私家藏书却逐渐兴盛了起来。如前刘若愚所说,自万历以后,内藏书籍多被匠夫厨役偷出货卖,"柘黄之帙,公然罗列于市肆中,而有宝图书,再无人敢诘其来自何处者"(《酌中志》卷一八)。这些内藏的书籍大都流落到了民间收藏者的手中。当然,明代民间所藏并不都是宫内的书籍,但是这种情况反映出明代中叶以后的藏书,由原来的官藏为主转为私藏为主。所以万历时人说:"而内秘书之藏,不及万卷,寥寥散逸,卷帙淆乱,徒以饱鼠蟬之腹,入肱箧之手,此亦古今所无之事也。"(《五杂俎》卷一三)这种情形在当时已成无法逆转之势。万历时工部郎中谢肇淛在看过宫中的藏书后,曾感慨道:

> 余尝获观中秘之藏,其不及外人藏书家远甚。但有宋集五十余种,皆宋刻本,精工完美,而日月不及,日就湮腐。恐百年之外,尽成乌有矣。胡元瑞谓欲以三年之力,尽括四海之藏。而后大出秘书,分命儒臣编摩论次。噫!谈何容易?不惟右文之主不可得,即知重文史者,在朝之臣,能有几人,而欲成万世不刊之典乎?内阁书目门类次第,仅付之一二省郎之手,其泯淆鱼豕,不下矇瞽,而不问也,何望其它哉。(《五杂俎》卷一三)

其实明代私人藏书自明初即已有之,至少从永乐以后,一些居官既久的官僚化的士大夫便开始有收藏之好。如当时的名臣内阁大学士杨荣即

以家中藏书甚富而闻名。但是他们的藏书大都只作为一种单纯收藏,并无实际作用。以杨荣家藏为例,据明人所记,至万历间,经历二百年之久,而其书若手未触者。这些藏书者的后人对于书籍并不珍惜,所以到明中叶以后,一些收藏书籍的士大夫往往能够以低廉的价格购到十分珍稀的版本。这就造成了许多明代藏书大户的藏书传之不久。杨荣的家藏后来其子弟也曾廉价而市,谢肇淛守丧家居时便曾以廉价购得其所藏明初刊行的郑樵《通志》及二十一史等。其后杨氏家藏尽毁于大水,以廉价而售者反得以传世。待到万历中后期,藏书渐成风气,书价也随之昂贵起来,随着书籍的流动与收集,逐渐形成了一些较为著名的私人图书收藏家。谢肇淛曾经记述说:

> 今天下藏书之家,寥寥可数矣。王孙则开封睦㮮、南昌郁仪两家而已。开封有万卷堂书目,庚戌夏,余托友人谢于楚至其所,钞一二种,皆不可得,岂秘之耶?于楚言其书多在后殿,人不得见,亦无守藏之吏,尘垢汗漫,渐且零落矣。南昌盖读书者,非徒藏也,而卷帙不甚备。士庶之家,无逾徐茂吴、胡元瑞,及吾闽谢伯元者。徐、胡相次不禄,箧中之藏,半作银杯羽化矣。伯元嗜书,至忘寝食,而苦贫不能致,至糊口之资,尽捐以市坟素。家中四壁,堆积克栋,然常奔走四方,不得肆志翻阅,亦阙陷事也。(《五杂俎》卷一三)

其中最有名的当属胡元瑞的少室山房。据说他的书得自金华虞氏。虞氏藏书数万卷,建楼池中以贮之,用小木为桥,夜间将其去掉,人不能入。楼门书"楼不延客,书不借人"八字。后虞氏败落,子孙不能守,元瑞低价购得,遂以书雄海内。

明代以私人藏书而闻名者当然不止胡元瑞等人。早些时候的如叶盛的绿竹堂,其后如王世贞的弇山堂、何良俊的清森阁,均以藏书而知名。此外还有祁氏澹生堂,北京的米氏藏书,江南毛氏的汲古阁、范氏的天一阁、谢肇淛的小草斋、钱谦益的绛云楼,都是著名的私人藏书之处。其中又尤以汲古阁、天一阁最为著称。所以明清之际,"江南藏书之富,自玉峰绿竹堂,娄东万卷楼后,近屈指海虞。然庚寅十月绛云不戒于火,而岿然独存者,惟毛氏汲古阁。"①毛晋将家产数千亩尽皆卖掉,以作买书刻书之用,以致当时民谣称:"三百六十行生意,不如鬻书于毛氏。"毛氏家藏数万卷,并用以刻书,汲古阁因此而闻名海内。宁波范氏的天一阁也是明代著名的藏书楼。范钦自嘉靖九年(1530年)起开始收集图书,至四十年建天一阁,专门收集明代当时的各种文献书籍,其后终成为最大的民间收藏明代文献书籍的藏书楼。

私人藏书与官方藏书的不同之处在于它们的社会效应的不同。私人藏书的社会效应要远远超过官方藏书,它必然同社会生活紧密相连,而且反过来又推动了社会风气。明代是私人藏书风气极为繁盛的时期。这一方面是由于当时图书刊行的发展,另一方面是由于文人士大夫们经济上发展的结果。明代的私人藏书风气一直影响到了清代和近代。其结果不仅促进了图书事业的发展,而且为后人留下了宝贵的文化遗产。

---

① 陈瑚为:《笔潜在隐居乞言小传略》,转引自谢国桢:《明代社会经济史料选编》第三章,第330页。

第八章　中外文化交流

第一节　走向世界的明文化

明太祖朱元璋起于农家,他的重农可以说是与生俱来。传统农业大国的特点一是不扩张,二是需要稳定,因此朱元璋建国以后对外实行的是一条坚定的闭关政策。

洪武四年(1371年)九月,朱元璋在奉天门对省府台臣们有过一段关于对外政策的重要讲话:"海外蛮夷之国,有为患于中国者,不可不讨。不为中国患者,不可辄自兴兵。古人有言:地广非久安之计,民劳乃易乱之源。……得其地不足以供给,得其民不足以使令,徒慕虚名。自弊中土,载诸史册,为后世讥。朕以海外诸蛮夷小国,阻山越海,僻在一隅,彼不为中国患者,朕决不伐之。"(《明太祖宝训》卷六《驭夷狄》)写入《皇明祖训》后,又增加了一段话:"吾恐后世子孙倚中国富强,贪一时战功,无故兴兵,杀伤人命,切记不可。"(朱元璋:《皇明祖训·箴戒》)并且开列了不征之国,计有:朝鲜、日本、琉球、安南、真腊、暹罗、占城、苏门答剌、爪哇、湓亨、白花、三佛齐、渤泥等。当时虽然也有使臣出使,外国朝贡,但闭关政策既定,朝贡不被视之为盛事之举,待到洪武末年,连接办海外朝贡人员的原市舶司也废罢不设了。

朱允炆即位后,基本上是忠实执行"片板不准下海"的既定政策的,倘若没有朱棣起兵夺位,也许后世子孙真的会依循祖训,闭关不出,一心一意地去经营祖宗留下的基业。可是其后发生的燕王夺位改变了这种固守的局面,明朝对外政策发生了较大的变化,明朝开始主动派出使臣,厚往薄来的外交活动成为常态。

一、郑和下西洋

郑和下西洋是中国历史上航海外交的一次空前绝后的事件,至于明成祖朱棣为什么要让郑和下西洋,《明史》中说出了两个原因:"成祖疑惠帝亡海外,欲踪迹之,且欲耀兵异域,示中国富强。"(《明史》卷三〇四《郑和传》)这个说法显然有令人费解之处。

如果说当时确有关于建文帝出逃海外的传说,而朱棣必然听到了这个传言,这当然令多疑的成祖心中不安。倘若建文帝真的跑到海外,他是否会以明朝皇帝的名义,借海外之兵,号召"四夷",与朱棣对抗?或者他虽然无力与朱棣对抗,却令海外诸国皆知中国皇帝被篡逆者所取代?

成祖当然很想要了解到这些情况,他应该也非常想要知道海外各国对他的态度,于是派官员们出使各国,成为朱棣登极之初的重要安排。最初是派马彬、李兴、尹庆出使,这还都是些小规模的出使,范围也只是近海诸国,不过朱棣很快就改变了这样的出使安排,他决定让亲信的宦官郑和率领一支庞大的船队出使西洋各国,去那些甚至前所未及的海外"诸蕃"。

第二个原因是耀兵异域,示中国富强,这种说法目的在于解释郑和下西洋为什么要带如此众多的巨舰和军士。不过这大约只是后来修《明史》的那些人的猜测。须知当时西洋诸国,自宋元以来,与中国贸易往来,或为中国之藩属,或仰慕天朝。又何需要令他们见识中国的兵力强大?二万七千八百名将士,似乎是准备一场战争,难道那敌人或者就是流亡在外的建文皇帝?如同建文帝下落之谜一样,郑和下西洋的活动,也成为难以解释明白的一个历史之谜。但是从后来的记述中,我们明显感到,如此众多的军队出使,主要还是为了舰队远洋航行的保障。

郑和,云南昆阳人,原姓马,名三保。洪武十五年(1382年)明太祖朱元璋命将出征云南,马三保被俘,年十二岁,被阉割为宦官分到燕王府,从此追随于燕王身边,从征塞外,又参与"靖难之役",在北平郑村坝一战立下军功,被赐姓名为郑和。

燕王朱棣夺位登极，郑和随入皇宫中成为掌权的太监。命郑和出使西洋，是成祖对他的信任，倘若郑和真的肩负了寻找传说流落到海外的建文帝朱允炆的使命，他作为成祖的亲信，当然是完全可以信赖的。

永乐三年（1405年）六月十五日，由郑和与王景弘率领的船队，造大船长四十四丈、宽十八丈，多达六十二艘，下西洋将士二万七千八百人，携带着赉敕各国的皇帝圣旨，金织文绮彩绢之类的礼物，还有需要秘密执行的寻找建文帝下落的任务。船队自苏州刘家河沿江出海，至福建五虎门扬帆出海，过占城前往西洋诸国。

关于郑和下西洋巨舰的大小，一直是人们争论的问题，从过去的史料中看到记述船只多为二三千料，也就是一千吨左右。但是前几年发现的洪保墓中记功碑中我们看到了"五千料"大船的记述，这也使我们坚信不疑，郑和船队中的舰只排水量达到了两千吨。如此巨大的木船在当时确是世界上最为先进的海船。因为船体巨大，也为郑和的远航提供了有利条件。船员们航海的生活中所需淡水、蔬菜等补给得到了保障。他们因此可以航行得更远。

我们从相关资料看，知道郑和出使并未能在海外得到建文帝的消息。两年多以后的永乐五年（1407年）九月初二，郑和的船队回到了南京。郑和的这一次航海并不算远，最远只是到达了古里，当地国王接受了朱棣赐赠的诰命、银印，并且在当地刻石立碑。

郑和此番归来，虽然未能带回成祖最关心的消息，却带来了苏门答剌、古里、满剌加、小葛兰、阿鲁等国的使臣，这些国家此前与明朝并无来往。这令成祖十分满意，他追求的就是万国来朝的局面，更为关键的是所有来朝的使臣都要朝见他这位永乐皇帝，而不再是洪武皇帝与建文皇帝。

郑和此行还带回一名囚徒，就是占据旧港的陈祖义，陈祖义本是广东人，流寓海外，成为旧港的首领。明太祖朱元璋时，爪哇国吞并三佛齐国，改名为旧港，而其中另有陈祖义等所据之地，虽然也向明朝遣使通贡，却时时为盗海上，邀截贡使。陈祖义所据，即今日之马六甲海峡，是海上航行的关键通道。这一次郑和出使归来,途经旧港,命人招谕陈祖义。陈祖义诈降,而与爪哇西王阴谋邀截郑和船队。郑和得知消息后,设计将其捉拿,押解还朝。朱棣下令将陈祖义处死,在旧港设宣慰司,置土司官管理。这样的结果使得海上的航道控制在了成祖手中。对于另外一个抓来的爪哇西王,虽然攻杀下西洋军士一百七十余人,却只是被命赔金赎罪。在成祖心目中,中国人与外国人还是不一样的。

郑和第一次出使西洋的活动,应该算是圆满结束。虽然未能找到建文帝的下落,却给了明朝人更大的航海信心,成祖因此希望郑和的出使能够去得更远,能够有更多的使臣们来朝,让四海皆知永乐皇帝的威名,知道大明的盛世。就在郑和第一次出使归来后的第三天,都指挥王浩便奉命改造海运船二百四十九艘,此时已开工初建北京,数以百计的这些建造的船只中,既有海运粮食建材的船只,也有为再次下西洋而准备的取宝船。

九月十三日,也就是郑和回朝十一天后,他便奉旨开始了第二次出使西洋。这一次出使的时间相对短些,前后只有一年。永乐六年(1408年)九月,郑和便返回京师。郑和的船队先后到达爪哇、古里、柯枝诸国。同年,琉球中山、山南、婆罗、阿鲁、苏门答剌、满剌加、小葛兰等国入朝。前来朝贡的国家较之郑和第一次出使后又增加了琉球中山、山南和婆罗。

朱棣似乎对这些国家来朝还不尽满意,他希望有更多更远的国家前来"朝贡",就在郑和出使返回而尚未回到京师的时候,他便发布了派郑和第三次下西洋的命令。

> 皇帝敕谕四方海外诸番王及头目人等:朕奉天命,君主天下。一体上帝之心,施恩布德。凡覆载之内,日月所照,霜露所濡之处,其人民老少,皆欲使之遂其生业,不致失所。今遣郑和赍敕普谕朕意。尔等祗顺天道,恪守朕言,循理安分,勿得违越,不可欺寡,不可凌弱,庶几共享太平之福。若有撼诚来朝,咸锡皆赏。故兹敕谕,悉使闻知。

永乐七年三月囗日。①

郑和前两次出使时对于西洋各国尚不十分了解，出使的安排也较为单一，只是礼节出访，送交公文，邀请来朝。待到郑和第三次下西洋时，对于沿途各国有些已经较为熟悉，出使安排的内容也就更加具体了。

在郑和初次下西洋期间，安南发生内乱，明朝出兵平定后将安南设为交阯布政使司。到郑和这第三次出使前，正逢出征安南大军班师还朝，带回了被安南拘留的暹罗贡使，于是下西洋多了一个送还暹罗贡使的任务。其实暹罗当初也曾经拘留过苏门答剌来明朝朝贡的使臣，还抢走了明朝赐予苏门答剌、满剌加的诰印，因此郑和此次率师前往，多少也有些惩戒之意。

满剌加当初派使臣前来，曾经请求朱棣敕封镇国之山，这一次也让郑和带上了朱棣御制的碑文。为了表示天朝的威仪，专门命吏部尚书蹇义将御制碑文抄写到精致的金龙文笺上面，可能是蹇义过于紧张，竟然抄落了一个字。因为金龙文笺难得，成祖让蹇义在原笺上补写一个字，蹇义却以为要示信于远人，又重抄了一遍。示信于远人，是一种政治姿态，蹇义的做法表明直到郑和第三次出使时，朝廷上下的主要官员们还是十分支持这种举国外交活动的。这种以怀柔远人为政治目的的活动，也必然处处表现当时处于至高点的中华文化。

永乐七年（1409年）九月，郑和率下西洋官军二万七千余人，分乘四十八艘大船、近百艘小船，自刘家河出发，经福建长乐太平港，十二月再由五虎门扬帆出海，直往占城。

船队在占城受到了极为热烈的欢迎：

其酋长头戴三山金花冠，身披锦花手巾，臂腿四腕俱以金镯，足

---

① 《郑和家谱·敕谕海外诸番条》，郑鹤声、郑一钧：《郑和下西洋史料汇编》[中]第六章第一节，第851页，齐鲁书社1983年版。

穿玳瑁履，腰束八宝方带，如妆塑金刚状。乘象，前后拥随番兵五百余，或执锋刃短枪，或舞皮牌，捶善鼓，吹椰笛壳筒。其部领皆乘马出郊迎接诏赏，下象膝行，匍匐感沐天恩，奉贡方物。（费信：《星槎胜览》《星槎胜览前集·占城国》）

占城与安南相临，多为其所侵，明朝平安南，占城得以收复失地，因此对于郑和出使礼仪格外隆重。

不过郑和船队离开占城继续航行到达锡兰山时，却险些遭到其国王（一说权臣）阿烈苦奈儿加害，幸亏郑和率船队匆匆离去，阿烈苦奈儿才未能得逞。至于阿烈苦奈儿欲加害的原因，诸书多不载，其实这场冲突的关键还是因为锡兰山阿烈苦奈儿对佛教的态度所引发。

> 国王阿烈苦奈儿，锁里人也。崇祀外道，不敬佛法，暴虐凶悖，縻恤国人，亵慢佛牙。大明永乐三年（编者按：这里是指郑和第一次下西洋时至锡兰，如按《明实录》则永乐三年当作永乐七年）皇帝遣中使太监郑和奉香华经诣彼国供养。郑和劝国王阿烈苦奈儿崇佛教，远离外道。王怒，即欲加害。郑和知其谋，遂去。[1]

郑和本是信奉伊斯兰教的，不过他在成祖身边，受到崇佛的影响，他曾经手抄佛教的经文，并且在第二次下西洋时曾经受徐皇后之命给福建宁德的支提寺送去一千尊铁佛。这次送铁佛中发生的事情为后人描绘成传奇：郑和的船队未及在宁德登岸，便遭到大风，一批铁佛因风浪沉没。明人谢肇淛《长溪琐语》中记载说："菩萨岭在支提那罗岩之下。成祖文皇帝时铸天官（冠）千身，赐寺中，遣太监郑和航海而至。中流飓风大作……其半沉水中。及舟抵寺，而沉水者已先至矣。先数夜时，远近村人

---

[1] 明嘉兴藏本《大唐西域记》卷十一《伽僧罗国》，转引自郑鹤声、郑一钧《郑和下西洋史料汇编》中册下，第1579页，齐鲁书社1983年版。

望见冠盖数百，鳞次登岭，若傀儡然，光彩异常。及是始悟，故又呼傀儡岭。又有晒衣台，则皆沉水者晒衣其处，迄今寸草不生。"

待到郑和船队西行归来，再次途经锡兰山时，因有此前的冲突，遭到阿烈苦奈儿袭击。阿烈苦奈儿先让其子向郑和索要金宝，遭到拒绝后，便派人袭击船队，又伐木阻断郑和一行登舟之路。他却不知道郑和当年追随燕王起兵出征，可谓身经百战，对付这样一个小国指挥作战自不在话下，郑和随机应变，乘敌军袭击船队，守城空虚的机会，率领身边二千将士，乘夜直抵城下，举炮为号，攻入城中，将阿烈苦奈儿擒获，再回军击溃赶回救援的敌军。郑和将阿烈苦奈儿及其家属带回，献俘朝廷，交由朱棣处理。

阿烈苦奈儿与邻国不睦，各国使臣皆主张将他处死。不过朱棣考虑，这毕竟不比陈祖义之类出亡海外的华人，最终还是将他遣归锡兰山。

这一事件虽然表现出文化冲突的背景，但其实主要还是锡兰山与明朝及其周边国家矛盾所致。此时明朝处于文化的高地，周边及西洋各国对于明朝文化仰慕而且乐于接受。虽然下西洋的船只称为"取宝船"，其实成祖在意的并非那些取回的宝物，使他感到满意的还是那种万邦来朝的盛况，他要让大明的国威影响得更远，他要作为一名超逾任何前朝的万国之君。

郑和下西洋船队于永乐九年（1411年）六月回来后，满剌加国王也同时率领了一个五百四十多人的使团到来。而且以后新嗣位的满剌加国王，先后两次率王妃、陪臣来朝，明朝的外交活动达到了巅峰。

第二年的年末，朱棣命郑和船队再次出使，这一次他要求郑和船队能前往更远的地方："天子以西洋近国已航海贡琛，稽颡阙下，而远者尤未宾服，乃命郑和赍玺书往诸国。"（《明史》卷三二六《忽鲁谟斯传》）

其实此时朱棣已经亲征了蒙古鞑靼，而且准备再一次亲征瓦剌，他的心思已经放到北方边事，却仍然不肯暂停下西洋的行动，而且要求航行更远。没有人能够比郑和更了解朱棣，他知道皇帝的内心和他那好大喜功的追求，郑和的这第四次下西洋也便成为一次最伟大的航海壮举。

这一次郑和的船队到达了忽鲁谟斯(霍尔木兹),更令人惊异的是下西洋的船队有一支居然横穿过印度洋,到达了赤道以南非洲东海岸的木骨都束(摩加迪沙),因此这一次随船队前来朝贡的使臣们来自忽鲁谟斯、沼纳朴儿、不剌哇、竹步、阿舟、剌撒麻林、溜山、底里、沙里湾泥,都是从未与中国有过往来的国家。

船队返航至苏门答剌的时候,郑和率领军队参与了当地一场争夺王位的战争。早在永乐五年(1407年)苏门答剌因在与邻国花面国(那孤儿)交战中战败,国王中矢而死。当时王子年幼,不能复仇,于是王后宣告,有能复仇者,愿以为夫。有渔人应召,率众击败花面国,遂为苏门答剌国王,人称渔翁国王。数年后,王子长大,密谋杀掉渔翁国王,取得了王位。渔翁国王之弟苏干剌逃走后聚众据地相争,内战不断。据说郑和此行颁赐未及苏干剌,故引兵来战,为郑和所败,追至南渤利,将其擒获,押解回朝,以大逆不道处死。但是这位苏干剌究竟是渔翁国王之弟,还是谋杀渔翁国王的原王子,人们却并不清楚。说来苏门答剌自永乐五年(1407年),朝贡使臣不断,明朝的赏赐也从未断绝,竟然不辨苏干剌究竟为何人,成祖所追求的只是"四夷顺""中国宁"的盛世,并不在意"四夷"诸国谁为国王。

当时朱棣第二次北征瓦剌回师,还在北京,尚未回到京师。郑和受命前往北京献俘。随同前来的麻林国使臣带来了麒麟(长颈鹿),因为麒麟被视为瑞兽,礼部尚书吕震请命群臣上贺表,朱棣没有恩准。连续大规模下西洋,加之安南的战役、开设贵州,皇帝又两次亲自率师北征,财政方面已现困窘。不过朱棣虽然嘴上说"麒麟有无,何所损益?"但还是以隆重的礼仪接见了使臣,收下了他们进献的麒麟、天马、神鹿祥瑞之兽。当群臣一起歌功颂德的时候,朱棣说道:"岂朕德所致?此皆皇考深仁厚泽所被,及卿等勤劳赞辅,故远人毕来。继今宜益尽心秉德,进贤达能,辅朕为理。远人来归,未足恃也。"(《明太宗实录》卷一七〇,永乐十三年十一月庚子、壬子)先是将功劳归于皇考太祖朱元璋和群臣,而后强调远人来归的无足轻重。这一切都让人感觉到成祖似乎更希望这种出使与四方来朝

成为他政治生活的一部分,而非孤立的特殊事件。

第二年是永乐十五年(1417年),来朝的各国使臣们告辞,郑和船队受命送行,这于是也便成为了郑和第五次下西洋的远航。郑和第五次下西洋归来,已经是永乐十七年(1419年)七月,郑和赶赴北京去叩见皇帝。因为前次麻林诸国贡奉的麒麟等瑞兽得到皇帝与朝臣们的称奇,这一次郑和带回更多的异国奇兽,有狮子、金钱豹、大西马、长角马哈兽、花福鹿、骆驼、驼鸡、縻里羔兽、麒麟等,还有宝石、珊瑚、龙涎香、鹤顶、犀角、象牙等。朱棣下令将这些珍稀贡品放到奉天门展览,供群臣参观。这确实是一件很有意思的事情,就连已经反对郑和下西洋活动的户部尚书夏原吉,也写了一首《圣德瑞应诗》:

圣主膺乾运,垂衣驭八区;
道隆尧舜比,功茂禹汤俱。
荡荡三边肃,熙熙兆姓娱;
普天歌至治,率士发灵储。
爰有诸番国,能忘万里途;
随槎超瀚漫,献瑞效勤劬。
渺渺来中夏,惓惓觐帝居;
麒麟呈玉陛,狮子贡金铺。
紫象灵山种,骅骝渥水驹;
驼鸡同鹜鹭,文豹拟驺虞。
福禄身纤锦,灵羊尾载车;
霜姿猿更异,长角兽尤殊。
彩槛奇音鸟,雕笼雪色乌;
玄龟三尾曳,山凤五花敷。
日上龙墀丽,风回贝阙迂;
礼官躬典设,番使肃奔趋。

……

(《明诗纪事》卷八乙笺《王直诗注》)

虽然是一首歌功颂德的套路之作,却也把各国来朝进贡珍奇的情景写得活灵活现,其中充满了明朝人对于异国奇珍的新鲜感。

一年以后的永乐十八年(1420年)九月,成祖正式宣布迁都北京,第二年便正式以北京为京师。忽鲁谟斯等十六个国家使臣也因此来到北京,这使得成祖格外高兴,当然也少不了要对这些国家有所颁赐,于是郑和第六次奉旨出使西洋,颁赐西洋各国。这一次成祖还特命船队沿途采办海外的珍奇,舟师的官军们,也都各自带上钱物,准备沿途交易。郑和下西洋的活动从这时候起带上了一些商业活动的味道,不过这也是郑和在永乐朝下西洋的尾声了。

这一次下西洋,船队分往各国,归来时间也不相同。郑和率领的一支船队于永乐二十年(1422年)八月返回,与此同时,另一些船队还在大洋上航行未归。甚至直到成祖去世,明仁宗朱高炽即位改元洪熙元年(1425年),有些船队仍然航行在大洋之上,他们并不知道洪熙改元,仍然以永乐纪年,因此在他们的记录中出现了一个并不存在的年号:永乐二十三年。

成祖去世,郑和下西洋的活动也便停止了。伴随着下西洋活动的停止,那种万邦来朝的盛世也便一去而不复返。

尽管五年后,宣德五年(1430年),明宣宗朱瞻基曾派遣郑和、王景弘等率领一支六十一艘宝船的船队进行过一次大规模的出使西洋活动,去告谕西洋诸国,明朝已有新皇帝登极改元,要求各国派遣使臣来朝。但那只是整个下西洋活动的尾声,朱瞻基继承祖业扬威海外的理想,已经不为时代所允许。

但是此时的海上文化往来却并未伴随着出使西洋的结束而终止。我们在宣宗最喜爱的蟋蟀罐上面看到了"鹰背狗"的图案。陶宗仪《南村辍耕录》卷七《鹰背狗》记:

北方凡皂雕作巢所在,官司必令人穷巢探卵,较其多寡。如一巢而三卵者,置卒守护,日觇视之。及其成㲉,一乃狗耳。取以饲养,进之于朝,其状与狗无异,但耳尾上多毛羽数根而已。田猎之际,雕则戾天,狗则走陆,所逐同至。名曰鹰背狗。

这乃是流行于北方蒙古的一个传说,但至宣德中出现在御用瓷器之上,却不一定是沿袭元末的故事,或此来源于中亚一区,亦未可知。此时的明朝官窑瓷器器型与图案许多明显受到中亚文化的影响。

而郑和船队从中亚带回的苏青料,也成为永、宣两朝青花瓷器的一种特有颜色。

昙花一现的明朝海上外交盛况永远结束了,下西洋之事甚至很快被视为弊政。在封闭的自给自足自然经济统治下,这种举国体制官办的"朝贡外交"除去加重国家财政负担之外,在经济上确实看不到更多的积极效果,大明朝不需要海外贸易。明初中外文化交流的盛况也因此一去不复返。

二、陈诚出使西域

自古以来在中国人看来,西域始终是一片最为神奇的土地。就在郑和扬帆远航的同时,成祖也曾经派人前往那里,敕谕西域各国,但是却如泥牛入海般,杳无音信。

永乐五年(1407年)六月二十二日,曾经杳无音信的几位洪武朝派往西域的使臣突然回到了京师。回来的两名官员是给事中傅安和郭骥,他们于洪武二十八年(1395年)奉使西域,至此已经整整十二年。

傅安等人突然归来不久,另一位使臣陈德文也从西域归来,他们带回了关于帖木儿帝国的详细情况。

帖木儿被人称为跛子帖木儿,他于洪武三年(1370年)推翻了撒马儿罕国王,成为西察合台汗国的苏丹。他起初本欲与明朝修好,但是随着他统治的庞大帝国的扩张,他已经不能再臣服于明朝。朱元璋死后,明朝发生了燕王朱棣与建文帝朱允炆之间的夺位之争,这时,帖木儿也进军小亚细亚,并且于明朝的建文四年(1402年)在安卡拉附近的一场决定性战役中战胜了奥斯曼帝国数十万大军,俘虏了巴耶塞特一世,帖木儿帝国成为中亚最强大的国家。

永乐三年(1405年)成祖得知帖木儿率军由别失八里东进的消息时,帖木儿正准备率领数十万大军东征,而且这支大军已经渡过了火站河(锡尔河),他与明朝的一场大战即将发生。

这种种的变化,便是帖木儿扣留明朝使臣的原因。傅安等人到达帖木儿帝国时,帖木儿已经改变了与明朝和好的政策,他甚至感到当初与明太祖朱元璋的往来是一种耻辱,所以傅安等人在那里受到的是敌视与冷遇。帖木儿接见他们的时候,故意让他们坐在西班牙使臣下面,而且每每谈及明朝,便称之为"贼寇""敌人"。不过为了炫耀帖木儿帝国的强大,他让人带着明朝使臣遍历周围数万里,因此傅安等人得以对那里有了更为清楚的了解。

帖木儿率师东征时情况发生了变化,他在率军渡过火站河后突然病故,东征大军返回,帖木儿之孙皮儿摩哈美德嗣位。但是没有多久,帖木儿另一个孙子哈里从皮儿摩哈美德手中夺取了王位,其后又被帖木儿第四子,封于哈烈的沙哈鲁推翻,沙哈鲁于明朝的永乐七年(1409年)控制了全国。

帖木儿以后的几个国王,虽然互争王位,但皆与明朝修好,送归明朝的使臣也便成为两国修好的开端。

永乐六年(1408年),归来未久的傅安等人,受命再次出使西域,他们于第二年到达哈烈,见到了国王沙哈鲁。傅安等人返回的时候,沙哈鲁派遣了使臣同行,来朝见了成祖,从此以后,双方使臣往来不断。在朱棣看来,这也如同郑和下西洋一样,是他怀柔远人的重要之举。甚至当他得知沙哈鲁与撒马儿罕的哈里兵戎相见时,还派遣了一位都指挥使白阿儿忻台带着书信前往劝谕:

天生民而立之君,俾各遂其生。朕统御天下,一视同仁,无间遐迩,屡尝遣使谕尔,尔能虔修职贡,抚辑人民,安于西徼,朕甚嘉之。比闻尔与从子哈里构兵相仇,朕为恻然。一家之亲,恩爱相厚,足制外侮。亲者尚尔乖戾,疏者安得协和?自今宜休兵息民,保全骨肉,共享太平之福。(《明史》卷三三二《哈烈传》)

成祖对于沙哈鲁,自然以宗主皇帝自居,那些出于文臣之手的书信也不过是中国传统皇帝自以为是的表露,但是此类书信经过翻译后,便全然不是原有的语气,而只是明朝愿与哈烈修好的表示,更何况此时沙哈鲁已经将哈里废黜。他感到了朱棣的诚意,所以在回复的信件中,"以朋友之谊"劝成祖皈依伊斯兰教,丝毫未曾有过明朝藩属的感觉。

两国之间始终互相摸不到头脑,但是友好的关系则渐趋密切。当白阿儿忻台返回的时候,沙哈鲁派使臣来到中国,送给朱棣狮子、西马和文豹等礼物,而明朝则统称之为贡品。

永乐十二年(1414年)成祖派遣使臣护送沙哈鲁的使臣返回哈烈,这一次他派去的宦官是李达,同时还有户部员外郎陈诚、主事李暹和指挥使金哈蓝伯一行。这些出使西域的使团,除玺书之外,带去的是传统丝绸之路的物品文绮、纱罗、布帛、瓷器等,并将这些礼物分赐西域各国国王及首领。

两年以后,陈诚等人再次奉使西域,在成祖致书沙哈鲁中提出永修两国之好,而且准许民间贸易。这个决定后来也影响到了郑和下西洋,永乐十八年(1420年)那一次下西洋时,特准船队与海外贸易,并准许下西洋官军私人贸易,下西洋与通西域至此皆具有了商业贸易的内容。

陈诚这一次出使见到沙哈鲁的时候,拿出一件奇特的礼物,那是一幅精美的中国画,画的是一匹白马,这匹马就是沙哈鲁送给朱棣的一匹中亚名马。这个礼物令沙哈鲁不胜惊喜,他和他的儿子乌格多次热情招待了陈诚一行,当陈诚返回时,又派使臣送行,这一次他在致朱棣的书信中便正式提出劝朱棣皈依伊斯兰教,他认为这是他最友好的一种表示。

成祖精心准备了回赠的礼物,在写给沙哈鲁的复信中也再次表达了两国友好的意愿。这封书信在沙哈鲁收到后被译为回文,而当再重译为汉文时,便成为这样的一封书信:

> 大明国大皇帝致书算端沙哈鲁:朕深悉天赋尔聪明善德,政行回邦,故人民丰富宴乐。尔聪敏才能,回邦之冠,克顺天命,敬勤所事,故能得天佑也。朕前遣爱迷儿赛雷李达等至尔国,李达等归报,蒙隆礼优待。尔使拜克布花等偕李达等归朝,并带来尔所献缟玛瑙、野猫、天方马等。朕皆检阅一过。尔之诚敬,朕已洞悉。西方为回教发源之地,自昔以产圣贤著名于四方,惟能超过尔者,恐无人也。朕承天命,爱育黎元,西域之人,来中国者,皆善为保护礼遇,相隔虽远,而亲爱愈密,心心相印,如镜对照。天岂有不乐人之相爱者乎?交友之道,礼让为先,不独如是,更有甚焉者也。朕今遣吴昌国等会同尔国使拜克布花等,携带菲礼鹰七头、文锦若干匹以赐尔。鹰乃朕常亲玩者也,不产中国,来自东海边,至为稀罕。彼人常进献于朕,故朕有鹰甚多。闻尔国无此,故择良者,赐尔七头也。尔既雄猛,鹰即所以象德也。其为物也虽小,然用以表情则诚,尔其受之。愿自是以后,两国国交,日臻亲睦,信使商旅,可以来往无阻,两国臣民,共享安富太平之福也。朕望上天,更使尔我得知其慈善也,书不尽言。(张星烺:《中西交通史料汇编》第三册《古代中国与伊兰之交通》)

送给沙哈鲁猎鹰,而且是一只自己打猎时曾经使用过的猎鹰,成祖完全受启发于沙哈鲁赠送的那匹曾经骑过的名马。至于所说"闻尔国无此",应该是个并不准确的信息。沙哈鲁作为一个突厥化的蒙古人,在骑猎生活中,又怎么会没有猎鹰?

一只鹰和一匹马的互赠,将成祖与沙哈鲁拉近了许多。朱棣在位的二十二年间,来自撒马儿罕和哈烈的使团多达二十个,此外还有数十个来自中亚其他地区的使团。这些使团中有大量的商人,甚至还有艺术家。

他们的商队以使臣的名义跋涉在这条互通中国与中亚的丝瓷之路上。

陈诚之外，奉旨出使西域的还有司礼监少监侯显。侯显起初奉旨出使西番的乌斯藏，永乐十三年（1415年）以后，侯显受命率舟师前往榜葛剌诸国，后因榜葛剌为邻国沼纳朴儿所侵，再命侯显于永乐十八年（1420年）前往宣谕罢兵。侯显出使的国家主要在印度半岛。

永乐十七年（1419年）十一月，一支五百一十人的大规模的使团，从哈烈出发，前往中国。几个月后，他们来到了明朝西部的边镇，受到当地官员们的热情接待。在享用了美味的饭菜和各种精致的糕点后，由明朝相关人员清点一下人数，便准予入关。这种简便的入关手续，已经成为惯例。使团中一个名叫齐亚的画家，记录下了七月二十日的一次宴会的情况，他说："所食丰美，几比王侯。"（同上）作为客人，他们被请到上座，明朝的蒙古族军官们纷纷上前敬酒，而为酒宴伴舞的表演，更为神奇，一个优童扮成仙鹤的样子，模仿仙鹤的舞姿，在乐曲声中翩翩起舞，使团的人都为之陶醉。而这只是边关的接待，他们还没有真正到达明朝的西陲重镇。

明朝在西北有一个极重要的城市肃州，这时候的肃州因为军事重镇的地位，已经发展成为一个具有相当规模的城市，这也令使团的成员们为之惊叹。从到达肃州之日起，此后使团的全部费用，完全由明朝官府承担。他们到达甘州时，正值伊斯兰教斋期，使团辞谢了明朝官方的宴请。明朝方面对伊斯兰的习俗已经十分熟悉，他们派人将美味珍馐送到使团们住宿的驿站，供他们在日落后再进食。

这支使团虽然已经进入了明朝的疆域，但这还只是他们在中国行程的开始，从这里到他们要前往的明朝的北京，还有漫长的道路和数不清的驿站。

永乐十八年（1420年）十一月十一日的傍晚，这支经历了长途跋涉的中亚使团终于来到了即将作为京师的北京。这时候已经宣布了迁都北京，北京的城墙和宫殿已经基本完工，只等来年正式公布迁都北京的圣旨。使臣们在即将完工的紫禁城宫门外亲眼目睹了明朝皇帝的威仪。

宫门外广场上,官员和军士们伫立在道路两侧,"各人手中持木板一块(笏板),长一骨尺,宽二寸半。各人眼皆注视木板。后方有军队,枪兵、骑兵及执刀者,难以数计,万众之中,寂然无声,几乎皆若死者也"。(同上)

这是在北京迁都前新宫午门外的一次审理囚犯的安排,使团的人并不知道审讯囚犯的具体情况,从当时情况看,这很可能是对山东唐赛儿起义抓捕人员的一次审讯,待到审讯完毕,成祖接见了这批使团的成员。齐亚也记述了这位中国皇帝的相貌:"皇帝身体中材,面不过大,亦不甚小。有胡须,约二三百茎,分三四卷,长达于胸。"第二天,正式宴请了使团的成员。不过在齐亚看来,这种形式拘束的宴会与沿途那种热情而丰盛的招待相比,实在令人兴味索然。

令使团成员们兴奋的是,他们恰好赶上了迁都北京前夕的中国大年夜。除夕之夜的北京城,所有店铺都点燃了灯烛,将北京城照耀得如同白昼。使臣们被请入宫中朝贺,朝贺后便是宴会,这场宴会竟然进行了整整一个通宵,直到次日中午方才结束。

但是后来发生的事情却是人们始料不及的。四月初清明刚过,成祖骑沙哈鲁所赠的名马狩猎时摔倒,把成祖摔伤。使臣们因此被追究责任,加镣看守,准备发成辽东充军。这当然也算不上是使臣的过失,沙哈鲁送来宝马,只是一种友好的表示,因此怪罪使臣,实在没有道理。每二天成祖接见使臣们的时候,当面讲起此事。

使臣解释道:"此马乃昔日大爱迷儿之马也。大爱迷儿者,爱迷儿帖木儿古儿汗也。沙哈鲁王献陛下以此马者,欲表示其最敬之意也。王谓贵国必以此马为马中之宝也。"(同上)

沙哈鲁献给朱棣的这匹马,原来是他父亲十六年前的坐骑,从礼节上这确实是极为崇敬的表示。

永乐十九年(1421年)是迁都北京的第一年,这些来自中亚的使臣们在北京的生活也伴随着迁都前后种种事件而跌宕起伏。两天后,因为雷击引发了北京新宫中的三大殿火灾,而成祖又因为最宠爱的王贵妃病逝,

心情极坏,随即病倒,四月中旬使团告辞回国的时候,也没有再接见他们,只是让太子朱高炽代为送行。

两年后,帖木儿帝国的使团再次前来,当时成祖正在亲征蒙古,对于使臣未暇顾及。待到成祖病逝于征途,太子朱高炽即皇位,高炽在位不足十个月,且其性格不同于朱棣,对于"怀柔远人"并无太大的兴趣,明朝与西域的往来也日渐疏远,陈诚、侯显们努力打通的这条丝瓷之路上商旅往来的盛况,也便一去不复返了。

第二节 西方文化的传入

明朝自从永乐以后,蒙古问题再度成为国家安全的威胁。全力应对北方的蒙古,成为明朝的重中之重。这种情况到了嘉靖时期更为严重,加之东南沿海的倭乱,所谓南倭北"虏",明朝更为不堪。好在嘉靖后期,戚继光、俞大猷等爱国将领,陆续剿灭倭寇,再到隆庆年间,北方蒙古与明朝议和,遂有"俺答封贡"。

北边既无忧虑,伴随着商品经济发展而形成的民间海上贸易高潮也便来临。我们在此时看到了两本书,一是著名的《西游记》,另一则是《三保太监下西洋记演义》。此时的明朝人,充满了探险精神,他们开始把眼光盯向了海外那些未知的世界。不过这一次与明朝初年不同的是,明朝已经不再具有当年那种明显的文化优势。此时西方文化的发展,成为更加强势的文化,并通过传教士的来华影响到了明朝。正当明朝人准备再度开始海上活动的时候,西方传教士已经带着他们强势的文化和科技敲开了明朝的大门。这在中国历史上是天主教的第三次传入。

这一次的西方传教士来华,其影响远超于前两次,然与其后19世纪的第四次传入的西方殖民主义性质亦有明显之不同,因此更凸显其中西文化之碰撞与交融之内涵。

此时的西方,是基督教内部的新旧教派之争与地理大发现后海上扩张的高潮时期。因此背景之下,西方传教士多以为打开东方大国之门的传教活动具有不同寻常的作用。

一、西方传教士来华

明朝后期西方传教士的来华,是中国历史上基督教的第三次传入。其在影响上远远超过了前两次,同时却又没有19世纪中叶以后第四次传入时的那种明显的殖民化的侵略性质,因此这一次的基督教传入,更加突出了中西方文化交流的内涵。

明朝后期基督教传入中国的西方背景,是基督教内部的新旧教派之争与地理大发现后的海上扩张高潮。而当时中国的背景,则是宋明理学的一统地位发生动摇,各种学说兴起,传统社会开始向近世转化。

第一个企图打开明朝封闭的大门进入中国传教的西方传教士是西班牙人方济各·沙勿略(Francis Xavier,1506—1552),他是当时西方耶稣会的首批成员之一。但是他只到达了靠近广东的上川岛,没有进入中国大陆就在那里病故了。

就在沙勿略死后第二年,明嘉靖三十二年(1553年),葡萄牙人行贿于明朝海道副使汪柏,借口遇到风暴,要求在澳门晾晒浸水货物,由此开始进入到澳门。当时正是倭寇经常侵扰福建、广东一带的时候,葡萄牙人通过帮助打击海盗取得了明朝政府的信任,于嘉靖三十六年(1557年)被允从上川岛移住澳门。于是耶稣会士也随之进入澳门,开始在当地的中国人当中传布天主教。

截止到嘉靖四十二年(1563年)共有八位耶稣会士在澳门,两年后,传教会的会长弗朗西斯科·派瑞斯"携带一份要求允许他们在中国开教的正式的申请书,来到广东巡抚衙门。他受到非常有礼貌的接待,主人通情达理地劝告他学习中文,然后将他送回澳门"[①]。

其后多位传教士进入中国的申请皆被拒绝,一些无法忍受这种挫折的传教士甚至企图说服欧洲的君主们对中国动用武力,打开传教的大门。

[①] 邓恩著,余三乐、石蓉译:《从利玛窦到汤若望——晚明的耶稣会传教士》,第1页,上海古籍出版社2003年版。

改变这种局面的传教士是意大利人范礼安(A·Valignano),他于万历五年(1577年)到达澳门,通过几个月的考察,使他对中国人产生了崇高的敬意,他也洞察到了以往失败的原因,他在给总会长的信中提出了调整传教政策的主张。

这可以称为是"划时代的观察"。它明确地预告"欧洲人主义"的时代被打破了。代之以尝试一种新方法。将天主教作为一个外国的胚芽移植到具有反抗力的不友好的中国文化的躯干上。天主教复归到它最初的发生潜在作用的角色,悄悄地进入中国文化的躯体,并尽力使之发生内在变化。这就是范礼安的见识。①

这算得上是晚明时代最早认识到东西方两种文化碰撞的看法。范礼安的观点被后人视为"具有革命性的"认识。美国邓恩神父在他的《从利玛窦到汤若望——明晚的耶稣会传教士》一书中,对"欧洲人主义"给予了批评,同时对文化碰撞提出了一个"文化适应"的主张:"'欧洲人主义'是一个精神的王国。它存在于以欧洲文化形式为终结的狭隘、高傲自大的假设当中。这些文化形式被附加了绝对的价值,因此它不可能认识其他文化的固有价值。欧洲以外的那些国家的人民,被他们曾经热情招待过的,或是在武力的强迫下不得不招待的欧洲人终生地侮辱和蹂躏,他们的感情被永久地伤害了。"他还说,"文化适应,是以尊重当地文化为基础的,它植根于谦虚的精神和对无论何方的人民都有同等价值的理解之中。范礼安的这种新的,也可以说是相当古老的用以解决传教难题的方法,是具有革命性的。"②

其后陆续受耶稣会派遣,从印度来到中国澳门的传教士是巴范济(F·Passio)、罗明坚(M·Ruggieri)和利玛窦(Matthieu Ricci)等人。

---

① 邓恩著,余三乐、石蓉译:《从利玛窦到汤若望——晚明的耶稣会传教士》,上海古籍出版社2003年版,第4页。

② 同上,第4页。

罗明坚于万历七年(1579年)夏天到达澳门,在那里开始学习汉语,这样也便于他与明朝官员们的交往,最终得到了他们的同意,终于在万历十一年(1583年)被获准来到了广东肇庆,并且得到总督郭应聘的许可,在那里修建了第一座天主教堂。比罗明坚稍晚些时候到达肇庆的是后来名声斐然的意大利传教士利玛窦。他在同年9月10日,也来到了肇庆。西方传教士进入到广东肇庆,是一个十分有意义的事情,这是他们打开在中国传教坚冰的第一步。邓恩神父感慨地说:"那么多年面对正面的进攻仍然是紧密关闭的大门,开始在同情、理解和文雅的作用下打开了。"[1]

不过这只是中国官方对于传教士们努力工作的理解,并不代表对他们所传布的宗教的接受,因此罗明坚的传教活动并不顺利,他于此后虽受两广总督郭应聘之请赴浙江杭州传教,但其传教活动未能有所突破,因此他于万历十三年(1585年)返回欧洲后,便没有再回到中国,他在肇庆所建第一座天主教堂亦于六年后被关闭。但是罗氏毕竟是明后期在中国传布天主教的第一人,其所印制之《祖传天主十诫》的传教材料,也是第一个由西方传教士用汉文写成的宣扬西方天主教义之著作。罗氏于万历十二年(1584年)所撰之《天主圣教实录》,以文言文体讲述天主教之专用名词,加以注音及义译,首次用适合百姓水平之文体对天主教之教义进行解释,故其后人皆以罗氏为明代西方传教士在中国传教之开创的人物。

在起初的传教过程中,传教士们要求凡是入教的中国人,必须首先取葡萄牙文的名字,学会葡萄牙语,从生活上也必须葡萄牙化。这种传教方法,不符合当时中国的国情,因此几乎无法开展传教工作。耶稣会负责远东事务的意大利人范礼安认为只有按照中国的风俗进行传教,才有可能打开中国传教的大门。他的建议得到了耶稣会的批准,于是三名传教士从印度被调往了澳门。他们是巴范济、罗明坚和利玛窦。

为了便于传教活动,传教士们尽量去适应中国的习俗,他们甚至都穿

---

[1] 邓恩著,余三乐、石蓉译:《从利玛窦到汤若望——晚明的耶稣会传教士》,上海古籍出版社2003年版,第5页。

上中国式的长袍。他们非常善于不露痕迹地宣传基督,将圣母和基督的画像放在教堂中,任凭来访的中国人跪拜。长期以来中国的多神崇拜,使人们并没有对西方的神像产生过多的怀疑。但是后来便发生了教堂与当地民众的冲突,不同文化的碰撞在这里体现出来。

罗明坚以后,继承他在中国传教的主要传教士便是后来名声颇著的利玛窦。

利玛窦起初作为罗明坚的助手,罗明坚走后便成为了当时传教团的主要负责人。他同罗明坚一样非常重视在传教中去适应中国的文化传统,穿中式的衣服,讲汉语,并且研究儒家的经典,与明朝的士大夫们交往,这一切当然都是为传教服务的手段,但是这些手段确实起到了相当大的作用。利玛窦在肇庆时认识了一个名叫瞿太素的士大夫,后来利玛窦移居韶州后,瞿太素便成为了第一个皈依天主教的明朝上层社会人物,是他告诉利玛窦不要穿中国僧人的服装而着儒士服装的。关于瞿太素其人的具体情况,史书中记述不详,《利玛窦中国札记》中说:"他是一个被称为尚书的第二级高官的儿子,苏州人,是受过良好教育的知识分子。他的父亲因有官职而知名,但更因他是三百名应博士学位考试中的魁元而著称。"(《利玛窦中国札记》卷二)这样的人物在当时只有死后被赐尚书的礼部左侍郎瞿景淳,《明史》中说景淳有两子:汝稷、汝说。但是当初为景淳作传的王世贞却明确记说他有三个儿子,瞿太素便应当是其中的一个。只是因为他后来交结败类,沾染恶习,有辱家门而不再被人提及了。

万历十八年(1590年),利玛窦在韶州兴建了第二座天主教堂。这次建教堂与肇庆不同之处在于是它开始有了更多的信徒,据记到万历三十五年(1607年)止,韶州的教徒已经超过800人。

利玛窦兴建的第三座教堂在南昌,这是一次计划外的举动。他本于万历二十三年(1595年)随侍郎石星前往北京,后因石星改变主意而留在南京,南京官员又拒绝其住留,只得退居南昌,于是在南昌开辟了传教事业。

万历二十六年(1598年),利玛窦从南昌再次前往北京未成,于次年在南京城西建立了第四座教堂。南京是明朝的留都,地位仅次于北京,南京教堂的建立,说明天主教开始进入了明朝的政治文化核心地区,并由此而引发了明朝高层参与的中西方文化冲突,即后来的"南京教案"。然而当时利玛窦对于在南京的活动并不感到满足,他一直将传教的目标对准北京。在《利玛窦中国札记》中曾经这样记述了他当时的心情:

他在睡眠中做了一个梦,梦见他遇到一个陌生的行人向他说:"你就这样在这个庞大的国家中游荡,而想象着你能把那古老的宗教连根拔掉并代之以一种新宗教吗?"原来,自从他进入中国时起,他始终是把他的最终打算当作绝密加以保守的。所以他答道:"你必定要么是魔鬼,要么是上帝自己,才知道我从未向人吐露的秘密。"他听到回答说:"根本不是魔鬼,倒是上帝。"看来好像他终于找到了他一直在寻找的人了,他跪在这个神秘人的足下,含泪请求他:"主啊,既然你知道我的想法,为什么不在这困难的事业中助我一臂之力?"说完这话,他趴在地下哭,泣不成声。到最后他听见保证的话时才感到一阵安慰:"我将要在两座皇城里向你启祥。"那和上帝曾在罗马答应帮助圣依纳爵的话,字数完全一样。他仍在梦里,恍惚进了皇城,完全自由而安全,没有人反对他的到来。

他之所以会有这样的梦境,实在是因为他太想在北京获得成功了。

万历二十八年(1600年)末到二十九年(1601年)初,利玛窦通过太监马堂终于再次来到了北京,而且将礼品和奏章送到了神宗那里。那是一份无可挑剔的奏章,利玛窦在其中声称自己来华的原因是"逖闻天朝之声教文物,窃愿沾被余溉,终身为氓,始为不虚所生"。他称自己"颇知中国古先圣人之学,于经籍略能记诵,而通其旨"。"伏念堂堂天朝,且招徕四夷,遂奋志努力,径趋阙庭"。他带给神宗的礼物包括:天主像一幅、天主母像一幅、天主经一本、珍珠镶嵌十字架一座、报时钟二架、万国图志一册、西琴一张(徐光启:《徐文定公集》卷首)。尽管当时礼部尚书朱国祚两次上疏请求:"乞量给所进行李(贡物)价值,照各贡译例,给与利玛窦冠带,速令回还,勿得潜住两京,与内监交往,以致别生枝节,且使眩惑愚民。"(《万历野获编》卷三〇《大西洋》)但是神宗都没有给予理睬,利

玛窦被获准在北京传教，同在北京的传教士们成了宫中尤其是太监们的常客。

万历三十三年(1605年)，利玛窦在北京宣武门建立了教堂，这就是后来著名的"南堂"。这一年北京受洗的教徒超过了200人，从人数上看虽然不算很多，但是因为是在京城，影响之大是可想而知的。万历三十七年(1609年)，在利玛窦等人的支持下一个取教名为路加的吏员出面成立起了中国第一个圣母会。几个月后的万历三十八年(1610年)三月十八日，利玛窦病逝于北京。神宗特赐墓葬，墓地在北京阜成门外。利玛窦是继罗明坚以后传教最为成功的一个，是他通过晋见神宗皇帝从而打开了在中国传教的官方通道，所以他比起罗明坚等人有着更大的影响。按照明朝人的记述，当时来华的传教士除利玛窦外，还有意大利人龙华民、王丰肃、熊三拔、毕方济、艾如略，西班牙人庞迪我，葡萄牙人阳玛诺，瑞士人邓玉函，德意志人汤若望、罗雅谷，均见于《明史·意大里亚传》。韩霖、张赓《圣教信证》中还载：尚有意大利人罗明坚、杜奥定、卫匡国，葡萄牙人孟三德、罗如望、苏如汉、费奇规、傅泛济、费乐德、伏善望、瞿西满、郭纳爵、何大化、孟儒望、安文思，及瑞士人郭居敬，拂览第亚人金尼各，西济利亚人贾宜睦、潘国光等，并有著述，阐述教义，而纳袜辣人方济各·沙勿略，在嘉靖世，至我国边关即卒，实早于利玛窦来华三十年也(黄云眉：《明史考证》卷三二六《意大里亚传》)。

明代西方传教士能够取得一定的成功，在于他们在传教思想上的两方面努力，一是他们将天主教中国化的努力，一是他们与中国儒学结合的努力。他们因此而取得了一批明朝社会上层士大夫的支持，其中最著名的是徐光启、李之藻和杨廷筠。而在南京的时候焦竑和李贽也都十分敬重利玛窦并对其教义表示了赞赏。这与当时明朝士大夫自身的情况有直接关系。徐光启等人都是晚明实学的倡导者，他们不仅接受了天主教的教义，而且接受了传教士们带来的西方科技，焦、李更是泰州学派的传人，他们代表了晚明士大夫中思想解放的一类。当然，在当时的士大夫中间，更多的人对这种外来文化的东西是表示怀疑的，也有相当一批反对派，以沈㴶所发起的"南京教案",则是一次典型的东、西方文化冲突。

天主教的教义,对于晚明禅化的儒学者来说,是很难接受的,他们认为天主教的传播是"欲扫灭中国圣贤传统",因此是"邪教"。一些士大夫为此而撰写了声讨天主教的文章,如王朝式的《罪言》、李生光的《辟教辩证》、黄贞的《破邪集》等等。

万历三十八年(1610年),传教士王丰肃在南京建起了西式教堂,引起一批官员士大夫的不满。四十三年(1615年),沈㴶出任南京礼部侍郎后,便先后两次上疏神宗皇帝,请求禁教,但是没有得到神宗的批准。四十四年(1616年),他第三次上疏,得到内阁大学士方从哲的支持,遂将王丰肃逮捕,同时被捕的还有一些传授士和教徒。当时礼科给事中余懋孳的上疏中更将天主教与当时被严禁的白莲教等列为一处:

自利玛窦东来,而中国复有天主之教。乃留都王丰肃、阳玛诺等,煽惑群众不下万人,朔望朝拜动以千计。夫通番、左道并有禁。今公然夜聚晓散,一如白莲、无为诸教。且往来壕镜,与澳中诸番通谋,而所司不为遣斥,国家禁令安在。(《明史·意大里亚传》)

其后虽然有禁教之令,而"命下久之,迁延不行,所司亦不为督发"。"丰肃寻变姓名,复入南京,行教如故,朝士莫能察也"(同上)。到天启元年,沈㴶被罢后,教禁也就停止了。现代学者普遍认为"南京教案"是一次"具有文化排外的性质"的典型东、西方文化之争。当时一些传教士传说沈㴶收受了南京佛教徒一万两银子的贿赂,因此发起这场教案。这虽然只是传说,但是佛教僧人参与排斥天主教的活动,在当时确实是相当明显的。(《中国宗教史》第七章,第893页)

其实此时传教士们处于一种矛盾的状态之中。在传教士们看来,这个人口众多的民族,长期"处在漫长世代的精神黑暗"之中。然而他们所做的一切努力,都是希望在中国社会上层中,尤其是长官中表现出学术和文化的更先进,以此获得官员们的重视。他们在与官员们关系更近的情况下,却"激起了百姓的妒忌",并因此引发了一系列纠纷。

因此,传教士们要想在中国传布天主教,他们在社会上层和官员们中

间的努力,与其在民间的努力应该是相行不悖的。

任何文化的入侵,其首要条件便是经强势文化征服弱势文化。然而西方天主教之进入中国,所遭遇的却非其他地区那样的弱势文化。按照西方传教士们的说法,中国人"因为他们不知道地球的大小而又夜郎自大,所以中国人认为所有各国中只有中国值得称羡。就国家的伟大,政治制度和学术的名气而论,他们不仅把所有别的民族都看成是野蛮人,而且看成是没有理性的动物。他们看来,世上没有其他地方的国王、朝代或者文化是值得夸耀的。这种无知使他们越骄傲,则一旦真相大白,他们就越自卑。当他们头一次看见我们的世界地图时,一些无学识的人讥笑它,拿它开心,但更有教育的人却不一样,特别是当他们研究了相应于南北回归线的纬线、子午线和赤道的位置时。再者,他们得知五大地区的对称,读到很多不同民族的风俗,看到许多地名和他们古代作家所取的名字完全一致,这时候他们承认那张地图确实表示世界的大小和形状"。(《利玛窦中国札记》(上册))按照当时传教士们的说法,中国人在看到这幅地图上所表现出中国与欧洲之限山隔海的情形时,也减少了心中的疑虑和恐惧,他们相信西方人不会大量从如此遥远之地来到中国。

自然知识的丰富,是传教士们的优势,他们渐渐表现出西方文化之强势。利玛窦是受到过极好的数学训练的,他同时也很会利用此种优势。

> 地图获得如此巨大的胜利,以致利玛窦开始用铜和铁制作天球仪和地球仪,用以表明天文并指出地球的形状。他还在家里绘制日晷或者把日晷刻在铜版上,把它们送给各个友好官员,包括总督在内。当把这些不同的器械展览出来,把它们的目的解说清楚,指出太阳的位置、星球的轨道和地球的中心位置,这时它们的设计者和制作者就被看成是世界上的大天文学家。(同上)

利玛窦的聪明之处,在于他对中国文化的理解,他一边故弄玄虚,大讲太阳与地球之位置,另一方面他又在绘制地图时,将中国放到地图中央的位置,使明朝人看了感到高兴。这其实也是一种文化认同。我们过去常将此视为文化入侵,即使传教士们的所为仍不免有文化入侵之目的,而其为此所做的努力,则明显表现了东西文化的对视与交融。

在此对视交融之过程中,表现强势之西方科技成为其主要展示之内容,如其于万历二十三年(1595年)写给罗马耶稣会总会长之信函中即称其能够与明朝士大夫交往之主要原因,包括其外国人之身份,所表现出的惊人之记忆力,有明朝士大夫宣传其为大数学家,他带到中国的科学教具,如三棱镜、地球仪、浑天仪和世界地图等等,最后才是听其讲解天主教义。显然,在科技上的优势虽然带动了其宗教宣传,却无法使其宗教宣传转为强势,在其传教过程中,中国传统文化之力量,天主教仍然无法与之抗衡。

同年,利氏应南昌应安王朱多㸅之请翻译西方格言名句,命为《交友论》,强调交友之意义,而其所述力求与中国传统之交友观念相吻合,受到了士大夫们的一致赞赏。利氏在其著《友论引》中称:

> 窦也,自最西航海入中华,仰大明天子之文德,古先王之遗教,卜室岭表,星霜亦屡易矣。今年春时,度岭浮江,抵于金陵,观上国之光,沾沾自喜,以为庶几不负此游也。远览未周,返棹至豫章,停舟南浦,纵目西山,玩奇挹秀,计此地为至人渊薮也。低回留之不能去,遂舍舟就舍,因而赴见建安王。荷不鄙,许之以长揖,宾序设醴欢甚。王乃移席握手而言曰:"凡有德行之君子,辱临吾地,未尝不请而友且敬之。西邦为道义之邦,愿闻其论友道何如。"窦退而从述囊少所闻,辑成友道一帙,敬陈于左。①

此文虽称仰大明天子之文德,为西方来华者,而其自南京而至南昌,

---

① 利玛窦:《交友论》《交友引》,转引自朱维铮主编:《利玛窦中文著译集》,第107页,复旦大学出版社2001年版。

一路所述，俨然中华士大夫中人，殊不知其自南京来昌，实为不得已之举也。

为利氏此著为序者有冯应京、瞿汝夔、陈继儒、朱廷策等人，可见其于士大夫中之影响。应京至曰："西泰子间关八万里，东游于中国，为交友也。"继儒则称："人之精神，屈于君臣父子夫妇兄弟，而伸于朋友，如春行花内，风雷行元气内，四伦非朋友不能弥缝。不意西海人利先生乃见此。"朱廷策复称："以予所睹，利山人集友之益大哉，胡言绝也?"（利玛窦：《交友论》诸人序）

这也正是令利玛窦感到有希望的理由。他在士大夫圈子里面结交的那些朋友，使他终于能够站住脚跟，渐渐融入到了晚明的那个时代之中。

不过他们最初传教的对象似乎还只是社会下层的个别人。他们在肇庆吸纳的第一个信徒名叫陈理阁，似乎是一位公职人员，但地位显然不高。真正接受洗礼的就是那位垂死的病人，属于最低层的百姓。但是这显然不是传教士们的目的，他们如果想在中国传教，就必须让士大夫们接受他们。

二、皈依天主教的士大夫

当初利玛窦作为罗明坚助手的时候，便提出了在传教过程中适应中国文化。其实其所适应者，即中国士大夫文化。比如穿中国士大夫们的袍子，讲汉语，不过这些主意皆出于一位名叫瞿太素的中国士人。利氏在肇庆认识了这位士家子弟，并与之成为好友。待到利氏移居韶州后，瞿太素便成为了第一位皈依天主教的明朝上层人物。《利玛窦中国札记》中说到瞿太素（汝夔）："他是一个被称为尚书的第二级高官的儿子，苏州人，是受过良好教育的知识分子。他的父亲因有官职而知名，但更因他是三百名应博士学位考试中的魁元而著称。"这样的人物我们在史书中只找到一位瞿景淳，但是《明史》中说瞿景淳只有两个儿子，一位名叫汝稷，一位名叫汝说，并没有记录由景淳之妾谭氏所出的汝夔（太素）与汝益这两个儿子。不过当年为瞿景淳作传的王世贞却说景淳有三个儿子，仍无汝益的记述,而其中一位瞿汝夔(太素),后来"交结败类","沾染恶习",有辱家门,因此不复被人提及。所谓"交结败类",或即与传教士之往来,尚未可知,而"沾染恶习"有辱家门者,则当指其与兄汝稷之妻徐氏之奸情,执此说者,称之为"家难",即其第四子汝说之子即明末抗清名臣瞿式耜。"与长嫂发生'通问之奸'的汝夔,因不容于家族而被迫离家,遂得以认识利玛窦等西士,并成为最早接触西学和西教的士人之一。面对一个伴随着优势物质文明,且主张'无论十恶不善,朝皈依而夕登天堂'的外来宗教,犯大错并遭宗族和乡党唾弃的汝夔,或许因此被深深打动,甚至愿意受洗加入天主教会的群体。也就是说,瞿氏的'家难'竟然意外促成汝稷(信佛教)和汝夔两兄弟在宗教上的特殊因缘,且不仅使汝夔有机缘认识利玛窦,更影响及天主教在华的传教政策。"①

万历十八年(1590年),利氏在韶州兴建第二座教堂的时候,已经有了一些信徒,再到三十五年(1607年),韶州的天主教信徒已经超过了800人。此时利氏亦在南京建起了教堂,天主教逐渐进入到了明朝的政治中心区。不过利氏的目标显然不止于南京,他希望能够将天主教打入到明朝的政治核心——北京。

万历二十八年(1600年)末至二十九年(1601年)初,利玛窦通过太监马堂的引进,终于再次来到北京,并成功将礼物送至神宗手中。同送上的还有一份措辞仔细而无可挑剔的奏章。利氏声明其来华之原因,盖"逖闻天朝之声教文物,窃愿沾被余溉,终身为氓,始为不虚所生"。不仅如此,且其已"颇知中国古先圣人之学,于经籍略能记诵,而通其旨"。他甚至认可将自己称为"四夷","伏念堂堂天朝,且招徕四夷,遂奋志努力,径趋阙庭"。(徐光启:《徐文定公集》卷首)

利氏送给神宗的礼物为天主像一幅、圣母像一幅,天主教经一部,此外则珍珠镶嵌十字架一座,万国图志一册,西洋琴一张,自动报时钟二台,

---

① 黄一农:《两头蛇:明末清初的第騳代天主教徒》,第60页,台湾"国立清华大学"出版社,2005年9月版。

还有多棱镜、沙漏、彩色的腰带、几匹布、一个犀牛角、一台不通过键盘演奏而是用拨子拨弄琴弦的小型古钢琴,据说尚有手摇风琴一台,但其送至南京时,利氏已在进京途中。倘若按照利氏之记述,礼物应更多些,因其运送这些礼物到北京时,"用了八匹驮马,三十多个脚夫"①。

这与明朝"四夷"的朝贡显然不同,利氏虽然也自称"四夷"但其不同于"四夷"之处在于他的"颇知中国古先圣人之学",而他身着明士大夫之长袍,则更足见其对于中华文化的认同。而他所献的"方物",更不是"四夷"的土产,而是令明朝人感到神奇的先进科技的产品,当然也包括其宗教之文献。这当然也引起了一些士大夫们的警惕,礼部尚书朱国祚两次上疏神宗,主张依"四夷"朝贡之例,"乞量给所进行李价值,照各贡译例,给与利玛窦冠带,速令回还,勿得潜住两京,与内监交往,以致别生支节,且使眩惑愚民"(沈德符:《万历野获编》卷三〇《大西洋》)。

国祚的奏疏仍将利氏视为"四夷",视为社会下层流传之宗教,这当然不能说服神宗,因此神宗不予理睬,而恩准利氏在京传教,传教士们也因此而成为宫中尤其是一部分宦官们的座上常客,利玛窦们终于取得了在北京的传教权。

利氏成功的原因之一是他极善于利用明朝人的心理。当其所献之自鸣钟停摆后,神宗皇帝特命其入宫中修理,这于是被时人传为皇帝的特殊召见,且可经常与皇帝面谈,利氏虽入宫而未曾见到神宗,但他以不置可否之态度,以增添此事之真实性,成为其在官民中自固之资本。

万历三十七年(1609年),一名吏员受洗后取教名为路加,在利氏支持下组成中国历史上第一个圣母会,形成天主教徒信众的组织。这种在小众群体中形成的西方宗教信仰,始于中国传统文化之中渐生根基。虽然没有如利玛窦希望的那样,中国人会在天主教面前轻易抛弃传统而出

---

① 史景迁著,陈恒、梅义征译:《利玛窦的记忆之宫》,第263页,上海远东出版社2005年版。

现"在很短的时间,可以归化千千万万的中国人"①之景象,但他终于可见自己的事业之初成,他于次年三月十八日,在北京逝世,他以自己的努力而实现的传教成就,可以瞑目去见他的天主了。"在举行丧事弥撒那天,有大批教徒参加,其中有一个知名文士非常熟悉朝廷办事的手续,他回家之后忽然想到皇上或许可以赐给一块土地作为利玛窦神父的坟地。他认为这就等于认可教会和基督教在中国的合法存在了。"(《利玛窦中国札记》(下册)第五卷《利玛窦墓——中国皇帝的赐地》)于是以庞迪我神父名义呈上了一份奏疏。

其后发生的十分令人惊讶的事情是神宗皇帝居然同意给予利氏特赐墓葬。这个赐给利氏的墓地地处北京阜成门外,本来是一座由宦官建立的名叫仁恩寺的佛寺。神宗皇帝将这座由宦官们支持建立的寺庙赐给利玛窦为墓地,引起了一场风波。传教士们为利氏申请墓地的时候,那些作为利氏朋友的朝廷官员们因为从无先例而格外谨慎,他们都尽力使之合于中国的传统。事后传教士们送给内阁大学士叶向高的礼物也是独具心裁的设计:"用一块象牙同时精美地雕上日、月、星辰图。"(同上)这样的礼物既可免去行贿之嫌,且充满中国元素,却不失西方科学技术的文化体现,而且这对于身居高位的士大夫当然也是一件再好不过的纪念品。

不过仁恩寺本是一名被罪入狱的宦官杨某与同伴们供奉的寺庙,对于被选为传教士的墓地,他们表现出极端不满与抵触,他们因此前往传教士那里寻衅闹事,以发泄其不满。然其既为被罪之内监,自无能挽回此项决定,这位宦官杨某的同辈在失望之余离开了他们曾经热爱的寺庙。

宦官乃是中国帝制体制下之一特殊群体,他们因为自身的生理之缺陷而对佛教往往有特别的尊崇,而他们之于佛教的特别尊崇,则出于修来世的想法,希望在来世改变自身的命运。因为此种特殊之情况所决定,他们不同于一般的佛教信徒,也往往并不会因为信奉佛教而具备较高的宗

---

① 朱维铮主编:《利玛窦中文译著》导言;张国刚:《从中西初识到礼仪之争》,第359页,人民出版社2003年版。

教素养。其实天主教进入北京之初,还是得到了马堂这类上层宦官的支持的,但是下层的宦官则不大会对天主教感到兴趣,他们还应该属于社会下层相对保守之阶层,故必不可能成为新思想之追求者。他们对于利氏等西方传教士们很大程度之兴趣,还在于认为他们掌握有炼金术。甚至利氏的中国朋友瞿汝夔,也曾要求与利氏一起研究炼金术。

"利玛窦作为炼金术士的声名早在他到南昌之前就在当地传播开了。南昌当地本来就以炼金术士众多而闻名,他没有任何办法可以反驳这些谣传。他于1595年10月在给他的一个最亲密朋友吉罗拉莫·科斯塔的信中,不无嘲讽地写道:这个'名声'永远不可能消除了,因为,'我越是向他们保证我对这些事情一无所知,他们越不相信我'。当利玛窦于1598年对北京首次作短暂访问时,一位宫廷的资深太监派他的属下前来迎接他,想从他那里打听到炼金的技巧,当他获知,利玛窦不能将水银变为白银,这位太监当即就命令他离开北京。"①

在西方传教士们的眼中,明朝的太监们"他们的大多数既无知又愚蠢,但是也不乏聪明人。然而由于他们的道德水平很低,这些聪明人更具危险性。他们之中有的掌握了相当大的权力。有几个太监还是愿意当有道德的人的。在明朝的最后几年,这些人当中有的成了优秀的天主教徒,其中最出名的是庞天寿(传教士们在信中都称他为P'an Achilles),他以品德高尚、忠于明朝而闻名。"②

对于西方宗教来华,士大夫们的心态则有所不同。我们前面曾经说到,在晚明社会经济的商品化现象发展过程中,人们处于对利益之追逐,并产生浮躁之心态,对于旧日儒家思想如宋儒之学说的信仰,已渐破灭,故其必不可能令官民人等以修身养性的方式,通过约束自身而求得精神之成果。其实阳明"心学"的产生,与明中叶以后信仰之缺失不无关系。

---

① 史景迁著,陈恒、梅义征译:《利玛窦的记忆之宫》,第256~257页,上海远东出版社2005年版。
② 邓恩著,余三乐、石蓉译:《从利玛窦到汤若望:晚明的耶稣会传教士》,第70~71页,上海古籍出版社2003年版。

明中叶以后文人爱财,即商品冲击下士人心态之反映。在对金钱之追求远过于对道德之追求时,人们开始感到信仰之茫然。阳明之"心学"恰于此时应运而生,给人们一种全新的感觉。既然可以个性之追求,实现致良知之结果,又何乐而不为之呢?

及于泰州学派的后人们,更给予人们成为"圣人"之捷径,故其风靡一时,而所尊从者,往往各有其自身之目的,遂有王学左派与末流之分道扬镳的结果。待到士大夫们深感风气之失而欲重整道德信仰之时,他们只能回归于程、朱的理学,重新提倡个人道德之建设,然而在晚明的时代,这种克己而复礼的行为,很难唤起社会大多数人的响应,人们皆感信仰缺失,却无从找寻新信仰,恰于此时而有西方传教士们来华之传教活动。他们讲述的美好的天主教义,并且以其所带来之新的科学技术,以证明其学说之先进,这对于一部分明朝士大夫们的冲击力,是不言而喻的。一部分找寻信仰的人,或寄希望于以此改变今后人生的人们,开始相信了传教士们所宣传的教义。

中国本来即为一多信仰之国家,中华文化之一大特色,乃是对于各种宗教文化之包容,并由此而产生种种不同之信仰。其信仰之核心固然是以皇帝为代表之上天,其核心之社会价值观念,则为中国传统之道德观。

自正德以后,皇帝的神幔已不复存在,万历以后,皇权之权威,渐失往日之辉煌,与农业生产相适应之传统道德观念,亦不复适应于商品经济之变化,士大夫中的一部分人物,便开始对信奉天主教之兴趣。不过尽管如此,这个有着数千年文化传统的帝国,仍非轻易接受外来的宗教影响。

徐光启算得上是晚明接受西方传教士之第一人。徐光启,字子先,上海人。万历二十五年(1597年)乡试第一名解元,三十二年(1604年)中进士,由庶吉士历官赞善。《明史》称:"从西洋人利玛窦学天文、历算、火器,尽其术。遂遍习兵机、屯田、盐策、水利诸书。"(《明史》卷二五一《徐光启传》)此段文字主要在于述光启之于实学的重视,而非因其从利氏习西洋科技而后遍习兵机、屯田、盐法、水利诸书。

光启与传教士交往时间最长,参与其活动最多,与利氏合作译著影响

最大,且其在朝时间既久,地位亦高,故其堪称士大夫中信奉天主教之代表人物。光启于天启间任官礼部右侍郎,后为阉党劾罢。崇祯元年(1628年)复官,以左侍郎理部事,擢尚书,其监修历法即在此时。五年(1632年)入内阁参预机务,寻加太子太保,进文渊阁。但此时光启年事已高,史称:"光启雅负经济才,有志用世。及柄用,年已老,值周延儒、温体仁专政,不能有所建白。"六年(1633年)十月卒,赠少保,谥文定。

以今日之视角观之,光启是一位思想较为开放的官员,且有用世之志,是晚明实学一派的倡导者,故其主张用西洋之技,以御辽事。他同时也是一位洁身自好的官员,与同时入内阁之郑以伟,及其后的林钎,皆以廉名。然崇祯帝当政,于官员多有所疑,用人颇重权术。朝中诸臣,君子群小不能各取治道,终使光启诸人志不能伸。

光启之外,尚有李之藻、杨廷筠可为信奉天主教之士大夫的代表,而泰州学派的传人焦竑、李贽等人也与传教士们颇多交往且对天主教义表示赞赏。

李之藻,字振之,一字我存,号淳庵居士、存园叟。举万历二十六年(1598年)进士。浙江仁和(今杭州)人。历官南京工部员外郎、太仆寺少卿。之藻之于晚明时代,乃是一个重要的人物,不过其所为者,皆历法西教而已,故清修《明史》不重此说,故不入史传。之藻是受洗入教的官员,其与诸传教士往来颇密,对于天主教及传教士所传之西洋历法极为重视,亦参与其译著之事。他对于传教士所传"天主"之义,是极为推崇的。所以他在《天主实义》序中说:

> 世俗谓天幽远,不瑕论。竺乾氏者出,不事其亲,亦已甚矣!而敢于幻天蔑帝,以自为尊。儒其服者,习闻夫天命、天理、天道、天德之说,而亦浸淫入之。然则小人之不知不畏也,亦何怪哉?
>
> 利先生学术,一本事天,谭天之所以为天,甚晰;睹世之亵天佞佛也者,而昌言排之;原本师说,演为《天主实义》十篇,用以训善坊恶。其言曰:人知事其父母,而不知天主之为大父母也;人知国家有正统,

而不知惟帝统天之为大正统也。不事亲不可为子,不识正统不可为臣,不事天主不可为人。①

之藻将天主教之上帝说,与中国传承之儒家思想融而合之,但又称其所著不类近儒之作,"尝读其书,往往不类近儒,而与上古《素问》、《周髀》、《考工》、漆园诸编,默相勘印,顾粹然不诡于正。至其检身事心,严翼匪懈,则世所谓皋比而儒者,未之或先。信哉!"②

与之同时,尚有光禄卿李天经,亦通西洋历法,与光启等同掌崇祯中更新历法之事。而与传教士往来最密者,当属杨廷筠。

杨廷筠,字仲坚,浙江仁和人,举万历二十年(1592年)进士,历官江西安福知县,湖广道御史,出为巡漕御史,巡按苏、松等处,后督学南畿,擢江西副使,入为光禄寺少卿、顺天府丞,魏忠贤专权时辞官归。

廷筠在安福时,与邹元标等人过往甚密,颇受其影响。其后亦曾助创东林书院。比利时学者钟鸣旦在其所著《杨廷筠——明末天主教儒者》一书中考证了廷筠与天主教传教士之关系,他引用了《杨淇园先生超性事迹》及廷筠为利氏所著《同文算指》序言所记,断定廷筠在京为官时即与利氏相交往。可是,杨廷筠对天主教真正发生兴趣则较晚,大约是在1611年。这一切皆与先他而与传教士们来往的李之藻有关。因为"那一年,他同乡李之藻的父亲去世,杨廷筠到李家吊唁。在李之藻家中,他遇到了郭居敬(L. Cattaneo,1560—1640)、金尼阁(N. Trigault,1577—1628)和钟鸣仁(S. Fernandes,1562—1621),并有机会同他们讨论基督宗教问题,还请他们到他家去继续谈论。经过多次讨论和长时间的内心斗争之后,他终于领了洗。"③

---

① 李之藻:《天主实义重刻序》,朱维铮主编:《利玛窦中文著译集》,第99页,复旦大学出版社2007年版。
② 同上,第100页。
③ 钟鸣旦著,香港圣神研究中心译:《杨廷筠——明末天主教儒者》,第68页,社会科学文献出版社2002年版。

按照钟鸣旦先生的记述,廷筠受洗前是信奉佛教的,曾捐建佛寺,受洗后不复捐建佛寺改而捐建圣堂和小教堂,宗教传记里面记述他建有四所圣堂。而廷筠本人在受洗后,也影响到其家庭,其父于去世前二年受洗为基督徒,其母亦同时受洗入教。其妻与四个子女,于万历四十四年(1616年)一起领洗入教。廷筠妾所生之子,亦于万历四十八年(1620年)受洗。廷筠的家族算得上是晚明时期一个极具代表性的皈依天主教的士大夫家族。廷筠卒于天启七年(1627年)底,他的葬礼依照天主教徒的仪式举行。

再一位值得介绍的受洗入天主教的士大夫是王征。

王征,字良甫,号葵心,又号了一道人、了一子、支离叟,陕西泾阳人。举天启二年(1622年)进士。如一农先生所说,他是确知曾受洗入教的极少数士大夫之一,且为最早习拉丁文者,曾相助金尼阁刊行拉汉字典。"在明清之际中、欧两文明头一次的大规模接触中,西学成为流行的新思潮,许多高级知识分子对西教往往十分友善。如以王征为例,在他往来的师友中,除包括徐光启、李之藻、孙元化等奉教之人外,更多包括相国何宗彦、朱国祚,冢宰孙丕扬、张问达、大司马张缙彦、魏学曾,大司寇李世达、韩继思等六十多位名士。""当时一些传教士和受洗的士大夫,往往憧憬藉天主教的教理以合儒、补儒、附儒甚至超儒;然而,儒家传统和天主教教义间的部分冲突,却令许多奉教国人陷入尴尬的抉择。"(黄一农:《两头蛇:明末清初的第一代天主教徒》)

晚明士大夫们对于天主教之接受,盖初起于对传教士们的接触,《明史》称:"其国人东来者,大都聪明特达之士,意专行教,不求禄利。其所著书多华人所未道,故一时好异者咸尚之。而士大夫如徐光启、李之藻辈,首好其说,且为润色其文词,故其教骤兴。"(《明史》卷三二六《意大里亚传》)又称:"公卿以下重其人,咸与晋接。"(同上)与传教士之交往,一时成为风气。盖因其人之通文理与儒雅的风度。"又有天主国,更在佛国之西,其人通文理,儒雅与中国无别。有利玛窦者,自其国来,……与人言,恂恂有理,词辩扣之不竭,异域中亦可谓有人也已。"(谢肇淛:《五杂

姐》)

除去天主教传教士们的儒雅,颇合于中国传统士大夫的修养,且因信奉天主教乃是唯一不影响明朝的士大夫们仕途生涯之宗教,明朝士大夫们因此而得到一个前所未有的机会,即居官而入教。中国自古即非宗教之国家,居官者皆奉儒家之说,即有信佛道者,亦决不可以教徒之身份而居官。故士大夫中,虽多有信奉佛教者,却不可能有以僧人身份而在朝为官者。天主教之传入,给予士大夫们一个身为教徒而仍可以为官之机会,一批思想较为开放者,即以此为信仰之依托,成为天主教徒,甚至天主教之家族。

士大夫们在受洗为天主教徒时遇到之主要问题,并非宗教之信仰,而是其现实生活中之纳妾的习俗。黄一农先生所著《两头蛇:明末清初的第一代天主教徒》一书中,引论颇详,兹引录于下:

由于中国传统社会一向以孟子所言"不孝有三,无后为大"为依归,……艾儒略即尝在黄姓友人以无嗣娶妾相询时加以细辩,其对话如下:

文学(农按:指黄氏)曰:"承教十诫,大道炳如矣!然第六诫禁人娶妾,人当中年无子,不娶妾则恐陷不孝之名,将奈何?"先生(农按:指艾儒略)诘曰:"若娶妾而复无子,将奈何?"文学曰:"至此则亦听其自然耳!"先生曰:"若娶妾而无子,亦听其自然,何如不娶妾而听其自然之为愈也。夫娶妻,正道也;娶妾,枉道也。无论娶妾而未必有子,即偶得子,所损实多矣!大都人之艰厥嗣者,虽多病在妇,亦有病在夫者。如病在妇,而夫必借孝名,另娶一妇,设若病在夫,而妇亦借孝名,以另嫁一夫,可乎不可乎?……且人之孝不孝,正不系子之有无耳!"

艾儒略以男女对等之立场,说明娶妾之不合理。"即便是被天主教会尊为'明末三大柱石'的徐光启、李之藻和杨廷筠三人,在奉教之初,也均遭逢此一困窘。至于与利玛窦相交甚笃的冯应京,虽对西学和西教十分景仰,但因有妾,以致临死前都未能入教。瞿汝夔和魏裔介二人,则均待晚年其妾因正室过世而扶正后才受洗。此外,韩霖尝为入教而将姬妾遣去;佟国器则是在晚年休妾后,始率正室和三百余家人一同受洗。徐光启的曾外孙许缵曾,也尝为娶妾一事而屡见挣扎,他虽自幼由徐光启抱至天主教堂受洗,但在授官后未久即蓄妾,晚年始将'房中执巾栉者数人'尽遣去,而回归天主教的怀抱。"(黄一农:《两头蛇:明末清初的第一代天主教徒》)一农先生所述虽包含有清初的情况,然则实为明末之延续。我们知道,廷筠于入教之前亦尝有妾,不过在受洗入教之时,已将妾遣归其家了。

虽然有纳妾之诫,然其尚非真正意义之东西文化冲突,晚明士大夫在接受天主教之时,所表现之东西方文化冲突,主要是佛教与天主教之冲突。

晚明士大夫近禅者颇多,部分新思想之士大夫接受天主教,是对近禅者的冲击。他们认为天主教之传播,是"欲扫灭中国圣贤传统",因此当列入"邪教",一些士大夫撰写声讨天主教之著作,如王朝式之《罪言》、李生光之《辟教辩证》、黄贞之《破邪集》等。

黄一农先生所著有关明清之际第一代天主教徒之研究中,对其时士大夫中的支持派与反对派之对比有所评述:"利玛窦以其渊博的学识和动人的风采,让天主教成功地打入士大夫阶层。总的来说,在万历朝至天启初年的进士和考官当中,已知对西学、西教抱持友善态度者,要远超过拒斥之人"。一农先生列举明末受洗入天主教的主要官员有成启元、阮泰元、李应试、徐光启、李之藻、杨廷筠、许乐善、孙元化、张赓、李天经,亲近天主教的士绅主要有郭子章、冯琦、张问达、叶向高、冯应京、韩爌、熊明遇、钱士升等,此外尚有邹元标、魏大中、鹿善继、孙承宗、曹于汴、曾樱、崔景荣、郑鄤、李邦华、朱大典、马世奇、史可法、张国维、黄淳耀、翁正春、侯震旸、侯峒曾、侯歧曾等。反对天主教的代表人物则主要有沈㴶、王启元、许大受等。据林金水学兄之研究,利玛窦至少与137位知名的中国缙绅有较多的往来。

虽然持保守立场反对天主教之代表人物为少数,以中国历史之特点,保守势力乃是根植于这片土壤之主体,绝非可因人数之多少论之。其对于天主教之排斥,始终为主动打击之态势,而维护天主教者,则须反复解释,往往处于被动之地位。

最具代表性之事件,莫过于万历中之南京禁教案。万历三十八年(1610年),传教士王丰肃于南京建西式教堂,颇致部分士大夫之不满。四十三年(1615年),沈㴶任官南京礼部侍郎,先后两次上疏神宗,请禁天主教,史称:㴶"累官南京礼部侍郎,掌部事。西洋人利玛窦入贡,因居南京,与其徒王丰肃等倡天主教,士大夫多宗之。㴶奏:'陪京都会,不宜令异教处此。'识者韪其言。然㴶素乏时誉。"①且利氏已得朝廷认可,故迄未得神宗之回复。至四十四年(1616年)沈㴶三次上疏,始有内阁大学士方从哲支持,遂下禁教之令。王丰肃及部分教众被捕。时有礼部给事中余懋孳,上疏称天主教为似"白莲""无为"之"邪教",请依例论处。

光启等人反复上疏辩之,仍有禁教之命,只是人多知其不可禁,故而"命下久之,迁延不行,所司亦不为督发。""丰肃寻变姓名,复入南京,行教如故,朝士莫能察也。"②待到天启元年(1621年)沈㴶被罢,教禁随之而止。

现代学者多认为"南京教案"实为一次典型文化冲突,"具有文化排外的性质",是东西方文化之争。且有传教士称,沈㴶系收受南京佛教徒贿银一万两,故有禁教之举。此虽为莫须有之传闻,然南京佛教僧人多有参与排斥天主教之活动者,则是当时之事实。

与南北两京保守之政治文化状况相比,江南新兴城市情况则截然不同。万历三十六年(1608年)传教士郭居静应徐光启之邀,往上海传教,

---

① 《明史》卷二一八《沈㴶传》。
② 《明史》卷三二六《意大里亚传》。

两个月间即有50人受洗入教,三十八年(1610年),复有150人受洗入教,到崇祯间,上海一地之受洗加入天主教者,已达千人以上。

盖自阳明讲学风气之兴,江南各地受其影响,思想活跃,与南北两京之保守不同,因之接受天主教这一新鲜之外来文化程度也有所不同。此亦成为晚明文化发展变化之一大特点。

不过法国学者谢和耐认为,这些中国人,包括士大夫们,不可能真正接受纯正的西方宗教,在这场东西文化对视中,西方宗教已经被改变了。晚明士大夫们是吸收了天主教中一些内容,希望能够改造不适于时代的儒家思想部分内容。他们真正接受更多的,还是西方传教士带来的新的科技。

但是因为先进的科技而造成的影响力也是不可低估的。当明末国家危急的时刻,就连崇祯帝也认为如果改奉天主教会成为救世的方剂。可是当他要调动澳门的葡军去辽东的时候,还是遭到了满朝文武们的反对,当他要在宫中改佛教而为天主教的时候,也竟然寸步难行。这固然是出于保守势力的激烈反对,而事实上西方传教士们带来的宗教和那些先进的科技,并没有能够帮助明朝完成艰难的社会转型,无论是政治的变革还是文化的变革。

后　　记

十多年前写这本书是中华文化通志中的一本明代文化志。但其实我并不会写志书,因此写成后总感到更像是一本文化史。可是去年东方出版中心打算将这本书改为明代文化史再次出版,我自己重新修订时,才发觉当初写成的这本书其实也并不真的像是一本文化史。倘若今天要我重新写一本明代文化史的话,我一定会更加注重对于历史的叙述,而这本书则写得太显枯燥了。此外,这本书在内容上也有不少的缺失,如南炳文先生、何孝荣先生所著《明代文化研究》中首列的科学和技术及学术研究的内容,本书均未能有所涉及。再有本书中疏漏之处亦多,十年前出版后,蒙师友们指出,此次修订中略作改正。然此次既以原书再版,不可能做全面的改动,只能基本保持旧貌以待方家批评指正了。

商传
丁亥二月于城南陋舍

再版后记

　　这本《明代文化史》从完成至今已经二十年了。蒙安徽文艺社抬爱，决定再次重版此书，实在有受宠若惊之感。这本小册子不过区区四十万字，称《明代文化史》实在是名不符实，其实只能算是一个明代文化史纲，且其中缺失甚多，即使作为一个明代文化史的普及读本，也颇显不足。此次重印，根据出版社要求，补入了中外文化交流的部分，以使其较为全面反映出明代文化之特色。匆匆而成，舛误孔多，还望广大读者不吝指正。

商传

2017年8月1日于澹爽斋